建筑领域碳达峰碳中和技术丛书

建筑领域低碳发展技术路线图

吴玉杰　等编著

中国建筑工业出版社

图书在版编目（CIP）数据

建筑领域低碳发展技术路线图/吴玉杰等编著. —北京：中国建筑工业出版社，2022.12
（建筑领域碳达峰碳中和技术丛书）
ISBN 978-7-112-28117-6

Ⅰ.①建… Ⅱ.①吴… Ⅲ.①建筑业-低碳经济-研究-河南 Ⅳ.①F426.9

中国版本图书馆 CIP 数据核字（2022）第 207376 号

责任编辑：张文胜
责任校对：张惠雯

建筑领域碳达峰碳中和技术丛书
建筑领域低碳发展技术路线图
吴玉杰　等编著
*
中国建筑工业出版社 出版、发行（北京海淀三里河路 9 号）
各地新华书店、建筑书店经销
北京科地亚盟排版公司制版
北京建筑工业印刷厂印刷
*
开本：787 毫米×1092 毫米　1/16　印张：18　字数：449 千字
2022 年 12 月第一版　2022 年 12 月第一次印刷
定价：**65.00** 元
ISBN 978-7-112-28117-6
（40132）

版权所有　翻印必究
如有印装质量问题，可寄本社图书出版中心退换
（邮政编码 100037）

编著委员会

主　　任：吴玉杰
委　　员：祁　冰　孙旭灿　付梦菲　范　立　郭东晓
　　　　　董云霞　李亚丽　黄延铮　刘　寅　张中善
　　　　　高秀霞　沈永锋　闫俊海　李慧慧　刘会超
　　　　　祝文允　王蒙召　肖　凯
主编单位：河南省建筑科学研究院有限公司
参编单位：河南建开建筑设计研究院有限公司
　　　　　中国建筑第七工程局有限公司
　　　　　楷林商务服务集团有限公司
　　　　　西安建筑科技大学
　　　　　中原工学院

前 言

  2022年全球热浪袭击普遍存在，在欧洲、北非、中东和亚洲等地，均出现了部分地区气温攀升至40℃以上，甚至打破了历史极值。《中国气候变化蓝皮书（2022）》显示，全球变暖趋势仍在持续，2021年中国地表平均气温、沿海海平面、多年冻土活动层厚度等多项气候变化指标打破观测纪录。应对气候变化和实现可持续发展是国际社会共同面临的紧迫任务，作为生态文明的践行者、全球气候治理的行动派，我国提出"二氧化碳排放力争于2030年前达到峰值，努力争取2060年前实现碳中和"的目标。

  城乡建设是碳排放的主要领域之一，随着城镇化持续推进和产业结构深度调整，城乡建设领域碳排放量及其占全社会碳排放总量比例均将进一步提高，建筑领域低碳化发展是实现我国"双碳"目标的关键环节。国务院印发《2030年前碳达峰行动方案》、住房城乡建设部、国家发展改革委发布《城乡建设领域碳达峰实施方案的通知》等文件，对建筑领域"双碳"工作提出了发展目标，明确了发展方向。

  建筑领域碳排放量具有涉及范围广、影响因素多、排放总量大但不集中等特点，在满足人民群众对美好生活向往的同时，实现建筑领域低碳化发展，需要对建筑领域碳排放量进行准确摸底、科学预测，对低碳化发展路径进行深入探讨，从建筑全寿命期角度，提出切实可行的技术路径，是控制建筑领域碳排放增长的有效途径。

  本书围绕建筑领域低碳化发展这一核心，首先界定了建筑领域碳排放核算边界，对建筑领域碳排放现状、碳达峰时间点和达峰量进行研究分析；然后基于建筑全寿命期，提出设计、施工和运维等阶段的低碳化技术路径。本书旨在梳理和总结编制组多年的工作经验，理论结合实践，并将具体的技术方案及降碳效果进行介绍、分析、举例说明，以全面、系统、科学指导建筑领域低碳化发展，对推进我国建筑领域低碳化发展具有重要意义。

  本书为多位研究者共同的成果，由吴玉杰、孙旭灿统稿。本书在编写过程中得到了河南省建筑科学研究院有限公司栾景阳、五方建筑科技集团崔国游、中国建筑西南设计研究院有限公司南艳丽、中国建筑科学研究院有限公司李以通、清华大学朱辰等专家的指导，在此一并表示感谢。

  本书部分内容基于河南省重大科技专项"工业、建筑领域节能降碳关键技术及装备研发"（项目编号：221100320100）课题二"建筑领域绿色低碳发展关键技术研究与集成示范"的研究成果。

  本书涉及内容广、专业多，加之编写人员的经验和学识有限，难免有不足之处，恳请各位专家和广大读者批评指正。

目　　录

第1章　概述	1
1.1　碳达峰碳中和背景	1
1.2　国外建筑领域低碳化发展	3
1.3　中国建筑领域低碳化发展	5
1.4　研究内容与技术路线	8
本章参考文献	11
第2章　建筑能耗及碳排放现状	13
2.1　中国建筑规模基本现状	13
2.2　中国建筑领域能耗及碳排放	15
2.3　省级建筑领域能耗及碳排放	20
2.4　建筑领域碳排放分析	32
本章参考文献	34
第3章　建筑领域碳达峰预测及目标	35
3.1　建筑领域碳达峰影响因素	35
3.2　建筑领域碳达峰预测方法	44
3.3　省级建筑领域碳排放预测	47
3.4　建筑领域碳排放预测及结果分析	53
本章参考文献	55
第4章　建筑设计阶段低碳化技术	58
4.1　建筑设计低碳化概述	58
4.2　规划布局	60
4.3　建筑本体	69
4.4　暖通空调及给水排水系统	78
4.5　建筑电气及智能化系统	99
4.6　可再生能源建筑应用技术	108
4.7　低碳化设计体系及BIM协同设计	133
本章参考文献	140
第5章　建筑施工及拆除阶段低碳化技术	142
5.1　建筑施工碳排放概述	142
5.2　低碳施工措施	145
5.3　低碳建材应用	151
5.4　低碳运输及机械	155
5.5　低碳施工信息化技术	159

5.6 建筑垃圾资源化利用技术 …………………………………… 164
5.7 装配式建造技术 …………………………………………… 171
5.8 既有建筑加固修缮技术 …………………………………… 180
本章参考文献 ………………………………………………… 187

第6章 建筑运行阶段低碳化技术 ……………………………… 188
6.1 建筑运行低碳化管理 ……………………………………… 188
6.2 建筑调适技术 ……………………………………………… 191
6.3 暖通空调系统 ……………………………………………… 208
6.4 给水排水系统 ……………………………………………… 228
6.5 建筑电气及智能化系统 …………………………………… 235
6.6 既有建筑绿色低碳改造技术 ……………………………… 253
6.7 行为节能降碳 ……………………………………………… 259
本章参考文献 ………………………………………………… 264

第7章 典型案例 ………………………………………………… 265
7.1 五方科技馆零碳楼 ………………………………………… 265
7.2 上天梯碳中和研发中心 …………………………………… 268
7.3 青岛国际院士港 …………………………………………… 270
7.4 中建·森林上郡 …………………………………………… 273
7.5 楷林 IFC 改造项目 ………………………………………… 276

第1章

概 述

1.1 碳达峰碳中和背景

随着社会的发展，人们生活水平的提高，能源资源消耗量剧增，二氧化碳等温室气体排放也随之增加，由此引发了一系列气候变化和环境问题，已对人类的生存发展造成了严重威胁。

自20世纪70年代起，全球气候变暖问题已逐渐引起国际社会的重视。据世界气象组织（WMO）调查，1998—2018年是有记载以来最暖和的20年，全球平均气温连破记录。2020年1月，全球陆地和海洋表面气温比20世纪1月平均气温（12℃）高1.14℃，超过2016年1月创下的纪录，在有气象记录以来44个超过20世纪1月平均气温的1月份，最热的10个1月均出现在2002年以后。全球气温升高导致北极海冰覆盖面积比1981—2010年的平均水平低5.3%，南极海冰覆盖面积比1981—2010年的平均水平低9.8%。WMO发布的《2020年全球气候状况》指出：2020年全球平均温度比前工业化时期约高1.2℃，是有记录以来3个最暖的年份之一。

按照联合国政府间气候变化专门委员会（IPCC）的评估，如果人类一直维持现在的生活方式，到2100年全球平均气温将有50%的可能会上升4℃。全球气温在短时间内不断升高，导致全球气候变化给人类及生态系统带来了无数灾难。全球气温升高引起世界范围内气候格局的剧烈变化，使得北半球冬天将更冷、更湿，夏季则变长且更干，全球范围内降水重新分布，由此引发致命热浪、极寒天气、永久冻土层融化、大范围干旱洪涝、超级飓风等，由气温变化导致的"厄尔尼诺现象"和"拉尼娜现象"持续时间逐年增加，造成的环境经济破坏连年递增。IPCC最新评估报告表明，过去50年中，极端天气事件特别是强降雨、高温热浪等呈现不断增多、增强的趋势，预计今后这种极端事件的出现将更加频繁。全球气候变暖已经对生态系统及人类社会发展造成了严重影响。

1.1.1 国际社会应对气候变化举措

为应对气候变化，1992年，150多个国家及欧洲经济共同体共同签署了《联合国气候变化框架公约》，旨在将大气温室气体浓度维持在一个稳定的水平。根据"共同但有区别的责任"原则，发达国家采取具体措施限制温室气体排放；发展中国家承担提供温室气体源与温室气体汇清单的义务，制订并执行含有关于温室气体源与汇方面措施的方案。

1997年12月，联合国气候变化框架公约参加国在日本京都制定了《京都议定书》，这是全球为减少碳排放，控制全球变暖而做出的第一步，是人类历史上首次以法规的形式限制温室气体排放。

2009年12月7日，世界气候大会在丹麦哥本哈根召开，联合国气候变化框架公约参加国通过了新的《哥本哈根协议书》，这是具有划时代意义的全球气候协议书，对地球今后的气候变化走向具有决定性的影响。

2015年11月30日—12月11日，在法国巴黎世界气候变化大会上，全球《联合国气候变化框架公约》195个缔约方通过了历史上首个关于气候变化的全球性协定——《巴黎协定》。会议各方达成一致，共同确定了"将全球平均气温增幅控制在低于2℃的水平，并向1.5℃温控目标努力，以降低气候变化风险"的目标。要实现这一目标，全球温室气体排放需要在2030年之前减少一半，在2050年左右达到净零排放，即碳中和。

2018年10月，联合国政府间气候变化专门委员会发布报告，呼吁各国采取行动，为把升温控制在1.5℃之内而努力。

2020年11月，有19个国家向联合国气候变化框架公约（UNFCCC）提交长期低排放发展战略（LTS），其中有11个国家的LTS包含碳中和目标，承诺实现碳中和国家的温室气体排放总量已达全球的50%。

2021年12月，已有超130个国家承诺在21世纪中叶实现碳中和。目前，不丹、苏里南等国家已实现碳中和目标，其余大部分计划在2050年实现，如欧盟、英国、加拿大、日本、新西兰、南非等。提出碳中和目标的国家中，法国、英国、瑞典、丹麦、新西兰、匈牙利等国家已将碳中和写入法规，还有部分国家和地区正在碳中和立法和政策宣示过程中。

1.1.2 中国应对气候变化举措

面对日益严峻的气候危机挑战，我国作为负责任的大国积极做出相应行动，推进"碳达峰、碳中和"。

2007年6月，国务院正式发布了《中国应对气候变化国家方案》，这是我国第一部应对气候变化的政策性文件，表明了我国应对气候变化履行公约义务的政治意愿，响应了国际社会对其成员提出的要求。

2011年国家发展改革委发布了《国家发展改革委办公厅关于开展碳排放权交易试点工作的通知》，运用市场机制以较低成本实现2020年我国控制温室气体排放行动目标，加快经济发展方式转变和产业结构升级，在北京市、天津市、上海市、重庆市、湖北省、广东省开展碳排放权交易试点。

2013年11月，国家发展改革委等9部门发布了《国家适应气候变化总体战略》，这是我国首部专门性适应气候变化的政策，规定了我国2020年前综合性的适应规划，是我国在适应气候变化统一规范管理方面的重大进步。

2014年9月，我国发布了《国家应对气候变化规划（2014—2020年）》，从城乡基础设施、水资源管理、农业林业等七个方面，构建我国部门性的适应气候变化的顶层设计，同时要求强化科技支撑、加强能力建设、加大财政投入、技术研发及推广应用，健全协调机制和机构，加强教育培训和舆论引导，以更好应对气候变化。

2016年5月，国家发展改革委与住房城乡建设部联合发布了《城市适应气候变化行动方案》，提出了至2020年、2030年不同发展阶段的实施目标，希望于2030年内城市适应气候变化能力得到全面提升。从城市规划、标准建设、生态绿化、灾害风险管理、科技支撑等方面针对城市适应气候变化作出了较为全面的规划，在加强组织领导、加大资金投入、信息数据共享等方面提供保障措施。

2016年10月，国务院发布了《"十三五"控制温室气体排放工作方案》，主要目标是到2020年，单位国内生产总值二氧化碳排放比2015年下降18%，碳排放总量得到有效控制。

支持优化开发区域碳排放率先达到峰值，力争部分重化工业2020年左右实现率先达峰，能源体系、产业体系和消费领域低碳转型取得积极成效。全国碳排放权交易市场启动运行，应对气候变化法律法规和标准体系初步建立，统计核算、评价考核和责任追究制度得到健全，低碳试点示范不断深化，减污减碳协同作用进一步加强，公众低碳意识明显提升。

2020年，我国提出"二氧化碳排放力争于2030年前达到峰值、努力争取2060年前实现碳中和"。国家各部委及地方政府积极响应，迅速组织力量就碳达峰、碳中和进行科研探索、制定工作方案，为实现"双碳"目标做准备。

2020年12月中央经济工作会议首次决定将"做好碳达峰、碳中和工作"列入年度重点任务之一。"制定2030年前碳排放达峰行动方案"写入《中华人民共和国国民经济和社会发展第十四个五年规划和2035年远景目标纲要》，进一步凸显了我国实现碳达峰与碳中和愿景的决心和信心，以及重信守诺的责任担当。

为落实碳达峰、碳中和工作，国务院及相关部门积极行动。2021年10月，国务院发布了《国务院关于印发2030年前碳达峰行动方案的通知》（国发〔2021〕23号），提出了具体目标：到2025年，非化石能源消费比重达到20%左右，单位国内生产总值能源消耗比2020年下降13.5%，单位国内生产总值二氧化碳排放比2020年下降18%。到2030年，非化石能源消费比重达到25%左右，单位国内生产总值二氧化碳排放比2005年下降65%以上，顺利实现2030年前碳达峰目标。重点任务是将碳达峰贯穿于经济社会发展全过程和各方面，重点实施能源绿色低碳转型行动、节能降碳增效行动、工业领域碳达峰行动、城乡建设碳达峰行动、交通运输绿色低碳行动、循环经济助力降碳行动、绿色低碳科技创新行动、碳汇能力巩固提升行动、绿色低碳全民行动、各地区梯次有序碳达峰行动等"碳达峰十大行动"。

2022年1月，国家发展改革委发布的《"十四五"现代能源体系规划》中提出，能源规划需遵循"保障安全，绿色低碳"的基本原则，"十四五"时期现代能源体系建设的低碳目标为：单位GDP二氧化碳排放五年累计下降18%。到2025年，非化石能源消费比重提高到20%左右，非化石能源发电量比重达到39%左右，电气化水平持续提升，电能占终端用能比重达到30%左右。

1.2 国外建筑领域低碳化发展

自能源危机和全球气候变暖以来，各国均开始重视节能减排问题，对建筑业节能减排提出了新的标准及要求。20世纪70年代，美国和英国开始重视建筑能耗问题，因此开展建筑能耗统计调查，目的是对既有建筑进行节能潜力研究。近年来，建筑能耗统计在美国、英国、加拿大、希腊等西方发达国家持续开展，为建筑全生命周期能耗计算积累了大量基础数据。

发达国家在开展了持续30年的建筑节能以后，其住宅已经普及了高舒适度、高品质、高科学、低能耗住宅指标，已经有不少居住建筑达到严格的节能标准并投入使用，所以发达国家在建筑节能领域已取得显著成效。目前国外零能耗建筑发展已经有一定规模。

1. 日本

日本早在1979年就颁布了《节约能源法》，在1993年提出"地球环境保全"理念，为此制定了《环境基本计划》，要求减小温室效应；1997年发布《促进新能源特别措施法》，对新能源产业进行政策鼓励；1998年发布《全球气候变暖对策推进法》，是世界范围内首部应对全球变暖的法律；2002年又制订《能源政策基本法》，形成了完备的低碳法律体系。2001年，日本建筑学会制定了建筑物综合环境评价体系CASBEE，首次引入环境效率来评估室内舒适度、景观美学特征、能耗情况和环境负荷，形成了对建筑质量和建筑环境的综合评估。

日本经济产业省自然资源和能源部《ZEB路线图研讨委员会摘要》于2015年12月将零能耗建筑定义为：通过先进的建筑设计减少能源负荷，并采用被动技术、积极利用自然能源以及引入高效设备系统等，在保持室内环境质量的同时实现显著节能，并通过使用可再生能源，最大限度提高能源独立性以及年度一次能源消耗收支平衡的建筑。

日本始终贯彻低碳节能与环境共存的理念，注重节能技术的实际效果，建筑能源利用处于世界领先水平。名古屋三井设计本馆、长野新电算大厦、NBF大崎大厦、地球环境战略研究机关大楼等是日本在低碳建筑实践的代表。

2. 美国

美国大部分住宅是3层以下的独立房屋，热水、暖气、空调设备齐全，而且供暖、空调全部是分房设置，电力、煤气、燃油等能源是家庭日常开销的主要部分。建筑节能关系到每个家庭的支出，每个家庭根据能源价格、自身收入和生活水平等因素选择能源消费方式和水平。美国的建筑能耗巨大，从而引发政府的重视，因而美国的建筑节能依靠市场机制，制订建筑行业和节能产品标准，同时推行强制节能标准。

为了减少房屋建设对能源的消耗，美国能源部于2015年发布了零能耗建筑的通用定义：以一次能源为衡量单位，实际全年消耗能量小于等于场边边界内可再生能源产生能量的节能建筑，并提出零能耗建筑园区、零能耗建筑群和零能耗建筑社区三个概率。

美国目前已形成"科研先导—试点验证—政策扶持—市场推广"的良性模式。2008年1月，美国采暖、制冷与空调工程师学会发布（ASHRAE Vision 2020—2030年），实现近零能耗建筑市场运作。同年，美国能源部制定"到2020年实现零能耗居住建筑市场化，到2025年实现商业建筑市场化"的目标。

美国的低碳建筑注重舒适性与低碳节能的结合，首先是高新技术开发，从建筑热环境模拟的角度考虑节能。

3. 德国

1952年起，德国的建筑标准开始提出了最低保温要求，在1973年第一次石油危机后，节能目标首次成为人们关注的焦点，1977年德国首部《保温条例》正式颁布实施，其中对新建建筑外露部件的热工质量提出具体要求。2002年，《节能条例》取代了《保温条例》，首次将包含技术设备在内的建筑物作为一个系统，并且用一次性能源需求取代热需求作为最重要的节能考核参数，实现了从保温证书过渡到能源证书管理，将低能耗房屋变成了普遍适用的标准。

在2002年、2007年和2009年版《节能条例》中，相关要求进一步提高，而根据能源、气候一体化计算（IEKP），自2012年起，能效要求进一步提高，低能耗房、零能耗房开始出现。德国利用被动式建筑节能技术可实现92%以上节能率，为德国2020年实现新建建筑（近）零能耗，2050年所有建筑节约80%一次能源，进而节省40%左右社会终端能耗的目标提供了技术保障。

德国低能耗建筑的主要分为三个等级，按照能耗从大到小依次为低能耗建筑、三升油建筑、微能耗/零能耗建筑。

德国低能耗建筑的最早定义是以独立式住宅相对于1995年节能规范要求的节能标准再节能30%为标准确定的。低能耗建筑是指在保证建筑满足规定的设计标准及设计规范要求，不降低居住舒适的前提下，建筑供暖能耗在30～70kWh/(m²·a)的住宅建筑。三升油建筑的主要应用范围为居住建筑。"三升油建筑"是因其改造后，每年每平米消耗的供暖耗油量不超出3L而得名。三升油建筑是在保证建筑在规定的设计标准之内，不降低居住舒适性的条件下，建筑全年供暖及空调能耗在15～30kWh/(m²·a)的住宅建筑。微能耗/零能耗建筑是指在规定的设计标准内，不降低居住舒适性的条件下，供暖及空调能耗最低为零，最高为15～30kWh/(m²·a)的住宅建筑。

德国在控制建筑整体能耗与碳排放上，技术体系较为完备成熟，注重新能源的利用，上面提到的"三升油建筑"是低碳建筑的代表，除此以外还有"汉堡之家"等。德国所处的地理位置和当地气候形式与我国寒冷气候区城市北京较为相似，因此在建筑低碳设计上，可以借鉴德国的低能耗建筑发展方式及成果。

4. 英国

2003年2月，英国政府发布了名为"我们能源的未来——建设低碳经济"的《能源白皮书》，首次提出了"低碳经济"的概念。英国在低碳建筑发展中也一直走在国际前沿。2004年，制定《可持续和安全建筑法案》，对建设项目环境的可持续性和安全性进行了规定，以减少建设项目对环境的影响。该项法案主要包括能源、用水、生物多样性等方面的要求，覆盖了建筑的全生命周期。2006年启动低碳建筑计划，在资金和政策上支持低碳建筑的发展，2011年将其改为可再生能源计划。《2009年降低碳排放白皮书》主张减碳促增长，当前低碳建筑、生态住区在英国已成为新公共建筑和住宅项目的主流。2016年《巴黎协定》生效，通过减少CO_2排放改善气候变化，低碳建筑成为全球共识。

英国建筑研究所早在1990年就制定了世界上第一个绿色建筑评估体系BREEAM，评价对象覆盖新建建筑和既有建筑，目标是减少建筑物对环境的影响。当前BREEAM已形成了比较完善的绿色建筑评估体系，遍布70多个国家和地区，超过590万栋建筑通过认证。

进入21世纪以后，英国绿色建筑更注重新材料与新技术的运用，高技派生态建筑不断创新，2002年著名的贝丁顿零能耗发展项目（BedZED）建成，此后生态村、生态社区陆续出现，例如伦敦市政厅、伊甸园项目等。

英国在低碳建筑领域处于世界领先地位，伴随着完善的法规体系的约束和有效减排技术的支撑，英国低碳建筑常态化发展，已经成为建筑日常。低碳建筑延续节能、低能耗建筑技术，同时以降低建筑全生命周期的碳排放为目标，在概念上与操作上比生态建筑、绿色建筑等概念更明确、具体，成为当前全球建筑业的重要发展方向。

1.3 中国建筑领域低碳化发展

1.3.1 建筑领域范围

1. 《国民经济行业分类》中的建筑领域范围

《国民经济行业分类》GB/T 4754—2017对建筑业的定义：建筑业的构成包含房屋建

筑业、土木工程建筑业、建筑安装业、建筑装饰、装修和其他建筑业。

《国民经济行业分类注释》中，房屋建筑业指房屋主体工程的施工活动，不包括主体工程施工前的工程准备活动，包括住宅房屋建筑、体育场馆建筑和其他房屋建筑的工程建筑活动。其中，其他房屋建筑业包括商厦房屋、宾馆用房屋、餐饮用房屋、商务会展用房屋、其他商业及服务用房屋、办公用房屋、科研用房、教育用房、医疗用房、文化用房屋、娱乐用房屋、车间、锅炉房、烟囱、水塔、其他厂房及建筑物、仓库房屋、火车候车室房屋、汽车候车室房屋、港口候船室房屋、民航候机厅房屋、民航指挥塔房屋、其他客运等候及指挥用房屋、其他房屋建筑物。

土木工程建筑业指土木工程主体的施工活动，不包括施工前的工程准备活动，包括铁路、道路、隧道和桥梁工程建筑、水利和水运工程建筑、海洋工程建筑、工矿工程建筑、架线和管道工程建筑、节能环保工程施工、电力工程施工、其他土木工程建筑。其他土木工程建筑包括园林绿化工程施工、体育场地设施工程施工（指田径场、篮球场、足球场、网球场、高尔夫球场、跑马场、赛车场、卡丁车赛场、全民体育健身工程设施等室内外场地设施的工程施工）、游乐设施工程施工、其他土木工程建筑施工。

建筑安装业包括电气安装、管道和设备安装、其他建筑安装业。其中其他建筑安装业包括体育场地设施安装和其他建筑安装，体育场地设施指运动地面（如足球场、篮球场、网球场等）、滑冰、游泳设施（含可拼装设施、健身步道）的安装等。

建筑装饰、装修和其他建筑业包括建筑装饰和装修业、建筑物拆除和场地准备活动、提供施工设备服务、其他未列明建筑业。

2.《中国城乡建设统计年鉴》中的建筑领域范围

根据《中国城乡建设统计年鉴》中的统计内容，我国城乡建设领域包括市政公用设施建设和房屋建设。市政公用设施建设主要包括供水（含工业）、供气（含工业）、集中供热、道路桥梁、轨道交通、排水、园林绿化、市容环境卫生、地下综合管廊及其他；房屋建设主要包括住宅、公共建筑和农村生产性建筑三部分。

3. 本书的建筑领域范围

根据《国民经济行业分类》《中国城乡建设统计年鉴》中建筑领域的范围，确定本书所研究的建筑领域是指房屋建筑和市政公用设施的工程服务及其运行使用相关领域。围绕城乡建设领域直接减碳和发展低碳建筑、提升能源利用率、推动间接减碳开展研究。

其中，房屋建筑指城镇住宅、农村住宅和公共建筑，公共建筑指体育场馆建筑、商厦房屋、宾馆用房屋、餐饮用房屋、商务会展用房屋、其他商业及服务用房屋、办公用房屋、科研用房、教育用房、医疗用房、文化用房屋、娱乐用房屋、火车候车室房屋、汽车候车室房屋、港口候船室房屋、民航候机厅房屋、民航指挥塔房屋、其他客运等候及指挥用房屋，不包括服务于工业和农业的生产性房屋建筑。

市政公用设施包括城市、乡村建成区内的市政道路设施、城市轨道交通设施、隧道和桥梁设施、水利和水运设施、水源及供水设施、河湖治理及防洪设施、港口及航运设施、架线和管道设施、地下综合管廊、电力设施、园林绿化、体育场地设施、游乐设施等。

工程服务活动指围绕房屋建筑和市政公用设施的建造施工和拆除活动。建造施工活动包括场地准备活动（平整场地、土石方作业、工程排水等）、主体工程的施工活动、建筑安装活动（电气、管道和设备安装、体育场地设施安装等）、建筑装饰和装修活动。建筑物拆除活动包括爆破工程服务、房屋拆除服务、设备拆除服务、桥梁和轨道拆除及类似拆除服务等。

建筑运行使用活动是指房屋建筑和市政公用设施交付使用后,为维持房屋建筑环境(如供暖、制冷、通风、空调和照明等)和各类房屋建筑内活动(如办公、家电、电梯、生活热水等)及维持市政公用设施正常运转而消耗能源的活动。

1.3.2 建筑领域碳排放范围

建筑领域碳排放包含直接碳排放与间接碳排放,就这两者的定义,目前主要有两种。

江亿、胡姗在《中国建筑部门实现碳中和的路径》一文中,将直接通过燃烧方式使用燃煤、燃油和燃气等化石能源所排放的二氧化碳定义为直接碳排放;将使用电力、热力等二次能源导致的碳排放定义为间接碳排放。林波荣在《建筑行业碳中和实施路径》中,将建筑行业的直接碳排放定义为建筑行业发生的化石燃料燃烧过程中导致的二氧化碳排放,主要包括建筑内的直接供暖、炊事、生活热水、医院或酒店蒸汽等导致的燃料排放;建筑行业的间接碳排放指外界输入建筑的电力、热力包含的碳排放。生态环境部的《省级二氧化碳排放达峰行动方案编制指南》将化石能源消费产生的二氧化碳排放定义为直接排放,将通过消耗化石能源转化的电力、热力等二次能源所蕴含的二氧化碳排放定义为间接排放。

张智慧、刘睿劼在《基于投入产出分析的建筑业碳排放核算》中,张小平、高苏凡等人在《基于STIRPAT模型的甘肃省建筑业碳排放及其影响因素》中,都将建筑业直接碳排放定义为建筑业自身活动产生的碳排放,建筑业间接碳排放则是指建筑业诱发其他行业产生的碳排放,即将其他产业投入到建筑业的产品或服务所隐含的碳排放定义为建筑业间接碳排放,涵盖了原材料开采、材料生产、构配件加工和运输等施工上游过程的碳排放。

本书采用生态环境部2021年2月印发的《省级二氧化碳排放达峰行动方案编制指南》中关于"建筑领域直接排放"的定义,指化石能源消费产生的二氧化碳排放;建筑领域间接碳排放是指通过消耗化石能源转化的电力、热力等二次能源所蕴含的二氧化碳排放。

1.3.3 中国建筑领域低碳化发展历程及现状

中国作为能源消耗与碳排放大国,节能减排的工作尤其重要。建筑部门是能源消费的三大领域(交通、工业、建筑)之一,其中建筑用能占总用能量的20%以上。建筑领域节能减排工作对于全社会节能减排工作具有重要意义。我国正处于城镇化快速发展时期,居民生活水平迅速提升,建筑总量持续增长,能源消耗量也不断增加。

我国建筑运行用能总量已与美国接近,但用能强度仍处于较低水平,无论是人均能耗还是单位面积能耗,都比美国、加拿大、欧洲及日本韩国低得多。但由于我国人口多,建筑规模总量大,城镇化水平较低,随着城镇化发展和人民生活水平提高,未来我国建筑能耗和碳排放量仍将持续增加,未来建筑领域还将释放巨大的节能降碳潜力。在应对气候变化,降低碳排放的背景下,我国不能照搬发达国家的经验,必须走出一条适合我国国情的建筑低碳化道路。

在1986年之前对我国建筑节能所做的初步探索,主要是在理论方面进行了一些研究,了解借鉴国外建筑节能情况和经验,1986年出台了《民用建筑节能设计标准》,提出了建筑节能率目标是30%。此后几十年,50%、65%、75%节能设计标准又相继出台,一步步提升建筑节能目标。2004年9月,住房和城乡建设部设立"全国绿色建筑创新奖",标志着我国绿色低碳建筑进入全面发展阶段。2006—2015年,建筑节能进入到"能效提升"

与"可持续发展相结合"的阶段。2015—2016年，节能技术标准又一次全面提标，同时，绿色生态、绿色建筑等相关标准发布，意味着我国建筑节能低碳技术发展重心转移。2020年9月，"双碳"目标的提出意味着我国建筑节能低碳发展技术层面需要进一步细化，相关标准体系需要升级优化。

2021年10月，住房和城乡建设部发布国家标准《建筑节能与可再生能源利用通用规范》GB 55015—2021，规定新建的居住和公共建筑碳排放强度应分别在2016年执行的建筑节能设计标准的基础上平均降低40%，碳排放强度平均降低$7kgCO_2/(m^2 \cdot a)$以上；规定建设项目可行性研究报告、建设方案和初步设计文件应包含建筑能耗、可再生资源利用及建筑碳排放分析报告。2022年3月发布的《"十四五"建筑节能与绿色建筑发展规划》中提出，城市建设需遵循"聚焦达峰，降低排放"的原则，提高建筑能效水平，优化建筑用能结构，合理控制建筑领域能源消费总量和碳排放总量；发展目标为到2025年，城镇新建建筑全面建成绿色建筑，建筑能源利用效率稳步提升，建筑用能结构逐步优化，建筑能耗和碳排放增长趋势得到有效控制，基本形成绿色、低碳、循环的建设发展方式，为城乡建设领域2030年前碳达峰奠定坚实基础。

2022年6月，住房和城乡建设部、国家发展改革委发布了《城乡建设领域碳达峰实施方案》。方案指出2030年前，城乡建设领域碳排放达到峰值。城乡建设绿色低碳发展政策体系和体制机制基本建立；建筑节能、垃圾资源化利用等水平大幅提高，能源资源利用效率达到国际先进水平；用能结构和方式更加优化，可再生能源应用更加充分；城乡建设方式绿色低碳转型取得积极进展，"大量建设、大量消耗、大量排放"基本扭转；城市整体性、系统性、生长性增强，"城市病"问题初步解决；建筑品质和工程质量进一步提高，人居环境质量大幅改善；绿色生活方式普遍形成，绿色低碳运行初步实现。力争到2060年前，城乡建设方式全面实现绿色低碳转型，系统性变革全面实现，美好人居环境全面建成，城乡建设领域碳排放治理现代化全面实现，人民生活更加幸福。同时提出了建设绿色低碳城市、打造绿色低碳县城和乡村相关具体要求。

在我国，绿色建筑探索已历经十余年的发展，而低碳化发展进程蹒跚起步。随着我国经济的发展、城市化进程的加快，环境问题也日益严峻，全球变暖带来的挑战愈发凸显。从建筑节能到绿色建筑，再到低碳建筑，可以看到对建筑"可持续性"的研究不断深入和拓展。在全社会对低碳的呼吁和共同参与下，21世纪第三个十年，低碳建筑将成为绿色建筑发展的新视角。发展低碳建筑不仅符合当前国家宏观经济政策，缓解我国能源的高需求，而且也符合国际上的可持续发展理念，从而推进我国建筑业国际化，提高国际竞争力。与此同时，低碳建筑的发展将推动一系列相关产业的发展，如可再生能源、绿色电力、绿色建材等，从而带动整个产业的优化升级。

1.4 研究内容与技术路线

1.4.1 研究内容

1. 建筑全生命周期低碳化

建筑全生命周期通常是指从规划设计、建筑材料与设备的生产与运输、建筑施工、建筑使用与维护、建筑拆除（废弃物处理、可再生材料回收）等的全循环过程，即建筑的全生命周期，如图1-1所示。

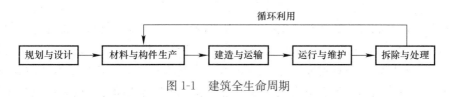

图1-1 建筑全生命周期

充分了解建筑全生命周期可以通过对各个阶段影响因素进行分析，对建筑物各阶段的低碳化技术进行研究，找出节能减排的潜力，辅助各个阶段从业人员加以实施。

通过对建筑领域碳排放现状和预测的情景设置中，总结出建筑可以从源头减碳、节能提效、能源调整、回收利用、延长寿命、负碳技术等方面低碳化发展的原则，建筑内每个系统的低碳化技术都涵盖了其中的一个或多个原则。

(1) 源头减碳：利用合理的规划设计，选择低碳建材来减少建筑的碳排放，该原则主要体现在建筑的前期阶段。

(2) 节能提效：通过使用节能技术，提高建筑能源设备的能效，减少建筑能源消耗，从而降低建筑的碳排放。

(3) 能源调整：减少建筑的化石能源消耗，通过调整建筑能源结构，如建筑电气化或增加可再生能源，利用低碳或零碳能源，使建筑的碳排放减少。

(4) 回收利用：通过建筑能量回收装置，或通过建筑垃圾、生活垃圾资源化回收利用，减少能源或资源消耗，从而降低建筑碳排放。

(5) 延长寿命：通过既有建筑改造、建筑加固修缮等措施延长建筑寿命，使建造及拆除阶段的碳排放均摊于全生命周期中，将会降低建筑的年均碳排放强度。

(6) 负碳技术：利用碳汇或CCUS（碳捕集、利用与封存）技术来抵消建筑的碳排放。

建筑全生命周期各阶段低碳化发展：

(1) 规划设计阶段：该阶段是项目的最初阶段，是在建设前对整个项目的设想和布局，一般包括项目论证、场地勘测及项目的规划设计等。在该阶段可以根据建筑的定位考虑建筑全生命周期每个阶段的碳足迹，利用绿色低碳材料、零碳能源和负碳技术实现建筑碳中和。该阶段通过对建筑间的规划布局，建筑本体的优化设计，建筑暖通空调及给水排水系统、建筑电气及智能化系统低碳化设计，可再生能源建筑应用技术等方面进行低碳化，也可以利用BIM技术通过流程化、数字化和参数化的方式实现协同设计，减少各施工单位间的协作成本，同时通过软件和插件实现碳排放监测和能耗实时管理。规划设计阶段也是对能源的节约以及碳排放量控制最为重要的一个阶段。

(2) 建材选用阶段：建筑全生命周期建材所产生的碳排放主要由以下材料产生：钢铁、混凝土、水泥、砂石、木材、砌体材料（砖石等）、建筑陶瓷、门窗、保温材料、导线电缆、装饰涂料、各类管材、防水材料等，可积极应用低碳和固碳技术来减少建材生产碳排放。该阶段可以通过以下策略选取建材减少碳排放：①就地取材；②使用天然建材；③使用再生材料；④选用耐久性建材延长使用寿命；⑤提高回收利用率；⑥使用低碳材料。

(3) 建造施工阶段：该阶段从项目开工建设开始到竣工验收结束，包含建材及设备的运输、建筑的施工建造等。该阶段通过绿色低碳施工建造技术、装配式建筑施工技术、信息化建造技术、建筑垃圾资源化利用技术、建筑加固修缮建造技术等方面有效降低碳排放。

(4) 运行维护阶段：该阶段是建筑全生命周期中最长的一个阶段，也是能源消耗最大的一个阶段。运行和维护是建筑使用阶段不同的两项工作。运行指通过设备进行供暖、制冷、通风、照明等来维持建筑的正常运营；维护是指建筑物建成后因设备老旧而对建筑进行维护、建筑翻修以及设备更换等工作。可通过建筑调适技术、暖通空调高效运维技术、给水排水系统节能技术、建筑电气化及智能化技术、既有建筑绿色低碳化改造技术等减少碳排放。

(5) 建筑拆除阶段：该阶段主要包含建筑物的拆除、拆解，废旧物的处理及回收利用。不同的拆除方式会对拆除时间、工人用量和能源消耗产生很大影响，从而影响碳排放。通常拆除的方式使大部分废旧材料破碎、混合，变为难以回收只能填埋的建筑垃圾，为降低建筑拆除阶段碳排放量，应采用拆解方式替代拆除方式，充分利用可再回收和可再利用建筑材料。

2. 研究内容

通过对建筑全生命周期中的低碳化技术进行探讨，由于建材生产阶段碳排放归工业和信息化领域，本书不再进行研究，将研究的侧重点集中在建筑设计、施工、运行和拆解等阶段。由于规划设计和建材选用阶段均为建筑的前期准备阶段，所以合为建筑设计章节；由于建筑施工与建筑拆解的相似性，将此两个阶段合为建筑施工及拆除阶段章节；建筑运行阶段是建筑全生命周期最长的阶段，也是碳排放占比最大的阶段，单独作为一个章节进行深入分析。

第1章对碳达峰碳中和背景进行了详细阐述，分析了国内外有关建筑领域低碳化发展研究现状和相关研究成果，阐明了研究省域碳排放现状及预测的必要性和重要意义，确定了建筑领域碳排放核算的边界，从整体上介绍了本书的研究内容和技术路线。

第2章根据相关文献数据对我国建筑规模现状、建筑建造及拆除阶段能耗及碳排放现状、建筑运行能耗及碳排放现状进行总结论述，根据相关文献数据，以河南省为例，研究省域建筑能耗及碳排放现状，从2005—2019年河南省建筑规模、建筑建造及拆除阶段能耗量、建筑运行能耗量进行测算，并与国家及其他省份相关数据进行对比分析。

第3章聚焦建筑领域碳达峰预测及目标，通过对建筑领域碳达峰影响因素进行论述分析，确定影响建筑领域碳排放的主要因素为：人口数量、国内生产总值（GDP）、能源结构、能源效率、建筑面积、建筑类型、城镇化率、人均收入。论述建筑领域碳达峰主要预测方法，确定本书采用STIRPAT模型方法，预测河南省建筑领域施工阶段及运行阶段碳达峰时间及峰值。论述不同机构对我国及典型省份建筑领域碳排放量的预测结果，并将相关结果进行对比分析。

第4~6章聚焦建筑设计、施工、运行三个重要阶段进行低碳化技术探讨。

第7章介绍了部分典型案例。

1.4.2 技术路线

本书研究的技术路线是：从建筑领域碳达峰碳中和的背景入手，研究建筑领域碳排放现状，对建筑领域碳达峰时间及达峰量进行科学预测或对比分析，从设计、施工、运维建筑全生命周期纬度，给出建筑领域低碳发展技术路线图，具体路线如图1-2所示。

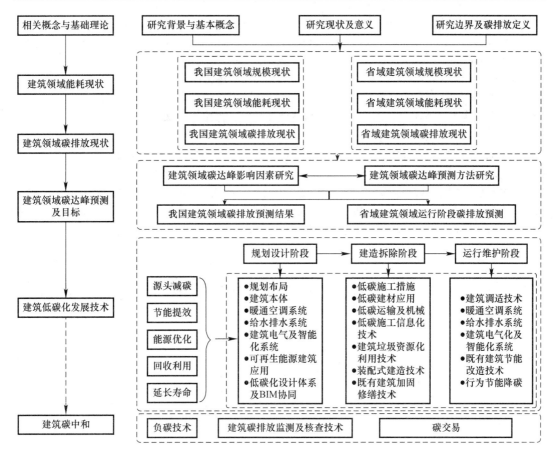

图1-2 建筑领域低碳发展技术路线图

本章参考文献

[1] 江亿，胡姗. 中国建筑部门实现碳中和的路径 [J]. 暖通空调，2021，51 (5)：1-13.
[2] Liang Y M, Pan Y Q, Yuan X L. Assessment of operational carbon emission reduction of energy conservation measures for commercial buildings: Model development [J]. Energy and Buildings, 2022, 268: 112189.
[3] Huo T F, Cao R J, Du H Y, et al. Nonlinear influence of urbanization on China's urban residential building carbon emissions: New evidence from panel threshold model [J]. Science of The Total Environment, 2021, 772: 145058-145058.
[4] 张晓彤，狄彦强，张宇霞，等. 国外发达国家建筑领域低碳发展应用模式研究 [J]. 建设科技，2015 (2)：66-68.
[5] Xi C, Cao S J. Challenges and Future Development Paths of Low Carbon Building Design: A Review [J] Buildings, 2022, 12 (2): 163-163.
[6] 张智慧，刘睿劢. 基于投入产出分析的建筑业碳排放核算 [J]. 清华大学学报（自然科学版），2013，53 (1)：53-57.

[7] George P, Nishesh J, Esfand B, et al. Low carbon building performance in the construction industry: A multi-method approach of project management operations and building energy use applied in a UK public office building [J]. Energy and Buildings. 2020, 206 (C): 109609-109609.

[8] 张小平,高苏凡,傅晨玲. 基于STIRPAT模型的甘肃省建筑业碳排放及其影响因素 [J]. 开发研究, 2016 (6): 171-176.

[9] 张立,谢紫璇,曹丽斌,等. 中国城市碳达峰评估方法初探 [J]. 环境工程, 2020, 38 (11): 1-5+43.

[10] 王瑶. 寒冷地区城市住宅全生命周期低碳设计研究 [D]. 西安: 西安建筑科技大学, 2020.

[11] 张婧. 日本办公建筑低碳设计策略研究 [D]. 西安: 西安建筑科技大学, 2020.

[12] 虞志淳. 英国低碳建筑: 法规体系与技术应用 [J]. 西部人居环境学刊, 2021, 36 (1): 51-56.

[13] Zhou N, Khanna N Z, Feng W, et al. Scenarios of energy efficiency and CO_2 emissions reduction potential in the buildings sector in China to year 2050 [J]. Nature Energy, 2018, 3 (11): 978-984.

第 2 章

建筑能耗及碳排放现状

2.1 中国建筑规模基本现状

目前我国城乡建筑建成面积已超过 600 亿 m^2，尚有超过 100 亿 m^2 的建筑处于施工阶段。全部完工后，我国将拥有超过 700 亿 m^2 的建筑，人均建筑面积达 $50m^2$，其中城镇人均住宅面积将超过 $35m^2$，农村居住建筑人均面积更高，而公共建筑和商业建筑人均面积也将超过 $10m^2$。我国的人均建筑面积的指标已经超过目前日本、韩国、新加坡这三个亚洲发达国家，并接近法国、意大利等欧洲国家水平。

建筑规模是影响建筑领域能耗、碳排放的重要因素之一，而建筑领域中民用建筑规模占比最大。根据清华大学建筑节能研究中心《中国建筑节能年度发展研究报告》历年数据，我国民用建筑存量面积发展趋势如图 2-1 所示。

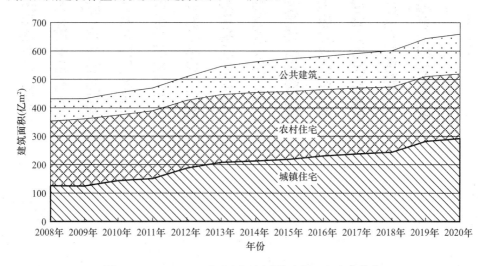

图 2-1 2008—2020 年我国民用建筑存量面积变化趋势

由图 2-1 可知，2008—2020 年，我国民用建筑规模逐年增长。截至 2020 年，我国民用建筑存量总面积约为 660 亿 m^2，其中：城镇住宅建筑面积为 292 亿 m^2，农村住宅建筑面积为 227 亿 m^2，公共建筑面积为 140 亿 m^2。

快速城镇化带动建筑业的持续发展，我国建筑业规模不断扩大。2008—2020 年，我国建筑建造速度增长迅速，城乡建筑面积大幅增加。由图 2-2 和图 2-3 可知，随着农村人口向城市迁移，城镇住宅和公共建筑面积的存量高速增长，农村住宅建筑面积的存量浮动变化，最终基本趋于平衡。分阶段来看，随着人们生活及消费水平的不断提高，2016—2020 年公共建筑的增长速度明显高于 2011—2015 年。

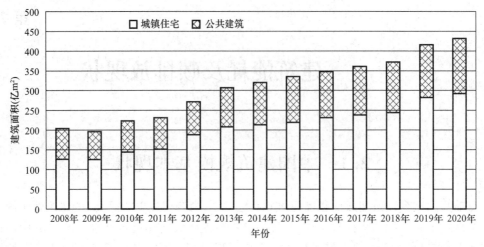

图 2-2 城镇建筑存量变化图（2008—2020 年）

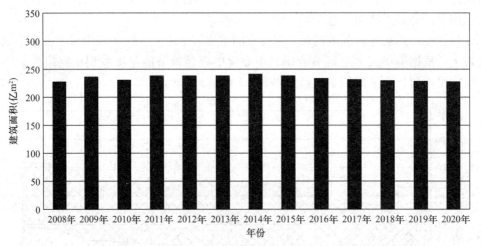

图 2-3 农村住宅建筑存量变化图（2008—2020 年）

2022 年 6 月，国家统计局发布了《中国人口普查年鉴—2020》，披露了第七次全国人口普查的详细数据，其中居住状况的数据引起了广泛关注。数据显示，到 2020 年，我国家庭户人均居住面积达 41.76m^2，平均每户住房间数为 3.2 间，平均每户居住面积达到 111.18m^2。这一数据涵盖城乡，其中城市家庭人均居住面积为 36.52m^2，乡村家庭户人均住房建筑面积为 46.8m^2（表 2-1）。全国家庭户人均居住面积 30 年间增长近 6 倍。同时，不同城市之间的住房状况也有较大差别。西藏、河南、湖南、湖北、云南、青海和江苏的城市家庭人均住房面积较大，均超过 40m^2。

家庭户的住房间数和面积　　　　表 2-1

地区	家庭户数（户）	家庭户人数（人）	平均每户住房建筑面积（m²/户）	平均每户住房间数（间/户）	人均住房建筑面积（m²/人）	人均住房间数（间/人）
全国	465241711	1238552246	111.18	3.20	41.76	1.20
城市	192180772	485050419	92.17	2.50	36.52	0.99
乡村	173326402	475840261	128.49	3.93	46.80	1.43

来源：《中国人口普查年鉴 2020》。

我国土地资源相对匮乏，中、高层的居住建筑模式也使得居住单元面积小于欧美单体或双拼型住宅。据一些调查统计研究，我国目前城镇住房的空置率已超过20%，考虑三四年后将陆续竣工的100亿 m² 建筑（其中有60%以上为居住建筑），即使进一步城镇化，城镇居民再增加25%，从目前的8亿人口增加到10亿人口，住房总量也基本满足要求。部分居民的住房问题完全是房屋分配问题，而不再是总量不足的供给问题。我国房屋建造大拆大建的主要目的是提升建筑性能和功能，优化土地利用，然而根据统计，拆除的建筑平均寿命仅为三十几年，远没有达到建筑结构寿命。在碳达峰碳中和目标的约束下，控制建筑规模，改变既有建筑改造和升级换代模式，由大拆大建改为维修和改造，可以大幅度降低钢铁等建材的用量，从而减少生产过程的碳排放，为碳中和事业做出贡献。

2.2 中国建筑领域能耗及碳排放

建筑领域的用能和碳排放涉及建筑的不同阶段，包括建筑建造、运行、拆除等，建筑领域的绝大部分用能和温室气体排放都是发生在建筑的建造和运行这两个阶段，随着我国城镇化进程不断推进和人民日益增长的美好生活需要，民用建筑建造及运行能耗将持续增加。

1. 清华大学建筑节能研究中心测算结果

建筑建造阶段的能源消耗指的是由于建筑建造所导致的由建材生产和现场施工等过程所产生的能源消耗。在一般的统计口径中，民用建筑建造与生产用建筑（非民用建筑）建造、基础设施建造一起，归到建筑业中，所涉及的建筑建造阶段的能耗与碳排放特指民用建筑建造，如图 2-4 所示。

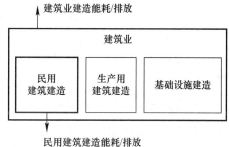

图 2-4 建造能耗与碳排放的边界

根据清华大学建筑节能中心建立的中国建筑能源排放分析模型（China Building Energy and Emission Model，简称 CBEEM）的估算结果（图 2-5），2020 年我国建筑业建造能耗 13.5 亿 tce，其中民用建筑建造能耗为 5.2 亿 tce，占全国总能耗的 10%，在 2020 年的民用建筑建造能耗中，城镇住宅、农村住宅、公共建筑占比分别为 71%、6% 和 23%。

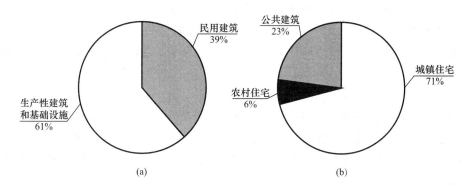

图 2-5 我国建筑建造能耗（2020 年）
(a) 建筑业建造；(b) 民用建筑建造

随着我国城镇化进程不断推进，民用建筑建造能耗也迅速增长。建筑与基础设施的建造不仅消耗大量能源，还会导致大量二氧化碳排放。其中，除能源消耗所导致的二氧化碳排放外，水泥生产过程的排放也是重要的组成部分。如图 2-6 所示，2020 年，我国建筑业建造相关的碳排放总量约 40 亿 t CO_2，其中民用建筑建造相关的碳排放总量约为 15 亿 t CO_2，主要包括建筑所消耗建材的生产运输用能碳排放（77%）、水泥生产工艺过程碳排放（20%）和现场施工过程中用能碳排放（3%），尽管这部分碳排放是被计入工业和交通领域，但其排放是由建筑领域的需求拉动，所以建筑领域也承担了这部分碳排放责任，并应通过减少需求为减排做贡献。

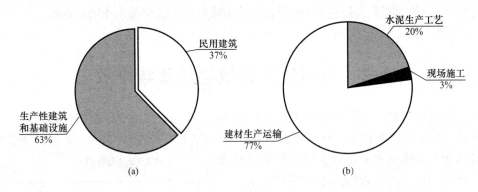

图 2-6　我国建筑建造碳排放（2020 年）
（a）建筑业建造；（b）民用建筑建造

考虑到我国南北地区冬季供暖方式、城乡建筑形式和生活方式，以及居住建筑和公共建筑人员活动及用能设备的差别，清华大学建筑节能研究中心的《中国建筑节能年度发展研究报告》中将我国建筑用能分为四大类：北方城镇供暖用能、城镇住宅用能（不包括北方地区的供暖）、公共建筑用能（不包括北方地区的供暖）和农村住宅用能。从能耗强度来看，公共建筑和北方城镇供暖能耗强度是四个分项中较高的；从用能总量来看，2020 年我国建筑运行商品能耗达到 10.6 亿 tce，建筑运行相关的二氧化碳排放量达到 21.8 亿 t CO_2，如图 2-7 所示。其中公共建筑、城镇住宅、农村住宅和北方城镇供暖占全国建筑总能耗的比例分别为 33%、25%、22% 和 20%，基本呈现出"四分天下"的态势。从碳排放来看，公共建筑由于建筑能耗强度最高，所以单位面积的碳排放强度也最高，而北方城镇供暖分项由于大量燃煤，碳排放强度仅次于公共建筑，而农村和城镇住宅虽然单位面积的一次能耗强度相差不大，但农村住宅由于电气化水平低，燃煤比例高，所以单位面积的碳排放强度高于城镇住宅。

2. 中国建筑节能协会测算结果

中国建筑节能协会建筑能耗与碳排放数据专业委员会将建筑全过程能耗与碳排放范围定义为：建筑全过程能耗与碳排放＝建筑材料生产、运输＋建筑施工、建筑运行＋建筑拆除。《2021 中国建筑能耗与碳排放研究报告》中给出 2019 年全国建筑全过程能耗与碳排放总量，如图 2-8 和图 2-9 所示。

由图 2-8 可知：2019 年全国建筑全过程能耗总量为 22.33 亿 tce，占全国能源消费总量的 45.8%。其中：建材生产阶段能耗 11.1 亿 tce，占全国能源消费总量比重为 22.8%；

建筑施工阶段能耗 0.9 亿 tce，占全国能源消费总量的比重为 1.9%；建筑运行阶段能耗 10.3 亿 tce，占全国能源消费总量的比重为 21.2%。

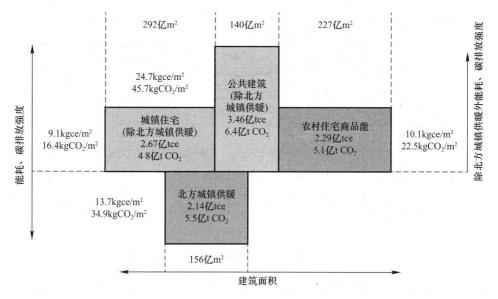

图 2-7 我国建筑运行能耗及碳排放（2020 年）

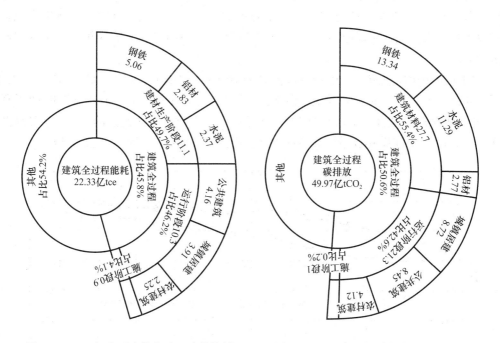

图 2-8 2019 年我国建筑全过程建筑能耗　　图 2-9 2019 年我国建筑全过程碳排放

由图 2-9 可知：2019 年全国建筑全过程碳排放总量为 49.97 亿 t CO_2，占全国碳排放的比重为 50.6%。其中建材生产阶段碳排放 27.7 亿 t CO_2，占全国碳排放的比重为 28.0%；建筑施工阶段碳排放 1.00 亿 t CO_2，占全国碳排放的比重为 1.0%；建筑运行阶段碳排放 21.3 亿 t CO_2，占全国碳排放的比重为 21.6%。

根据重庆大学、中国建筑节能协会建立的建筑能耗与碳排放数据库数据可知，我国建材生产阶段能耗与碳排放变化的阶段性特点趋于一致，如图2-10所示。

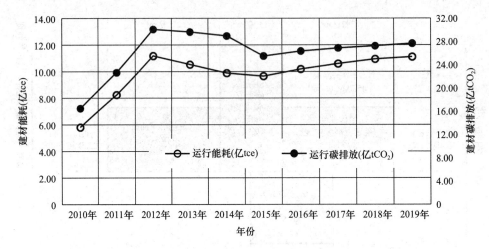

图 2-10　我国建材生产阶段能耗及碳排放变化趋势图

由图2-10可知：建材生产阶段能耗年均增速从"十二五"时期的10.7%下降到"十三五"时期的3.5%，下降近67%；建材生产阶段碳排放年均增速从"十二五"时期的9.1%下降到"十三五"时期的2.04%，下降近78%。"十二五"时期，建材生产能耗与碳排放出现较大波动，主要原因是2011年、2022年《中国建筑业统计年鉴》中的建材消耗量较大。

全国建筑领域建筑施工、运行阶段能耗及碳排放变化趋势如图2-11和图2-12所示。由图可知："十三五"时期建筑施工阶段能耗增速为4.1%，较"十二五"时期下降了5%；建筑施工阶段碳排放增速在2014年出现转折，年均增速从此前的4.6%下降到此后的2.4%，至2019年碳排放量回升至超过2014年碳排放水平，约为1亿t CO_2。

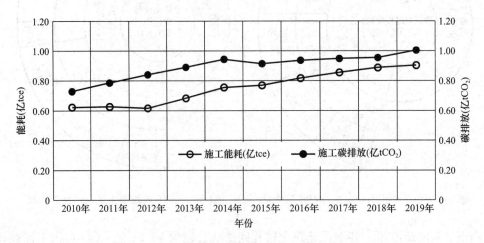

图 2-11　全国建筑施工阶段能耗及碳排放变化趋势图

建筑运行能耗年均增速放缓："十二五""十三五"时期建筑运行能耗年均增速分别为4.3%、4.1%。建筑运行碳排放年均增速放缓："十二五""十三五"时期建筑运行碳排放年均增速分别为4.6%和2.4%。根据民用建筑类型进行分类，计算可得2010—2019年建筑运行阶段的碳排放量变化趋势，如图2-13所示。由图可知："十三五"以来，城镇居住建筑碳排放年均增速3.4%，公共建筑碳排放年均增速3.9%，农村建筑碳排放基本步入稳定期。

图2-12　全国建筑运行阶段能耗及碳排放变化趋势图

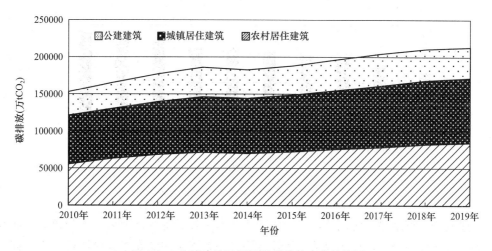

图2-13　全国建筑运行阶段碳排放变化趋势图

3. 住房和城乡建设部科技与产业化发展中心测算结果

住房和城乡建设部科技与产业化发展中心指出，实施建筑用能和碳排放总量控制是实现能源消费总量控制和碳排放达峰的重要内容。在梳理分析我国建筑用能和碳排放总量测算方法现状的基础上，构建建筑用能和碳排放总量测算方法，对建筑用能及碳排放总量进行了测算，并提出了规范测算方法的政策建议。2009—2017年，我国建筑用能从5.24亿tce增长到8.78亿tce，增长率为67.6%，其中城镇居住建筑增长到0.85亿tce，增长率为64%；公共建筑增长1.28亿tce，增长率最大，为85%；乡村住宅和集中供热均增长0.71亿tce，增长率均为58%，如图2-14所示。城镇居住建筑和公共建筑用能增长主要归因于建筑规模增长以及服务水平提升，所以增长速度最快；乡村住宅增长主要归因于人们生活水平提升；集中供热增长主要归因于集中供热面积大幅度增加，同时供热效率提升一定程度上遏制了供热能耗的快速增长。

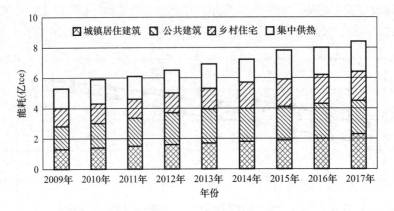

图 2-14　我国建筑运行能耗的一次能耗（2009—2017 年）

2009—2017 年，建筑运行二氧化碳排放总量从 12.64 亿 t CO_2 增长到 19.06 亿 t CO_2，增长约 51%，低于建筑用能增速 67.6%，建筑领域用能趋于清洁化，如图 2-15 所示。

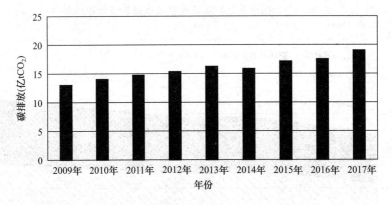

图 2-15　我国建筑运行碳排放（2009—2017 年）

上述机构计算结果有所偏差，但变化趋势基本一致。主要是因为各部门建筑用能和碳排放测算方法尚不统一，具体包括以下几方面：一是建筑用能和碳排放测算边界不同，例如建材生产、运输、建筑建造和拆除用能和碳排放是否归入建筑领域、建筑内部未单独计量的充电装置是否归入建筑领域、5G 基站和数据中心等新型基础设施建设是否归入建筑领域等；二是分类方法及具体定义不明确，例如建筑领域排放是分成直接排放、间接排放还是分成电力、非电力，锅炉房供热以及热电联产供热是归入直接排放还是间接排放，热电联产供热归入电力还是非电力；三是数据处理方法不同，基于统计年鉴的数据拆分方法和数据来源有待统一。

2.3　省级建筑领域能耗及碳排放

省级层面碳达峰碳中和目标的实现是我国"双碳"目标实现的基础，只有准确把握各个省级行政区域建筑领域能耗和碳排放现状,才能精准预测建筑领域未来的能源消耗和碳排放趋势,明确我国建筑领域碳达峰目标,合理分解各省份建筑领域节能减碳任务。河南省地处我国中部,横跨寒冷和夏热冬冷两个气候区,既是传统的农业大省和人口大省,又是新兴的经济大省和工业大省。本节以河南省为例,对其建筑领域能耗和碳排放数据进行计算分析,为后续章节省域碳达峰预测提供基础数据。

2.3.1 河南省建筑规模现状

建筑规模在开展实际建筑节能计算、能耗预测和碳排放预测中发挥着重要作用,是了解建筑行业发展情况的重要因素。近年来,随着城市化进程的加快、居民收入的增长和服务业的发展,河南省的建筑规模不断增加。大量建筑的建设和运营,造成了资源和能源消耗,同时最终被拆除的老旧建筑,又会产生大量的建筑垃圾。由于国家和河南省统计体系尚不完善,至今还没有一套全面、权威的河南省民用建筑总面积、已拆除建筑面积和新建建筑面积的时间序列数据,不利于河南省建筑节能降碳工作的发展。因此,量化河南省的建筑面积,获取高质量、可靠的数据,具有重要意义。

由于目前河南省统计体系尚不完善,河南省城镇住宅建筑面积、农村住宅建筑面积、公共建筑面积数据还不明确。因此,本书将基于对统计年鉴中与城镇住宅建筑面积、农村住宅建筑面积、公共建筑面积相关数据的系统梳理,识别界定相关统计指标的统计口径、范围和数据有效年份,全面把握统计年鉴中的城镇住宅建筑面积、农村住宅建筑面积、公共建筑面积数据现状和问题,同时对各研究机构的研究方法进行梳理和对比分析,对河南省城镇住宅、农村住宅和公共建筑的面积进行计算。

1. 城镇住宅

城镇包括城区和镇区。城区是指在市辖区和不设区的市、区、市政府驻地的实际建设连接到的居民委员会和其他区域。镇区是指在城区以外的县人民政府驻地和其他镇,政府驻地的实际建设连接到的居民委员会和其他区域。城镇住宅指的是位于城区和镇区的住宅。

因目前存在统计年鉴中数据不完整的问题,各家研究机构在进行中国既有城镇住宅面积计算时计算结果存在较大偏差(表2-2)。鉴于清华大学和住房城乡建设部标准定额研究所(以下简称标准定额研究所)计算思路比较相似,都采用"累计竣工—累计拆除"的计算思路,且标准定额研究所也对采用人均面积法计算的数据存在的问题进行了详细说明,故本书采用"累计竣工—累计拆除"的方法统计建筑面积,但拆除面积相较于之前的研究有了更精准的研究数据,计算结果更为准确。

各研究机构对中国既有城镇住宅面积研究方法对比　　　　表2-2

研究机构	方法	数据来源	结果对比 (以2013年为例)	存在的问题
清华大学	既有+新建-拆除	《中国统计年鉴》《中国城乡建设统计年鉴》	—	拆除的面积数据未给出详细的数值
住房和城乡建设部标准定额研究所	历年累计-拆除	《中国城市统计年报》《建筑业统计年鉴》	143.56亿 m^2	在1980年之前的数据考虑为0,存在欠妥问题
中国建筑节能协会	城镇实际人均居住面积×城镇人口	人口普查数据,《中国统计年鉴》《中国城乡建设统计年鉴》	222.44亿 m^2	人均建筑面积的取值存在争议

对于河南省既有城镇住宅面积的计算方法具体如下：2005 年、2006 年既有城镇住宅面积数据来源于《中国统计年鉴》中"年末实有住宅建筑面积"与《中国城乡建设统计年鉴》中"建制镇住宅年末实有建筑面积"之和。2006 年之后的城镇住宅建筑面积采用"既有城镇住宅面积＋新建城镇住宅面积－拆除城镇住宅面积"作为计算公式，其中既有城镇住宅建筑面积为上一年的年末城镇住宅建筑面积，新建城镇住宅建筑面积来源于《中国统计年鉴》中"住宅竣工房屋建筑面积"，拆除面积通过下式计算：既有城镇住宅建筑面积×拆除率，拆除率参照清华大学建筑节能研究中心的《中国建筑节能年度发展研究报告》。通过计算，河南省 2005—2020 年既有城镇住宅建筑面积如图 2-16 所示。

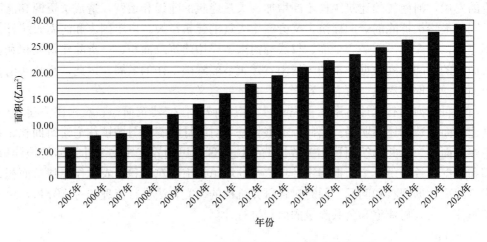

图 2-16　2005—2020 年河南省既有城镇住宅建筑面积

由图 2-16 可知，随着河南省城镇化的快速发展，也带动了建筑业的发展，截至 2020 年，河南省既有城镇住宅建筑面积已达到 29.13 亿 m^2，其中 2005—2014 年河南省城镇住宅建筑规模增长迅速，既有城镇住宅建筑面积大幅增加，2015 年至今，虽然城镇住宅建筑面积仍在增加，但增长速度明显减缓。

2. 农村住宅

农村住宅简称农宅，主要供从事农业生产者居住的宅院，其在组成上除一般生活起居部分外，还包括农业生产用房，如农机具存放、家禽家畜饲养场所和其他副业生产设施等。一般为有固定基础的住宅，按照各地生活习惯，包括可供人们常年生活和居住的砖瓦房、石头房、窑洞、竹楼、蒙古包等，但不包括船屋。

针对农村住宅建筑面积的统计方法，根据表 2-3 的分析可以得出，清华大学和中国建筑节能协会均采用"农村人口×农村人均住宅面积"的计算方法，而标准定额研究所仍然采用"累计竣工—累计拆除"的计算方法，该计算方法存在拆除建筑面积数据不准确的缺点，虽然《中国城乡建设统计年鉴》中统计了"村房屋住宅建筑面积""乡房屋住宅建筑面积"，但因《中国城乡建设统计年鉴》编制起始时间较晚，没有 2005 年的相关统计数据，故本书采用清华大学和中国建筑节能协会算法。

对于河南省既有农村住宅建筑面积的计算采用了如下计算方法：农村人口×农村人均住宅面积，相关数据直接来源于《河南统计年鉴》，通过计算得到 2005—2020 年河南省既有农村住宅建筑面积，如图 2-17 所示。

各研究机构对中国农村住宅面积计算结果对比   表 2-3

研究机构	方法	数据来源	结果对比 （以 2013 年为例子）	存在的问题
清华大学	农村人口×农村人均	《中国统计年鉴》	—	
标准定额研究所	累计竣工—累计拆除	《中国城市建设统计年报》	270.34 亿 m²	拆除的房屋建筑面积为估算值
中国节能协会	农村人口×农村人均	《中国统计年鉴》	246.36 亿 m²	—

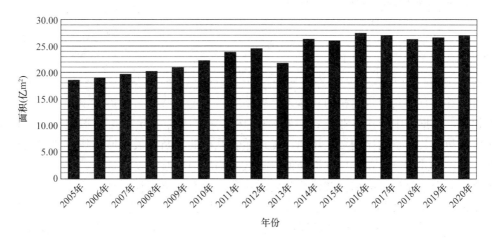

图 2-17　2005—2020 年河南省既有农村住宅建筑面积

由图 2-17 可知，截至 2020 年，河南省农村住宅建筑面积达到 26.94 亿 m²，分阶段来看，2005—2012 年河南省农村住宅建筑面积处于增长状态，2013 年短暂大幅降低，推测应为行政区划调整所致，2014 年又大幅增长，2015 年及之后，河南省农村建筑面积在小范围内波动，近几年河南省既有农村住宅建筑面积基本处于平稳状态。这是由于城镇化进程加快，农民大量涌入城市，农村人口减少，但随着农民生活水平提高，农民人均住宅建筑面积增加，最终农村住宅建筑面积几乎稳定在 26 亿 m² 左右。

3. 公共建筑

公共建筑是指供人们进行各种公共活动的建筑，包括体育场馆建筑、商厦房屋、宾馆用房屋、餐饮用房屋、商务会展用房屋、其他商业及服务用房屋、办公用房屋、科研用房、教育用房、医疗用房、文化用房屋、娱乐用房屋、客运等候及指挥用房屋等建筑类型。公共建筑与居住建筑有所区别，但同属于民用建筑。

通过表 2-4 可知，清华大学和标准定额研究所采用的研究方法类似，相比较于其他几家研究机构而言，计算方法更为直观，清华大学由于默认年末实有房屋建筑面积中只包含居住建筑和公共建筑，而不含工业建筑，可能存在一定的误差。因此，本书在标准定额研究所统计方法的基础上，将数据进行更新优化。

各研究机构对中国公共建筑面积计算结果对比   表 2-4

研究机构	方法	数据来源	结果对比	存在的问题
清华大学	既有+新建—拆除	《中国统计年鉴》《中国城乡建设统计年鉴》	—	未考虑工业建筑面积问题

续表

研究机构	方法	数据来源	结果对比	存在的问题
标准定额研究所	累计竣工－累计拆除	《建筑业统计年鉴》《中国统计年鉴》	116.46 亿 m^2	累计拆除面积为专家计算得到
中国节能协会	城镇公建+村镇公建	《中国统计年鉴》，人口普查数据，《中国城乡建设统计年鉴》	95.82 亿 m^2（以 2013 年数据为例）	公共建筑和工业建筑拆分比例的科学性有待考究
北京建筑大学	泰勒级数法	《建筑业企业统计年鉴》	—	模型准确性有待验证，无实际数据支撑
北京交通大学	拟合方程法	《中国统计年鉴》《建筑业统计年鉴》	70 亿 m^2	按照黄金分割法对公共建筑和工业建筑面积进行了拆分，准确性有待考究

河南省既有公共建筑面积的具体计算思路为：假定公共建筑的拆除率和居住建筑的拆除率相同，根据《中国建筑业统计年鉴》中 1994—2014 年建筑竣工面积统计数据，分析新建住宅和公共建筑的比例变化规律，发现随着城市的不断发展，城镇住宅建筑面积比例逐渐升高，公共建筑面积比例逐渐降低，降低的幅度随着时间变化逐渐趋缓。根据年末实有城镇住宅净增面积，应用公共建筑与居住建筑占比及变化规律，计算了逐年公共建筑的净增面积，对城镇公共建筑、农村公共建筑分别计算后，加和为总的河南省公共建筑面积，如图 2-18 所示。随着河南省经济发展，2005—2020 年河南省公共建筑规模持续快速增长，截至 2020 年，河南省公共建筑面积已达到 8.06 亿 m^2，2016—2020 年公共建筑规模的增长速度明显高于前几年，随着电子商务的快速发展，公共建筑中商场的规模很难继续增长，但医院、学校等公共服务类建筑的规模还存在增长空间，因此可能成为河南省下一阶段新增公共建筑的主要分项。

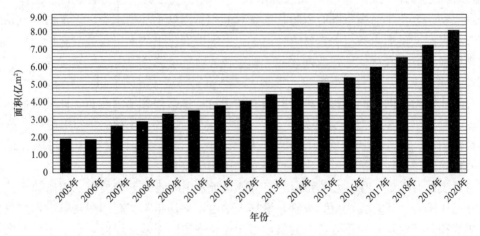

图 2-18 2005—2020 年河南省既有公共建筑面积

4. 河南省民用建筑总面积

2005—2020 年，河南省建筑规模增长迅速，城乡建筑面积大幅增加。2020 年河南省建筑面积总量约为 64.13 亿 m^2，其中：城镇住宅建筑面积为 29.13 亿 m^2，农村住宅建筑面积为 26.94 亿 m^2，公共建筑面积为 8.06 亿 m^2。2005—2020 年河南省既有建筑面积如

图 2-19 所示。2015—2020 年，河南省建筑规模不断扩大，建筑面积增长迅速，2014 年至今，河南省总民用建筑面积增长速度趋势减缓，受制于经济发展水平和发展理念，为保证未来促进人口城镇化的均衡和实现经济的持续增长，需要进一步重视小城镇在河南省城镇化过程中的重要地位。

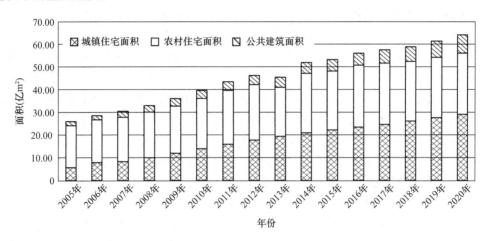

图 2-19　2005—2020 年河南省各类建筑面积增长趋势

2.3.2　河南省建筑施工阶段能耗及碳排放现状

1. 施工阶段能耗计算方法及数据来源

目前，国内外建筑能耗统计或计算方法可分为两类：一是基于微观调查统计所得建筑能耗；二是基于宏观数据计算所得建筑能耗。

第一类方法是美国、日本、加拿大、IEA 等发达国家或国际组织普遍采用的能耗统计方法。以美国为例，其早在 1978 年就已经开始建筑能耗的统计，到目前为止已经形成了科学合理的统计方法和完善的相关能力配套。第一类方法中影响统计结果的因素较多，如样本代表性、样本数量、相关能耗数据统计精确性等。例如，居住建筑能耗受许多因素影响，如建筑居住情况、建筑物基本状况、家用电器使用情况等，具有多变性、复杂性、随机性、地域性等特点。

第二类方法是基于宏观数据计算所得建筑能耗。住房和城乡建设部于 2010 年发布了《民用建筑能耗和节能信息统计报表制度》（以下简称《报表制度》）。《报表制度》在建筑能耗统计方面是一个巨大的进步，实现了建筑能耗统计从无到有的转变。但是《报表制度》仍存在建筑信息统计不全面、全国能耗信息无法合理获得、所得数据质量不高等问题。以上几个主观和客观原因，致使目前无法采用《报表制度》所获得的数据进行全国及各省、自治区、直辖市的建筑能耗数据计算。王庆一、倪德良、徐安等学者均提出了相应的建筑能耗宏观计算方法。但是由于能源统计年鉴中行业划分是按照中国特色的产业划分进行核算，建筑能耗没有进行单独统计。建筑能耗作为统计环节，分布在各行业的能源消耗中，因此在统计范围、能源种类等问题上有所争议。

基于《中国能源统计年鉴》等宏观数据的建筑领域施工阶段能耗计算方法，参考王庆一、中国建筑节能协会关于中国建筑能耗的计算方法，同时参考《省级二氧化碳排放达峰行动方案编制指南》中基于《中国统计年鉴》计算河南省建筑领域二氧化碳排放分析方法学，确定河南省建筑领域能耗计算方法。

各省份在进行中国能源统计制度中所要求的相关表格填写时，会借助其他制度中的相应表格进行填写，或者与其他制度中相同问题的表格同时填写。能源产量及库存数据来源于工业统计报表制度中的主要工业产品产、销、存及订货情况。能源进出口量数据来源于对外经济贸易和旅游综合统计制度中的进口主要商品量值表和出口主要商品量值表。

《中国能源统计年鉴》在终端能源消费统计方面，非工业重点耗能单位，即建筑业能源消费情况表仅统计年综合能源消费量1万tce及以上的有资质的建筑业、房地产开发经营法人单位以及其他限额以上第三产业法人单位。这说明《中国能源统计年鉴》的能源平衡表中的"建筑业"数据主要为城镇建筑业施工阶段的能源消耗量，不含农村住宅建筑施工的能源消耗量。考虑到现阶段农村住宅施工主要靠人力，只有少量卷扬机、混凝土搅拌机、振捣棒等小型施工机械的使用，能源消费量极低，可忽略不计。所以河南省能源平衡表中"建筑业"的能源消费量所对应的标准煤量之和即河南省建筑领域施工阶段能耗。

河南省建筑领域施工阶段能耗＝建筑业(Σ各类能源消费量×各自的折标系数)

2. 施工阶段能耗核算结果及分析

基于2006—2020年《中国能源统计年鉴》中河南省能源平衡表，按照上述建筑领域施工阶段能耗计算方法，2005—2019年河南省建筑领域施工阶段的能耗计算结果如图2-20所示。由图可知河南省建筑领域2005—2019年施工阶段的能耗情况：2005—2008年处于略有降低基本持平的态势，其间2007年我国通过实行新的利率政策等方式抑制建筑业的过快增长，以及在2008年整体经济受到金融危机的直接影响，建筑行业自身增长放缓；而2009—2010年迅猛增长，年增长率20.8%，是受到包括"十二五"计划开局实行的一系列加速经济转型和经济调整的政策影响；但在2011年大幅下滑，直到2014年基本持平，是受到国家及河南省相关部门对房地产行业的大力持续调控及环保监察力度加强的影响；2014年后除2016年略有下降外，又迅速激增，年均增长率高达32.28%，除因市场需求刺激及往年在建建筑存量较大外，还与国家大力投资建设文体场馆、公园绿化、地下等公共建筑设施有关。

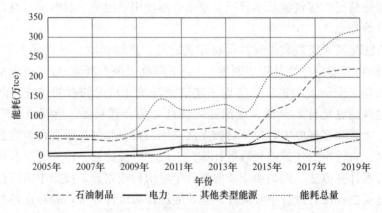

图2-20　2005—2019年河南省建筑领域施工阶段能耗变化趋势

2005—2019年河南省建筑施工阶段使用的重型机械所消耗能源主要为石油类制品，在施工阶段能耗占比，2005年为86.39%，2019年为69.19%，虽历史年份占比波动较大,但总体呈下降趋势;电力消耗在施工阶段能耗占比,2005年为13.6%,2019年为17.6%,历史年份占比波动较大,说明在建筑施工阶段电力设备使用量较小,施工设备系统整体电气化程度不高,主要原因是建筑施工过程中土方作业所使用的重型机械目前多使用柴油等石油制品驱动。

3. 施工阶段碳排放计算方法

参照生态环境部《省级二氧化碳排放达峰行动方案编制指南》中二氧化碳排放分析方法学,基于《中国能源统计年鉴》进行计算。

《省级二氧化碳排放达峰行动方案编制指南》将化石能源消费产生的二氧化碳排放定义为直接排放,将通过消耗化石能源转化的电力、热力等二次能源所蕴含的二氧化碳排放量定义为间接排放。

根据《省级二氧化碳排放达峰行动方案编制指南》中二氧化碳排放分析方法学,计算河南省建筑领域施工阶段二氧化碳排放总量的公式为:

$$河南省建筑领域施工阶段 CO_2 = CO_{2,直接} + CO_{2,间接}$$

(1) 一次能源活动的直接二氧化碳排放量可以根据不同种类能源的消费量和二氧化碳排放因子计算得到,即:

$$河南省建筑领域施工阶段 CO_{2,直接} = \sum A_i \times EF_i$$

其中,A_i 表示不同种类化石能源的消费量,可由能源平衡表得到;EF_i 表示不同种类化石能源所对应的二氧化碳排放因子。

(2) 诸如电力、热力等二次能源所蕴含的间接二氧化碳排放量可根据其能源消费量和二氧化碳排放因子计算得到,即:

$$河南省建筑领域施工阶段 CO_{2,直接} = \sum A_e \times EF_e$$

其中,A_e 表示不同种类二次能源的消费量,可由能源平衡表得到;EF_e 表示不同种二次能源所对应的二氧化碳排放因子。

(3) 因河南省建筑领域施工阶段二氧化碳排放是在建筑施工过程中消耗能源所致,所以上述一次、二次能源消费量应与建筑领域施工阶段能耗计算中的能源消费量保持一致。

参照生态环境部《省级二氧化碳排放达峰行动方案编制指南》中二氧化碳排放分析方法学,按照该指南附件6中表3的能源消费量计算方法计算。

《省级二氧化碳排放达峰行动方案编制指南》中采用最新国家温室气体清单排放因子数据,其中煤炭为 $2.66CO_2/tce$,油品为 $1.73CO_2/tce$,天然气为 $1.56CO_2/tce$。电力排放因子可取河南省电力行业碳核查所用的碳排放因子。

4. 施工阶段碳排放核算结果及分析

基于2006—2020年《中国能源统计年鉴》中河南省能源平衡表,按照上述建筑领域施工阶段碳排放计算方法,对2005—2019年河南省建筑领域施工阶段的碳排放进行计算,结果如图2-21所示。

由图2-21可以看出,2019年河南省建筑领域施工阶段直接碳排放量是471.68万t CO_2。河南省建筑领域2005—2019年施工阶段碳排放的情况:施工阶段二氧化碳排放总量变化趋势与建筑施工阶段能耗变化趋势基本一致,于2019年达到727.69万tce;因直接碳排放量与建筑施工阶段的一次能源消耗量有关,其变化趋势除2005—2008年略有下降外,2009年及以后整体呈增长态势,2019年碳排放量为471.68万tce;间接碳排放量主要与电力消耗相关,波动稍大,但整体呈增长态势,于 2019 年达到 256.01 万 tce。

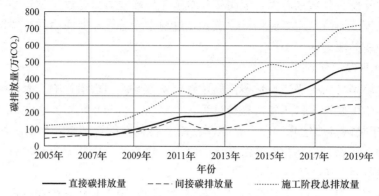

图 2-21　2005—2019 年河南省建筑领域施工阶段碳排放变化趋势

2.3.3　河南省建筑运行阶段能耗及碳排放现状

建筑运行阶段能耗计算方法与施工阶段能耗计算方法相似,参考王庆一、中国建筑节能协会关于中国建筑能耗的计算方法,同时参考《省级二氧化碳排放达峰行动方案编制指南》中基于《中国能源统计年鉴》计算河南省建筑领域二氧化碳排放分析方法学,确定河南省建筑领域能耗计算方法。

《中国能源统计年鉴》中,终端能源消费主要由工业能耗、交通能耗及其他能耗组成。其中工业能耗主要根据能源购进、消费与库存附表、主要耗能工业企业单位产品能源消耗情况、工业企业用水情况以及非工业重点耗能单位能源消费情况。其中,能源购进、消费与库存由规模以上工业企业法人填报。

交通能耗根据交通运输企业主要能源消费与库存,铁路、航空企业主要能源消费与库存、公路、水上运输企业主要能源消费与库存进行填报。其中交通运输企业主要能源消费与库存报表由省市统计局填报;铁路、航空企业主要能源消费与库存报表由公路部门、民航局填报;公路、水上运输企业主要能源消费与库存报表由交通部进行填报。

其他能源消耗主要包括农、林、牧、渔、水利业;批发和零售贸易业、餐饮业及生活消费(包含城镇、乡村)。其中批发和零售贸易业、餐饮业由非工业重点能耗单位能源消费情况中相关企业能耗情况进行统计。而农、林、牧、渔、水利业,生活消费(包含城镇、乡村)并无专门基础报表进行统计,只能根据其他统计制度中的相关内容统计。其中农、林、牧、渔业能源消费的相关数据由农林牧渔业统计调查制度中的农林牧渔业中间消耗表中"燃料""用电量"进行统计。城镇生活能源消费由城镇住户调查方案中城镇居民家庭消费支出调查表中电、燃料和车辆用燃料几项进行统计计算。农村生活能源消费由农村住户调查方案中农村居民家庭现金收入与支出表中"能源消费数量"中相关数据进行统计计算。

根据以上统计数据进行中国能源平衡表进行填报时,对能源供应量及加工、转换投入量进行填写。由于终端能源消费统计制度并不完善,数据来源较为分散,在制作能源平衡表时需进行一定的平衡。

从数据统计方式来看,《中国能源统计年鉴》仍按照"工厂法"进行数据填报。"工厂法"是指在基层企业填报物资消费时,要求填报消费物资的品种和数量,不要求或不完全要求按照具体用途进行填报。这种填报方式导致不同行业之间的能源消耗有所交叉。例如，工业部门的终端消费，包括了运输业、农业、商业和服务业以及居民的消费；同样，运输业、农业、商业和服务业、居民的消费，除本行业消费外，也包含其他行业消费。

由于《中国能源统计年鉴》采用"工厂法"进行填报，在进行建筑领域运行阶段宏观计算时需要对以下三点进行修正：第一，批发和零售贸易业、餐饮中由于交通运输所引起的汽油、柴油等能源消耗需剔除，不予纳入建筑能耗。第二，交通运输、仓储与邮政业中建筑能耗应纳入建筑能耗范畴。第三，能源统计针对规模以上的工业企业，部分较小的热力企业或供热站的能源消费未纳入统计范围，热电联产企业中的供暖能耗未单列，导致热力统计数据偏低，需对热力能耗修正。

参考王庆一和中国建筑节能协会提出的相关调整方法，即：生活消费扣除全部汽油、95%柴油；批发、零售和餐饮业，其他能源扣除95%汽油、35%柴油；参照《中国统计年鉴》中城市集中供暖能耗量对热力进行修正。

根据以上计算方法，基于《中国能源统计年鉴》中的河南能源平衡表，河南省建筑领域建筑运行阶段能耗宏观计算的公式为：

河南省建筑领域建筑运行阶段能耗＝批发、零售业和住宿、餐饮业＋其他＋居民生活＋0.4×交通运输、仓储和邮政业中的电力＋交通运输、仓储和邮政业中的热力－批发、零售业和住宿，其他中的95%汽油、35%柴油－居民生活中的全部汽油、95%的柴油＋热力修正量

河南省建筑领域公共建筑运行阶段能耗＝批发、零售业和住宿、餐饮业＋其他＋0.4×交通运输、仓储和邮政业中的电力＋交通运输、仓储和邮政业中的热力－批发、零售业和住宿，其他中的95%汽油、35%柴油＋热力修正量

河南省建筑领域城镇住宅运行阶段能耗＝居民生活中的城镇－居民生活中城镇的全部汽油、95%的柴油＋热力修正量

河南省建筑领域农村住宅运行阶段能耗＝居民生活中的乡村－居民生活中乡村的全部汽油、95%的柴油＋热力修正量

折标系数参照"建筑领域施工阶段能耗计算方法"中的折标系数。

1. 建筑运行阶段能耗核算结果及分析

基于2006—2020年《中国能源统计年鉴》中河南省能源平衡表，按照上述建筑领域建筑运行阶段能耗计算方法，对2005—2019年河南省建筑领域建筑运行阶段的能耗进行计算，结果如图2-22所示。

由图2-22可知，河南省建筑领域运行阶段能耗总量除2007年、2010年、2013年略有下降外，整体呈增长趋势，但能源结构发生了较大变化，其中电力、天然气的消耗占比在不断增大，说明人民生活水平在不断提升，家用耗能设备电气化程度不断提高，煤的消耗量下降幅度最大，从2005年的921.57万tce下降到2019年的256.95万tce，除了因为人民生活水平的提升，生活方式的改变以外，也与国家的清洁用能政策有关。

（1）公共建筑运行能耗

2005—2019年河南省公共建筑运行阶段各种能源消耗量变化如图2-23所示。

由图2-23可知，2005—2019年河南省公共建筑运行阶段能耗总量2005—2015年迅猛增长，年均增长率为17.37%，2016年突然激增，年增长率高达36.09%，但在2017年又突然大幅降低，这是由于2016年是"十三五"开局之年，也是我国全面建成小康社会决

胜阶段的开局之年,年初经济形势大好,商业、办公类建筑出租率大幅提升,公建建筑能耗随之大幅激增,但年中由于美国金融危机,第三产业受到影响,商业、办公类建筑空置率激增,导致公共建筑能耗在2017年度也随之大幅下滑。

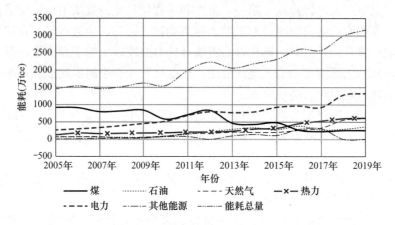

图2-22 2005—2019年河南省建筑领域运行阶段能耗变化趋势

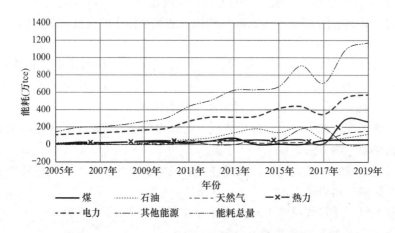

图2-23 2005—2019年河南省公共建筑运行阶段能耗变化趋势

(2) 城镇住宅建筑运行能耗

河南省城镇住宅建筑运行阶段各种能源消耗量变化如图2-24所示。

由图2-24可知,2005—2019年河南省城镇住宅运行能耗总量除与建筑规模相关外,还与居民的购买力也息息相关,所以与经济形式关系密切。

(3) 农村住宅建筑运行能耗

2005—2019年河南省农村住宅建筑运行阶段各种能源消耗量变化如图2-25所示。由图可知,农村住宅能耗总量变化起伏较大,其中2013年大幅下滑,与农村既有住宅面积2013年突然锐减2.65亿m² 相一致,主要是受到行政区划调整、大面积农村地区被划为城镇区域的影响,统计口径变化导致的,河南省农村住宅能耗总量在2013年以后基本持平,增长极其缓慢,主要原因是随着河南省城镇化率的不断提升,农村人口大量涌入城市,农村住宅空置率不断提高,虽然农村居民生活水平不断提升,人均能耗持续增加,但整体增长缓慢。

第 2 章 建筑能耗及碳排放现状

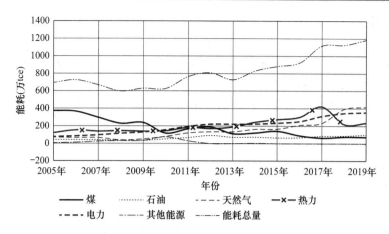

图 2-24 2005—2019 年河南省城镇住宅建筑运行阶段能耗变化趋势

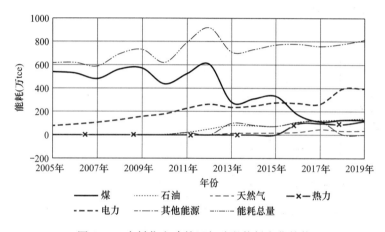

图 2-25 农村住宅建筑运行阶段能耗变化趋势

2005—2019 年河南省农村住宅能源消费结构发生了较大变化，煤炭消费量在 2012 年达到峰值后，大幅减少，2014—2015 年虽有小幅回升，但 2015 年之后持续大幅减少，而电力消耗在不断增加，2013 年，农村地区开始有了天然气消费，2016 年，农村地区还有了热力消费，这是农村居民生活水平的提升和国家清洁用能政策共同作用的结果。

2. 运行阶段碳排放计算方法

建筑运行阶段碳排放计算方法与施工阶段碳排放计算方法相同，根据《省级二氧化碳排放达峰行动方案编制指南》中二氧化碳排放分析方法学，计算河南省建筑领域建筑运行阶段二氧化碳排放总量的公式为：

$$河南省建筑领域建筑运行阶段 CO_2 = CO_{2,直接} + CO_{2,间接}$$

（1）一次能源活动的直接二氧化碳排放量可以根据不同种类能源的消费量和二氧化碳排放因子计算得到，即：

$$河南省建筑领域建筑运行阶段 CO_{2,直接} = \sum A_i \times EF_i$$

其中，A_i 表示不同种类化石能源的消费量，可由能源平衡表得到；EF_i 表示不同种类化石能源所对应的二氧化碳排放因子。

（2）诸如电力、热力等的二次能源所蕴含的间接二氧化碳排放量可根据其能源消费量和二氧化碳排放因子计算得到，即：

$$河南省建筑领域建筑运行阶段 CO_{2,间接} = \sum A_e \times EF_e$$

其中，A_e 表示不同种类二次能源的消费量，可由能源平衡表得到；EF_e 表示不同种类二次能源所对应的二氧化碳排放因子。

（3）因河南省建筑领域建筑运行阶段二氧化碳排放是在建筑运行过程中消耗能源所致，所以上述一次能源、二次能源消费量应与建筑领域建筑运行阶段能耗计算中的能源消费量保持一致。

在进行建筑领域建筑运行阶段二氧化碳排放计算时，碳排放因子参照建筑领域施工阶段碳排放计算方法中的碳排放因子取值。

3. 运行阶段碳排放现状

基于 2006—2020 年《中国能源统计年鉴》中河南省能源平衡表，按照上述建筑领域建筑运行阶段碳排放计算方法，对 2005—2019 年河南省建筑领域建筑运行阶段的能耗进行计算，结果如图 2-26 所示。

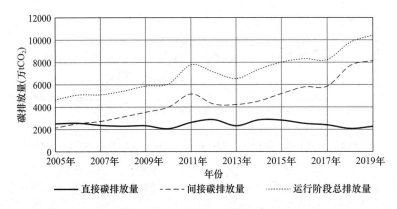

图 2-26　2005—2019 年河南省建筑领域建筑运行阶段碳排放变化趋势

由图 2-26 可知，河南省建筑领域建筑运行阶段碳排放总量于 2005—2010 年平缓增长，在经历了 2011 年激增 28.5% 之后，2012—2013 年又以年均 8.4% 的负增长率减少，2012 年降低的主要原因是电力碳排放因子由原来的 0.801t CO_2/MWh 降低为 0.5257t CO_2/MWh，2013 年降低的主要原因是城镇居民能源消费量锐减，2014—2016 年增长缓慢，2017 年略有下降，2018 年又暴增 18.57%，2019 年增长放缓，只增长了 6.61%。建筑运行阶段 2005—2019 年的直接碳排放量趋势基本趋平，在 2012 年达到峰值 2873.60 万 t CO_2。间接碳排放量与碳排放总量变化趋势基本一致，间接碳排放量与热力和电力的消耗量及碳排放因子密切相关，运行阶段电力消耗在不断增加，说明建筑领域电气化程度不断提升。

2.4　建筑领域碳排放分析

1. 河南省建筑领域碳排放分析

河南省建筑领域碳排放计算主要包括施工阶段碳排放和运行阶段碳排放。2019 年建筑领域施工阶段碳排放量为 727.69 万 t CO_2，约占全省碳排放量的 1.54%；2019 年建筑领域运行阶段碳排放总量为 10424.06 万 t CO_2，约占全省碳排放量的 22.10%。河南省建筑领域施工和运行阶段的碳排放占全社会比例与我国建筑领域碳排放占比基本吻合。如表 2-5 所示。

河南省建筑领域碳排放情况表（2019 年）　　表 2-5

建筑领域碳排放阶段	排放方式				合计	
	直接碳排放		间接碳排放			
	碳排放量（万 t CO_2）	占比（%）	碳排放量（万 t CO_2）	占比（%）	碳排放量（万 t CO_2）	占比（%）
施工碳排放	471.68	1%	256.01	0.54%	727.69	1.54%
运行碳排放	2262.63	4.80%	8161.43	17.30%	10424.06	22.10%
合计	2734.31	5.80%	8417.44	17.84%	11151.75	23.64%

2. 河南省建筑领域碳排放与部分省份碳排放比对分析

基于《中国能源统计年鉴》计算山西省、江苏省建筑领域 2019 年能耗及碳排放情况，与河南省建筑领域能耗及碳排放情况对比如表 2-6 所示。

建筑领域能耗及碳排放情况对比表（2019 年）　　表 2-6

省份	河南省	山西省	江苏省
GDP（亿元）	54259.20	17026.68	99631.52
施工阶段总能耗（万 tce）	320.09	131.57	294.98
运行阶段城镇住宅总能耗（万 tce）	1184.42	1057.28	933.69
运行阶段乡村住宅总能耗（万 tce）	812.36	383.64	489.30
运行阶段公共建筑总能耗（万 tce）	1171.3	811.83	1061.57
运行阶段总能耗（万 tce）	3168.08	2252.75	2484.56
施工阶段碳排放总量（万 t CO_2）	727.72	404.94	814.15
施工阶段直接碳排放量（万 t CO_2）	471.68	173.27	380.79
施工阶段间接碳排放量（万 t CO_2）	256.04	231.67	433.36
运行阶段碳排放总量（万 t CO_2）	10424.06	8415.38	12166.98
运行阶段直接碳排放量（万 t CO_2）	2262.63	1985.56	783.48
运行阶段间接碳排放量（万 t CO_2）	8161.43	6429.82	11383.50

由表 2-6 可以看出，山西省建筑领域运行阶段能耗比河南省低 28.9%，而碳排放量只比河南省低 19.3%；江苏省建筑领域运行阶段能耗比河南省少 683.52 万 tce，但碳排放量却比河南省多 1742.92 万 t CO_2。这主要是因为三省的能源消费结构相差较大。基于《中国能源统计年鉴 2020》，三省的能源消费结构如图 2-27 所示。

由图 2-27 可以看出，与河南省相比，山西省能源消耗中煤制品占比较大，电力占比较小；江苏省能源消费总量低，但二氧化碳排放总量高，这主要是因为江苏省电力消耗远大于河南省，且江苏省（华东地区）的电力碳排放因子取 0.7035kgCO_2/kWh，高于河南省（华中地区）的电力碳排放因子 0.5257kgCO_2/kWh。

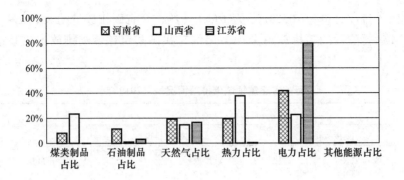

图 2-27　2019 年建筑领域运行阶段能源消费情况对比示意图

本章参考文献

[1] 清华大学建筑节能研究中心. 中国建筑节能年度发展研究报告 2022 [M]. 北京：中国建筑工业出版社，2022.

[2] 江亿，胡姗. 中国建筑部门实现碳中和的路径 [J]. 暖通空调，2021，51（5）：1-13.

[3] 胡姗，张洋，燕达，等. 中国建筑领域能耗与碳排放的界定与核算 [J]. 建筑科学，2020，36（S2）：288-297.

[4] 中国建筑节能协会能耗专家委员会. 2021 中国建筑能耗与碳排放研究报告 [R]. 北京：中国建筑节能协会，2021.

[5] 国家统计局能源统计司. 中国能源统计年鉴 2020 [M]. 北京：中国统计出版社，2020.

[6] 中华人民共和国国家统计局. 中国统计年鉴 2020 [M]. 北京：中国统计出版社，2020.

[7] 河南省统计局，国家统计局河南调查总队. 河南统计年鉴 2021 [M]. 北京：中国统计出版社，2021.

[8] 住房和城乡建设部标准定额研究所. 中国民用建筑能耗总量控制策略——民用建筑节能顶层设计 [M]. 北京：中国建筑工业出版社，2016.

[9] 蔡伟光，李晓辉，王霞，等. 基于能源平衡表的建筑能耗拆分模型及应用 [J]. 暖通空调，2017，47（11）：27-34.

[10] 蔡伟光，蔡彦鹏. 全国建筑碳排放计算方法研究与数据分析 [J]. 建设管理研究，2019（2）：61-76.

[11] 王庆一. 中国建筑能耗统计和计算研究 [J]. 节能与环保，2007（8）：9-10.

[12] 凡培红，戚仁广，丁洪涛. 我国建筑领域用能和碳排放现状研究 [J]. 建设科技，2021（11）：19-22.

[13] 陈雨欣，陈建国，王雪青，等. 建筑业碳排放预测与减排策略研究 [J]. 建筑经济，2016，37（10）：14-18.

[14] 吴珺华，刘喆，韩佳慧. 我国民用建筑碳排放空间非均衡测度及分解 [J]. 生态经济，2018，34（6）：34-38.

第 3 章
建筑领域碳达峰预测及目标

虽然我国已经明确了碳达峰碳中和的时间目标,但并没有给出碳排放达峰时的具体峰值水平区间,也没有对各个行业的碳排放量进行目标分解。因此,开展建筑领域碳达峰影响因素和预测方法研究,构建涵盖建筑能耗及碳排放的计算模型,基于不同发展情景对建筑领域碳排放峰值进行预测,预测分析在各种可能情况下,建筑领域碳排放何时达峰以及峰值的多少,具有重要意义。通过预测以及对预测结果产生的影响进行全面分析,从建筑与能源视角预测最有可能的达峰时间和达峰量,探究建筑领域碳减排达峰技术措施,制定建筑领域减碳发展路径,为科学合理制定减排政策提供决策依据和参考。

3.1 建筑领域碳达峰影响因素

3.1.1 建筑领域碳达峰影响因素分析方法

建筑碳排放影响因素分析方法主要有因素分解法、相关性分析法、灰色关联度分析法、回归分析法、构造协整方程法、向量误差修正模型法、Granger 因果检验法等。

1. 因素分解法

因素分解法最初应用于能源消费变化的研究中,它作为一种研究事物变化特征及其作用机理的重要方法,近年逐渐被应用于碳排放的研究中。因素分解法又分为指数分解 IDA(Index Decomposition Analysis)及结构分解 SDA(Structural Decomposition Analysis)。指数分解方法适合分解含有时间序列数据和含有较少因素的模型,在环境经济研究中得到广泛使用。其中,对数平均权重分解法(Logarithmic Mean Weight Division Index Method,LMDI)是目前最常用的迪氏分解法。马晓明等人利用 LMDI 方法,对 1996—2014 年我国建筑运行相关的碳排放进行因素分解。结果表明,公共建筑和城镇住宅是建筑碳排放增长的主要来源。第三产业增加值、居民人均收入是建筑排放的主要增长因素,单位面积能耗、单位住宅面积是建筑排放的主要减缓因素。宋金昭等人对 2000—2014 年我国建筑业构建了碳排放强度测算模型,并基于对数平均迪式指数分解法(LMDI)对碳排放强度的影响因素从能源碳排放强度效应、能源结构效应、能源强度效应以及间接碳排放强度效应 4 个方面进行了分解分析。李新运等基于投入产出技术的结构分解分析模型,对我国行业碳排放四个组成部分——直接碳排放、间接碳排放、出口产品碳排放及进口产品碳排放的影响因素进行了分解,通过将经济系统中某个因变量的变动分解为与之相关的各独立自变量变动的和,以测度其中每一个自变量变动对因变量变动贡献的大小,并开展实证分析。

因素分解法可用于研究事物变化特征及其作用机理,可对研究对象进行定性及定量分析,而且不受数据量限制,使用非常广泛。这种方法在使用时往往将各因素分解为乘积的形式,一般依托 IPAT 模型、STIRPAT 模型和 Kaya 模型。本书对该方法进行了重点梳理。

(1) IPAT 模型

为了定量揭示人口、经济发展和科学技术作用对环境的冲击或影响，美国著名人口学家 Ehrlich 和 Holden 于 1971 年提出"IPAT"模型，该方程表示为：

$$I=PAT \tag{3-1}$$

其中，I（Impact）为环境冲击或影响，P（Population）指人口，A（Affluence）为富裕度，T（Technology）为技术进步。等式左边的 I（环境冲击）可用不同的指标表示，例如能源消耗、CO_2 排放量等。等式右边的第一项 P（人口），通常以人数表示；第二项 A（富裕度），通常以每人每年的 GDP 表示；第三项 T（技术）则以单位 GDP 所形成的环境指标表示，或者说 T 是 I 与 GDP 的比值。IPAT 模型揭示了引起环境变化的三个主要驱动力为人口、经济和技术，且指出每个因素不可能独立于其他因素而单一作用于环境冲击，环境变异是这些因素共同作用的结果。譬如：一个国家在给定的某段时间内，若 P 和 T 基本保持不变，而 A 持续增长，不能认为环境影响都是 A 带来的，而是它们的影响已经在 A 的变化中得以体现。IPAT 模型已成为一个被广泛认可的分析人口对环境影响的公式，广泛用于分析环境变化的决定因素。

(2) STIRPAT 模型

基于 IPAT 模型的应用研究主要是通过改变一个因素，而保持其他因素固定不变来分析问题，这样得到的结果就是对因变量的等比例影响，这是 IPAT 模型最大的局限性。为此，Dietz 等人通过建立随机模型来分析人口对环境的非比例影响。在 IPAT 的基础上，建立了 STIRPAT (Stochastic Impacts by Regression on Population, Affluence, and Technology) 模型，即：

$$I=aP^bA^cT^de \tag{3-2}$$

式中，I、P、A、T 分别表示环境压力、人口数量、人均财富和技术；a 是模型系数；b、c 和 d 分别是人口数量、人均财富和技术等人文驱动力的指数；e 为模型误差。STIRPAT 模型不仅保留 IPAT 模型中人文驱动力之间相乘的关系，并且将人口数量、富裕度、技术等人文驱动力作为影响环境压力变化的主要因素。在实际的研究中，STIRPAT 模型在碳排放影响因素的研究中有着广泛应用。孔佑花通过建立 STIRPAT 模型，进行岭回归分析确定工业碳排放主要影响因素，包括：总人口、劳动生产率、工业化率、工业能源强度、工业能源结构、工业轻重结构、企业规模、技术水平；汤嫣嫣根据已有的相关研究筛选出影响因素，分别运用 STIRPAT 模型和结构分解模型分析居民生活用能和消费品嵌入式碳排放的影响因素，包括能源结构、居民消费水平、城镇化率、人口规模和能源强度、部门单位产出排放、居民消费水平、生产部门中间生产需求水平、人口规模和居民消费结构；项鹏程通过 STIRPAT 模型的回归分析得到模型驱动因素对能源消费碳排放量的弹性系数，得出的结论是弹性系数最大的前三个驱动因素是城市化水平、能源消费结构、总人口。Ma Minda 等人通过建立 STIRPAT 模型，分析 2000—2015 年我国公共建筑碳排放的影响因素，并认为人口、城市化水平、公共建筑的人均建筑面积、第三产业 GDP 指数以及我国公共建筑的碳排放强度影响效果明显。

(3) Kaya 模型

Kaya 恒等式最初是由日本学者 YoichiKaya 于 1989 年在联合国政府气候变化专门委员会举办的研讨会上提出的。Kaya 恒等式通过一个简单的数学公式描述了社会、经济、能源、排放等宏观总体因子之间的关系,将二氧化碳排放量分解成与人类生产生活相关的因素,具有数学形式简单、分解无残差、对碳排放变化推动因素解释力强等优点。Kaya恒等式可以有多种形式的拓展。在碳排放测算方面,从能源碳排放角度,Kaya恒等式可以拓展为如下形式:

$$C=\sum \frac{E_i}{E} \cdot \frac{C_i}{E_i} \cdot E = \sum P_i \cdot F_i \cdot E \tag{3-3}$$

其中,C表示碳排放总量;C_i为第i种能源产生的碳排放量;E为能源消费总量;E_i为第i种能源消费量;P_i为第i种能源消费量在总能源消费量中的占比;F_i为第i种能源的碳排放强度。

在碳排放影响因素分解方面,Kaya恒等式的一般数学表达式可拓展为:

$$CO_2 = \frac{CO_2}{E} \cdot \frac{E}{GDP} \cdot \frac{GDP}{P} \cdot P \tag{3-4}$$

其中,CO_2表示二氧化碳排放量;E表示能源消费总量;GDP表示国内生产总值;P表示人口总量。CO_2/E表示能源碳强度;E/GDP表示单位GDP能耗量(也称为能源GDP强度);GDP/P表示人均GDP。这三个因子和人口规模一起构成了碳排放的四个驱动因子。其中,能源碳强度反映了能源结构,能源强度与产业结构和技术进步联系紧密,人均GDP代表了经济增长,人口则体现了规模效应,这四个因子覆盖了影响碳排放的各个方面。因此Kaya恒等式被广泛应用于建筑业碳排放研究。

2. 其他分析方法

其他分析方法可根据方法的使用原理进行归类,相关性分析法和灰色关联度分析法为系数法,回归分析法、构造协整方程法和向量误差修正模型法为方程法,Granger因果检验法属于因果法。

(1)相关系数分析法

通过计算各影响因素与碳排放之间的相关系数,考察两者之间的相关性大小。该方法可以分析任意一个影响因素与碳排放之间的相关性,影响因素的选择较为灵活,应用也很广泛。但是该方法一次只能分析一种因素与碳排放之间的关系,若要分析多个因素与碳排放之间的关系必须进行多次计算,从而增加了计算工作量。另外,这种方法对数据量的要求较高,数据量较少将直接影响到结果的准确性。

(2)灰色关联度分析法

基本思路是根据序列曲线几何形状的相似程度来判断序列之间的联系是否紧密。序列曲线的几何形状越相似,相应序列间的关联度越大,反之,则越小。灰色关联度分析法可对一个发展变化着的系统进行发展态势的量化比较分析。灰色关联度分析法可进行定性及定量分析,使用较为灵活,而且对样本量要求不高,在应用时对于数据量较少的研究可选用此法。但是这种方法在为指标赋权重时,结果会受权重的影响。

(3)回归分析法

在寻求某个变量(如碳排放)与其他几个变量之间的关系时,回归分析(Regression Analysis)是一种较为常用的方法。进行回归分析时需要建立描述变量间相关关系的回归方程,根据自变量的个数,可以是一元回归,也可以是多元回归。建立的回归方程的系数大小可反映影响因子与碳排放之间关系的密切程度。该方法可进行定性和定量分析,但对数据量的要求较高，较少的数据量建立的回归模型意义不大。

（4）协整方程及向量误差修正模型

协整关系是指 2 个或多个变量的（静态）长期均衡关系。虽然在实际中，一些经济变量可能是非平稳的，这些序列的矩，如均值、方协方差随时间变化，但它们的线性组合却有可能是平稳的。这种平稳的线性组合称为协整方程，可被解释为向量之间的长期稳定关系。构造协整方程的指标序列或其同阶差分必须是平稳的。对于具有协整关系的非稳定时间序列，可通过差分的方法将其化为稳定序列，再建立经典的回归分析模型，即向量误差修正模型。

（5）Granger 因果检验法

Granger 因果检验法由 2003 年诺贝尔经济学奖得主克莱夫·格兰杰所开创，用于分析经济变量之间的因果关系。越来越多的学者开始使用 Granger 因果检验法分析各影响因素与碳排放之间的因果关系。进行 Granger 因果关系检验的一个前提条件是时间序列必须具有平稳性，否则可能会出现虚假回归的问题。因此，必须对各指标时间序列的平稳性进行单位根检验，对于时间序列为非平稳的指标是无法使用该方法的，这也是该方法应用的局限。此外，该方法只能定性分析，不能定量分析。在应用时，可先用该方法对指标筛选，再选用其他方法进行定量分析。该方法可以使用 Eviews 软件中的 Granger 因果检验功能实现，大大减少了计算工作量。

3. 建筑碳排放影响因素分析方法比较

上述所建筑碳排放影响因素分析方法大部分既可以进行定性分析，又可以进行定量分析，且很多方法可以相互结合，交叉使用。方程法、因果法、相关系数分析法都需要大量的数据，在应用时，如果已有数据量较少，可以选用因素分解法和灰色关联度分析法。方程法、因果法的计算可以通过相关的计算机软件实现，计算工作量较小，但是分解法和系数法的计算工作量相对较大。各方法之间的优缺点比较如表 3-1 所示。

建筑碳排放影响因素分析方法的比较　　　　表 3-1

分析方法		优点	缺点
分解法	因素分解法	可用于研究事物变化特征及其作用机理，计算简便，可对研究对象进行定性和定量分析，且对样本量的大小要求不高	只能分解为各因素乘积的形式，限制了很多和碳排放有关联的因素的使用
系数法	相关系数分析法	可定性和定量分析任意一个影响因素与碳排放之间的相关性，使用较为灵活	一次只能分析一种因素与碳排放的关系，分析多个因素时，计算工作量大，需要较大的样本量
	灰色关联分析法	可定性及定量分析，使用较为灵活；对样本量的大小要求不高	在为指标赋权重时，结果会受权重的影响
方程法	回归分析法	可定性和定量分析，能够建立碳排放与多个因子间的回归分析，使用较为灵活，可利用计算机建立回归模型	需要较大的样本量
	构造协整方程法	可进行定性和定量的分析，能够建立碳排放与多个因子间的回归分析	指标间必须是同阶单整，才能构造协整方程进行分析，需要较大的样本量
	向量误差修正模型	可进行定性和定量的分析，可对非稳定时间序列进行分析	需要较大的样本量

续表

分析方法		优点	缺点
因果法	Granger 因果检验法	可定性分析指标之间的因果关系。可使用 Eviews 软件中的 Granger 因果检验功能实现	不能进行定量分析，且要求指标间的数据必须是平稳的，需要较大的样本量

建筑碳排放作为一个复杂系统，受多种因素的影响，这些因素对建筑碳排放的影响效果、影响程度均不相同。为有效识别建筑碳排放的影响因素，本书从宏观层面分别对建筑生产物化以及运行阶段碳排放影响因素进行识别，研究民用建筑运行能耗与各因素间关联程度，确定主要影响因素。

3.1.2 建筑施工阶段碳排放影响因素分析

参考以往对于建筑业碳排放影响因素的研究，通过整理相关文献，识别这些文献中涉及的影响因素，结果如表 3-2 所示。根据 IPAT 恒等式可以将影响因素分为三类，第一类是人口因素（总人口、建筑业从业人数），第二类是经济因素［国内生产总值（GDP）、人均 GDP、生活水平、建筑业产值、城镇人均住房建筑面积、产业结构、城镇化率、建筑业房屋施工面积］，第三类为技术因素（能源排放强度、建筑业能源消耗量）。

影响因素识别表　　　　　　　　　表 3-2

类别	影响因素	单位
人口因素	总人口	100 万人
	建筑业从业人数	万人
经济因素	GDP	亿元
	人均 GDP	万元
	城镇化率	%
	建筑业房屋施工面积	万 m^2
	建筑业产值	亿元
	产业结构（建筑业产值/国内 GDP）	%
	生活水平（居民消费指数）	(1978=100)①
	城镇人均住房建筑面积	m^2
技术因素	能源排放强度（建筑业能源消耗量/建筑业产值）	万 t/亿元
	建筑业能源消耗量	万 tec

① 居民消费指数以 1978 年=100 为基数计算。

1. 人口因素

（1）总人口及建筑业从业人口

IPAT 方程认为导致环境、能源变化的首要因素是人，建筑业产生的碳排放量的增减直接受到人口的影响，不断的增长的人口规模，提高了能源资源需求，也因此不断加剧环境压力。IPCC 第四次报告中提出：人类活动影响已成为变暖的重要原因之一。刘菁在研究建筑业碳排放影响因素中发现，总人口的增加会对建筑业碳排放水平产生正向影响。Chen 在研究不同国家碳排放的影响因素时发现，人口对碳排放的影响是正向的，在经济发展初期，碳排放随人口的增加而增加，但增加幅度呈现递减的趋势。樊琳梓指出建筑业人口通过对建筑业就业贡献影响进而影响建筑业的碳排放量，并且建筑业就业贡献对建筑碳排放的影响恒为正向指标，且随时间变化没有明显的波动。因而，不论是总人口的增加还是建筑业从业人口的增加，都会对建筑业带来碳排放的正向影响。

(2) 城镇化率

现有文献证明，城市化对能源消费和碳排放具有很强的相关性。李爽指出城市化水平是建筑业碳排放影响因素中第二大影响因素，并且城市化水平越低，推进速度越快，城市化进程对碳排放的影响也就越大。卢娜将城镇化对建筑业碳排放的影响分解为规模效应、结构效应和技术效应，发现结构效应对建筑碳排放的影响最为突出，且在发展过程中对碳排放的抑制作用不断加强。综上，城市化对碳排放的影响是多方面的：一是不断推进的城镇化进程，推动了大规模城镇建设的开展，建筑面积总量迅速提升，从而引起建筑碳排放量的快速增长；二是加速的城镇化进程在随着城市化水平的提高，居民收入水平的提升会促使能源消费结构发生改变，能源使用效率的提高将降低能源消费总量；三是随着城市化水平的不断提升，城镇化对碳排放的影响在逐渐减弱。

(3) 生活水平

居民生活水平的提升是建筑业碳排放的增长的重要因素。杨艳芳指出北京居民生活水平的提高，带动了能源需求的增长，对碳排放具有直接的促进作用。居民对生活的需求从初始的基本生存条件的满足，逐步转向提高生活质量的要求，如宽敞的居住空间、便利的生活条件、舒适的室内外环境等，这些不断提高的要求促使居民对家用电器、汽车、住房等耐用消费品的需求不断增长，也因此导致建筑能耗快速增长。高收入会倾向于碳密集型消费模式，因此不断增长的家庭平均年收入也将持续推动碳排放的增长力。因此，本书将生活水平定量为居民消费指数，从而探究其对建筑业碳排放的影响关系。

2. 经济因素

(1) GDP

经济的发展对于碳排放的影响是显著的，宋金昭中指出建筑碳排放的空间效率分布不均，GDP较高的省份建筑业碳排放效率也有较为明显的提高。刘菁在分析不同系统之间互相作用的因果回路图时发现，GDP对建筑碳排放的影响较为显著。祁神军发现不论是直接碳排放的影响因素还是间接碳排放的影响因素，各产业的GDP增长率在诸多影响因素中对建筑业碳排放的影响都是最强的。由此可知，GDP的增长带动各产业的发展，一方面对于建筑业本身规模的扩张必然会带来能源消耗量的增加，在消耗能源的同时，就会产生相应的碳排放；另一方面，其他产业的发展必然以建筑业为基础，各产业的发展都需要建筑、道路等设施，并且水泥、玻璃、钢材等材料行业的发展，是建筑业发展的前提条件，因而会导致建筑业间接碳排放的增加。

(2) 人均GDP

人均GDP的增长会带动建筑碳排放的增长。黄振华发现重庆市的人均不变价GDP增长1%，建筑碳排放就增加大约0.4061%。重庆市人均GDP的增长意味着居民生活水平的提升，居民购买奢侈品的数量增多，对各种服务产品的需求增加，这其中的很多活动都发生在建筑里，从而使得建筑碳排放增加。李爽发现人均GDP的增长会提高城镇居民的消费水平，而且会对农村居民产生一定示范作用，二者同时的能源消费会推动建筑的碳排放增长。因而诸多研究发现,人均GDP的影响主要对建筑运行阶段的碳排放量有较强的影响。

(3) 建筑业产值

建筑业产值是建筑业经济发展的直接体现,因而经济发展对碳排放的影响仍然适用。建筑业产值即建筑业的产业规模,樊琳梓发现建筑业的产业规模对建筑碳排放的影响随时间而不断增加。这就证明了建筑业的不断发展会带来更多的能源消耗,因而产生更多的碳排放。

(4) 产业结构

产业结构的变迁与经济增长和环境质量之间有明显的关系。发达国家的产业结构演变,同时也引起碳排放的结构性变化。以美国为例,尽管在1980—2006年之间碳排放增长了22.4%,但其第二产业的碳排放量所占比重却下降了10%,这就说明产业结构的变迁,现代工业的能源基础是影响环境的重要根源。经济的发展必然带动产业结构的不断优化调整,进而能源消费结构也会产生变化,而能源的消耗所产生的二氧化碳则被认为是首要的排放源。根据有关研究,一方面经济增长会促进产业结构升级,二者之间存在着明显的正相关关系,而产业结构的优化又会有力地推动经济的快速发展;另一方面经济增长又带动了二氧化碳的增排。因此,由于技术结构变化导致的产业结构变动是碳排放的重要影响因素。本书选取建筑总产值与国民经济总产值的比率作为产业结构,将其作为经济因素之一。

3. 技术因素

(1) 能源排放强度

能源排放强度是建筑业能源消耗量与建筑业产值的比值,建筑的能源排放强度就是单位建筑业产值所消耗的能源量,代表着能源效率,该指标越高,就说明能源的消耗量越多,这样就会产生更多的碳排放。宋金昭、张智慧在研究影响碳排放的因素中均发现,能源的排放强度是碳排放的关键影响因素,并且发现能源排放强度与能源结构对碳排放的影响方向是一致的。因而本书选取能源排放强度作为影响建筑业碳排放的因素之一。

(2) 建筑业能源消耗量

IPCC第四次评估报告指出能源消耗产生了大量的二氧化碳,因而能源消耗量会对建筑业的碳排放产生正向影响。祁神军指出建筑业的能源消耗量是通过规模产出能源强度来影响建筑业的碳排放。因而本书将建筑业的能源消耗量作为建筑业碳排放的影响因素。

(3) 能源结构

能源结构是指不同能源所占能源总量的比例,考虑到不同能源的碳排放量不同,例如石油的碳排放系数比煤的碳排放系数要低,那就说明在消耗等量的煤和石油的情况下,煤所产生的碳排放要比石油多,因此能源结构对建筑业的碳排放量会有重要的影响。有研究者发现能源结构效应在影响碳排放中处于第三的位置,并且在碳排放强度上升阶段起抑制作用,在其下降阶段起促进作用。

4. 建筑本体因素

(1) 建筑业房屋施工面积

建筑面积的增长是造成建筑碳排放提升的一个直接因素。有学者指出推动我国建筑业碳排放量增加的主要因素是建设规模的扩大。无论是从我国整体、三大区域还是各省份的角度来看，建筑业碳排放量的增加主要归因于建设规模的不断扩大。2005—2012年，因为建设规模的不断扩大导致我国建筑业碳排放量增加7302.56万t CO_2，远大于其他三个影响因素带来的影响。建筑面积的增加是建筑规模增加的直接体现，建筑规模的增加是建筑直接碳排放、间接碳排放增加的重要因素。

（2）城镇人均住房建筑面积

城镇人均住房面积的增加将导致建筑材料用能的增加，同时还对运行阶段的能耗产生影响。杨艳芳指出人均建筑居住面积增加是拉动建筑碳排放增长的重要因素。人均建筑居住面积增加1%，建筑碳排放将增加0.54%。建筑的面积增加不仅会带来建筑材料准备阶段的碳排放增加，还必然带来建筑使用阶段照明、电器、供暖用能的增长，成为支撑建筑碳排放不断增长的重要因素。因而本书确定城镇人均住房建筑面积为影响建筑业的碳排放的因素。

3.1.3 建筑运行阶段碳排放影响因素分析

建筑运行阶段的碳排放主要来自已建成并投入使用的建筑在供暖、制冷、炊事、照明等方面能源消耗所产生的碳排放。在我国存量建筑面积不断增长，居民生活水平进一步提升等因素的推动下，建筑运行阶段碳排放将进一步增加。为此，本节将采用定性与定量分析相结合的方法，研究识别建筑运行阶段碳排放影响因素，为建筑运行阶段碳排放预测奠定基础。

建筑作为社会能源消耗的一个子系统，其碳排放受整个社会多方面因素影响，这些系统包括社会、经济、科技、生态等。在20世纪70年代，美国有学者便提出了反映人类社会经济活动对资源、环境影响的IPAT方程，即资源、能源的消耗，温室气体（或废弃物）的排放可以分解为与人类经济社会活动相关的社会、经济和科技3个影响因素。在IPAT方程的基础上，结合文献资料的分析整理，初步提出了建筑运行阶段碳排放影响因素。

1. 经济因素

（1）人均GDP

人均GDP反映经济发展水平，其对建筑运行阶段碳排放的影响主要体现在两个方面：一方面伴随着人均GDP的提升必然会加大生产力度，引起能源消费的增加，导致碳排放量提高。杨国锐、刘广为、贺红兵、樊星、曾获通过研究人均GDP对碳排放的影响，发现人均GDP增长是导致碳排放增长的因素之一。因此，本书选取人均GDP作为分析指标，其数据来源于《中国统计年鉴》"表3-1 国内生产总值"。

（2）第三产业增加值

第三产业经济活动不属于工业生产，而其产生的碳排放基本来源于建筑领域，按照一般统计规则，第三产业经济活动产生的碳排放一般计入公共建筑碳排放。蔡伟光研究发现随着第三产业经济活动的增强，公共建筑能耗也随之增长。曾获通过研究我国民用建筑运行能耗宏观影响因素发现第三产业增加值与民用建筑运行能耗之间具有关联关系。因此，为进一步探究第三产业经济活动对建筑运行阶段碳排放的影响，选取第三产业增加值作为分析指标，数据来源于《中国统计年鉴》"表3-1 国内生产总值"。

（3）居民消费水平指数

居民消费水平反映居民对满足其生存、发展和享受等方面需要所达到的程度，是居民生活水平提高的直接表现，一般采用居民消费水平指数来衡量。当建筑物只提供基本服务功能时，建筑碳排放处于较低水平，但随着居民生活水平的提升，对建筑物舒适度的要求也随之提升，致使能源消耗增加，进而提升碳排放量。蔡伟光研究发现居民消费水平的提升对建筑能耗增长具有较强的推动作用。樊星认为居民消费水平对碳排放量具有正向影响效果。居民消费水平指数数据来源于国家统计局统计数据。

(4) 城镇居民可支配收入

随着居民可支配收入的提升，居民生活水平也不断提升，对建筑物的功能要求越来越高。伴随建筑物功能的改善，建筑物能源需求也不断增加，导致建筑碳排放量增加。对此，城镇居民对建筑物功能要求相比于农村更高，并且城镇建筑运行阶段碳排放量要高于农村建筑。曾获研究发现城镇居民可支配收入与建筑运行能耗存在较强的关联关系。因此，为进一步探究建筑运行阶段碳排放影响因素，选取城镇居民可支配收入作为分析指标，数据来源于《中国统计年鉴》"表6-6 城镇居民人均收支情况"。

2. 人口因素

(1) 总人口

随着人口规模的增长，人类对能源的需求也随之增加，由此产生的环境压力也不断加剧。IPCC第五次报告指出：2011年，大气中二氧化碳浓度比工业化前的1750年提高了40%，其中人类活动已经成为二氧化碳浓度升高的主要原因之一。人口对碳排放的影响主要体现在人口总量的增加势必会提升能源需求量，进而使碳排放量增加。徐安、杨国锐、贺红兵、樊星研究发现人口规模扩大对碳排放量增长具有正向效应。本书中总人口数据来源于《中国统计年鉴》"表2-1 人口数及构成"。

(2) 城镇化率

城镇化对建筑运行阶段碳排放的影响主要包括三方面：一是随着我国城镇化的推进，城镇建设大规模开展，进而使建筑面积总量不断提升，促使建筑碳排放量增加；二是城镇化水平的提升推动了第三产业发展，使得公共建筑运行能耗增长，进而使碳排放量提升；三是城镇化进程将农村人口集中到城市，人口密集化必将改变能源利用效率，导致建筑运行阶段碳排放改变。Liddle运用STIRAPT研究发达国家年龄结构、城镇化对气候的影响，发现城镇化是引起环境变化的重要因素。许泱对我国城市化和碳排放进行了实证研究，研究发现我国城市化的推进导致碳排放增加，并且城市化进程会继续放大碳排放量的增加。因此，本书选取城镇化率作为分析指标，其数据来源于《中国统计年鉴》"表2-1 人口数及构成"。

3. 技术因素

(1) 能源结构

能源结构即煤炭的消费量在总的能源消耗中的占比。在民用建筑消耗的各类能源中，煤炭的碳排放系数最高，其次为石油、电和天然气，煤炭在能源消耗的占比越大，最终的碳排放量也越多。同时，能源结构也是技术的反映，随着技术的进步，煤炭消费量的占比也将越来越低。因此我国在大力推广用电力代替煤炭，降低煤炭消耗的占比，以此减少碳排放量。程叶青通过空间面板模型探究了能源结构对碳排放的影响，结果显示能源结构显著影响碳排放强度。张伟也提出能源使用结构对CO_2减排效率变化率产生正影响。因此选取能源结构作为影响因素，分析其对民用建筑碳排放的影响。煤炭的消费量数据选自《中国能源统计年鉴》"表5-2 中国能源平衡表（标准量）"。总能源消耗量数据来源于《中国建筑能耗研究报告（2018）》。

(2) 电力碳排放因子

电力碳排放因子是对技术进步的直接反映。相较于煤炭、天然气、石油等能源的碳排放因子近乎不发生改变，电力碳排放因子随着技术进步每年都在发生着变化，从2000年的 0.81kg CO_2/kWh 降低为2016年的 0.59kg CO_2/kWh。因为在民用建筑中电力消耗占比较大，所以电力碳排放因子的变化对民用建筑碳排放量有着较大的影响，其数据来源于《中国建筑能耗研究报告（2018）》。

4. 建筑本身相关影响因素

(1) 既有建筑面积

建筑面积的增加是导致建筑运行能耗增长的直接因素。民用建筑面积的增加，必然带来建筑物用能的增长。从技术层面讲，建筑面积增加带来用能设备的负荷增加。如照明系统、空调供暖系统的负荷都是根据建筑面积设计的，建筑面积越大，能耗越大。蔡伟光通过LMDI方法对建筑能耗增长影响因素进行分解，提出建筑面积增加是导致我国建筑能耗增加的第二大因素。因此选取既有建筑面积作为影响因素，数据来源于《中国建筑能耗研究报告（2018）》。

(2) 北方集中供暖面积占比

随着我国北方城镇地区集中供暖工程的大力推广，供暖面积也在逐年增加，2000—2016年，北方城镇建筑供暖面积增加了2倍，由于北方供暖中煤的消耗比例超过了80%，因此北方集中供暖面积的增长显著影响了民用建筑碳排放总量。刘俊伶提出北方城镇供暖的能效措施（包括推广高效锅炉，提高集中供暖比例）对建筑碳减排的贡献率达25.8%。北方集中供暖面积占比数据来源于《中国建筑能耗研究报告（2018）》。

(3) 公共建筑面积比例

随着我国城镇化进程，我国公共建筑规模增长迅速。与居住建筑相比，公共建筑内部用能设施较多，耗能量也较大，碳排放量也越多。国家发展和改革委员会2007年指出：尽管我国既有大型公共建筑不足城镇建筑总面积的4%，但电耗却占我国城镇建筑总电耗的25%以上。如本书图2-7所示，2020年公共建筑面积占比为21.2%，但其能耗位居四大建筑类型之首。可以看出公共建筑面积的增长对民用建筑碳排放量有着显著影响。

3.2 建筑领域碳达峰预测方法

预测是指在调查研究的基础上，对事物的未来发展趋势预先做出科学推测的理论和方法的总称。在对建筑领域碳排放进行影响因素研究分析的基础上，很多学者也应用各种方法工具，建立相应的预测模型，对建筑领域碳排放发展趋势做出预测。其中，应用广泛的碳排放预测方法主要包括情境分析法、神经网络法、灰色预测方法以及统计学中的回归模型，同时也有一部分研究者应用投入产出分析法、系统动力学等预测方法。

1. 情景分析法

姜兴坤以1996—2008年相关数据为样本，采用情境分析对三种路径的大型公共建筑碳排放进行了长期预测（到2050年）：基准情境为保持目前能耗水平的碳排放预测、减排潜力为借鉴发达国家经验的碳排放预测、减排成本为减排节能状况下碳排放预测；基于Kaya恒等式，运用LMDI因素分解法，分解出影响我国大型公共建筑碳排放变化的主要影响因素分别为经济发展、大型公共建筑的规模（面积）和技术；最后从政策支持、节能技术普及、节能意识提高三方面提出我国大型公共建筑碳减排路径。

曾获建立了民用建筑运行能耗的宏观影响因素指标体系，并用灰色系统理论和灰色关联度分析法确定民用建筑运行能耗与各影响因素的关联度大小；运用计量经济学协整理论，构建了民用建筑能耗的协整分析预测模型及误差修正模型，研究表明民用建筑运行能耗与终端能耗总量、第三产业增加值占的比重、城镇化率、城乡居民家庭人均生活消费支出、第三产业万元增加值能耗、年末累计民用建筑竣工总量间存在长期均衡关系和短期动态关系；应用民用建筑运行能耗协整分析模型和情景分析法，预测了历年民用建筑运行能耗。纪建悦在基于 STIRPAT 模型估计的基础上采用情景分析法主要研究建筑业单位增加值能耗年均增长率与建筑业碳排放量、减排效果和峰值出现时间的关系，指出提高建筑业相关的技术水平减少不必要的能源消耗以降低建筑业单位增加值能耗，是减少建筑业碳排放的有效途径。

王怡计算了 1996—2010 年我国建筑业碳排放量，在此基础上，测算了建筑业碳排放与国内生产总值指数和能源消费总量的灰斜率关联度，其测算结果表明，建筑业国内生产总值指数和能源消费总量与碳排放的关联度都达到了 90% 以上；运用 Kaya 公式对我国建筑业 2011—2020 年的碳排放进行了情景预测，并给出了对策建议。周维维对京津冀地区 2014—2050 年碳排放量变化趋势进行了预测研究，通过设置高碳、低碳以及协同低碳三种情景，利用 STIRPAT 模型对该地区碳排放量进行预测，根据预测值可以获得不同情景下碳排放的达峰时间与达峰量，从而为京津冀地区减排措施的实行提供依据。孙静怡基于河北省 1990—2015 年的能源消费数据，利用碳排放系数法对各年的碳排放量进行测算，并选取碳排放总量、人均碳排放量以及碳排放强度三个指标衡量河北省碳排放总体水平，并通过构建基于高斯扰动的布谷鸟搜索算法（GCS）与最小二乘支持向量机（LSSVM）结合使用的混合模型 GCS-LSSVM，探究碳排放量与各影响因子之间的关系；结合影响因素变化趋势，设定自然情景、低碳情景与强低碳情景三种情况，对 2016—2025 年河北省碳排放量进行预测。

2. 神经网络算法

Behrang 等人结合使用人工蜂群算法和人工神经网络对全球碳排放量进行预测，其中人工蜂群算法用于优化神经网络的权值与阈值等参数。碳排放预测主要分为两个步骤进行，首先以 1980—1999 年的相关数据作为训练集，以 2000—2006 年的相关数据作为测试集，验证应用该模型进行碳排放预测的可行性。然后，利用该模型对全球 2007—2040 年的碳排放量进行预测，据此提出碳减排的相关措施。张发明等人针对碳排放指标的复杂性与多样性，利用系统聚类对世界碳排放指标进行筛选；然后运用 BP 神经网络对世界碳排放量进行预测。结果表明，运用系统聚类方法分析碳排放指标，简化了 BP 神经网络输入层，使网络训练得到较快实现，相比传统 BP 神经网络预测方法具有更高的精度，为碳排放预测及其他相关预测提供了一种新的、可供借鉴的方法。郝佳莹等归纳建筑领域碳排放—碳减排的影响因子为建筑材料质量、建筑供暖碳消耗、当地经济发展水平和人均收入水平，在此基础上利用 NSGA-Ⅱ改进 BP 神经网络构建建筑碳排放—碳减排预测模型。

3. 灰色预测方法

Hamzacebi 等人指出发展中国家经济水平与碳排放常常处于矛盾中，对碳排放量预测是制定与调整相关能源规划、气候政策等的重要依据。为此，以土耳其为例，以 1965—2012 年为样本数据，构建灰色预测模型对 2013—2025 年的碳排放量进行预测。陈雨欣等将我国部分省份（30 个）划分为低、中、高三个建筑业碳排放区域。针对不同的区域，分别运用可拓展的随机性环境影响评估模型（STIRPAT）和灰色预测模型对直接和间接碳排放量进行预测，并结合区域碳排放特点，从建筑材料和经济发展目标方面对建筑业节能减排提出发展策略。丁娟等人在核算 2005—2012 年山东省建筑业碳排放量的基础上，运用 STIRPAT 模型分析建筑业碳排放的影响因子。研究表明，建筑业从业人数对山东省建筑业碳排放量影响较大。在此基础上，用灰色预测法分别预测 2013—2020 年山东省建筑业的从业人员、建筑业总产值和单位增加值能耗，从而预测建筑业碳排放量。江思雨等人将灰色系统理论与马尔可夫原理结合使用并运用 GM(1,1) 模型，建立基于灰色马尔可夫理论的建筑业碳排放量预测研究模型，对 2000—2017 年建筑业的碳排放量进行研究，在此基础上对 2013 年和 2017 年建筑业的碳排放量进行预测，并且检验其精度可以达到 95％以上。

4. 系统动力学仿真预测法

系统动力学是由 Forrester 于 1969 年创立的，以反馈控制理论为基础，从系统内部微观结构入手，建立系统动力学模型，可用于研究处理复杂的社会、经济、生态等系统问题，并可在宏观、微观层面对复杂、动态、非线性、多层次的大规模系统进行综合研究，许多学者将这一理论应用于碳排放的研究中。其中，Du 运用系统动力学综合了第一、二、三产业、住宅、交通运输、废物处置、电力八个社会经济子模型对于城市碳排放的影响并进行仿真预测，其结论表明，电力、消费、工业能源生产是城市碳排放的主要来源。张俊荣运用系统动力学研究北京市碳排放的驱动因素及其减排机制，并考虑了碳交易政策对碳排放的影响。刘菁运用系统动力学模型基于全产业链视角对建筑生产、运行的碳排放进行了综合仿真，并从利益相关者、政策机制、市场机制等角度提出了减排措施。

此外，还有部分学者应用 ARIMA 模型、Logistic 预测模型等方法进行碳排放的预测。张智慧基于可持续发展和生命周期（LCA）评价理论，界定了建筑生命周期碳排放的核算范围，并对建筑生命周期从物化、使用到拆除处置各阶段的碳排放进行清单分析。Farook 和 Kannan 从时间序列的角度对碳排放趋势进行研究，结合博克斯—詹金斯理论（Box—Jenkins），选用 ARIMA 模型对碳排放量进行预测，并将预测碳排放值与真实碳排放值在图形中予以比较。杜强等选用 Logistic 预测模型对我国部分省份（30 个）2011—2020 年的碳排放情况进行预测。为了验证该模型的预测准确度与可行性，首先选用 2002—2010 年的碳排放数据进行预测，通过与实际值对比，除宁夏外，其余各省份预测误差保持在 7％以下，这说明该预测模型的可行性，也证明各省份 2011—2020 年碳排放预测值可信程度处于较高水平。

IPAT 模型在碳排放影响因素研究领域的应用较为广泛，但建筑碳排放影响因素的变动会同比例传递给建筑碳排放量。STIRPAT 模型克服了上述缺陷，应用更为广泛。

3.3 省级建筑领域碳排放预测

本节以河南省为研究对象,针对建筑领域施工阶段碳达峰进行预测(分为直接排放和间接排放)。本书的预测方法采用STIRPAT模型。

3.3.1 省级建筑领域施工阶段碳排放预测

1. 模型构建前期准备

STIRPAT模型为可拓展的、随机性的环境影响评估模型(通过对人口、财产、技术三个自变量和因变量之间的关系进行评估)。本节碳排放达峰预测边界为河南省建筑领域施工阶段直接碳排放。将STIRPAT模型进行扩展,根据建筑领域施工阶段碳排放影响因素分析,选取人口总量、国内生产总值(GDP)、建筑业产值占比、城镇化率、居民消费水平、科技投入占比、新建装配式建筑占比七个主要因素为自变量,如表3-3所示。输出变量为河南省建筑领域施工阶段碳排放量,运用偏最小二乘回归方法构建建筑领域施工阶段碳排放的扩展STIRPAT模型。

建筑施工阶段碳排放影响因素分析　　　　　表3-3

序号	指标	单位	数学代号
1	全省总人口	万人	A
2	全省GDP总量	亿元	B
3	建筑业产值占比	%	C
4	城镇化率	%	D
5	居民消费水平	元	E
6	科技投入占比	%	F
7	新建装配式建筑占比	%	G

扩展后的STIRPAT模型可以表述为:

$$\ln Y = a_0 + a_1 \ln A + a_2 \ln B + a_3 \ln C + a_4 \ln D + a_5 \ln E + a_6 \ln F + a_7 \ln G \quad (3-5)$$

式中,Y为对应年份的全省建筑施工碳排放量。

运用SPSS计算软件,将2005—2019年现有数据汇集入式(3-5)进行拟合,通过岭回归处理,消除各个因素间的共线性影响,而后得出式(3-5)各系数。为了验证公式的可靠性,将2005—2019年相关自变量数据代入式(3-5)进行验证,如图3-1所示。实际值与拟合值最大误差在2013年,为15.6%,平均误差为4.0%,平均误差较小,在允许范围之内。

2. 模型情景模式设定

为预测2020—2035年建筑施工碳排放量,需要对影响因素接下来若干年的变化趋势进行设定。设定了三种情景,分别为基准模式、低碳发展模式、强力低碳发展模式,如表3-4所示。

2020年数据采用河南省政府发布的已有统计数据。全省人口总量按照2019年增长率进行设置。全省2021年GDP年增长6%，后续年份有所放缓，其中强力低碳模式下GDP增长最低。三种模式下，建筑业产值均经过缓慢增长后达到峰值，随后强力低碳模式下的年减少程度最大。城镇化率逐年增长，基准模式下增速最快，到2025年即达63%左右，而强力低碳模式下的增速最慢。居民消费水平增速随着GDP增速的变化而变化，强力低碳模式下居民消费水平增速最小。在河南省的科技投入占比中，强力低碳模式下增速最快，并在2035年接近发达国家水平，低碳模式下增速次之，基准模式下增速最慢。新建装配式建筑占比中，基准模式、低碳模式、强力低碳模式在2025年分别达40%、45%、50%，并保持各自模式的增长趋势到2035年。

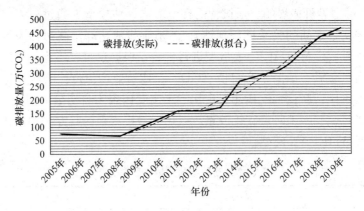

图3-1 拟合值与实际值对比

发展模式设定　　　　　　　　　　　　　表3-4

发展模式	情景描述
基准模式	按现有趋势发展； 科技投入增长一般
低碳发展模式	人口按现有趋势增长； GDP增长趋势放缓； 城镇化水平放缓； 居民消费水平增长较低； 科技投入增长较快； 建筑业产值占比下降较快； 新建装配式建筑占比增长较快
强力低碳发展模式	人口按现有趋势增长； GDP增长趋势继续放缓； 城镇化水平继续放缓； 居民消费水平增长低； 科技投入增长快，2035年达到发达国家水平； 新建建筑业产值占比下降快； 新建装配式建筑占比增长快，2025年占比达到50%，2035年占比达70%

3. 模型碳达峰预测

根据上述建筑领域碳排放STIRPAT模型及设定的情景模式，输入各变量模型方程和参数取值，运算后得出预测结果，如图3-2所示。

在三种情景下，河南省建筑领域建筑施工碳排放量均在2021年达到峰值。基准模式、低碳模式和强力低碳模式下峰值分别为540.7万t CO_2、501.9万t CO_2、483.3万t CO_2。2020年的建筑施工碳排放值有小幅回落,这是因为2020年由于新冠肺炎疫情原因,建筑业受影响较大,主要反映在2020年GDP增速较2019年有很大回落(增长率从8.3%回落到1.2%)。同时,2020年居民消费水平较2019年略有下降,也是导致本模型中2020年小幅回落的重要因素。

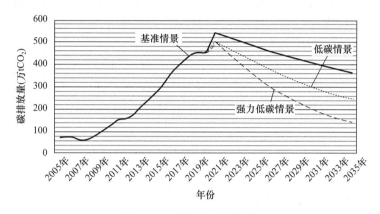

图3-2 三种模式下碳排放量

在达峰以后,基准模式下碳排放量平缓下降,低碳模式下碳排放下降速率较基准模式快,强力低碳模式下的碳排放下降速率最快。到2035年,强力低碳模式下碳排放量为140.9万t CO_2,低碳模式下碳排放量为245.6万t CO_2,基准模式下为365.0万t CO_2。

3.3.2 省级建筑领域运行阶段碳排放预测

本节针对河南省建筑领域建筑运行阶段碳达峰进行预测,建筑领域运行阶段碳排放可以分为直接排放和间接排放,关联式为:建筑领域运行阶段总碳排放=直接碳排放+间接碳排放。本节碳排放达峰预测边界为河南省建筑领域运行阶段总碳排放。

1. 模型构建前期准备

本节中建筑运行碳排放仍然使用扩展的STIRPAT模型进行预测,根据建筑运行阶段碳排放影响因素分析,选取人口总量、GDP、建筑业产值占比、城镇化率、居民消费水平、科技投入占比六个主要因素为直接排放和间接排放的共同影响因素,选取每年建筑运行的煤、石油、天然气消耗量为直接排放影响因素,选取每年建筑运行热力、电力消耗量、绿色电力占比为间接排放影响因素,如表3-5所示。

建筑运行阶段碳排放影响因素分析　　　　　　　　　　　表3-5

序号	指标	单位	数学代号	直接排放	间接排放
1	全省总人口	万人	A	√	√
2	全省GDP总量	亿元	B	√	√
3	建筑业产值占比	%	C	√	√
4	城镇化率	%	D	√	√
5	居民消费水平	元	E	√	√
6	科技投入占比	%	F	√	√

续表

序号	指标	单位	数学代号	直接排放	间接排放
7	煤	万tce	H	√	
8	石油	万tce	I	√	
9	天然气	万tce	J	√	
10	热力	万tce	K		√
11	电力	万tce	L		√
12	绿色电力占比	%	M		√

运用偏最小二乘回归方法构建建筑领域施工阶段直接排放和间接排放的扩展STIRPAT模型。

$$\ln X_{直} = b_0 + b_1 \ln A + \cdots + b_6 \ln F + b_7 \ln H + b_8 \ln I + b_9 \ln J \tag{3-6}$$

$$\ln X_{间} = c_0 + c_1 \ln A + \cdots + c_6 \ln F + c_7 \ln K + c_8 \ln L + c_9 \ln M \tag{3-7}$$

$$X_{总} = X_{直} + X_{间} \tag{3-8}$$

式中 $X_{总}$——建筑运行总碳排放；

$X_{直}$——直接碳排放；

$X_{间}$——间接碳排放；

b，c——拟合方程的系数。

运用SPSS计算软件，将2005—2019年现有数据汇集进式（3-6）、式（3-7）进行拟合，通过岭回归处理，消除各个因素间的共线性影响，得出各系数。为了验证公式可靠性，将2005—2019相关自变量数据代入式（3-6）、式（3-7）进行验证，如图3-3、图3-4所示。直接碳排放实际值与拟合值最大误差在2011年，为-10.8%，平均误差为3.9%。间接碳排放实际值与拟合值最大误差在2019年，为2.7%，平均误差为2.0%。鉴于两个方程预测2005—2019年的平均误差都较小，可以认为拟合公式可靠性较高。

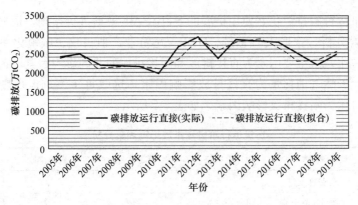

图3-3 直接碳排放拟合值与实际值对比

2. 模型情景模式设定

本节沿用在建筑领域施工阶段中的三种情景模式，即基准模式、低碳发展模式、强力低碳发展模式，共同影响因素与上一节中所述一致。

三种模式下，煤和石油在建筑运行能源消耗中的占比都逐年降低，强力低碳模式下降速最快，低碳模式次之，基准模式最慢。三种模式下的天然气消耗量占比均维持一致。建筑运行间接能源利用中，绿色电力比重逐年提高，基准模式最慢，低碳模式较快，强力低碳模式最快。低碳模式下的绿色电力占比在2025年达20%，2035年达35%。

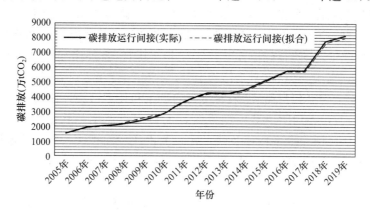

图3-4　间接碳排放拟合值与实际值对比

3. 模型碳达峰预测

根据建筑领域施工阶段STIRPAT模型的构建方法，建立河南省建筑领域运行阶段碳排放STIRPAT模型，根据设定的情景模式，输入各变量模型方程和参数取值，运算后得出预测结果，如图3-5所示。

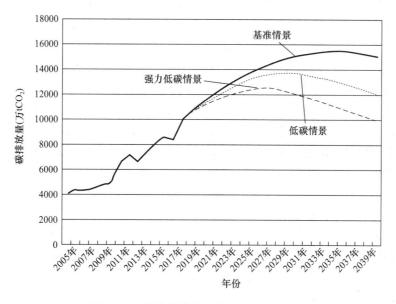

图3-5　三种情景模式下建筑运行碳排放量

基准模式、低碳模式和强力低碳模式下建筑运行碳排放量达峰时间分别为2036年、2029年和2027年，达峰量分别为1.54亿 t CO_2、1.38亿 t CO_2、1.28亿 t CO_2。

通过本模型研究发现，绿色电力的比例是建筑领域运行阶段碳排放的最大影响因素。由图3-5可知，绿色电力增长越快，碳排放达峰时间越提前。因此，绿色电力比例越高、增长越快，越有利于建筑领域运行阶段碳达峰时间提前。

3.3.3 河南省建筑领域碳达峰目标分析

根据模型预测,河南省建筑领域施工阶段碳排放在2021年达峰,远早于2030年达峰的目标,STIRPAT模型预测的基准模式达峰值为540.7万 t CO_2。STIRPAT模型预测下,2025年建筑施工阶段排放量从2021年峰值缓慢下降至409.2万 t CO_2。

STIRPAT模型预测河南省建筑领域运行阶段碳排放在基准模式下达峰年份为2036年,低碳模式下为2029年,强力低碳模式下为2027年。其中,2025年低碳模式下建筑领域运行阶段排放量约为1.297亿 t CO_2,此后缓慢上升,并在2029年达到1.381亿 t CO_2 的峰值。

为完成2030年碳达峰目标,需采取适当的政策和技术措施,使河南省建筑领域碳排放在2029达峰。通过STIRPAT模型发现,人口增长速率越快、城镇化率增加越快、GDP增速越快、居民消费水平增速越快、建筑业占比增加越快,建筑领域施工和运行阶段碳排放增长越快。而科技投入占比增长越快、装配式新建建筑占比越大,越有利于建筑碳排放的降低。

河南省人口基数大,近年来的人口自然增长率均略高于全国平均水平,河南省GDP增速也略高于全国同期水平。河南省城镇化率比例较低,落后全国近7个百分点。因此在未来一段时间,城镇建筑在建和竣工体量将维持在一个较高的水平。全国建筑业产值占比在2013—2014年达到27%左右的峰值,而河南省城镇化率滞后于全国,建筑业产值比重峰值时间也会推迟。

提高河南省科技投入占比,利用科技水平的提升,促使建筑领域碳排放强度的降低,从而使碳排放早达峰,将是行之有效的办法。而提升装配式新建建筑的比重,大力推行新建装配式建筑,将直接降低建筑施工过程中的碳排放。同时,在河南省倡导节约低碳的生活方式,降低居民消费水平,有利于降低建筑运行碳排放。

研究发现,绿色电力的比例是建筑领域运行阶段碳排放的最大影响因素。河南省未来一段时间对城镇建筑仍有很大的需求,城镇建筑体量依旧会维持一个较高的水平。因此,未来一段时间建筑运行总能耗会有着持续增大的趋势。提高建筑运行绿色电力的比例,将使得一部分建筑运行耗能转变为零碳耗,能够从供给侧对建筑运行碳达峰和碳中和作出直接贡献。而由此提升太阳能、风能、生物质能在建筑运行耗能的比重,例如加快光伏、光热一体化建筑应用、农村生物质燃料开发利用等。同时,加大绿色建筑比重,对既有建筑的节能改造,持续推进清洁取暖,加快超低能耗建筑发展,既有利于建筑运行总能耗的降低,又对降低建筑运行阶段碳排放水平有起到一定的贡献。

前文的预测发现,低碳模式下建筑领域施工阶段碳排放在2021年达峰,建筑领域运行阶段碳排放于2029年达峰。建筑领域施工阶段碳排放受新冠肺炎疫情影响,在2021年有着爆发式增长,并达到峰值。在低碳模式下,2021—2030年建筑领域运行阶段碳排放增量控制模拟如表3-6所示。

建筑领域运行阶段碳排放逐年控制模拟预测　　　　表3-6

年份	2021年	2022年	2023年	2024年	2025年	2026年	2027年	2028年	2029年	2030年
增量 (万 t CO_2)	500	500	460	410	350	300	260	190	90	−30
总量 (亿 t CO_2)	1.125	1.175	1.221	1.262	1.297	1.327	1.353	1.372	1.381	1.378

3.4 建筑领域碳排放预测及结果分析

建筑领域碳排放预测与减排潜力研究一直是建筑与能源专业的研究重点，这些研究为制定碳减排政策提供科学视角。

同济大学潘毅群团队、中国建筑科学研究院徐伟团队、重庆大学洪竞科团队从不同角度对我国建筑领域碳排放进行了预测分析，如表 3-7 所示。

我国建筑领域碳排放预测对比　　　　　　　　　　　　　　　　　　　　　　表 3-7

研究团队	同济大学 潘毅群团队	中国建筑科学研究院 徐伟团队	重庆大学 洪竞科团队
研究年份	2021 年	2021 年	2020 年
研究对象	建筑碳排放	建筑运行碳排放	建筑全产业链碳排放 （含建材生产与运输）
计算模型	中国建筑碳排放模型（CBCEM）	中国建筑碳排放模型（CBCEM）	RICE-LEAP 模型
时段	2020—2050 年	2020—2050 年	2020—2050 年
模型类型	自下而上	自下而上	自上而下与自下而上耦合
因素	建筑面积、能源消费结构等	能源强度、新建零能耗建筑规模、既有建筑改造规模、建筑体量等	产业结构、城镇化率、人均居住面积、能源强度、能源消费结构等
情景设定	设定非化石能源在建筑能耗比重，分为三个情景	近零能耗建筑发展、既有建筑改造、建筑电力化、可再生能源等多种技术组合，分为七个情景	现有政策规划、2035 远景规划以及全球 2℃、1.5℃ 温升控制，分为三个情景
主要结论	按照现有趋势发展，我国建筑碳排放持续增加，无法实现 2030 年达峰目标； 提升非化石能源比重，能够在 2030 年完成达峰，峰值为 25.3 亿 t CO_2，此趋势下 2050 非化石能源占比上升到 40%，煤炭占比下降到 43%	基准情景下建筑运行碳排放峰值出现在 2039 年附近，峰值为 31.5 亿 t CO_2，无法实现 2030 年前碳达峰的目标； 通过现有技术措施的组合实施，可将建筑领域碳达峰时间控制在 2030 年，峰值强度约 26.5 亿 t CO_2	现有政策下，建筑全产业链碳排放于 2032 年达峰，峰值为 51.9 亿 t CO_2； 严格的减排政策下，均能在 2020 年前实现碳达峰； 所有情景下，建筑物化碳排放下降速度快于建筑运行碳排放
建议	协同控制建筑面积和能耗，优化能源结构和产业结构	综合考虑技术难度、成本和可推广性，建议技术措施的优先级是：提升新建建筑能效＞建筑可再生能源利用＞既有建筑节能改造	绿色建筑材料、绿色建造技术、建筑电气化等是降碳的重点

从表 3-7 可以看出，三个研究团队对我国碳排放预测的结果差别是比较大的，主要原因在于所研究的范围差异。洪竞科团队研究范围最大，为建筑全产业链碳排放。建筑全产业链碳排放主要包括建筑物化碳排放和建筑运行碳排放。其中，建筑物化碳排放主要包括建筑材料生产运输阶段的建筑间接碳排放和建筑施工阶段的建筑业直接碳排放，而建筑运

行碳排放是指建筑运行使用阶段能源消费所引起的碳排放，主要包括公共建筑碳排放、城镇居民建筑碳排放和农村居民建筑碳排放。潘毅群团队研究范围不包含建筑材料生产运输阶段的碳排放，而徐伟团队研究范围在三者之中最小，只限于建筑运行碳排放。

三个研究团队的结论均认为，按照现有的发展趋势，2030年完成建筑领域碳达峰目标无法实现。因此，需要在政策、技术各个方面采取措施，主要包括控制控制建筑面积和建筑能耗，具体技术有提升新建建筑能效、建筑可再生能源利用、既有建筑节能改造等方面，其中包括绿色建筑材料、绿色建造技术、建筑电气化等。

多位学者进行了省域建筑领域碳排放预测。其中江苏省经济发达，GDP多年位居全国第二，人口位居全国第四，同时也是能源消耗大省。湖北省位于华中地区，2021年GDP位居全国第七，人口总量位居全国第二十位。上海市是我国四大直辖市之一，经济发达、科技实力雄厚。本书选取不同学者对江苏省、湖北省和上海市建筑领域碳排放预测研究，进行分析归纳总结，如表3-8所示。不同省份建筑碳排放差异很大，需要因地制宜制定减排政策。在本书后续章节将对建筑领域节能降碳技术做具体阐述。

部分省份建筑碳排放预测 表3-8

省份	江苏省	湖北省	上海市
研究者	东南大学 汪江波	华中科技大学 应华权	同济大学 潘毅群
研究年份	2019年	2015年	2022年
研究对象	建筑物化碳排放、建筑运行碳排放	建筑碳排放	建筑碳排放
计算模型	系统动力学模型	LMDI模型	Kaya模型
时段	2006—2030年	2012—2030年	2020—2060年
模型类型	自上而下	自上而下	自上而下
因素	GDP、人口、科技投资、碳排放强度等	人口、人均建筑面积、能耗强度、能源碳排放强度等	人均建筑面积、单位面积能耗强度、能源综合碳排放系数
情景设定	增加科技投资、推进建筑节能、实施碳交易等多个情景	弱化、保持、强化现有政策规划等六种情景	有无调控和强化、延续、弱化现有政策等八种情景
主要结论	单一政策措施难以实现2030年前碳排放达峰目标；多种措施同时推进建筑业2029年达峰，峰值为3.1亿t CO_2；增加科技投资对建筑运行碳排放减少贡献最大	现在政策趋势下，建筑碳排放持续增加，2030年达峰目标无法实现；随着人均建筑面积控制政策和现有能耗强度强化政策的实施，湖北省建筑碳排放可能出现峰值，峰值约1.1亿t CO_2	不同情景下，上海市建筑领域碳排放控制目标达成情况差异较大；弱化现有政策下，无法实现2025年的控制目标；强化现有政策下，可以基本实现2060年碳中和目标；建筑寿命的提高及对规模的控制能够有效降低建筑拆除阶段的碳排放
建议	大力发展低碳技术，做好建筑节能，推进建筑节能与既有建筑改造并举，顺利推进碳交易	优先加强公共建筑能耗强度控制政策力度，促进低峰值、早达峰；实施人均建筑面积调控政策，进一步降低峰值	全面推进建筑电气化、持续推行建筑节能、加大建筑可再生能源利用、控制建筑建设规模、发展智能绿色建造技术

本章参考文献

[1] 李小冬，朱辰. 我国建筑碳排放核算及影响因素研究综述[J]. 安全与环境学报，2020，20（1）：317-327.

[2] 马晓明，石达菲，蔡羽. 深圳市碳排放变化驱动因素分析[J]. 现代管理科学，2016（12）：64-66.

[3] 宋金昭，苑向阳，王晓平. 中国建筑业碳排放强度影响因素分析[J]. 环境工程，2018，36（1）：178-182.

[4] 任宏，陈永奇，蔡伟光，等. 基于STIRPAT模型的重庆市城镇建筑能耗影响因素分析[J]. 暖通空调，2017，47（11）：40-44＋20.

[5] 李新运，吴学锰，马俏俏. 我国行业碳排放量测算及影响因素的结构分解分析[J]. 统计研究，2014，31（1）：56-62.

[6] 孔佑花. 兰州市工业碳排放影响因素与峰值预测研究[D]. 兰州：兰州大学，2018.

[7] 汤嫣嫣，李爽，夏青. 中国居民生活用能碳排放影响因素分析——基于STIRPAT模型[J]. 生态经济，2017，33（5）：42-47.

[8] 项鹏程. 山东省能源消费碳排放驱动因子分析及趋势预测[D]. 徐州：中国矿业大学，2016.

[9] Ma M；PAN T；Ma Z L. Examining the driving factors of chinese commercial building energy consumption from 2000 to 2015：a stirpat model approach[J]. Journal of Engineering Science and Technology Review 2017，10（3）：28-38.

[10] 张智慧，刘睿劼. 基于投入产出分析的建筑业碳排放核算[J]. 清华大学学报（自然科学版），2013，53（1）：53-57.

[11] 樊琳梓，李爽，裴志海. 中国建筑业优化升级对其碳排放影响的分阶段研究[J]. 技术经济，2018，37（8）：96-105.

[12] Chen J D，Shi Q，Shen L Y，et al. What makes the difference in construction carbon emissions between China and USA？[J]. Sustainable Cities and Society，2019，44：604-613.

[13] 刘菁，赵静云. 基于系统动力学的建筑碳排放预测研究[J]. 科技管理研究，2018，38（9）：219-226.

[14] 刘菁. 碳足迹视角下中国建筑全产业链碳排放测算方法及减排政策研究[D]. 北京：北京交通大学，2018.

[15] 李爽，陶东，夏青. 基于扩展STIRPAT模型的我国建筑业碳排放影响因素研究[J]. 管理现代化，2017，37（3）：96-98.

[16] 卢娜，冯淑怡，陆华良. 中国城镇化对建筑业碳排放影响的时空差异[J]. 北京理工大学学报（社会科学版），2018，20（3）：8-17.

[17] 杨艳芳，李慧凤，郑海霞. 北京市建筑碳排放影响因素研究[J]. 生态经济，2016，32（1）：72-75.

[18] 祁神军，田丝女，刘兵，等. 基于DEA及FAA的中国建筑业能效评价及减排策略研究[J]. 建筑科学，2015，31（12）：127-134.

[19] 黄振华. 基于STIRPAT模型的重庆市建筑碳排放影响因素研究[D]. 重庆：重庆大学，2018.

[20] 杨国锐. 中国经济发展中的碳排放波动及减碳路径研究[D]. 武汉：华中科技大学，2010.

[21] 刘广为，赵涛. 中国碳排放强度影响因素的动态效应分析[J]. 资源科学，2012，34（11）：2106-2114.

[22] 贺红兵. 中国碳排放的影响因素分析 [J]. 经济研究导刊, 2012 (15): 24+35.

[23] 樊星. 中国碳排放测算分析与减排路径选择研究 [D]. 沈阳: 辽宁大学, 2013.

[24] 曾荻, 刘海柱, 殷帅, 等. 基于性能导向的既有公共建筑综合监测指标体系构建初探 [J]. 建设科技, 2016 (24): 69-70.

[25] 曾荻. 我国民用建筑运行能耗预测方法及其应用研究 [D]. 北京: 北京交通大学, 2012.

[26] 徐安. 基于产业部门视角的城镇能源消费和碳排放 [J]. 生态经济 (学术版), 2013 (1): 250-253, 271.

[27] Dina A, Yang L, Brantley L. An empirical analysis of energy intensity and the role of policy instruments [J] Energy Policy, 2020, 145: 111773.

[28] 许泱, 周少甫. 我国城市化与碳排放的实证研究 [J]. 长江流域资源与环境, 2011, 20 (11): 1304-1309.

[29] 程叶青, 王哲野, 张守志, 等. 中国能源消费碳排放强度及其影响因素的空间计量 [J]. 地理学报, 2013, 68 (10): 1418-1431.

[30] 张伟, 朱启贵, 李汉文. 能源使用、碳排放与我国全要素碳减排效率 [J]. 经济研究, 2013, 48 (10): 138-150.

[31] 刘俊伶, 项启昕, 王克, 等. 中国建筑部门中长期低碳发展路径 [J]. 资源科学, 2019, 41 (3): 509-520.

[32] 姜兴坤. 我国大型公共建筑碳排放预测及因素分解研究 [D]. 青岛: 中国海洋大学, 2012.

[33] 纪建悦, 姜兴坤. 我国建筑业碳排放预测研究 [J]. 中国海洋大学学报 (社会科学版), 2012 (1): 53-57.

[34] 王怡. 我国建筑业碳排放灰色斜率关联及情景预测研究 [J]. 石家庄经济学院学报, 2013, 36 (3): 53-59.

[35] 周维维. 京津冀能源消费碳排放影响因素分析及情景预测研究 [D]. 北京: 华北电力大学, 2016.

[36] 孙静怡. 基于改进 LSSVM 的河北省碳排放预测研究 [D]. 北京: 华北电力大学, 2018.

[37] Behrang M A, Assareh E, Assarimr, et al. Using bees algorithm and artificial neural network to forecast world carbon dioxide emission [J]. Energy Sources, 2011, 33 (19): 1747-1759.

[38] 张发明, 王艳旭. 融合系统聚类与 BP 神经网络的世界碳排放预测模型研究 [J]. 数学的实践与认识, 2016, 46 (1): 77-84.

[39] 郝佳莹, 高健. 基于 NSGA-II 改进 BP 神经网络的建筑碳排放——碳减排预测模型 [J]. 建筑节能, 2016, 44 (9): 122-124.

[40] Hamzacebi C, Karakurt I. Forecasting the energy-related CO_2 emissions of turkey using a grey prediction model [J]. Energy Sources Part A: Recovery Utilization and Environmental Effects, 2015, 37 (9): 1023-1031.

[41] 陈雨欣, 陈建国, 王雪青, 等. 建筑业碳排放预测与减排策略研究 [J]. 建筑经济, 2016, 37 (10): 14-18.

[42] 丁娟, 陈东景, 赵斐斐, 等. 山东省建筑业碳排放量影响因子与发展预测 [J]. 青岛大学学报 (自然科学版), 2014, 27 (4): 65-68.

[43] 江思雨, 刘加俊. 基于灰色马尔可夫理论的建筑业碳排放量预测 [J]. 洛阳理工学院学报 (自然科学版), 2018, 28 (2): 6-10.

[44] Du L L, Li X Z, Zhao H J, et al. System dynamic modeling of urban carbon emissions based on the regional National Economy and Social Development Plan: A case study of Shanghai city [J]. Journal of Cleaner Production, 2018, 172: 1501-1513.

[45] 张俊荣. 北京市碳排放驱动因素及其减排机制仿真研究 [D] 北京: 北京化工大学, 2017.

[46] 张智慧，尚春静，钱坤. 建筑生命周期碳排放评价 [J]. 建筑经济，2010（2）：44-46.

[47] Jawahar A, Senthamarai K. Stochastic modeling for carbon dioxide emissions [J]. Journal of Statistics and Management Systems，2014，17（1）：97-112.

[48] 杜强，陈乔，杨锐. 基于 Logistic 模型的中国各省碳排放预测 [J]. 长江流域资源与环境，2013，22（2）：140.

[49] Huo T F, Ma Y L, Cai W G, et al. Will the urbanization process influence the peak of carbon emissions in the building sector? A dynamic scenario simulation [J]. Energy and Buildings，2021，232：110590.

[50] 潘毅群，梁育民，朱明亚. 碳中和目标背景下的建筑碳排放计算模型研究综述 [J]. 暖通空调，2021，51（7）：37-48.

[51] Yang T, Pan Y, Yang Y K, et al. CO_2 emissions in China's building sector through 2050：a scenario analysis based on a bottom-up model [J]. Energy，2017，128：208-223

[52] 徐伟，倪江波，孙德宇，等. 我国建筑碳达峰与碳中和目标分解与路径辨析 [J]. 建筑科学，2021，37（10）：1-8，23.

[53] 洪竞科，李沅潮，郭偲悦. 全产业链视角下建筑碳排放路径模拟：基于RICE-LEAP模型. [J] 中国环境科学：1-11.

[54] 应华权. 湖北省建筑碳排放情景预测与峰值调控研究 [D]. 武汉：华中科技大学，2015.

[55] 汪江波. 江苏省建筑业低碳发展的治理机制研究 [D]. 南京：东南大学，2019.

[56] 潘毅群，魏晋杰，汤朔宁，等. 上海市建筑领域碳中和预测分析 [J]. 暖通空调，2022，52（8）：18-28.

第4章

建筑设计阶段低碳化技术

建筑设计阶段是建筑全生命周期节能降碳的初始阶段,是实现绿色低碳建筑的基础导向工作。设计师应发挥建筑全生命周期的主导地位,提高主观能动性,将建筑设计与低碳技术共融,取得技术与艺术双方面的进步与突破,实现真正的低碳化建筑设计。研究建筑设计低碳化发展技术是实现建筑领域"双碳"目标的实际需要,也是重要突破口。

4.1 建筑设计低碳化概述

4.1.1 建筑设计低碳化内涵

低碳建筑,即在建筑材料与设备制造、施工建造和建筑物使用的全生命周期(规划、设计、施工、运营、拆除等各个阶段)内,减少化石能源的使用,充分利用可再生能源技术,降低能耗,减少二氧化碳排放量,实现建筑生命周期碳排放性能优化的建筑。

为实现低碳建筑,可以将建筑设计低碳化分为三个层次,即建筑设计低碳化、建筑设备系统低碳化及建筑用能低碳化;其实施路线:通过建筑节能标准的不断提升,引导新建建筑和既有建筑逐步提高节能减排性能,使其在规划设计阶段较原有水平大幅降低能源需求,再利用可再生能源满足剩余能源供给,降低建筑碳排放量。

《建筑节能与可再生能源利用通用规范》GB 55015—2021 的实施是建筑节能标准落实"双碳"目标的重要一步,也是建筑节能降碳的全类型、全专业、全过程覆盖,并以此为核心,实现新建建筑能效到2030年逐步提升至超低/近零能耗建筑水平,2035年达到零/近零能耗。

目前低碳建筑已逐渐成为国际建筑界的主流趋势。建筑行业由于其自身特点,如规模大、能耗高、发展快、节能减排方面效果明显等,成为走向低碳经济的最重要行业。

4.1.2 建筑设计低碳化任务

建筑设计低碳化是实现"双碳"目标的重要手段,其主要任务是将低碳理念贯穿于整个设计过程。低碳理念在建筑设计中最重要的体现形式是节能设计,在满足室内环境舒适的前提下尽可能地减少能源消耗,从而降低建筑碳排放。所以建筑设计低碳化的核心任务是节能设计,不仅要着重降低建筑运行阶段的碳排放,还要综合考虑建筑在建造、拆除阶段的碳排放。

(1) 规划布局的低碳化设计。不同的建筑布局会影响周围的风、热环境,从而直接或间接影响其为维持合适的内部环境所需能耗。比如建筑的位置选择会决定能源的输送距离及输送成本(主要指输送过程中的能耗成本,比如电力损耗、运输能耗等),建筑间距会直接影响相邻建筑的光照,建筑布局会改变自然风向及风速,建筑群内部的功能布局会影响交通能耗等。在设计前应充分了解当地的气象条件、自然资源、生活居住习惯等,借鉴传统建筑的被动式措施,根据不同地区的特点进行建筑选址、建筑平面总体功能布局、空间布局等适应性设计，最大限度利用当地自然条件，营造合适的建筑外部环境，最大限度削弱周围环境中不利因素对建筑的影响，从而减少为维持适宜的室内环境所需的能耗。

(2) 建筑专业的低碳化设计。在合理规划布局设计的基础上，建筑专业在针对建筑单体设计时，可以通过合理的功能布置提升电梯使用效率、降低电梯使用频次，从而减少垂直交通的能耗；通过绿色低碳材料的使用，减少建造过程中的隐含碳排放；根据气候特征和场地条件，通过被动式设计降低建筑冷热需求和提升主动式能源系统的能效，达到超低能耗或零能耗；通过控制建筑体形系数、窗墙比，设计热工性能较高的围护结构，减少建筑内部热量或冷量的散失，减少外部环境中不利冷热的侵入，从而减少建筑设备的能耗、节省能源、降低碳排放；通过使用遮阳、自然通风、夜间免费制冷等技术，降低建筑物在过渡季和供冷季的供冷需求；通过设计尽可能利用可再生能源对建筑能源消耗进行平衡和替代，减少或不用化石能源。

(3) 结构专业的低碳化设计。因建筑结构一般是建筑师根据建筑功能需求进行选型，建筑结构类型确定之后由结构专业人员根据建筑形式进行结构设计及相关计算。所以结构专业的低碳化设计任务主要集中在节材方面，通过合理的计算，在保证满足建筑功能需求及安全的前提下，尽量减少混凝土、钢材、木材的使用量。比如在结构整体特性指标、剪力墙轴压比等均满足规范限值的前提下，通过计算合理控制剪力墙的数量和各墙肢长度；在构件配筋设计时明确结构的受力情况与传力路径，保证配筋设计的科学性、合理性，避免过密设计，降低结构含钢量；在满足建筑跨度及安全的要求下，通过计算合理确定柱距，优化柱网，减少柱子数量。

(4) 暖通空调和给水排水专业的低碳化设计。其主要包括：选择低碳能源、选用高能效产品、水路风路系统优化设计等。

供热供冷系统冷热源选择时，应综合经济技术因素进行性能参数优化和方案比选，严寒地区采用分散供暖时，可采用燃气供暖炉；采用集中供暖时，宜以地源热泵、工业余热或生物质锅炉为热源，并采用低温供暖方式。寒冷地区、夏热冬冷地区宜采用地源热泵或空气源热泵。夏热冬暖地区宜采用磁悬浮机组等更高能效的供冷设备。充分利用室外新风和室内排风，过渡季节充分使用新风降温；设置新风热回收系统，其系统设计应考虑全年运行的合理性及可靠性；新风热回收装置类型应结合其节能效果和经济性综合考虑确定，设计时应采用高效热回收装置。

供热供冷系统设计应优先选用高能效等级的产品，并应提高系统能效；应有利于直接或间接利用自然冷源；考虑多能互补集成优化；根据建筑负荷灵活调节；优先利用可再生能源；应兼顾生活热水需求。

水路风路系统优化设计中，应合理划分用能输送供给半径；循环水泵、通风机等用能设备应采用变频调速；对各并联支路进行水力平衡计算，进行路径或管径优化设计。根据建筑冷热负荷特征，优化确定新风再热方案或采取适宜的除湿技术措施，避免对新风进行再热处理，导致能耗增加。

(5) 电气及智能化专业的低碳化设计。主要包括供配电输配系统合理和节能，高效节能光源和灯具使用，电梯拖动系统的节能和运行策略优化，建筑智能化系统设计。其中，建筑智能化系统设计，从低碳化角度，主要包括信息化应用系统、智能化集成系统、信息设施系统和建筑设备管理系统，如对室内环境质量和建筑能耗监测系统、建筑设备自动控制系统、灯光控制系统、自动抄表系统、能耗能效管理系统，这将为节能低碳运行提供有利的可监测、可调控、可分析与整改条件。

（6）各专业设计协同。为实现建筑设计的低碳化，要求设计师从单一的用能节能技术，转变为用能、节能、产能、储能和放能技术综合评判，并在方案设计、初步设计、施工图设计三个阶段中，应用碳排放模拟软件、BIM技术以及投资测算，共同实现性能化设计提出的低碳化方案策略。

低碳建筑要通过全生命周期中各个环节去实现，从项目定位到后续的运营维护，具体包含10个环节：项目立项、方案制定、初步设计、施工图及产品招投标、施工、系统调试、工程验收、试运行、运行维护。参与主体涉及业主方、设计单位、施工单位、物业部门，还有租户和用户。

综合来讲建筑设计低碳化，即是通过空间组织、体量设计、绿化设计、构造及围护结构设计、采光设计、日照控制、通风组织等一系列适宜技术形成综合性的低碳效应，使建筑形成良性的微气候自循环系统，以最经济的措施实现节能降碳最大化。对于建筑来说，低碳设计意味着整个设计、建造、使用与废弃环节都要考虑到低能耗、低污染与低排放。在考虑建筑耐久性设计的同时兼顾建筑的易拆除设计、节约资源设计和可再生能源利用设计等。因此，在"双碳"目标下，建筑设计行业应以建筑全生命周期为轴，进行全面和系统的低碳化设计，做好材料生产、施工及建筑运行低碳排放的基础导向工作。

4.2 规划布局

建筑周围的风、热环境质量是影响室内外人员舒适性、建筑能耗以及暖通空调技术选择的重要因素。受人为热和过量温室气体的排放以及大气污染等因素的影响，建筑群内会产生温度差异和风速死区，对流换热减弱，空气质量下降，导致室内外人员的生存环境恶化。为维持适宜的室内环境，减弱室外风、热环境的不利影响，建筑能耗将不断增加，建筑碳排放量也会持续增加。相关研究表明，合理的建筑布局可改善建筑室外的风、热环境，减少建筑本身及人为因素对建筑周围风、热环境的不利影响，减少建筑能耗，降低建筑碳排放。

研究发现，规划布局影响建筑能耗的途径有以下两点：

（1）在大尺度气象条件的背景下，规划布局的形态、建筑的朝向、下垫面类型、绿色基础设施等共同作用，形成了特定的风、热环境，即建筑能耗发生的气候边界条件（如热岛效应）。

（2）规划设计影响人的行为（occupant behavior），人是建筑能耗产生的根本原因，而决定人的行为的外部环境影响因素是规划布局中的功能体系，人的工作、生活、生产所带来的能源消耗因功能体系的变化而变化。

因此，在规划布局层面，将从优化风环境、优化热环境、优化功能体系三方面解析，实现低碳化发展技术路线。

4.2.1 优化风环境

规划、建筑学科研究风环境和城市形态之间关联性的切入点是城市物质空间形态因素，区域来风被城市中建筑与绿化等物质体量影响，形成复杂的气流环境，进而对建筑能耗及碳排放产生影响。

1. 建筑风环境影响因素

（1）建筑密度与容积率

在容积率相同的情况下，建筑密度越大，区域通风能力越弱，区域内建筑风压差将逐渐减小。在建筑密度相同的情况下，容积率增大，区域内的静风涡流区面积将增加，区域静风区面积也增加明显，区域内整体风速下降，通风能力减弱，区域内最大风压差逐渐变大，最小风压差减小，从而不利于室内通风。所以建筑密度与容积率对区域内室外风环境影响是极大的，在进行不同布局的对比时，需考虑建筑密度与容积率的影响。

（2）建筑群体布局

在围合度一定的情况下，围合式布局中的进风口和出风口共同影响区域内部环境的完整度与区域对周边造成的风环境影响。开口数量越少、开口尺度越大，区域内进风情况更好，下风向区域的静风涡流区面积越小；开口数量越多，区域内风速近似的范围被划分得越细碎。

（3）竖向空间梯度风环境影响因素

高层建筑位于迎风区时，会产生较大的风速比，并造成区域内更大范围的静风涡流区，最大风压差也更大；高层建筑位于下风区时，可以引导高处气流进入区域内部，为区域内部带来良好的通风环境，打破区域下风区风速降低至静风的不利现象，使下风区建筑也有适宜通风的风压差。在规划设计阶段，若局部静风涡流区面积过大，想要改善该区域风环境，可适当调整建筑高差，降低上风区建筑高度，拔高下风区建筑高度。建筑高差的大小会影响建筑之间的风旋的大小，故而在调整建筑高度时，需要考虑高低建筑之间的高差，避免形成风速过大的回旋气流，带走过多建筑表面热量。

（4）建筑形体

建筑宽度越大，强风区面积越大，风影区面积越大；建筑进深越大，夏季建筑后的风影区面积越大，建筑顶部回流区所占面积比越小。边角圆滑的平面对风在建筑转角部分有导向作用，可以降低建筑对周围环境的影响范围，减小高风速区分布的面积和建筑在其下风向形成的静风涡流区的面积，同时也形成转角处更高的风速，背风面压强更稳定，迎风面高压强的范围更小。圆弧形建筑的圆心朝向背风面时，圆弧迎向来流风，才能起到导流作用，当其圆心朝向来流风时，会在迎风面形成大面积的迎风涡流。六边形接近圆形，其不同朝向均为顶角朝向来流风，建筑朝向的改变对其周围风环境影响改变不大。建筑平面的凸起会导致凸起迎风一侧建筑前后风压差增大，凸起下风向部分建筑前后风压差减小。凸起在建筑一角的建筑周围风环境要优于凸起在建筑一侧，建筑平面上凸起越多，其周围人行高度处的风环境越为复杂。凹陷处位于建筑迎风面，会形成对风的包围，形成较为严重的迎风面涡流。凹陷处不论位于建筑侧风面还是建筑背风面，都会形成凹陷内部的平面涡流，导致空气在平面内很难流通，只能在垂直方向上流动。凹陷位于建筑迎风面时，建筑的凹陷对风有一定汇聚作用，会增加建筑迎风面的气压，当建筑的凹陷位于建筑的侧风向及下风向时，凹陷内的气流难以与外部气流交换，形成较为稳定的风压较小的区域。

（5）建筑竖向因素

随着建筑高度的增加，建筑两侧最大风速逐渐减小，建筑下风向的静风涡流区范围更大；迎风建筑立面上的凹陷会使建筑表面风速下降；背风面均为静风区，立面的凹陷与凸起对建筑表面的风速影响不大，但会在横向的凹凸之间相对凹陷的位置形成涡流，不利于该部分气流的流通；当建筑迎风立面存在凸起时，会增加对风的阻挡，建筑表面最大风压范围减小；当建筑迎风立面存在凹陷时，凹陷部分的风难以离开建筑，建筑表面最大风压范围增大；凸起体块数量越多、越碎片化，越能减少迎风面上的最大风压面积；竖向的凸起比横向的凸起对风的横向阻挡更强，若要有效降低迎风面最大风压差面积，需要增加竖直方向上的凸起；建筑立面透空会造成"风洞"效应，在透空部位形成较大风速，此处的最大风速仅次于建筑顶部，透空部位会改善该部位下风向的风环境。

（6）体量因素

建筑体量的退台、切割、扭转可以引导风进入到建筑下风向，建筑前后最大风压差减小，改善建筑迎风面下冲风，有效缩小建筑下风位静风涡流区面积，但建筑周围的最大风速比变大。

2. 风环境的设计优化策略

（1）引风策略

引风策略的目的是通过合理的建筑形态设计，为地块内部引入更多气流，减小静风涡流区面积，增强地块的通风能力。

1）优化规划布局

减小地块建筑密度、容积率，可减小建筑体量对风的阻挡，减小地块内静风涡流区面积，增强地块通风能力。

平面布局形式方面，条状布局中的行列式布局综合通风能力最好；围合式布局开口数量越少、开口尺度越大，地块内进风情况越好，地块下风向区域的静风涡流区面积越小；开口数量越多，地块内风速近似的区域被划分得越细碎。

竖向空间梯度方面，高层建筑位于下风区，可以引导高处气流进入地块内部，为地块带来良好的通风环境；当风从高层建筑吹向低层建筑时，会在高低建筑之间形成静风区，应该尽量避免出现这种情况。

地块朝向方面，风的入射角度与地块内建筑长边所成的角度越接近90°，最大风速比越小，所形成的静风涡流区越大。

2）优化建筑平面

减小建筑宽度可有效减小建筑周围的静风涡流区面积；减小建筑厚度可以减小夏季建筑后静风涡流区面积；边角圆滑的平面对风在建筑转角部分有导向作用，可以降低建筑对周围环境的影响，减小建筑在其下风向形成的静风涡流区的面积；圆弧形建筑的圆心朝向背风面时，圆弧迎向来流风，才能起到导流作用；建筑平面为长方形时，建筑长边与风向夹角越接近0°，建筑对风的阻挡作用越小，建筑周围静风涡流区范围越小；建筑平面为正方形时，建筑边垂直于来流风向时，建筑下风区风影面积最小；建筑平面为三角形时，建筑顶角迎向来流风向时建筑下风区风影面积最小；建筑平面为椭圆形时，椭圆形长轴与来流风夹角越接近0°，静风涡流区面积越小；当建筑平面有凸起时，会增加建筑周围静风涡流区面积，凸起越多，建筑周围风环境越复杂；当建筑平面有凹陷时，会在凹陷内部形成平面涡流，导致空气在平面内很难流通，只能在垂直方向上流动。

竖向因素方面，增加建筑高度，建筑下风向的静风涡流区范围更大；建筑立面的透空会使建筑下风位的静风涡流区面积小一点，在透空部位会形成较大风速，造成"风洞"效应。

体量因素方面，建筑体量的退台、切割、扭转可有效缩小建筑周围静风涡流区面积，体量扭转对静风涡流区面积的减小作用最大。

建筑底层架空能改善建筑后侧风环境，并使整体的风影区范围减小。

建筑裙房层级退台和斜面退台都可减小下风位静风涡流区的面积和减弱迎风涡流下冲气流。建筑转角形式为圆弧、退台、折线的形式时，能有效减小建筑在其下风向形成的静风涡流区的面积。

(2) 弱风策略

弱风策略的目的是通过合理的建筑布局形态设计，减小地块内1.5m人行高度处最大风速比和高风速比面积，避免建筑表面出现过大风速。

1) 优化规划布局

平面布局形式方面，在围合度一定的情况下，进风面开口数量越多，进风口区域风速越小。

竖向空间梯度方面，高层建筑之间形成的狭管效应比低层建筑之间的严重，风速更大且影响区域广，减小迎风排建筑高度可弱化迎风排建筑之间的狭管效应，降低建筑之间的风速；建筑前后排高差越大，建筑之间形成的风旋效应越明显，速度越大，需要合理控制建筑排高差。

地块朝向方面，风的入射角度与地块内建筑长边所成的角度越接近90°，最大风速比越小，在建筑表面形成的风速越小，风与建筑长边平行，在建筑表面形成较高速的风。

2) 优化建筑形体

平面因素方面，减小建筑宽度可以减小强风区面积，减小夏季最大风速比；边角圆滑的平面对风在建筑转角部分有导向作用，减小高风速区分布的面积，形成转角处更高的风速；建筑平面为椭圆形时，椭圆形长轴与来流风夹角越接近0°，最大风速比越小；当建筑平面有凸起时，最大风速比的排列顺序为：凸起在一侧、凸起在一角、凸起在两侧。竖向因素方面，增加建筑高度，建筑两侧最大风速逐渐减小；迎风建筑立面上的凹陷会使建筑表面风速下降。体量因素方面，建筑体量的退台、切割、扭转可减小冬季建筑周围最大风速。

架空后建筑周围的最大风速比会大于未架空建筑；冬季，架空高度、宽度增加，最大风速增加；夏季，架空高度增加，最大风速增加，架空宽度增加，最大风速减小；架空形式改为周边架空，可以避免出现"风洞"效应。

建筑转角形式为圆弧、退台、折线的形式时，能有效减小高风速区分布的面积，在转角处形成更高的风速，层级退台转角的最大风速增加最小。

4.2.2 优化热环境

影响建筑室外热环境的主要因素有温度、湿度、太阳辐射以及气流，建筑室外温度、湿度或气流的单一变化均能引起其他两因素的改变，例如，若建筑周围的空气温度升高，会引起局部区域空气中水蒸气分压力以及空气密度的变化，相应地改变了空气的相对湿度和气流速度，而太阳辐射不受空气温、湿度的影响且与风速无关，因此，太阳辐射对建筑热环境的影响是相对独立的，其对建筑室外热环境的影响主要体现在对建筑周围空气温度的改变，而建筑周围空气温度的改变受围护结构表面温度的影响较大，即很大程度上与建筑表面的日照情况有关，对于不同的建筑形式，由于遮阳效果存在差异，建筑所接受到的太阳辐射热有所不同，进而影响周围空气的温度。同时，太阳辐射的作用还会通过围护结构传递到室内，影响室内热环境。太阳辐射对建筑室内热环境及能耗的影响因地区和季节的差异而不同，在冬季保温设计中，如果能够充分利用太阳能无疑可极大地降低建筑供暖能耗，并提高室内的热舒适度。在夏季，太阳辐射是造成室内过热的原因之一，应该尽量避免因太阳辐射进入室内而增加制冷能耗。

1. 太阳辐射与建筑朝向

《城市居住区规划设计标准》GB 50180—2018规定，住宅朝向及建筑间距是决定日照时间能否得到充分利用的两个重要因素，其中，住宅朝向与建筑间距之间存在折减关系。根据相关研究得知，建筑朝向角为±40°时，不同地理位置条件下的当地日照时间最长，此时住宅房屋面可接受最大程度的太阳辐射。

2. 太阳辐射与容积率

通常情况下，城市住区的容积率与布局模式及建筑高度存在一定关系。同一住区内，建筑高度越高，住区容积率越大，容积率指标在总体层面对住区密度进行控制。

有研究表明，在各个住区规划控制指标中，容积率是较为重要的影响因素。在住区混合式建筑布局的背景下，不同容积率范围有不同的建筑组合形式及空间布局。在既定的规划控制指标及布局模式下，当容积率为0.5~1.5（低层、低层加多层）时，行列式和混合式布局模式下的小区整体热环境较差；当容积率为1.5~2.5（纯高层、多层与高层）时，全围合式布局模式的小区热环境较差，半围合及行列式模式下的热环境较好；当容积率为2.5~5.0（纯高层）时，混合式模式的热环境最佳，围合式、行列式及点式的热环境较差。

3. 太阳辐射与建筑密度

住区内建筑密度及日照角度能够影响住区形态，随建筑密度的不断变化，在围合式布局、点式布局、行列式布局下，不同建筑类型及组合方式能够演变出较大差异的城市形态。高密度城区建筑密度大，住区建筑繁多，属于耗能大户。随着建筑密度的增加和空间的紧迫，住宅所需能源应考虑到使用后的伴生负面效应，因此作为天然清洁能源的太阳能既能削减环境的压力，又能保证住区的生态性。

梁永福在住区内铺面的太阳辐射获得量的研究中发现，在符合高层住区建筑密度标准下，小区建筑密度每增加10%，铺面的平均温度上升约1.2℃，建筑向阳面的平均温度上升约0.8℃。所以，为提升建筑群的热辐射环境及内部微气候使用者的体验，在建筑用地面积较宽泛或建筑布局形式单一的条件下，可适量减少建筑密度。

4. 太阳辐射与建筑高度

对于单体建筑而言，高度越高的建筑所接受的太阳辐射越大，大面积的建筑屋顶及立面空间有丰富的太阳辐射能，可以选择合适的光热、光伏系统进行热能及电能的能源转换，利用清洁能源生产住区运行所需能量，在提高建筑舒适度、提升土地利用效率的同时减少建筑能耗。

建筑高度的变化会对其表面及周边气候环境产生影响。建筑阴影首先对周边区域的日照影响较大，当出现建筑组群时，建筑之间的互相遮挡更为严重，阴影叠加区域阻挡太阳辐射的传递，尤其在太阳高度角较低的地区，高层建筑的太阳辐射折减现象更明显。建筑高度从底部至顶部，相互遮挡阴影逐渐消失，顶层接收的太阳辐射与日照时间大于底层。被四周建筑遮挡的建筑底部很难接受大气中摄入的自然光，唯一接受太阳辐射的机会是来自天空顶部的垂直光线及来自周围建筑物的反射光线。室外温度随建筑高度的增加而递减，高层建筑顶层与底层之间会产生温差。

建筑升高50m，室外温度降低0.5℃。建筑高度影响对太阳辐射的接收程度，同时产生的微气候环境影响着人们居住的舒适度和健康状态。从更加细致的角度分析，建筑高度的变化将影响建筑平面及立面单位面积接受太阳辐射量大小。减小建筑阴影面积，建筑所获平均太阳辐射量增大。建筑高度每升高36m，地面所获得太阳辐射热量将降低$32W/m^2$。建筑高度的增加促进了建筑低层与高层间的空气运输，使建筑低层的空气拥有较多的高空动量，加速空气流速。建筑高度的增加能够降低地面太阳辐射获得量。在太阳辐射强度和空气流速变化的共同作用下，建筑在1.5m高度的平均温度和评价舒适度的SET^*均可降低较大幅度。例如，建筑高度每增加18m，点式布局的居住区内热岛效应可下降平均温度在0.03~0.17℃范围内，下降的平均SET^*值在0.31~0.62℃范围内。在满足建筑间距的情况下，增加建筑高度可降低住区内太阳辐射获得量，影响热舒适度。

当住区规划需要考虑太阳辐射获得量时，日照强度将会对住区布局相关指标产生影响。建筑朝向角为±40°时，不同地理位置条件下的当地日照时间最长，此时住宅房屋面可接受最大限度的太阳辐射，增加冬季日照，降低北方地区冬季的建筑能耗。在同一类型布局模式中，容积率越大，太阳辐射获得量会呈现出递减的趋势。在混合类型布局模式中，不同容积率的太阳辐射获得量呈现不同的变化趋势。建筑密度大的住区，太阳能在住区内不断被吸收和反射，造成辐射陷阱现象，太阳辐射获得量并不高。单体建筑高度越高，太阳辐射获得量越大，但住区内规模化建筑会出现相互遮挡，因此建筑高度越高，太阳辐射获得量将会折减。

5. 绿地系统

绿地系统是影响微气候的主要因素之一，在夏季，绿地能通过蒸发作用改善局部热环境，提高人行高度的热舒适度，进而在建筑组团乃至街区尺度上缓解城市热岛效应。在冬季，绿地通过调节风速的方式营造适宜的风环境。此外，绿地能通过光合作用、沉降作用净化空气，增加碳汇。

(1) 绿地对温度的影响

城市绿地主要通过遮挡、反射太阳辐射和蒸腾作用两种途径影响微环境的温度，且城市绿地对温度的影响与绿地性质、绿地结构、绿地规模和植物遮盖面积等因素密切相关。

绿地的用地性质影响着绿地的结构、植物种类和绿化覆盖率，进而对绿地所发挥的生态作用产生影响。绿地结构对绿地生态效应的发挥有很大影响，其影响随着城市绿地覆盖率的降低而增加。此外，刘艳红等人的研究表明，对于城市中常见的五种绿地形态（图4-1），在绿地率基本一致的前提下，楔状绿地的降温效应最好，环状布局的绿地降温效应最弱。不同种类的植物对气温的影响程度不同且以降温作用为主。绿化覆盖率则与植物遮荫面积密切相关，目前学术界认为植物的遮荫面积是影响植物降温能力的最主要因素，乔木的降温能力要大于灌木，而灌木则优于草坪。绿地规模也是影响微气候温度的重要因素，研究表明，规模越大的绿地降温效果越明显，但当绿地规模达到一定程度时，其降温作用有下降的趋势。

(2) 绿地对湿度的影响

绿地主要通过蒸腾作用影响周围空气的湿度，这个过程被称作绿地的增湿效应。在绿地覆盖率相近的前提下，绿地结构不同，其对空气湿度的影响也不同，同时绿地面积也是影响增湿效应的重要因素。

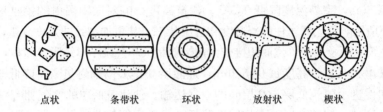

图 4-1 五种城市中常见的绿地形态

杨红瑞利用干湿球温湿度测量计对几种不同结构的路侧绿地进行空气温度和相对湿度测量，并将所得结果与裸露地面作对比，发现结构以乔木为主的绿地对空气相对湿度的增湿效应相对灌木绿地更好，灌木绿地的增湿效应相较草地更好。蔺银鼎等通过对太原市区6处不同结构的绿地开展温湿度观测记录，也得出乔木增湿作用大于草地的结论，并且随着绿地面积的增加，绿地对周围空气湿度的影响呈下降趋势，其原因为随着绿地面积增大，其与周围空间的物质交换面积减少。

(3) 植被结构对热舒适度的影响

按照热舒适度标准，PMV 值小于 -3 的区域即为令人感到寒冷不适的区域，熊昌巍在对寒冷地区校园环境的研究中，选择冬季气候数据进行模拟实验，模拟结果中所有区域 PMV 值均达到"寒冷"区间，这一模拟结果与实地调研时的体感体验相符（图 4-2）。模拟结果表明，相较于草地和灌木结构的绿地，乔灌草和乔草结构的绿地群落在冬季气象条件下的 PMV 值更高；对于不同用途的组团，生活组团的高 PMV 区域出现在组团内部道路和建筑出入口附近，教学科研组团高 PMV 区域则出现在建筑组团外侧；在生活组团 1 中，PMV 值分布于 $-4.84 \sim -4.51$ 之间，在生活组团 2 中 PMV 值为 $-4.93 \sim -4.58$，教学科研组团中 PMV 值是 $-5.13 \sim -4.80$。

结合上述研究模拟结果，可以得出以下结论：

1) 因为植被结构可以影响风速，并且绿地中的植物富含水分具有一定的保温能力，所以能够在寒冷天气下提高组团的热舒适度。

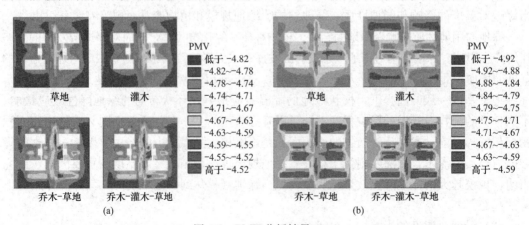

图 4-2 PMV 分析结果（一）
(a) 生活组团 1；(b) 生活组团 2

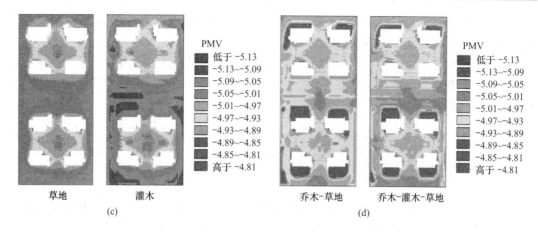

图 4-2 PMV 分析结果（二）
(c) 教学组团；(d) 科研组团

2) 结合现有绿地热舒适研究的结论，可以发现合理的植被结构不仅能在炎热的气象条件下提高微气候热舒适度，也能在低温条件下提高微气候热舒适度。

3) 从提高微气候热舒适度的角度看，乔草和乔灌草的植被结构更适合生活组团和教育科研组团。

4.2.3 优化功能体系

在功能分区思想的指导下，很多城市出现居住区的大面积集聚开发，由于对现代主义设计原则的信奉，过分强调理性在城市布局中的作用，造成城市商业区、居住区彼此分离，大部分为功能单一的"卧城"。城市居住区仅满足居民居住要求，造成很多不必要的交通能源的消耗及碳排放。

居住、商业和办公、学习、展览等功能性场所混合布局，并通过道路、公园、广场等公共开敞空间有机地将各种功能混合在一起，形成高密度、小街坊、功能混合的空间结构，会带来生态系统的稳定，在住区、商业、医院、学校等区域生态系统中，这一原则也适用。

街区中的居住空间应当与商业、无污染的企业、办公、文化娱乐、游憩休闲等场所混合布局，统一规划，相对集中，通过这种综合多样化的功能混合，形成完整的生态系统。这一系统为街区的居民提供基本的生活需求以及高层次的精神需求，使居民的工作、学习、消费等活动可以在较小的空间范围内实现，减少城市的交通出行，缓解城市交通压力，减少出行能耗和碳排放量，同时给街区生活带来活力，增加街区的归属感和安全感。

复合平衡的密度组团，通过更密集化的土地利用方式，将紧缩的建设用地与有机生态网络相结合，建设用地以密度组团的形式团簇状布局形成空间的有机聚合，就会形成有机的城市功能混合模式，降低能量消耗，缓解环境压力，减少碳排放量。

功能混合模式指工作、居住、商业、教育、服务等多种资源在某一特定区域的有机融合，是对土地使用多样性的测定。高程度的土地混合利用指的是在某一地域内城市活动具有高程度的空间相近程度。在实际研究中，土地利用的混合度通常用就业与居住的比例或者土地利用的多样性来测量（相异性指标或熵指标等）。从空间的能量流动和碳循环的角度来看，土地使用混合度主要与交通碳排放（表现在表征刚性出行需求强度的就业与居住的混合情况以及弹性出行需求强度的服务设施集中布置程度两方面），以及资源利用过程中的碳排放（不同用能形式的功能用地的混合）相关。

参考信息熵原理，采用街区功能混合度（多样性）用以表征建设现状街区内部功能混合程度，其值越大，表明居民获取各类公共服务设施的能力越强，街区空间低碳化潜力越高，为正向指标，公式如下：

$$\text{Diversity} = -\sum_{i=1}^{n}(P_i \times \ln P_i) \quad (i=1, 2, \cdots, n) \tag{4-1}$$

式中　n——该街道POI的类别数；

　　　P_i——某类POI占所在街区POI总数的比例。

（1）就业与居住平衡度。不同的就业和居住空间的分布关系，会带来差异化的刚性交通出行需求，从而产生不同的交通碳排放量，最理想的空间分布关系应是就业—居住平衡的状态，即在某一特定的地域范围内，居民中劳动者的数量和就业岗位的数量大致相等。Sun等人发现混合用地区域中的居民机动车出行路程比单一用地区域减少45%。用地混合强调区域内多种功能的平衡及其在不同空间尺度上的变化，尽管理论上的平衡不能真正保证人们就地居住与工作，但其在整体尺度上能够保证平均工作出行距离最短以及最大的公共交通使用率，从而减少交通能耗。

（2）公共服务设施集中程度。本书公共服务设施指除市政性工程设施之外，能满足人们生活、购物、休闲等需求的室内场所空间或室外绿色空间，其关系到人们在弹性出行需求上的满足程度。表征参数包括单位面积内的服务设施规模和数量。在功能混合的地区，由于大多数服务设施的可达性良好，可以降低人们私家车的需求和频率。有证据表明，高密度和土地混合使用的城市与低密度、单一功能的地区相比能减少70%的小汽车使用，同时减少75%用于非工作用途的交通距离。Van和Senior在《功能混合》中检测了功能的混合对交通行为的影响，发现功能混合鼓励了步行和自行车，并且决定了采购轻质食物等物品时的小汽车使用。北京市的小区住户"家庭能源消耗与居住环境"调查结果也显示：小区周边0.5km内存在公交站点（轨道交通或主要公交车站）时，居民使用私家车所产生的碳排放仅为不存在时的85.7%；而小区周边0.8km内存在大型购物中心时，居民使用私家车所产生的碳排放也仅为不存在时的76.4%。住宅小区与周边大型购物中心的距离每临近10%，将会降低1.8%的私人交通碳排放。

（3）基础设施综合利用效率。土地混合使用与城市中能源的供给效率也有着极为密切的关系。现代城市在能源流通过程中的低效问题在城市用地规划设计层面至少可以找到三方面原因：首先，城市用地的功能分区过于明确，会导致大用电户和用电习惯相同的用户在空间上集聚，使得城市基础设施时而过饱、时而空载，在此过程中会浪费大量能源；其次，明确的功能分区也不利于工业生产、餐饮商业和电厂的余热为居民生活再次利用，浪费的显热和潜热排入城市，还会对城市整体的热环境造成不利影响；再次，用地功能分区往往导致相邻用地在建设上不能同步，也就未能在规划初始时考虑到对余热利用通道和设施的设计；最后，用地划分往往造成地块间主体利益的不一致，由于在分配上缺少利益调节机制，从而造成区域性的热电联产项目在建设上存在困难。

从城市空间的能量流动和碳循环的角度来看，土地混合使用有利于提高交通和基础设施方面的能效，在以低碳为导向的城市设计中，应着重考虑就业与居住的局地或区域性平衡；分层次完善公共服务设施的可达性和完备性；从提高能源综合利用效率的角度，增加某些一类工业和居住混合、商服办公和居住混合等，以更好地发挥土地混合使用在资源和能源利用上的整合优势。

4.3 建筑本体

建筑本体设计的低碳化路径主要是通过建筑本身的功能布局、空间组织、使用保温隔热性能更高的围护结构、无热桥设计、遮阳等措施，减弱外界风、热环境对建筑本身的不利影响，降低供暖、供冷需求，进而降低建筑能耗及碳排放量。

4.3.1 空间布局

建筑内部空间与外部空间通过不同的操作手法、组合方式、布局模式可形成多样化的空间形式。建筑空间本身不具有能量属性，但能量不能脱离空间而存在，因此建筑空间不单单是人活动的实质物理空间，更是作为建筑外环境与建筑内环境能量交换的场所，合理设计空间的形式、排布空间的位置，对于将能量按照减少建筑能耗有利的方向流动具有极大的现实意义。

在建筑与室外环境的交互过程中，由于建筑本身功能的复杂性，不同使用空间对室内热环境指标的要求存在差异，在"气候—建筑—能耗"的关系下，需要对室外风、光、热等气候因子进行差异化的选择利用，会对建筑的功能分区以及空间组织造成一定的影响。另外，由于不同区域内存在着地理条件以及自然气候的差异性，建筑面临着不同的气候问题，但由于建筑自身对环境热舒适度的要求区别较小，因而在处理气候问题的策略上也有着一定的共性。而这些差异性与共性之间相互联系、相互制约，共同形成了建筑适应气候上的设计构思以及因地制宜的建筑空间设计策略。

在建筑功能性差异以及外界气候因子差异的基础上，建筑内部的空间设计应本着整体优先、利用优先、有效控制以及差异处置的原则，以建筑本质的空间设计作为适应气候的首要策略，人工可调节主动式设备为辅助策略进行设计，以达到降低建筑碳排放的目标。应从建筑与气候的整体大关系上入手，制定空间设计的整体策略，最大限度对室外气候中的有利部分加以利用、处理，有效控制室外气候中的不利部分对建筑的干扰，最后针对具体的使用功能进行空间的差异化设计。

1. 抵御自然风

在我国严寒、寒冷以及夏热冬冷地区的建筑都需要考虑冬季防风，冬季风向多以北风以及西北季风为主，建筑因冷风渗透而造成的供暖能耗是冬季最主要的建筑能耗。因而抵御强自然风的建筑设计策略在我国北方大部分地区都有着较强的适用性。

在进行合理场地设计的基础上，建筑为抵御强自然风应采取行之有效的空间组织模式，尽量减少主动可调节设备的使用。最为常见的空间组织模式是建筑功能空间的有效排布、利用建筑形体空间的操作以及将使用空间与过渡型建筑空间相结合的手法。在建筑内可以将楼梯间、储物间、卫生间等尺度较小的低性能空间置于迎风侧，使用者活动密集的建筑空间置于背风侧，以降低正常使用空间的供暖能耗。也可从冷风最强的区域依次按照"辅助空间—次要空间—主要功能空间"的顺序组织建筑功能，以一种"温度洋葱"的梯度次序增加多个层次以缓冲冷风对于主要空间的干扰。哈尔滨工业大学寒地示范建筑就是利用这一"温度洋葱"的理念，通过门厅、展厅实现冷风的削减以及温度的缓冲，最后再到研究室、办公室等私密使用空间，实现了层层递进的线性布局，不仅满足了建筑本身的功能需求与流线组织，也有效减弱了不利气候的影响。

建筑中利用内部过渡型建筑空间作为建筑缓冲区是最为常见的一种抵御强冷风的空间组织模式。建筑在冬季风的迎风侧可设计尺度稍大的边庭，避免使用者的主要活动空间与外界自然环境的接触，同时也提供了一个开放式的大空间集散人流、组织交通，中介空间起到了缓冲的作用。若建筑布局较为紧凑，不能设置大尺度边庭，可以将建筑每层的主要交通廊道置于建筑冬季风迎风侧或直接利用墙体形成贯通的带状缓冲腔体，正常使用空间相邻其布置，以保持室内热量。由于人流的来回穿梭与入口门的来回开闭，建筑的入口处是冷风最容易渗透的部位，因而做好入口处的防风措施可以有效降低建筑内部空间的供暖能耗，在建筑入口处设置两道门廊或将建筑入口凹进形成过渡空间进行预热是规避寒风的有效手段。

除上述利用空间组织的建筑防风措施外，合理的构造与技术手段也可用于抵御强冷风。在一些热工性能相对较为薄弱的区域设置防风构件可有效保持建筑内部的热量。建筑的冬季风迎风侧应尽量避免大规模的开窗或孔洞，并提高门窗的气密性。

2. 疏导自然风

在进行有效场地关系布局的基础上，建筑为引入或疏导自然风采取的较为常见的空间组织方式是利用建筑形体空间的操作以及建筑内部平剖面的设计，而建筑内部平剖面的设计实则是利用风压通风、热压通风或风压通风与热压通风相结合的方式。

运用形体空间的操作手法就是在单一体量的建筑中，使建筑的迎风面积达到最大化。与抵御强冷风相反，公共建筑应在迎风侧布局尺度较小或层数较低的建筑体量，以防止对有效自然风的阻挡，建筑体量逐级增高。为解决通风问题，也可营造出流动式的建筑形体模式，将室内空间与室外空间紧密结合，在形体中穿插小型院落或檐下灰空间，不仅可以塑造出多变的空间序列，也给使用者提供了更多与自然交流的机会。

建筑中的自然通风也可利用一些技术手段或者构造做法实现。建筑外立面的遮阳板或者檐口挑檐的合理设计可改变风的流动方向，人工设置挡风板来引导自然通风或者利用建筑的结构或构造做进气口及排气口的设计也是引入、疏导自然风的有效方式。

3. 隔绝自然光

在建筑中，虽然不同使用空间对自然光有着稳定性以及差异性需求，但绝大部分普通性能空间对自然光应本着利用优先的设计原则，低性能空间在条件允许的情况下也应有其单向受光面。

建筑空间对于光环境的隔绝实际上是一些对于光源的稳定性以及持久性有着较高要求的高性能空间对于环境光的选择性排斥，以及对较难控制或容易引起使用者不适的不利光源来向的环境光进行抵御，同时对如眩光等一些自然光产生的不利衍生现象进行应对。像恒温实验室、观演报告厅、手术室等高性能空间需要完全通过人工照明满足其室内光环境需求，对自然环境光持排斥的态度，因而其空间位置在满足功能要求的基础上可布置于公共建筑中采光不利的方向或者一些自然采光不能满足其照度的空间位置，为其他普通性能空间节省更多较为优越的采光面。

在一些具有特定功能要求的公共建筑内部，应尽量避免光线直射造成的眩光，给使用者提供较为舒适的光环境，避免引发视觉疲劳等一系列视觉问题。像一些精度要求较高的工厂或者博物馆建筑等以视觉效果为主的主要功能空间，可利用天窗或高侧窗的形式避免直接射入自然光线，避免眩光的产生。从公共建筑的方位角度出发，建筑北向的自然光虽然不够充足，但与其他方向的自然光相比，北向自然光更为稳定均匀，东西向自然光稳定性较差，在使用过程中容易引起眩光现象。

4. 引导自然光

相较于人工光来说，自然光属于清洁的可再生资源，合理利用自然光可降低人工照明的能耗，有助于减少建筑的碳排放。建筑师对于自然光的使用由来已久，将自然光融入建筑设计不仅仅是可持续发展的需求，也可以运用自然光塑造独特的空间氛围，使建筑内部产生明暗及光影变化，提高使用者的工作效率，保持日常愉悦的心情。建筑设计中对自然光的使用其实是利用最少的耗费来换取最大的经济效益与环境效益。

我国不同区域的光环境条件也有差异性，随着纬度的上升，日照时长以及太阳高度角逐渐降低，为自然光的引入带来了不利影响。建筑对于自然光的引导以及加强，实际上是为解决进深较大的公共建筑室内采光率不足的问题。为寻求采光效益的最大化，应首先基于自然地貌以及气候条件，采取较为合理的总平面上的场地及体量布局模式。在场地条件允许的情况下，沿主要采光面布置的条状体量或分散式的布局模式均有利于自然采光；场地条件不允许的情况下，工字形或回字形等建筑体量也是有效利用自然光的手段。但对于一些严寒以及寒冷地区的公共建筑，其适于采光的布局模式需要结合抵御强冷风的需求进行综合考虑。

4.3.2 围护结构

建筑围护结构保温、隔热、密封性能的提高，可以大大降低建筑物能量负荷，从而减少建筑设备的能耗、节省能源、降低碳排放。

通过使用保温隔热性能更高的非透明围护结构、保温隔热性能更高的外窗、无热桥的设计与施工技术等，提高建筑整体气密性，降低供暖需求。通过使用遮阳、自然通风、夜间免费制冷等技术，降低建筑物在过渡季和供冷季的供冷需求。

1. 外墙、屋面保温隔热

外墙及屋面是影响建筑节能效果的重要因素，由于建筑的外墙及屋面会出现热损耗情况，极大程度影响建筑的节能效果，进而增加建筑对于能源的需求量。提高建筑外墙、屋面的保温隔热性能有助于建筑自身保温功能得到强化，降低碳排放，促进建筑整体生态效益提高。因此，应优先选用高性能保温隔热材料，并在同类产品中选用质量和性能指标优秀的产品，降低保温隔热层厚度。

建筑体形系数是指建筑的外表面积和外表面积所包围的体积之比。体形系数越小，单位建筑面积对应的外表面积越小，外围护结构的传热损失越少，从降低能耗的角度出发，应根据建筑特点将体形系数控制在合适的水平上。

在碳排放减排设计中，设计师主要关注的是提高建筑的热工性能，这种设计一般体现在对建筑物冬季和夏季的室内温度中，人们可以利用建筑墙面上的通风管道对室内的空气进行更换，在设计的同时，也应该选用保温性能较好的墙面建筑材料，来保证由于室内水蒸气向外渗透而导致热工性能降低。同时设置相应的外墙保温隔热层，利用具备良好保温隔热效果的材料来减少室内与室外的热量交换，减少不必要的能耗。在材料选择方面因地制宜，选择有效及长久的保温材料，以便提升建筑保温性能。在设计过程中通过增加保温设施，既可提高建筑墙体保温作用，也可有效防止外墙开裂、渗水等问题的发生，提高墙体稳固性。

在室内设计温度、湿度条件下，建筑非透光围护结构内表面应有防结露措施。外墙保温设计及屋面具体宜采取以下降碳措施：

（1）采用外墙外保温系统或墙体自保温系统

优先采用节能效果好的外墙外保温系统或墙体自保温系统，同时若采用外侧保温的聚苯乙烯泡沫板、岩棉板等轻质保温材料，应注重避免其抗震能力差、易松散、与结构构件结合不好、整体性能差的缺点，避免外部装修贴挂荷载，尽量减少使复合墙体承受振动的凿刨装修等。

（2）减少混凝土、金属等外挑构件及附墙部件

热桥对建筑能耗影响显著，因此在进行超低能耗建筑设计时，应严格控制外围护结构部位热桥的形成，对构件穿外围护结构部位进行无热桥设计。

外挑混凝土及金属构件容易形成热桥，是保温、隔热的薄弱环节，必须引起建筑设计者的重视，外挑部位应采取有效构造措施以尽可能避免热桥现象的产生。采用热桥锚栓能有效减小或阻断锚钉热桥效应。

（3）缝隙处理

建筑外围护结构室外侧的缝隙应采用具备传统防水和能使部分水蒸气渗透出围护结构的防水透汽材料密封。可以是防水透气膜，也可以是其他新型建筑材料。

（4）屋面宜采用轻质、高效的板状保温材料

对屋面保温隔热材料，除满足更高的性能外，还应具有较低的吸水率和吸湿率，上人屋面应根据设计荷载选择满足抗压强度或压缩强度的保温材料。

2. 外窗保温隔热

在建筑物的四大围护结构（门窗、墙体、屋顶和地面）中，以面积与能量损失率计，第一位的是门窗，其次是墙体、屋顶。从门窗损失的能量约占建筑使用过程中总能耗的50%，约是墙体的4倍、屋顶的5倍。

低碳建筑应选择保温隔热性能较好的外窗系统。外窗是影响建筑节能效果的关键部件，其影响能耗的性能参数主要包括传热系数（K）、太阳得热系数（$SHGC$）以及气密性能。影响外窗节能性能的主要因素有玻璃层数、Low-E膜层、填充气体、边部密封、型材材质、截面设计及开启方式等。应结合建筑功能和使用特点，通过性能化设计方法进行外窗系统的优化设计和选择。

（1）门窗气密性

气密性指的是建筑在封闭状态下组织空气渗透的能力，即房间在密闭状态下，内外压差为50Pa的无组织空气渗透量。在进行建筑设计时，要优先增强建筑的门窗气密性，合理对建筑进行通风设计，将自然风引导进房间之中，以此来满足用户对于房间散热的要求，并且房间还要有较强的密闭性，避免出现热量的散失。

提高气密性措施：

1) 气密层应连续完整，包裹整个气密区。外围护结构为混凝土砌块、钢筋混凝土梁

柱，内侧为水泥砂浆抹面，钢筋混凝土结构梁柱、水泥砂浆抹灰自身可以作为气密层。

2）外窗与结构墙之间的缝隙应采用耐久性良好的密封材料密封，室内侧适用防水隔汽膜，室外侧使用防水透气膜。门窗的气密性能等级达到8级。

3）穿气密层的管线应采用耐久性良好的密封材料，室内侧适用防水隔汽膜，室外侧采用防水透气膜。

（2）窗墙面积比

窗墙面积比既是影响建筑能耗的重要因素，也受到建筑日照、采光、自然通风等满足室内环境要求的制约。外窗和屋顶透光部分的传热系数远大于外墙，窗墙面积比越大，外窗在外墙面上的面积比例越高，越不利于建筑节能。不同朝向的开窗面积对建筑能耗的影响不同，因此，在建筑低碳化设计时，应考虑不同朝向窗墙面积比的要求。

（3）建筑外门窗、幕墙设计

1）采用木窗、塑料窗、铝木复合门窗、铝塑复合门窗、钢塑复合门窗、断热铝合金门窗等保温性能好的门窗；

2）玻璃幕墙采用有断热构造的玻璃幕墙系统，非透光的玻璃幕墙部分、金属幕墙、石材幕墙等幕墙面板背后采用高效保温材料保温；

3）外门窗或幕墙与围护结构连接处采取保温、密封构造；

4）玻璃系统应为中空玻璃、Low-E中空玻璃、充惰性气体Low-E中空玻璃等保温性能良好的玻璃。

4.3.3 建筑遮阳

夏季过多的太阳得热会导致冷负荷上升，因此外窗应考虑采取遮阳措施。遮阳设计应根据房间的使用要求以及窗口所在朝向综合考虑。可采用可调或固定等遮阳措施，也可采用可调节太阳得热系数（$SHGC$）的调光玻璃进行遮阳。

安装遮阳设备，一方面可以降低光污染，为人们创造舒适的生活环境；另一方面，可以起到遮阳效果，减少能源消耗。在进行建筑遮阳设计时，应重点考虑屋面东南面、西南面、东面、西面以及南面的遮阳设计，考虑每一个面的阳光照射量，并采取有效的遮阳措施进行优化设计，以此保证建筑不同部位的遮阳效果。

1. 遮阳形式

（1）固定遮阳。固定遮阳是将建筑的天然采光、遮阳与建筑融为一体的外遮阳系统。设计固定遮阳时应综合考虑建筑所处地理纬度、朝向、太阳高度角和太阳方向角及遮阳时间。水平固定外遮阳挑出长度应满足夏季太阳不直接照射到室内，且不影响冬季日照的要求。在设置固定遮阳板时，可考虑同时利用遮阳板反射自然光到大进深的室内，改善室内采光效果。

（2）可调节遮阳。可调节外遮阳表面吸收的太阳得热，不会像内遮阳或中置遮阳一样传入室内，并且可根据太阳高度角和室外天气情况调整遮阳角度，从遮阳性能来看，是最适合近零能耗建筑的遮阳形式。

（3）自然遮阳。建筑也可结合建筑立面设计，采用自然遮阳措施。非高层建筑宜结合景观设计，利用树木形成自然遮阳，降低夏季辐射热负荷。

（4）遮阳形式选择。南向宜采用可调节外遮阳、可调节中置遮阳或水平固定外遮阳的方式。东向和西向宜采用可调节外遮阳设施，或采用垂直方向起降遮阳百叶帘，不宜设置水平遮阳板。设置中置遮阳时,应尽量增加遮阳百叶以及相关附件与外窗玻璃之间的距离。

选用外遮阳系统时,宜根据房间的功能采用可调节光线或全部封闭的遮阳产品。公共建筑推荐采用可调节光线的遮阳产品,居住建筑宜采用卷闸窗、可调节百叶等遮阳产品。

2. 建筑外遮阳系统

建筑外遮阳系统主要包括面料、金属连杆和控制系统。面料可为铝合金百叶窗、卷帘遮阳板、天棚帘。外遮阳板是一种新兴的户外遮阳产品,具有遮阳、调光、节能、隔声、保护玻璃幕墙等作用。根据太阳的照射角度来调节叶片的角度,从而达到遮阳调光的最佳效果。开启时能清晰地显露百叶后面的玻璃幕墙;关闭后百叶能在建筑外立面形成一个整体。户外遮阳板遮阳节能效果极佳,主要用于大型公共建筑,能使建筑物外观更加宏伟壮观。现代遮阳板是一种新兴的集遮阳与建筑装饰于一体的室外遮阳产品,是更符合现代化建筑节能低碳环保模式及装饰美学的遮阳产品。

建筑外遮阳按遮阳板的形式分为水平遮阳、垂直遮阳、综合式遮阳、挡板式遮阳(图4-3)。

 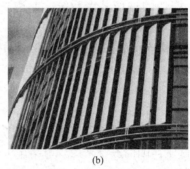 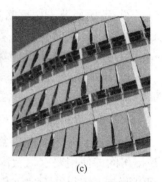

(a)　　　　　　　　　　　(b)　　　　　　　　　　　(c)

图4-3　外遮阳形式
(a)水平遮阳;(b)垂直遮阳;(c)综合式遮阳

遮阳设计应根据建筑物性质、设计风格和日照规律等进行科学选择,根据地区气候特点、太阳高度角、纬度、遮阳日期、遮阳时间以及不同朝向来综合考虑。可调式遮阳板是最适用、最有效的遮阳设施。智能控制使系统更方便、智能和安全。

4.3.4　低碳化选材

建筑材料的低碳化,引入循环经济的"3R"原则,即减量化(Reducing)、再使用(Reusing)、可循环再生(Recycling),同时结合建材碳排放内涵,兼顾就地取材(Location)与利用新型绿色低碳建材(Innovation),最终提出建筑材料"3R+L+I"的低碳使用原则,具体为以下几个方面:

(1)优化结构设计,减少建材的使用。

减少建材的使用是从源头上减少投入生产和消费过程的物质流量,坚持生产和资源节约并重,实现资源和碳排放的源消减。在设计阶段,通过结构低碳化选型、低碳化材料的选用、合理荷载取值等,采用计算机模拟等方式优化结构设计,减少建材、钢材等的使用。

通过增加建筑的耐久性,在保证建筑使用安全的同时,可以减少维护更新的耗材量。《绿色建筑评价标准》GB/T 50378—2019中专门对建筑的耐久措施提出相应要求和分值评价,如采取提升建筑适变性的措施,采取提升建筑部品部件耐久性的措施和提高建筑结构材料的耐久性等措施。

此外，针对建筑的功能性、长期使用性等特点，减少由于空间结构的局限性而造成大建大拆、维护更新频繁等方面的建材消耗，从而控制建材物化与使用的碳排放量。

(2) 注重建材的可再利用

建材的再利用是使用过程中的低碳控制，尤其是在改造设计中，目的是提高建材的利用效率。建材多以初始形式多次使用，用于升级维修与替换。在改变内部空间和功能的同时，保留主体支撑结构，其本身就是对结构建材再利用的体现。设计阶段，提倡建筑工业化、标准化、装配化，可增加建材及构件产品的循环利用率。将再利用废弃物作为建材，也可实现节约建材，降低碳排放，例如后续章节提到的建筑垃圾资源化利用。

(3) 使用可循环再生材料

材料的循环可再生是使在生产和消费过程中产生的废物，将其再加工为可重新使用的原材料或产品，使其重新返回到生产和消费领域。在建筑行业，有些建材本身就是可再生的原材料，如木材与竹材。在对建筑原材料的制备上，常通过可再生的废弃物和骨料进行生产，减少资源开采，降低开采和制备阶段的能耗与碳排放。如将废弃的混凝土块经过破碎、清洗、分级后按一定比例与水泥、水等混合成新的混凝土。

并不是所有材料都适合循环再生利用，在设计阶段选用时应有所重视。在材料循环利用的过程中也需要消耗大量能量，判断材料是否适合循环利用，主要看该材料通过循环再利用过程比生产新料可节能减排的程度。例如，铝材的生产能耗量大，而循环再利用可节省高达95%的能耗；而玻璃比铝材在生产成本上要更低，其循环利用仅节能5%，由此可见，铝材循环利用更具有节能减排的意义。我国回收钢材重新加工使用的CO_2排放量是钢材原始生产CO_2排放量的20%~50%。由此可见，即使循环再利用的过程中也有CO_2排放，但显然其排放量远低于采用新生产的同种建材的CO_2排放量。

(4) 就地取材

建材在运输过程中也会产生一定的碳排放，为减少材料运输及其对全球变暖的影响，同时促进当地经济发展，应提倡就地取材。建筑设计师在选用建筑材料时，应对当地的建材市场或者工厂深入了解，做到因地制宜；同时，就地取材要有一定适用前提，即选用的当地建材来源，其生产成本及碳排放量应总体优于远程运输的同类建材量。

(5) 主动利用新型绿色低碳建材

绿色低碳建材是指以降低建筑碳排放为目标的绿色建材。目前新型绿色低碳建材的种类很多，如采用纳米技术在保温建材领域的新应用和多功能复合建材。针对主体结构和围护结构的建材创新，以超低碳贝氏体钢（ULCB）和薄膜太阳能发电材料为典型代表。

4.3.5 建筑结构

1. 建筑结构的低碳化选型

在满足建筑功能需求的前提下，有很多建筑结构类型可供选择，比如营造一栋居家别墅，就有砌体结构、砖混结构、框架结构、钢结构、木结构等形式可供选择。但不同的建筑结构类型所使用的建筑材料有所不同，建筑材料的种类会直接影响施工方式，从而影响建筑施工的能耗及碳排放，而建筑材料本身所隐含的碳排放也有较大差异。合理选择建筑结构类型，将会对建筑全生命周期的碳排放有较大影响。

加拿大学者Cole研究了不同结构建筑的能耗与碳排放，其中木结构、钢结构、混凝土结构建筑在建设过程中因运输（包含场外运输和场内运输）、安装所产生的碳排放如表 4-1 所示。

不同结构建筑建设阶段能耗与碳排放 表 4-1

结构类型	能源消耗（MJ/m^2）	碳排放（kg/m^2）	关键因素
木结构	8～20	0.8～2.5	工人交通能耗
钢结构	3～7	0.4～1.0	工人交通和现场设备能耗
现浇混凝土结构	20～120	5～20	材料和设备的运输能耗
预制混凝土结构	20～35	4～5	材料和设备的运输能耗

由表 4-1 可以看出，不同的建筑结构在建设阶段的碳排放强度差异较大，钢结构碳排放强度明显较低。但不能只考虑施工阶段的碳排放，还要考虑建材生产阶段、建筑使用阶段及建筑拆除阶段的碳排放。

Arima、Sheng-Han Li 和 Griffin 对不同结构建筑的隐含碳排放（即建材生产碳排放）进行了研究，其碳排放强度如表 4-2 所示：

不同结构建筑隐含碳排放强度表 表 4-2

结构类型	碳排放强度单位	Arima	Sheng-Han Li	Griffin
木结构	kg/m^2	266	108	28
钢结构	kg/m^2	513	241	308
混凝土结构	kg/m^2	407	332	100～133

表 4-2 中，Griffin 和 Arima 的研究数据显示，碳排放强度从高到低依次是钢结构＞混凝土结构＞木结构，但碳排放强度差异较大，主要原因是研究的建筑所用材料有所差异。同样是钢结构，300mm×300mm×3600 型钢柱与 240mm×240mm×3600 型钢柱的生产碳排放会有很大差别。Sheng-Han Li 的研究数据则显示，碳排放强度从高到低依次是混凝土结构＞钢结构＞木结构，主要原因是其研究的钢结构所使用钢构件偏轻，生产碳排放相对较低。

从 Arima、Sheng-Han Li 和 Griffin 的研究成果来看，不同结构的建筑隐含碳排放差别较大，同一种结构的建筑因其所使用的建筑材料不同，其建筑隐含碳排放差异也会很大。同时，建筑隐含碳排放还与其所使用的建材生产工艺有很大关系，比如混凝土的主要材料水泥，不同国家及地区的生产工艺水平差异较大，其生产产生的碳排也会有很大的差异。

王玉等人对不同结构类型建筑全生命周期碳排放进行比较研究，选取 4 个建筑设计相近的重型钢结构、钢筋混凝土结构、木结构、轻型钢结构的低层住宅建筑为分析对象，房屋使用寿命为 50 年。上述 4 种结构各阶段碳排放比例如表 4-3 所示。

不同结构建筑各阶段碳排放比例关系 表 4-3

结构类型	生产阶段碳排放比例（%）	施工阶段碳排放比例（%）	使用阶段碳排放比例（%）	拆除阶段碳排放比例（%）
木结构	3.3	0.7	95.86	0.04
轻型钢结构	5.1	0.8	94	0.04
重型钢结构	20.5	0.4	78.9	0.2
混凝土结构	16	3.1	73.4	7

由表 4-3 可以看出，木结构、轻型钢结构建筑的各阶段碳排放占比基本一致，因其施工及拆除较易，施工及拆除阶段碳排放占比也相应较小。重型钢结构及钢筋混凝土结构因其材料生产能耗较大，所对应的碳排放占比较高，但重型钢结构的施工、拆除碳排放较低，混凝土结构因施工、拆除难度较大，其对应的施工、拆除阶段碳排放占比也相应较大。

从以上研究成果来看，建筑结构低碳化选型要综合考虑建材生产、建筑结构的施工方式、建材种类等因素。在国家宏观政策允许的条件下，在不违反相关规范且能满足建筑功能需求、建筑寿命要求、抗震要求、建筑造型要求的前提下，尽量选择轻型结构、保温性能好及热容性小的建筑材料营造建筑。

2. 建筑结构的低碳化设计

影响建筑结构耗材及成本的因素很多，设计过程中容易忽视的一点便是方案过程的优化，不同的方案对建筑结构及设备专业的影响有时是巨大的，要求结构优化设计应在建筑方案确定阶段介入。选择经济、安全且合理的上部结构体系和地基基础类型，应注意以下方面内容：

（1）地基和基础一般经济性比较：天然地基＞复合地基＞桩基础；在满足承载力和基础埋深的情况下，基础应浅埋。

（2）同一建筑方案，荷重越小，经济性越好。结构主材和建筑墙体，在满足耐久性要求下，应优先采用轻型材料。

（3）结构的规则性：建筑设计应重视其平面、立面和竖向剖面的规则性对抗震性能及经济合理性的影响，宜择优选用规则的形体，其抗侧力构件的平面布置宜规则对称、侧向刚度沿竖向宜均匀变化、竖向抗侧力构件的截面尺寸和材料强度宜自下而上逐渐减小、避免侧向刚度和承载力突变。建筑结构平面布局应优先采用规则、对称、均匀的方案，避免大开洞、错层及凸凹变化较大的平面布局；注意虽然有些建筑布局存在不规则性，但可以通过合理的结构抗侧力构件布置，做到结构内在的均匀性。结构竖向应避免侧向刚度不规则、竖向抗侧力构件不连续、楼层承载力突变等竖向不规则的结构。

（4）综合建筑施工周期：建筑工程的施工周期越长，施工期间的费用就越高，所以缩短施工周期，使建筑物能够较早的投入使用，是比较经济的做法。尤其对于大型地下车库、商场、办公等以框架为主的结构，尽量采用框架梁大板结构，减少次梁布置，虽然可能单方材料价格略高，但因施工便利、节约模板、人工和工期，综合成本反而更低。

（5）综合考虑结构全生命期费用：在建筑结构选型时，除了考虑经济投入外，还要考虑建筑物使用过程中需要支出的维修费用。比如一栋高层住宅，若采用钢结构，由于钢材容易锈蚀，要定期对钢构件进行防锈蚀处理和维护，从整个使用寿命期来看，这笔支出是巨大的。若采用钢筋混凝土结构，基本不需维护，节省了整个寿命期的维护费用。所以结构选型时，要对建筑的全生命周期进行经济分析，综合考虑做出合理的选择。

从方案阶段开始结构选型便是从源头上控制结构成本，更易于达到减少对材料的使用、缩短工期、节约全生命期维护费用，从而达到减少碳排放的目标。

低碳化设计不仅局限于方案阶段的优化，方案的优化仅是开端，当方案确定后，结构体系的选择、场地的选择、造型设计的合理化等均为决定建设成本的重要因素。结构优化设计主要包括以下几个方面：

（1）过程优化要远优于过后优化，在设计过程中优化，不仅节约人力成本，更节约时间成本，此时设计人员的专业素质就显得尤为重要。

（2）结构设计过程中，设计人员需对结构布局进行合理化选择，例如柱跨和层高的确定，不同柱跨和层高对于结构成本有着至关重要的作用。民用建筑中，当柱跨在8m左右时，框架结构的成本较为经济；另外，随着层高的加高，成本会出现一定比例的上升，这些均为结构设计过程需要注意的。

（3）结构构件的选用，需要根据计算结果对梁板柱等构件进行优化，避免构件过大对混凝土的浪费，同时也需避免构件过小对钢筋的浪费。这个过程需要结构设计人员投入更多的时间和精力进行对比，从而确定合理的截面。

（4）合理的参数选择。不同的参数选择对梁板配筋的影响较大，例如，混凝土结构计算过程中，楼板作为梁的翼缘参与计算，对梁刚度及配筋有较大影响，此时梁底配筋较矩形梁配筋会减小15%左右，且更加符合结构构件的实际受力情况。需要结构设计人员对理论知识和实践经验有着深厚的功底，做出更经济合理的结构设计。

（5）材料的选用。近些年新型材料及高强度材料的选用逐渐多了起来，如高强钢筋的利用，高强钢筋同普通钢筋相比，减少了钢筋的使用量、安装量，节约了工程物资及人力的投入。另外，对于钢构件，采用耐候结构钢及耐候性防腐涂料，能有效提高钢构件的耐久性，减少钢材的更换频率。

（6）装配式建筑的运用。装配式结构形式有着较为明显的优点，装配式建筑构件可以在工厂实现产业化生产，缩短工期；保证产品质量；材料投入量相对减少，降低了租赁费用；标准化的生产能节省材料，减少浪费；产品机械化程度高，降低人工成本和风险；现场作业量减少，利于环保。

结构设计的优化不仅局限于以上几点，通过理论知识的更新和增强，以及随着新技术、新材料的出现，都将会使结构设计更加安全、经济、合理。

4.4 暖通空调及给水排水系统

暖通空调系统的碳排放占建筑领域碳排放量超60%，因此冷、热节能是我国实现"双碳"目标的重中之重。为降低能耗、节省运行费用，同时提高室内舒适度或满足工艺空调要求，在设计阶段遵循以下原则：

（1）加大高能效设备的应用。这是有效减少环境污染与能源消耗的首要原则。在低碳背景下机电设计人员要提升自身的绿色节能环保意识，坚持低碳节能的原则并将其贯穿落实于机电系统的全过程中，真正达到降低能源消耗的目的。同时，设计人员要严格控制能源设备的投入成本与节能性能，最大限度保障二者之间的有机平衡，尽量避免一味运用绿色技术而大幅度增加实际成本。

（2）管网优化原则。这里的管网优化主要指管网简易原则、水力平衡原则和管网调节原则。绿色节能环保和经济效益不应成为操作复杂的原因，设计者在管网设计时，应首先以管网的维护管理简易为原则，满足日常使用中不同年龄段、不同人群操作需求；其次，水力平衡一直是设计师的重点工作，由于不够重视或缺乏现场实际调节经验，经常借助于阀门后期调控，过度增加管网管材、阀门成本，在运行中又没有起到很好的调节作用，在后期仍会出现冷热不均现象，如供暖系统中，为了促进末端循环，只能加大水泵的循环能力；又比如，热水循环系统，要求做到机械同程干管循环、支管循环。最后，对应管网实现灵活调节，是现今低碳节能的重要途径，新的设计理念，要求对用能侧的使用习惯、时间等有更细致的认知，并指导能耗选择、管路分区和末端控制，切实做到匹配用能需求的系统调节设计，再联合变频技术，节约大量能耗。

（3）能源设备和输配系统中应设置智能化控制系统。智能化控制系统应具备根据用能侧的需求实现监测、调节的功能，应能根据温度、室内人数以及光照强度等因素，通过变频控制空调或热水系统以实现流量调节；通过执行器操作用能点的自动调节和开启等，将集中系统实现分散控制，实现供给双侧匹配，达到节约电源、水资源的目的。

4.4.1 能源优化及高效节能设备

对于机电设计阶段，能源的合理选择和多种能源的互补使用是实现低碳技术的最有效手段。为实现节能减排，推进低碳能源应用，有必要对现有能源应用条件进行限制，对能源设备生产和选择进行能效约束。

1. 冷热负荷、耗热量基础数据计算

能源方案的基础数据来源于冷热负荷计算和分析。《建筑节能与可再生能源利用通用规范》GB 55015—2021 规定，除单栋建筑面积不大于 $300m^2$ 且建筑群总建筑面积不大于 $1000m^2$ 的公共建筑外，集中供暖和集中空调系统的施工图设计，必须对设置供暖、空调装置的每一个房间进行热负荷和逐项逐时冷负荷计算，指导设计上对用能时段和空间上的合理划分，避免系统选型时出现装机容量偏大、管道直径偏大、水泵配置偏大、末端设备偏大"四大"现象。

生活热水，应根据水温、卫生设备完善程度、热水供应时间、当地气候条件、生活习惯和水资源情况综合确定用水定额，进行耗热量、热水量和加热设备供热量的计算。必要时应对典型建筑进行长期的数据监测和分析，指导同类型项目的用能优化提升。

2. 暖通空调能源选择及其高能效设备

（1）暖通空调能源选择原则

冷、热源的选择应根据建筑规模、用途、建设地点的能源条件、结构、价格以及国家节能减排和环保政策的相关规定，综合论证确定。

1）有可供利用的废热或工业余热的区域，热源宜采用废热或工业余热。当废热或工业余热的温度较高、经技术经济论证合理时，冷源宜采用吸收式冷水机组。严寒地区采用分散供暖时，可采用燃气供暖炉；采用集中供暖时，宜以地源热泵、工业余热或生物质锅炉为热源，并采用低温供暖方式。

2）技术经济合理的情况下，冷、热源宜利用浅层地能、太阳能、风能等可再生能源。当采用可再生能源受到气候等原因的限制无法保证时，应设置辅助冷、热源。寒冷地区、夏热冬冷地区宜采用地源热泵或空气源热泵；夏热冬暖地区宜采用磁悬浮机组等更高能效的设备。

3）当无余热或可再生能源利用时，有城市热网或区域热网的地区，集中式空调系统的供热热源宜优先采用城市或区域热网；在城市电网夏季供电充足的地区，空调系统的冷源宜采用电动压缩式机组。

4）当无余热或可再生能源利用时，且无城市热网时，城市燃气供应充足的地区，宜采用燃气锅炉、燃气热水机供热或燃气吸收式冷(温)水机组供冷、供热。

5) 当上述条件都不具备时,可采用燃煤锅炉、燃油锅炉供热,蒸汽吸收式冷水机组或燃油吸收式冷(温)水机组供冷、供热。

6) 夏季室外空气设计露点温度较低的地区,宜采用间接蒸发冷却冷水机组作为空调系统的冷源。通常来说,高温干燥地区,当室外空气的露点温度低于15℃时,采用间接式蒸发冷却方式,可以得到接近16℃的空调冷水来作为空调系统的冷源。直接水冷式系统包括水冷式蒸发冷却、冷却塔冷却、蒸发冷凝等。

7) 天然气供应充足的地区,当建筑的电力负荷、热负荷和冷负荷能较好匹配,能充分发挥冷、热、电联产系统的能源综合利用效率且经济技术比较合理时,宜采用分布式燃气冷热电三联供系统。从节能角度来说,能源应充分考虑梯级利用,例如采用热、电、冷联产的方式。《中华人民共和国节约能源法》明确提出"推广热电联产,集中供热,提高热电机组的利用率,发展热能梯级利用技术,热、电、冷联产技术和热、电、煤气三联供技术,提高热能综合利用率。"大型热、电、冷联产是利用热电系统发展供热、供电和供冷为一体的能源综合利用系统。冬季用热电厂的热源供热,夏季采用溴化锂吸收式制冷机供冷,使热电厂冬夏负荷平衡,高效经济运行。

8) 全年进行空气调节,且各房间或区域负荷特性相差较大,需要长时间向建筑同时供热和供冷时,宜采用水环热泵空调系统供冷、供热。水环热泵空调系统是用水环路将小型的水/空气热泵机组并联在一起,构成一个以回收建筑物内部余热为主要特点的热泵供暖、供冷的空调系统。该系统可以实现建筑内部冷、热转移,独立计量,运行调节比较方便,在需要长时间向建筑同时供热和供冷时,可节省能源和减少向环境排热。

9) 在执行分时电价、峰谷电价差较大的地区,经技术经济比较,采用低谷电能够明显起到对电网"削峰填谷"和节省运行费用时,宜采用蓄能系统供冷、供热。蓄能系统的合理使用,能够明显提高城市或区域电网的供电效率,优化供电系统,转移电力高峰,平衡电网负荷。同时,在分时电价较为合理的地区,也能为用户节省全年运行电费。

10) 夏热冬冷以及干旱缺水地区的中、小型建筑宜采用空气源热泵或土壤源热泵系统供冷、供热。对于缺水、干旱地区,采用地表水或地下水存在一定的困难,因此,中、小型建筑宜采用空气源或土壤源热泵系统为主;夏热冬冷地区,空气源热泵的全年能效比较好,因此推荐使用;而当采用土壤源热泵系统时,中、小型建筑空调冷、热负荷的比例比较容易实现土壤全年的热平衡,因此也推荐使用。

11) 有天然地表水等资源可供利用,或者有可利用的浅层地下水且能保证100%回灌时,可采用地表水或地下水地源热泵系统供冷、供热。

12) 具有多种能源的地区,可采用复合式能源供冷、供热。当具有电能、城市供热、天然气、城市煤气等多种人工能源,以及多种可能利用的天然能源形式时,通过技术经济比较后可采用几种能源合理搭配作为空调冷热源,即复合能源方式,以降低投资和运行费用。

(2) 常用能源设备的选用原则

暖通空调中常用的能源设备以燃料不同分为以下两大类:

以液体和天然气作为燃料的主要设备有燃煤锅炉、燃液体燃料、天然气锅炉,小型设备户式燃气供暖热水炉(对于生活热水,则为燃气热水器或热水炉),直燃型溴化锂吸收式冷(温)水机组(如采用天然气为热源)。近几年,生物质能作为锅炉热源被大力推广应用,也将作为可再生清洁能源的应用重点。

以电驱动的空调设备有蒸汽压缩循环冷水机组。以电能、风能或地热联合实现的空调设备有蒸汽压缩循环热泵机组(主要为地热能),多联式空调(热泵)机组(包括水冷、风冷),小型设备单元式空气调节机、风管送风空调(热泵)机组。为实现建筑设计低碳化发展,要求暖通空调设备必须采用高效节能设备。各能源设备的能效限值可查阅2019年颁布的《近零能耗建筑技术标准》GB/T 51350—2019和《建筑节能与可再生能源利用通用规范》GB 55015—2021。

1) 锅炉和燃烧炉作为常用的集中或分布供热热源。在严寒地区,冬季可再生能源利用受限时,采用燃气锅炉供暖具有一定的技术合理性,应尽量采用效率较高的燃气锅炉。户式燃气供暖热水炉的热效率参考现行国家标准《家用燃气快速热水器和燃气采暖热水炉能效限定值及能效等级》GB 20665,当实现近零能耗建筑时,户式燃气供暖热水炉的热效率选用1级能效。

2) 大型电能驱动的空调冷热源机组。随着高能效磁悬浮、直流变频、多级压缩等技术的成熟,产品能效有了大幅提升。此类设备常用于公共建筑中,如商业、展览中心、办公建筑等,其冷热需求时间相对规律,便于集中管理,其选用原则采用制冷性能系数(COP)作为能效限值。实际运行中,冷水机组绝大部分处于部分负荷工况下运行,COP不能全面体现冷水机组的真实能效,还需要考虑冷水机组在部分负荷运行时的能效。冷水(热泵)机组综合部分负荷性能系数($IPLV$),作为冷水机组性能的评价指标,有定频冷水(热泵)机组$IPLV$和变频冷水(热泵)机组$IPLV$,其计算方法详见相关规范。

对于风冷多联式空调(热泵)机组,采用全年性能系数APF作为其能耗考核指标,表示在制冷季节及制热季节中,机组进行制冷(热)运行时从室内除去的热量及向室内送入的热量总和与同一期间内消耗的电量总和之比,其单位为Wh/Wh,详细计算公式可见《多联式空调(热泵)机组》GB/T 18837—2015。

3) 小型冷暖设备,包括电机驱动单元式空气调节机和电机驱动压缩机风管送风式空调(热泵)机组。根据能源提供方式不同,分为风冷型和水冷型。对于风冷型,单冷时,采用制冷季节能效比$SEER$作为能效限值,即指在制冷季节中,机组进行制冷运行时从室内除去的热量总和与消耗的电量总和之比,其单位为Wh/Wh,详细计算公式可见《多联式空调(热泵)机组》GB/T 18837—2015;热泵型(供冷、供热)时,采用全年性能系数APF作为评价指标。对于水冷型,制冷综合部分负荷性能系数$IPLV$作为评价指标。

房间空气调节器是居住建筑中常用的小型空调器,由于我国新建居住建筑中全装修占比日益增大,逐渐成为主流,因此有必要对此类设备进行能效限制。除严寒地区以外,采用APF和$SEER$作为评价指标。

4) 严寒、寒冷地区风冷热泵供热性能系数要求

对于严寒、寒冷地区的居住建筑,采用空气源热泵机组供热时,冬季设计工况下机组制热性能系数COP应满足:寒冷地区冷热风机组COP不小于2.0,冷热水机组COP不应小于2.2;严寒地区冷热风机组COP不宜小于1.8,冷热水机组COP不宜小于2.0。

在冬季寒冷、潮湿的地区,空气源热泵机组的节能优势由供暖设计工况下计算的机组性能系数COP判定。在寒冷地区冬季设计工况,对于性能上有优势的空气源热泵冷热水机组的COP限定为2.2;对于规格较小,直接膨胀的单元式空调机组限定为2.0。对严寒

地区，空气源热泵冷热水机组的 COP 限定为 2.0，直接膨胀的单元式空调机组限定为 1.8。设计性能系数低于上述规定，则空气源热泵不具备节能优势，从节能角度考虑不适宜采用。此外，为了保证系统运行的高效，选用的空气源热泵在最初融霜结束后的连续制热运行中，融霜所需时间总和不应超过一个连续制热周期的 20%。

3. 生活热水能源选择及其设备的应用

(1) 生活热水能源选择原则

对于生活热水热源，其选用原则同前述暖通空调系统热源。优先推荐利用余热、废热、可再生能源或空气源热泵作为热水供应热源，这在工程应用中已日益趋于成熟。

(2) 能源设备的应用原则

1) 太阳能热利用系统。可再生能源利用中，太阳能热利用是生活热水热源的主要选用方案，设计应根据工程所采用的集热器性能参数、气象数据以及设计参数计算太阳能热利用系统的集热系统效率 η，并符合相关现行节能标准。

2) 以燃气或燃油作为热源时，宜采用燃气或燃油机组直接制备热水。当采用锅炉制备生活热水或开水时，锅炉额定工况下热效率不应低于相关现行节能标准的限定值。采用户式燃气炉作为生活热水热源时，其热效率不应低于现行国家标准《家用燃气快速热水器和燃气采暖热水炉能效限定值及能效等级》GB 20665 中规定的 2 级能效要求。

3) 采用空气源热泵热水机组制备生活热水。普通型空气源热泵热水机组较适用于夏季和过渡季节总时间较长的地区；寒冷地区使用时则需要考虑机组的经济性与可靠性，随着室外温度的降低，用户的需热量不断增加；同时，随着压缩机压力比的增加，其 COP 急剧下降，排气温度迅速升高，可能会导致压缩机不能正常运行甚至损坏的现象。低温型热泵，则完全解决了上述室外低温和能效比的问题，使空气源热泵的应用区域扩展至华北及黄河流域。在设计和选用空气源热泵热水机组时，推荐采用达到节能认证的产品，即满足国家现行标准《热泵热水机（器）能效限定值及能效等级》GB 29541 中能效等级 2 级及以上。在室外温度较低的工况下运行，致使机组制热 COP 太低，失去热泵机组节能优势时则不宜采用。

4) 采用蒸汽制备开水时，为防止蒸汽中含有油等不符合饮水水质要求的成分，采用间接加热的方式，此时，最适合进行凝结水回收利用，回收水量及热量，同时节省该部分凝结水的软化处理费用。

4.4.2 输配系统节能设计

暖通空调及给水排水的输配系统主要包括动力（风机或水泵）、管路系统和末端设备（根据需要末端自带二级提升动力）。水泵是供暖、供热水、供冷二次侧输配系统中最主要的耗能设备；风机是通风、空调系统中主要动力设备，即能耗重点，因此规定水泵和风机的能效水平对于整个输配系统提高能效非常重要。

水泵和风机选型时，循环水泵效率不应低于现行国家标准《清水离心泵能效限定值及节能评价值》GB 19762 规定的节能评价值；风机效率不应低于现行国家标准《通风机能效限定值及能效等级》GB 19761 规定的通风机能效等级的 2 级。

水路或者风路系统方案的确定和末端系统形式的选用，与水泵或风机协调运行紧密相连，因此为满足低碳技术在暖通空调系统中的低能耗发挥，必须达到几者特性相匹配，做到协调化设计。

1. 水路输配系统节能设计

(1) 水泵能效限值

1) 在供暖系统中，采用耗电输热比 $EHR\text{-}h$ 作为限制，即设计工况下，集中供暖系统循环水泵总功耗（kW）与设计热负荷（kW）的比值。当此值超过限值（考虑供回水温差、水泵流量、机房及用户的水阻力和供回水管道总长度相关计算出的限值）时，说明水泵选用过大，或者系统方案欠缺，可采取加大供回水温差实现大温差小流量运行，或调整供热半径避免输送管网过长等措施。耗电输热比计算方法及其限值可见相关现行节能设计标准。

2) 空调系统中，在选配空调冷（热）水系统的循环水泵时，采用空调冷（热）水系统耗电输冷（热）比 $EC(H)Rd\text{-}a$ 作为限值，即设计工况下，空调冷热水系统循环水泵总功耗（kW）与设计冷（热）负荷（kW）的比值，与对应输配状态下的限值进行比较，小于限值时，说明水泵及供给半径等设计符合节能要求。耗电输冷（热）比计算方法及其限值可见现行相关节能设计标准。

(2) 水泵选用

水泵变频调速实现变流量运行，是目前降低运行能耗的有效方式。

1) 供热系统：由于末端控制阀的安装，用户侧供热系统为变流量系统，直接供热系统循环泵及间接供热系统一、二次侧循环泵，在热源设备支持变流量工况时，均应采用变频泵。

2) 集中空调系统：应根据全年负荷的变化合理选择冷水机组和对应水泵的台数，并通过设置台数控制，保证系统在过渡季和部分负荷时高效运行。对于一次泵系统而言，水泵的变流量应考虑冷水机组性能能否适应水泵变流量的要求，而对于多级泵系统而言，其间接供热系统负荷侧水泵不受冷水机组对流量变化的限制，因此应采用变流量调速控制。

空调冷水系统和空调热水系统的设计流量、管网阻力特性差异较大时，两管制空调水系统应分别设置冷水和热水循环泵。

3) 近零能耗建筑中的空调动力系统：循环水泵、通风机等用能设备应采用变频调速。暖通空调系统的负荷变化幅度较大，满负荷运行时间占比不高，进行变负荷调节时往往为变速调节，而各种变速调节形式中，变频调速的节能效果最佳。目前适应各种电机形式变频调速技术已经较为成熟且成本逐渐降低，投资增量回收期大多低于 4 年，具有较高的经济性。另外，变频调速还具有启动方便、延长设备寿命、运行噪声低等附加收益。

4) 循环水泵节能评价值：水泵节能评价值是指在标准规定测试条件下，满足节能认证要求应达到的水泵规定点的最低效率，其计算与水泵的流量、扬程、比转速有关。工程项目中所应用的循环水泵的泵效率应由给水泵供应商提供，并应按照现行国家标准《清水离心泵能效限定值及节能评价值》GB 19762，通过查图表，计算水泵规定点效率值、泵能效限定值和节能评价值，以满足节能要求。

为方便设计人员选用给水泵时了解泵的节能评价值，可参照《建筑给水排水设计手册》中 IS 型单级单吸水泵、TSWA 型多级单吸水泵和 DL 型多级单吸水泵的流量、扬程、转速数据，通过计算和查表，得出给水泵节能评价值。通过计算发现，同样的流量、扬程情况下，转速为 2900r/min 的水泵比 1450r/min 的水泵效率要高 2%～4%，建议除对噪声有特殊要求的场所外，宜选用转速为 2900r/min 的水泵。

(3) 空调输配系统的节能设计

1) 当建筑所有区域只要求按季节同时进行供冷和供热转换时,应采用两管制空调水系统;当建筑内一些区域的空调系统需全年供冷、其他区域仅要求按季节进行供冷和供热转换时,可采用分区两管制空调水系统;当空调水系统的供冷和供热工况转换频繁或需同时使用时,宜采用四管制空调水系统。

2) 冷水水温和供回水温差要求一致且各区域管路压力损失相差不大的中小型工程,宜采用变流量一级泵系统;单台水泵功率较大时,经技术经济比较,在确保设备的适应性、控制方案和运行管理可靠的前提下,空调冷水可采用冷水机组和负荷侧均变流量的一级泵系统,且一级泵应采用调速泵。

3) 系统作用半径较大、设计水流阻力较高的大型工程,空调冷水宜采用变流量二级泵系统。当各环路的设计水温一致且设计水流阻力接近时,二级泵宜集中设置;当各环路的设计水流阻力相差较大或各系统水温或温差要求不同时,宜按区域或系统分别设置二级泵,且二级泵应采用调速泵。

4) 提供冷源设备集中且用户分散的区域供冷的大规模空调冷水系统,当二级泵的输送距离较远且各用户管路阻力相差较大,或者水温(温差)要求不同时,可采用多级泵系统,且二级泵等负荷侧各泵应采用调速泵。

5) 空调水系统布置和管径的选择,应减少并联环路之间压力损失的相对差额。当设计工况下并联环路之间压力损失的相对差额超过15%时,应采取水力平衡措施。

(4) 热水输配系统节能设计

1) 二次侧(即用户侧)供热水系统,采用变频水泵供给,各相关要求同供热系统,在此不再赘述。一次侧热源侧和其他辅助循环侧,如热水回水加热循环泵,根据工艺需求和控制简化等需求,可选择定流量水泵。

2) 供热水半径:二次侧供热水系统的重点是管路设计,同供热系统相同,设有集中热水供应系统的热水循环管网服务半径不宜大于300m且不应大于500m。水加热、热交换站宜设置在小区的中心位置。

3) 热水管路应设循环系统:这是因为当热水管路长时间不用时,会导致管网热损失,出水温度低于设定值,或者需要长时间放出冷水才能满足用热水需求,为避免水资源浪费,需要设置循环加热系统。

循环加热系统分干管循环、干支管循环,以及末端增设加热热源的方式。工程设计上的要求一般有:集中热水供应系统,应采用机械循环,根据用户要求选择保证干管、立管或干管、立管和支管中的热水循环;设有3个及以上卫生间的公寓、住宅、别墅共用水加热设备的局部热水供应系统,应设回水配件自然循环或设循环泵机械循环;全日制集中供应热水的循环系统,应保证配水点出水温度不低于45℃的时间:对于住宅不得大于15s,医院和旅馆等公共建筑不得大于10s。

(5) 用水点冷热水压力平衡

因末端出水常用冷热水混水阀出水方式,为避免冷热不均或者水量浪费,一般规定用水点处冷、热水供水压力差不大于0.02MPa。为保证出水口处冷热压力尽可能相同,设计上采取的措施有:

1) 冷水、热水供应系统分区一致。如某酒店,冷水供给层数为一~九层,热水供给层数为四~九层，则需要冷水分区为低区（一~三层）和高区（四~九层），热水分区同冷水高区。当冷、热水系统分区一致有困难时，宜采用配水支管设可调式减压阀减压等措施，保证系统冷、热水压力的平衡；设置减压阀的位置，应同时考虑回水支路之间的压力问题，避免回水循环压力不够。

2）在用水点处设带调节压差功能的混合器、混合阀，可保证用水点的压力平衡，保证出水水温的稳定。目前市场上此类产品已有很多，使用效果良好，其调压的范围：冷、热水系统的压力差可在 0.15MPa 内。

3）选用小于或等于 0.01MPa 的水加热设备。因加热设备的补水常利用冷水自有水压进行补水和热水系统稳压，因此，为保证冷热水压力平衡提出此要求。

(6) 循环管道的布置保证循环效果的平衡措施

1）单体建筑的循环管道宜采用同程布置，热水回水干、立管采用导流三通连接和在回水立管上设限流调节阀、温控阀等保证循环效果的措施。

2）当热水配水支管布置较长不能满足要求时，宜设支管循环，或采取支管自控电伴热措施。

3）当采用减压阀分区供水时，应保证各分区的热水循环。

4）小区集中热水供应系统应设热水回水总干管并设总循环泵，单体建筑连接小区总回水管的回水管处宜设导流三通、限流调节阀、温控阀或分循环泵，保证循环效果。

5）当采用热水贮水箱经热水加压泵供水的集中热水供应系统时，循环泵可与热水加压泵合用，采用调速泵组供水和循环。

6）回水干管设温控阀或流量控制阀控制回水流量。

(7) 公共浴室的集中热水供应系统节能要求

大型公共浴室宜采用高位冷、热水箱重力流供水。当无条件设高位冷、热水箱时，可设带贮热调节容积的水加热设备经混合恒温罐、恒温阀供给热水。由热水箱经加压泵直接供水时，应有保证系统冷热水压力平衡和稳定的措施。采用集中热水供应系统的建筑内设有 3 个及 3 个以上淋浴器的小公共浴室、淋浴间，其热水供水支管上不宜分支再供其他用水。浴室内的管道，当淋浴器出水温度能保证控制在使用温度范围时，宜采用单管供水；当不能满足时，宜采用双管供水；多于 3 个淋浴器的配水管道宜布置成环形；环形供水管上不宜接管供其他器具用水；公共浴室的热水管网应设循环回水管，循环管道应采用机械循环。

(8) 阀件或装置的低碳节能要求

淋浴器宜采用即时启、闭的脚踏、手动控制或感应式自动控制装置。图 4-4 为工程中常见的公共建筑二次侧热水循环原理图。热源位于屋面，循环加热水路从最下层经回水循环泵提升至在屋顶设置的热水箱，此时供热水循环泵开启，加热管网热水。回水循环泵设置位置应考虑气蚀影响，一般型号较小，该项目设置于管道井内。

为防止下部 3 层热水水压超压并匹配冷水水压，在支路上设置管道式减压阀，阀后压力为 0.15MPa（该压力值由阀后支路压力损失和末端出水水压确定）。该系统支管处设减压的优点有：不受干管压力波动的影响，并有利于与冷水水压调节一致，同时充分利用供水水压提供回水循环动力，节约耗电量。

图 4-4 所示系统为可再生能源应用供热水的典型案例，热源设置在屋面，可采用空气

源热泵热水机组、太阳能供热水系统、太阳能光伏供电等低碳能源系统，可实现热水系统的近零碳或者零碳运行。

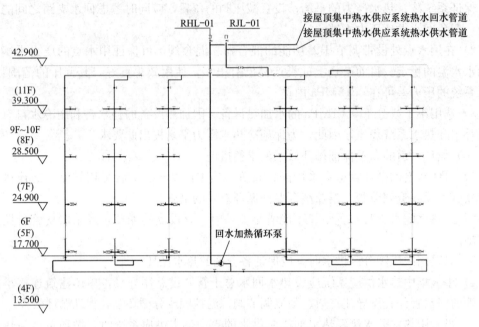

图 4-4　热水机械同程循环系统原理图

2. 风路输配系统节能设计

（1）风机能效限值

一般空调风系统和通风系统的风量大于 $10000\text{m}^3/\text{h}$ 应考虑此限值。根据系统形式不同，分为机械通风系统，限值为 0.27；新风系统，限值为 0.24；办公建筑定风量系统，限值为 0.27；办公建筑变风量系统，限值为 0.29；商业、酒店建筑全空气系统，限值为 0.3。近零能耗建筑中，对居住建筑而言，户式热回收装置单位风量风机耗功率（功率与风量的比值）不应高于 $0.45\text{W}/(\text{m}^3\cdot\text{h})$；对于公共建筑而言，单位风量耗功率应满足上述限值或现行国家标准《公共建筑节能设计标准》GB 50189 的相关要求。

（2）风机选用

1）当通风系统使用时间较长且运行工况（风量、风压）有较大变化时，通风机宜采用双速或变速风机。比如车库的通风及防排烟系统，常用双速风机，排烟时高速运转，通风时低速运转。

2）风系统在实际运行时的风量通常小于设备的额定风量，通过人为增加输配系统和末端阻力的方式来调节风量造成能源的浪费，因此常选用风机变风量来满足输配需求。风机的变风量途径和方法很多，通常变频调节通风机转速的节能效果最好。

系统通过风机变速的方式达到调节风量的目的，则变风量全空气空调系统应采用变频自动调节风机转速的方式。应特别说明，变风量空调系统在运行过程中，随着送风量的变化，送至空调区的新风量也相应改变。为了确保新风量能符合卫生标准的要求，同时为了使初调试能够顺利进行，根据满足最小新风量的原则，应在设计文件中标明每个变风量末端装置必需的最小送风量。

本书中提到的风机是指空调机组内的系统送风机（也可能包括回风机）而不是变风量末端装置内设置的风机。对于末端装置所采用的风机来说，若采用变频方式，应采取可靠的防止对电网造成电磁污染的技术措施。

(3) 风路系统的节能要点

1) 设计定风量全空气调节系统时，宜采取实现全新风运行或可调新风比的措施，并宜设计相应的排风系统。

2) 当一个空气调节风系统负担多个使用空间时，系统的新风量应按照相关规范计算，在人员密度相对较大且变化较大的房间，宜根据室内 CO_2 浓度检测值进行新风需求控制，排风量也宜适应新风量的变化，以保持房间的正压。

3) 当采用人工冷、热源对空气调节系统进行预热或预冷运行时，新风系统应能关闭；当室外空气温度较低时，应尽量利用新风系统进行预冷。前者的目的在于减少处理新风的冷、热负荷，降低能量消耗；在夏季的夜间或室外温度较低的时段，推荐直接采用室外温度较低的空气对建筑进行预冷。

4) 空气调节内、外区应根据室内进深、分隔、朝向、楼层以及围护结构特点等因素划分。一般将距外围护结构 5m 左右的范围划为外区，其所包围的为内区。由于建筑外区和内区的负荷特性不同，内、外区宜分别设置空气调节系统。外区由于与室外空气相邻，围护结构的负荷随季节改变有较大的变化；内区则由于无外围护结构，室内环境几乎不受室外环境的影响，常年需要供冷。冬季内、外区对空调的需求存在很大的差异，因此宜分别设计和配置空调系统。这样不仅方便运行管理，易于获得最佳的空调效果，且可避免冷热抵消，降低能源消耗，减少运行费用。

5) 风机盘管加新风空调系统的新风宜直接送入各空气调节区，不宜经过风机盘管机组后再送出。若新风经过风机盘管后送出，风机盘管的运行与否对新风量的变化有较大影响，易造成能源浪费或新风量不足。

6) 因土建风道（指用砖、混凝土、石膏板等材料构成的风道）漏风严重，大部分是隐蔽工程，且混凝土等墙体的蓄热量大，没有绝热层的土建风道会吸收大量的送风能量，严重影响空调效果，因此空气调节风系统避免使用土建风道直接作为送风道和输送冷、热处理后的新风风道。当必须采用土建风道时，如剧场、影院等的设计中，为了便于管道连接或配合室内设计，也需要采用一些局部的土建式封闭空腔作为送风静压箱，此时应采取严格的防漏风和绝热措施。

7) 空气调节系统送风温差应根据焓湿图表示的空气处理过程计算确定。空气调节系统采用上送风气流组织形式时，宜加大夏季设计送风温差，如送风高度小于或等于 5m 时，送风温差不宜小于 5℃；送风高度大于 5m 时，送风温差不宜小于 10℃。在满足舒适度的情况下，适当加大送风温差，可减少送风量、降低风机能耗、降低风路造价、节约建筑空间。

对于湿度要求不高的舒适性空调，降低湿度要求，加大送风温差，可达到很好的节能效果。送风温差加大一倍，送风量可减少一半左右，风系统的材料消耗和投资相应可减少 40% 左右，风机能耗则下降 50% 左右。送风温差在 4~8℃之间时，每增加 1℃，送风量可减少 10%~15%。而且上送风气流在到达人员活动区域时已与房间空气进行了比较充分的混合，温差减小，可形成较舒适的环境，该气流组织形式有利于大温差送风。故采用上送风气流组织形式的空调系统时,夏季的送风温差可适当加大。

8) 除温湿度波动范围要求严格的空调区外,在同一个全空气空调系统中,不应有同时加热和冷却过程。

在空气处理过程中,同时有冷却和加热过程出现,既不经济也不节能,设计中应尽量避免。对于夏季具有高温高湿特征的地区来说,若仅用冷却过程处理,有时会使相对湿度超出设定值,如果时间不长,一般是可以允许的;如果对相对湿度的要求很严格,则宜采用二次回风或淋水旁通等措施,尽量减少加热用量。

对于置换通风方式,由于要求送风温差较小,当采用一次回风系统时,如果系统的热湿比较小,有可能会使处理后的送风温度过低,若采用再加热显然降低利用置换通风方式所带来的节能效益。因此,置换通风方式适用于热湿比较大的空调系统,或者可采用二次回风的处理方式。

9) 设置新风系统时,首选新风带热回收系统。设置高效新风热回收系统,不仅能够满足室内新风量供应要求,而且通过回收利用排风中的能量降低建筑供暖供冷需求及系统容量,实现建筑近零能耗目标。冬季供暖时依靠建筑内的被动得热,其供暖需求可进一步降低,充分利用了高效新风热回收系统,不用或少用辅助供暖系统。

新风机组能量回收系统设计时,应进行经济技术分析,选取合理的技术方案。新风机组设置旁通模式,可实现当室外空气温度低于室内温度时,根据最小经济温差(焓差)控制热回收装置的开启,降低能耗。

10) 居住建筑新风系统宜分户独立设置,并应按用户需求供应新风量。居住建筑新风系统分户独立设置且可调控,通过监测室内二氧化碳浓度或颗粒物浓度指标,按用户需求进行供应。设计中也可以根据户型面积、房屋产权及管理形式进行合理设计。

11) 发热量较大的房间,如机电设备用房、厨房热加工间等的通风设计时,在保证设备正常工作前提下,宜采用通风消除室内余热。

机电设备用房,除设备工艺上需要较低的环境温度才能正常工作的情况外,夏季室内计算温度取值不宜低于夏季通风室外计算温度。如夏季室内计算温度取值过低,甚至低于室外通风温度,则无法充分利用室外空气消除室内余热,反而需要耗费大量制冷能量。

厨房热加工间宜采用补风式油烟排气罩。厨房的热加工间夏季仅靠机械通风不能保证人员对环境的温度要求,一般需要设置空气处理机组对空气进行降温。由于排除厨房油烟所需风量很大,需要采用大风量的不设热回收装置的直流式送风系统。为避免计算室温取值过低,供冷能耗大,直流系统将温度较低的室内空气直接排走,不利于节能,夏季室内计算温度取值不宜低于夏季通风室外计算温度。

12) 建筑空间高度大于或等于10m且体积大于10000m³时,宜采用辐射供暖供冷或分层空气调节系统。公共建筑采用辐射为主的供暖、供冷方式,由于冷空气重,因此一般有明显的节能效果。分层空调是一种仅对室内下部人员活动区进行空调,而不对上部空间空调的特殊空调方式,与全室性空调方式相比,分层空调夏季可节省冷量30%左右,并节省运行能耗和初投资。

3. 设备及管道保温、防冻保护

从节能角度和用户使用及舒适度出发,制备冷、热水的管道和设备均须采取保温、保冷及防结露措施;对于严寒和寒冷地区,应做好与外界相连的设备或管路的防冻保护。

(1) 管道保温

当输送冷媒温度低于其管道外环境温度且不允许冷媒温度有升高，或当输送热媒温度高于其管道外环境温度且不允许热媒温度有降低时，管道与设备应采取保温保冷措施。其中，保温层厚度应按现行国家标准《设备及管道绝热设计导则》GB/T 8175 中经济厚度计算方法计算；供冷或冷热共用时，保冷层厚度应按现行国家标准《设备及管道绝热设计导则》GB/T 8175 中经济厚度和防止表面结露的保冷层厚度方法计算，并取大值；管道和支架之间，管道穿墙、穿楼板处应采取防止"热桥"或"冷桥"的措施。此外，采用非闭孔材料保温时，外表面应设保护层；采用非闭孔材料保冷时，外表面应设隔汽层和保护层。

(2) 末端系统防冻保护措施

严寒和寒冷地区通风或空调系统与室外相连接的风管和设施上，应设置可自动连锁关闭且密闭性能好的电动风阀，并采取密封措施。与风道的气密性要求类似，通风空调系统即使在停用期间，室内外空气的温湿度相差较大，空气受压力作用流出或流入室内，都将造成大量热损失。为减少热损失，靠近外墙或外窗设置的电动风阀设计上应采用漏风量不大于 0.5% 的密闭性阀门，随着风机的启停，自动开启或关闭。通往室外的风道外侧与土建结构间也应密封可靠，否则会造成大量隐蔽的热损失，严重的甚至会结露、冻裂水管。

(3) 能量回收装置防结露、防冻措施

严寒地区，设有空气—空气能量回收装置的集中排风空调系统，应对能量回收装置的排风侧是否出现结霜或结露现象进行核算。当出现结霜或结露时，应采取预热等保温防冻措施。空调系统中处理新风所需的冷热负荷占建筑物总冷热负荷的比例很大，为有效减少新风冷热负荷，宜采用空气—空气能量回收装置回收空调排风中的热量和冷量，用来预热和预冷新风，可以产生显著的节能效益。

(4) 供暖供冷辐射水路系统的防冻和防止热损失措施

直接与室外空气接触的楼板或与不供暖供冷房间相邻的地板作为供暖供冷辐射地面时，必须设置绝热层。为减少辐射地面的热损失，直接与室外空气接触的楼板、与不供暖房间相邻的地板，必须设置绝热层。

4.4.3 末端设备节能设计

1. 热回收装置

热回收装置中的主要工作构建为热交换器，其共分为两种：显热交换器和全热交换器。显热即为风与风之间表面温度的传导，推动力即为两者温差。全热即显热和潜热相加。物体在表面热量传导的过程中，会产生湿度变化，同样会释放和吸收热量，这部分的热量，就叫潜热。全热交换的推动力表现为风与风之间的焓差。市场上所采用的热交换模式大多是全热交换，适用于新风换气和能量全面回收的各种场合，全热交换常用构件组成如图 4-5 所示。

热回收效率是评价热回收装置换热性能的主要指标，其中全热换热效率计算公式为：

$$\text{全热换热效率}（\%）=M_s(x_1-x_2)\eta\times100\%/[M_{\min} \cdot (x_1-x_3)] \quad (4-2)$$

式中 x_1、x_2、x_3——分别为新风进口、新风出风、排风进口的焓（温度、湿度）值；

M_s——送风质量流量；

$M_{\min}$——送风和排风中质量流量较小的一个。

在不考虑质量流量差异（即新风量和排风量相同的情况下）可以简化成下面的表达式：

$$显热交换效率 \eta_t = (t_1 - t_2)/(t_1 - t_3) \times 100\% \quad (4-3)$$
$$湿交换效率 \eta_d = (d_1 - d_2)/(d_1 - d_3) \times 100\% \quad (4-4)$$
$$全热交换效率 \eta_h = (h_1 - h_2)/(h_1 - h_3) \times 100\% \quad (4-5)$$

式中　t_1、d_1、h_1——新风的初温度，℃、初湿度，g/kg、初焓值，kJ/kg；

　　　t_2、d_2、h_2——新风的终温度，℃、终湿度，g/kg、终焓值，kJ/kg；

　　　t_3、d_3、h_3——排风的初温度，℃、初湿度，g/kg、初焓值，kJ/kg。

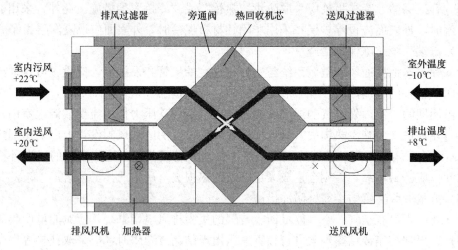

图 4-5　全热交换构件组成

热回收装置的选用原则和注意事项有：

（1）我国节能标准规定，严寒和寒冷地区采用集中新风的空调系统时，在室外和室内空气温度差或焓值差较大的情况下，对系统设计最小总新风量大于或等于 40000m³/h 的，应设置集中排风能量热回收装置。此方案可有效降低新风负荷，从而降低空调系统能耗，符合节能的原则。对新风量较小的系统不作此要求，当然有条件时，也推荐采用。

（2）在进行空气能量回收系统的技术经济比较时，应充分考虑当地的气象条件、能量回收系统的使用时间等因素。在满足节能标准的前提下，如果系统的回收期过长，则不宜采用能量回收系统。一般在严寒地区和夏季室外空气比焓低于室内空气设计比焓而室外空气温度又高于室内空气设计温度的温和地区，宜选用显热回收装置；在其他地区，尤其是夏热冬冷地区，宜选用全热回收装置。

（3）对于近零能耗建筑来说，结合工程实践经验和能效指标，显热型新风热回收装置显热交换效率不应低 75%，全热型全热交换效率不应低于 70%（此处显热交换效率和全热交换效率均指制热工况）。相关研究结果表明，制冷工况下的显热交换效率和全热交换效率均比制热工况下低约 5%。设计师可依据性能化设计原则和项目实际情况，选取新风热回收装置的类型和性能参数。为保障有效新风量及热回收效果，新风热回收装置在压差 100Pa 时的内侧及外侧漏气率不应大于 5%。

（4）对室外温度较低的地区（如严寒地区），应对热回收装置采取保温、防冻措施。因常在冬季可能发生冻结而不能发挥装置应有的作用，要求对热回收装置的排风侧是否出现结霜或结露现象进行核算，当出现结霜或结露时，应采取预热等措施。

（5）避免出现热回收装置送排风泄漏、污染情况。国家标准《热回收新风机组》

GB/T 21087—2020 规定了内部漏风率和外部漏风率指标。由于热回收原理和结构特点的不同，空气热回收装置的处理风量和排风泄漏量存在较大差异。当排风中污染物浓度较大或污染物种类对人体有害时，在不能保证污染物不泄漏到新风送风中时，空气热回收装置不应采用转轮式空气热回收装置，同时也不宜采用板式或板翅式空气热回收装置。

（6）此外，空气热回收装置的积灰对热回收效率的影响较大，设计中应予以重视，并考虑热回收装置的过滤器设置问题。常用的空气热回收装置性能和适用对象参见表 4-4。

常用空气热回收装置性能和适用对象　　　　表 4-4

项目	热回收装置形式					
	转轮式	液体循环式	板式	热管式	板翅式	溶液吸收式
热回收形式	显热或全热	显热	显热	显热	全热	全热
热回收效率	50%～85%	55%～65%	50%～80%	45%～65%	50%～70%	50%～85%
排风泄漏量	0.5%～10%	0	0～5%	0～1%	0～5%	0
适用对象	风量较大且允许排风与新风间有适量渗透的系统	新风与排风热回收点较多且比较分散的系统	仅需回收显热的系统	含有轻微灰尘或温度较高的通风系统	需要回收全热且空气较清洁的系统	需回收全热并对空气有过滤的系统

2. 带热回收功能的双向换气装置

有人员长期停留且不设置集中新风、排风系统的空气调节区或空调房间，宜在各空气调节区或空调房间分别安装带热回收功能的双向换气装置。

采用双向换气装置，新风与排风在装置中进行显热或全热交换，可以从排出空气中回收 50% 以上的热量和冷量，有较大的节能效果。当安装带热回收功能的双向换气装置时，应注意热回收装置的进、排风入口过滤器应便于清洗；风机停止使用时，新风进口、排风出口设置的密闭风阀应同时关闭，以保证管道气密性。

对住宅建筑，将小型热回收新风机组安装于设备间、厨房、卫生间等房间，对住宅进行 24h 不间断换气，使得住宅整体保持新鲜空气的流通，特别适用于雾霾天气无法开窗的情况。系统工作时，室内污浊空气通过排风管道经全热交换器排到室外。在室内污浊空气排到室外的同时，新风经全热交换器通过送风管道进入室内。在送排风的同时，送入室内的新风吸收排风中的冷（热）量，进行热量回收，达到节能的目的。

3. 除湿装置

除湿装置包括冷冻除湿、液体除湿、固体吸附式除湿、转轮除湿和膜法除湿等方式。

除湿装置的选用，应根据建筑冷热负荷特征，对其新风再热和除湿问题进行专项设计，优化确定新风再热方案，采取适宜的除湿技术。当空气调节热湿比出现变化时，若采用传统冷冻除湿方法（即制冷式除湿）进行新风处理，可能导致送风温度过低出现冷凝结露现象，需要对新风进行再热处理，导致能耗增加。而转轮除湿机进行除湿时，因其吸收水分的独特构件，不受空气露点影响，当除湿量较大且环境温度较低，湿度和温度要求比较高的地方，能够很好地适应各种复杂的工作环境，常用于恒温恒湿的工业厂房中，如电池车间、电子厂房等。

转轮除湿机工作原理：其核心部件是一个蜂窝状转轮（图 4-6）。转轮由特殊陶瓷纤维载体和活性硅胶复合而成；转轮两侧由特殊的密封装置分成两个区域：处理区域和再生区域。当需要除湿的潮湿空气通过转轮的处理区域时，湿空气的水蒸气被转轮的活性硅胶吸附，干燥空气被处理风机送至需要处理的空间；而不断缓慢转动的转轮载着趋于饱和的水蒸气进入再生区域；再生区内反向吹入的高温空气使得转轮中吸附的水分被脱附，被风机排出室外，从而使转轮恢复了吸湿的功能而完成再生过程。

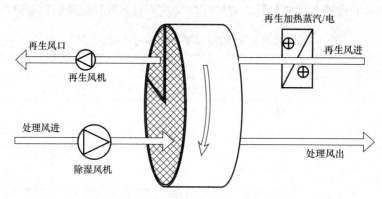

图 4-6　转轮除湿机工作原理图

4. 蒸发冷却空气处理装置

蒸发冷却空气处理机组是通过各功能段对空气进行过滤、加湿（蒸发冷却）加压处理的空气处理设备。它以功能段为组合单元，能够完成空气进入/排出、过滤、加湿（蒸发冷却）及空气动力等多种功能。利用等焓加湿过程湿度增加、温度降低的原理，采用蒸发冷却段对室外空气进行等焓加湿，以达到降低送风温度的要求。其处理过程不需要人工冷源，能耗较少，是一种节能的空调方式。对于夏季空气调节室外计算湿球温度低、温度日较差（即一日内最高温度与最低温度的差值）大的地区，宜充分利用其干燥、夜间凉爽的气候条件，优先考虑采用蒸发冷却技术，即直接蒸发冷却、间接蒸发冷却或二者相结合的二级或三级蒸发冷却的空气处理方式，或与人工冷源相结合，降低空调系统的能耗。

空气的冷却介质可根据不同条件和要求，选择循环水蒸发冷却，江水、湖水、地下水等天然冷源冷却，采用蒸发冷却或天然冷源等冷却方式。达不到要求时，应采用人工冷源冷却。

目前，蒸发冷却器应用于大型蒸发冷却空调处理机组的蒸发冷却方式主要有两种，一种蒸发冷却器采用金属填料直接蒸发冷却器和高压微雾蒸发冷却器相结合的方式，即金属填料+高压微雾方式；另一种蒸发冷却段采用有机材料滴下浸透汽化的方式，简称有机湿膜。这两种蒸发冷却器形式，虽然都基于等焓加湿的原理，但是在系统组成及结构特点等方面存在很大差别。从安全可靠及运行考虑角度，有机湿膜方式更适用。

5. 空气过滤器

一般空调通风系统中，常用的空气过滤器为粗、中效空气过滤器。

（1）粗效空气过滤器常用在新风入口或新、回风混合段之后，空气预热器之前；中效空气过滤器用于送风机出口的正压段上，以防被未处理的空气污染。其性能参数均应符合现行国家标准《空气过滤器》GB/T 14295 的有关规定。

粗效过滤器的初阻力小于或等于 50Pa（粒径大于或等于 2.0μm，效率不大于 50%且不小于20%），终阻力小于或等于100Pa；中效过滤器的初阻力小于或等于80Pa（粒径大于或等于0.5μm，效率小于70%且不小于20%），终阻力小于或等于160Pa。在到达终阻力前，即过滤器的压差达到预设值时，应及时更换清理过滤器，防止加大管网阻力，造成能源浪费或者风阻不平衡。因此，规定宜设置过滤器阻力监测、报警装置，并应具备更换条件。

（2）由于全空气空调系统要考虑到空调过渡季全新风运行的节能要求，因此其过滤器应能满足全新风运行的需要。

6. 低阻高效的空气净化装置

随着人们对细颗粒物（PM2.5）影响人体健康认识的逐渐深入，室内细颗粒物（PM2.5）浓度已成为室内环境质量的重要指标之一。对于建筑中人员长期停留的房间，室内PM2.5浓度24h平均值不宜超过37.5$\mu g/m$。在室外空气质量不理想时，在新风热回收系统设置低阻高效的空气净化装置，不仅可为室内提供更加洁净的新鲜空气，也可有效地降低室外污染天气对室内空气品质的影响；同时也可减缓热回收装置因积尘造成的换热效率下降。

零能耗建筑中，新风热回收系统的低阻高效空气净化装置，其等级应满足现行国家标准《空气过滤器》GB/T 14295 相关效率要求，对大于或等于0.5μm细颗粒物的一次通过计数效率宜高于80%，且不应低于60%。在排风侧迎风面应布置过滤效率不低于C4的过滤装置，在新风侧迎风面应布置过滤效率不低于Z1的过滤装置，过滤装置应可以便捷地更换或清洗。

4.4.4 系统计量和调控

加强建筑用能的量化管理，是建筑节能工作的需要；设置建筑楼宇调控系统，是满足建筑对智能化的需求，同时也是建筑节能管理的有效措施。

1. 系统计量

（1）一次能源或资源的消耗量均应计量。锅炉房、换热机房和制冷机房等应设置必要的计量装置，包括燃料的消耗量、供热系统的总供热量、制冷机（热泵）耗电量及制冷（热泵）系统总耗电量、制冷系统的总供冷量、系统补水量，以及冷却塔补水量，作为用能量化管理的依据。

供热锅炉房应设燃煤或燃气、燃油计量装置。制冷机房内，制冷机组能耗是大户，同时也便于计量，因此要求对其单独计量。制冷系统总电量计量有助于分析能耗构成，寻找节能途径，选择和采取节能措施。循环水泵耗电量不仅是冷热源系统能耗的一部分，而且也反映出输送系统的用能效率，对于额定功率较大的设备宜单独设置电计量。

直燃型机组应设燃气或燃油计量总表，电制冷机组总用电量应分别计量。

目前水系统跑冒滴漏现象普遍，系统补水造成的能源浪费现象严重，因此对冷热源站总补水量也应采用计量手段加以控制。

（2）集中供暖（冷）系统的计量应包括下列位置：建筑物的热力入口处必须设置热量表，作为该建筑物供暖耗热量（供冷耗冷量）的结算点；室内供暖（冷）系统根据设备形式和使用条件设置计量装置。计量的目的是促进用户自主节能。图4-7中，热力入口装置由锁闭阀、Y型过滤器、铜球阀、智能平衡阀、锁闭阀组成；同时，为实现城市智慧供暖，配备有室温采集装置（室温控制器）及数据集中采集器。

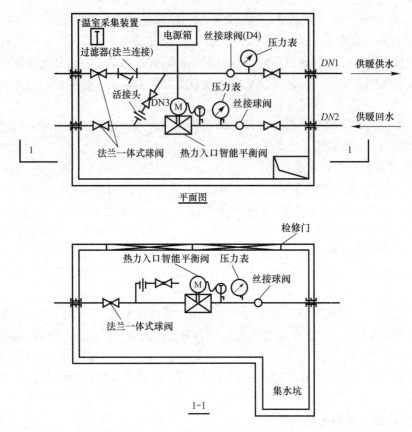

图 4-7 建筑物热力入口装置安装图

2. 系统调控

(1) 锅炉房和换热机房应设置供热量自动控制装置；应能进行水泵与阀门等设备连锁控制；供水温度应能根据室外温度进行调节；供水流量应能根据末端需求进行调节；宜能根据末端需求进行水泵台数和转速的控制；应能根据需求供热量调节锅炉的投运台数和投入燃料量。图4-8为某换热站自动控制原理图。

由图4-8中可知，采用独立运行的监控系统，完成该换热站供热区域内现场运行参数的采集与分析、自动调节及联锁保护等功能；并通过公用数据网与热网监控系统的网络挂接，实现在热网控制室操作员站统一监控的运行模式。

为保证智能热网建设及运行的统一性，达到全网智能调控的目的，所有热力站自动控制系统建设前均应与控制中心对接，严格按照设计要求进行设备选型、建设、数据上传、联调，以符合监控中心的数据传输、远程控制、优化调控等要求。各热力站仪表设备统一选型。

热力站PLC的配置和通信接口满足设计规范要求及热网规划的需求，热力站内仪表和执行机构的设置满足就地和远程监控的需要。

热力站至热网监控系统的通信采用租用中国联通/移动/电信光纤的方案。

根据热网系统的规划要求，预留热力站监控系统与用户侧监管系统的通信接口，以便于后续工程采集用户端信息，最终可实现从用户到热源厂的系统智能化控制。

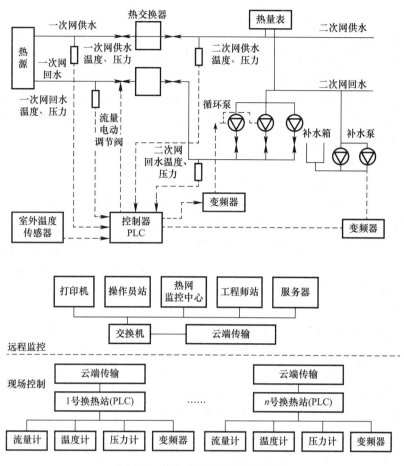

图 4-8 某换热站自动控制原理图

为满足热力站无人值守的设计要求,热力站设置视频监控系统(按每个热力站至少 2 个视频摄像头配置)和设置火灾报警系统、安防系统。

(2) 供暖空调系统应设置自动室温调控装置。图 4-7 中,为实现室温控制,设置有室温采集装置(室温控制器)及数据集中采集器,由智能平衡阀实现流量匹配。

(3) 冷热源机房的控制功能应包括:应能进行冷水(热泵)机组、水泵、阀门、冷却塔等设备的顺序启停和连锁控制;应能进行冷水机组的台数控制,宜采用冷量优化控制方式;应能进行水泵的台数控制,宜采用流量优化控制方式;二级泵应能进行自动变速控制,宜根据管道压差控制转速,且压差宜能优化调节;应能进行冷却塔风机的台数控制,宜根据室外气象参数进行变速控制;应能进行冷却塔的自动排污控制;宜能根据室外气象参数和末端需求进行供水温度的优化调节;宜能按累计运行时间进行设备的轮换使用;冷热源主机设备 3 台以上的,宜采用机组群控方式;当采用群控方式时,控制系统应与冷水机组自带控制单元建立通信连接。

(4) 全空气空调系统的控制应包括:应能进行风机、风阀和水阀的启停连锁控制;应能按使用时间进行定时启停控制,宜对启停时间进行优化调整;采用变风量空调系统时,风机应采用变速控制方式;过渡季宜采用加大新风比的控制方式;宜根据室外气象参数优化调节室内温度设定值;全新风系统送风末端宜采用设置人离延时关

95

闭控制方式。

(5) 风机盘管应采用电动水阀和风速相结合的控制方式，宜设置常闭式电动通断阀。公共区域风机盘管的控制应能对室内温度设定范围进行限制，按使用时间进行定时启停控制，并宜对启停时间进行优化调整。

(6) 集中热水供应系统的监测和控制包括对系统热水耗量和系统总供热量进行监测；对设备运行状态宜进行检测及故障报警；对每日用水量、供水温度进行监测；装机数量大于或等于3台的工程，宜采用机组群控方式。

4.4.5 给水排水系统低碳化设计

低碳经济的核心是节能减排，节水既是节能减排的重要内容，也是保护水资源和生态环境、促进国民经济持续发展的重大举措。建筑领域节水设计，即在满足使用者对水质、水量、水压和水温要求的前提下，通过采用合理的节水系统形式，应用节水设备、节水器具及管材、管件等提高水资源的利用率，采用水质处理工艺或低碳生态技术因地制宜综合利用雨水、中水、海水等非传统水源，提高水资源的循环利用率，从而减少市政供水量和污水排放量，促进低碳城市的建设。

1. 节水系统设计

节水系统设计包括合理选用节水用水定额和供水系统，采用高效节水设备、设施和采用必要的节水措施，并结合当地的气候条件、工程造价等要求合理设计利用污水、废水及雨水，开源节流。

(1) 供水系统节水设计主要包括充分利用市政水压实现节能节水，合理划分竖向分区；给水调节水池或水箱设置溢流信号和报警装置，实时监控补水情况；控制配水点供水压力，有效防止不必要的流量浪费，是节水设计的最为关键的一个环节。热水系统的节能设计在前文已有详细叙述，本节不再赘述。

(2) 建筑中常有的循环水系统有冷却塔水循环系统、游泳池循环给水系统和排水重复利用、蒸汽凝结水回收再利用或循环使用、微水洗车自来水的循环使用、空调冷凝水的收集及回用、水源热泵用水的循环利用，均属于节水系统设计。

(3) 浇洒系统，优先选择雨水、中水等非传统水源。目前常采用喷灌、微灌等高效节能灌溉方式，并采用湿度传感器或根据气候变化的调节控制器，根据土壤的湿度或气候变化，自动控制浇洒系统的启停，提高浇洒效率，节约用水。

2. 节水器具及管材、管件

(1) 节水器具能效限值。随着经济水平的提高和我国对节水器材使用的强制措施，目前已经普及了高效节能器具等的应用，如现行行业标准《节水型生活用水器具》CJ 164 中的规定。建筑给水排水系统中所采用的卫生器具、水嘴、淋浴器等，除根据使用对象、设置场所、建筑标准等因素确定外，还应符合相关规范要求。此外，不同的冲洗阀或水嘴等均有相应的国家标准，如《便器冲洗阀用水效率限定值及用水效率等级》GB 28379、《淋浴器水效限定值及水效等级》GB 28378、《小便器水效限定值及水效等级》GB 28377、《智能坐便器能效水效限定值及等级》GB 38448 等，节能建筑要求使用效率等级为2级、低碳建筑建议使用效率等级为1级甚至更加节能的新产品。

(2) 卫生器具、水嘴、淋浴器等使用原则。居住建筑要求使用双水箱、最大一次性冲洗量5L的坐便器。除独立卫生间外，小便器、蹲式大便器使用延时自闭式冲洗阀、感应式冲洗阀或脚踏冲洗阀。公共场所的卫生间洗手盆普遍采用感应式或延时自闭式水嘴。洗脸盆等卫生器具应采用陶瓷片等密封性能良好耐用的水嘴。水嘴、淋浴喷头内部宜设置限流配件。

(3) 管材和管件的选用。首先是其工作压力不得大于产品标准标称的允许工作压力；其次，管材使用年限和温度应与输送介质相匹配；管材和管件及其连接处是保障节水可靠性的重要措施，要求采用卫生、严密、防腐、耐压、耐久的密封材料，尽可能实现水路系统零故障率。

3. 非传统水源利用

非传统水源是指不同于传统地表供水和地下供水的水源，包括中水、雨水、海水等。

(1) 中水，即各种排水经处理后，达到规定的水质标准，可在生活、市政、环境等范围内利用的非饮用水。建筑物中原水可选择的种类和选取优先顺序为卫生间、公共浴室的盆浴和淋浴等的排水；盥洗排水；空调循环冷却水系统排水；冷凝水；游泳池排水；洗衣排水；厨房排水；冲厕排水。主要用于城市污水再生利用分类中的城市杂用水和景观环境用水等。

中水处理工艺流程应根据中水原水的水质、水量和中水的水质、水量、使用要求及场地条件等因素，经技术经济比较后确定。当以盥洗排水、污水处理厂（站）二级处理出水或其他较为清洁的排水作为中水原水时，可采用以物化处理为主的工艺流程。当以含有洗浴排水的优质杂排水、杂排水或生活排水作为中水原水时，宜采用以生物处理为主的工艺流程，在有可供利用的土地和适宜的场地条件时，也可以采用生物处理与生态处理相结合或者以生态处理为主的工艺流程。当中水用于供暖、空调系统补充水等其他用途时，应根据水质需要增加相应的深度处理措施。当采用膜处理工艺时，应有保障其可靠进水水质的预处理工艺和易于膜的清洗、更换的技术措施。在确保中水水质的前提下，可采用耗能低、效率高、经过实验或实践检验的新工艺流程，如移动床生物膜反应器（Moving-Bed-Biofilm-Reactor，简称 MBBR）吸取了传统的活性污泥法和生物接触氧化法两者的优点而成为一种新型、高效的复合工艺处理方法。

除缺水城市投入中水处理和管路系统有一定经济效益外，由于中水的初投资较高以及占用建筑主体空间，一般园区很少采用，因此对于非传统水源应用来说中水利用并不占主导地位。中水应用的推广还需政府主导，建立区域性的中水处理工厂，统一供给一定的范围使用。

(2) 相比较中水利用，雨水的利用效益更加凸显。

1) 雨水利用的效益有：

① 通过控制源头雨水的径流总量、径流峰值和径流污染，即通常采取对场地雨水的入渗、滞留、贮存等措施，实现建设或修复水环境与生态环境；

② 雨洪调节效益，通过前述目标的实现，都会减少雨水排出系统的流量，从而提高城市排洪系统的可靠性，减少城市洪涝；

③ 节水的需要，也是低碳化设计的目标，雨水回用优先收集屋面雨水这一优质原水，通过简单处理即可用于冲洗厕所、浇洒路面、浇灌草坪、水景补水，甚至用于循环冷却水和消防水的补水，节约城市自来水，降低水资源紧缺的压力。

2) 雨水控制及利用的系统设计，应充分体现海绵城市建设理念、低碳化目标，确保建设后的径流流量不超过原有径流流量，即建设用地开发前的自然状态，一般产生的地面径流系数基本不超过 0.2～0.3。雨水控制利用系统一般分为三种方式：间接利用或雨水入渗；直接利用或收集回用；只控制不利用或调蓄排放。

① 雨水入渗系统或技术，是把雨水转化为土壤水，主要有地面入渗、埋地管渠入渗、渗水池井入渗等。除地面雨水就地入渗不需要配置雨水收集设施外，其他渗透设施一般都需要通过雨水收集设施把雨水收集起来并引流到渗透设施中。透水铺装作为雨水入渗系统较特殊的一种，其直接受水面即是集水面，集水和贮存合为一体。

② 收集回用系统或技术，对雨水进行收集、贮存、水质净化，把雨水转化为产品水，替代自来水或用于观赏水景等。

③ 调蓄排放系统或技术，把雨水排放的流量峰值减缓、排放时间延长，其手段是贮存调节。

一个建设项目中，雨水控制及利用系统的形式可以是以上三种系统中的一种，也可以是两种系统的组合，组合形式为：①雨水入渗；②收集回用；③调蓄排放；④雨水入渗＋收集回用；⑤雨水入渗＋调蓄排放。

3）雨水处理工艺流程，根据收集雨水的水量、水质，以及雨水回用水质要求等因素，经技术经济比较后确定。雨水进入蓄水贮存设施之前宜利用植草沟、卵石沟、绿地等生态净化设施进行预处理。这也是海绵城市的主要技术措施。

收集回用系统处理，其工艺一般采用物理法、化学法或多种工艺组合等。

① 如雨水用于景观水体时，宜采用的工艺流程为：

雨水 → 初期径流弃流 → 景观水体或湿塘

景观水体或湿塘内，可利用人工湿地技术配置水生植物以净化水质。

② 屋面雨水用于绿地和道路浇洒时，可采用处理工艺为：

雨水 → 初期径流弃流 → 雨水蓄水池沉淀 → 管道过滤器 → 浇洒

③ 当屋面雨水与路面混合的雨水用于绿地和道路浇洒时，宜采用的处理工艺为：

雨水 → 初期径流弃流 → 沉沙 → 雨水蓄水池沉淀 → 过滤 → 消毒

④ 当屋面雨水与路面混合的雨水用于绿地和道路浇洒时，宜采用的处理工艺为：

当用户对水质有较高要求时，应增加相应的深度处理措施，比如空调循环冷却水补水、生活用水和其他工业用水等，其水处理工艺应根据用水水质进行深度处理，如混凝、沉淀、过滤后加活性炭过滤或膜过滤等处理单元。

此外，回用雨水的水质应根据雨水回用用途确定，当有细菌学指标要求时，应进行消毒，如绿地浇洒和水体宜采用紫外线消毒；对水体进行加氯消毒，加氯量为 2～4mg/L，出水即可满足城市杂用水水质要求。

4.5 建筑电气及智能化系统

建筑电气及智能化系统主要包括供配电设计、建筑智能化系统、控制系统等相关内容；电力方面主要是10kV以下的配电部分，低压主要为380V/220V。其中，建筑智能化系统一般包括信息化应用系统、智能化集成系统、信息设施系统、公共安全系统、建筑设备管理系统、机房工程等。

根据我国智能建筑在电气节能方面的情况，其节能运用存在许多不足之处，主要体现在以下几方面：

(1) 控制系统及照明光源问题。目前控制系统的设计模式以及照明光源所运用的设计方法，严重影响了建筑的能耗情况，尤其照明更占据了建筑能耗的重要比重，因此设计人员必须引起高度重视。目前，我国的智能建筑缺乏合理的控制系统，照明光源经常出现过度浪费的现象，由此导致电气节能理念很难在短时间内得到普及。

(2) 电气节能系统缺乏全面有效的协调。当前我国的智能建筑缺乏完善的节能系统，其运行效率相对较低，因此智能建筑没有显著的节能效果，同时节能设施在安装期间也存在较大难度。必须对智能建筑的节能系统进行协调统筹，保证系统安全运行。

(3) 辅助设施安装不到位。对暖通空调系统、给水排水系统而言，安装期间必须准确核对相关设备，同时采用合理的运行方式，保证系统达到良好的节能效果。如果设备或系统设计出现问题，将大大增加整个智能建筑的能耗量，因此需不断优化设计方案，提高能源的利用率。

(4) 缺乏各能耗环节的有效监测，用能单位计量划分不合理。一是设计有该系统，但是实际安装时为节约成本少装或漏装；二是在对建筑能耗改造升级中，分析建筑各项能耗水平和能耗结构是否合理时，因缺乏监测关键用能设备能耗和效率，需要对系统进行改造；三是为实现低碳化运行，尤其是新能源应用的加入，现有的监测、计量、控制体系已不满足要求。

4.5.1 供配电系统节能设计

智能建筑进行节能设计首要是对其用电设备深入分析，包括其负荷以及功率大小等方面，然后对其进行合理统筹，确保供电设备的各项功能得以发挥，同时还能达到降低能源损耗的目的。配电系统的大部分能耗都来源于变压器，因此必须对其进行节能优化。通过认真分析其负载以及成本等，慎重选择变压器的规格，以便对其能耗进行有效控制。此外，对于相同的变电站，其变压设备可采用并联方式，结合具体的负荷情况做进一步调整。具体要求为：

(1) 变压器、变电所设置在各负荷中心、大功率用电设备附近，使变电房低压供电线路总长控制在200m以内，变压器低压侧的电力干线和分支线路最大工作压降分别控制在2%和3%以下。当不满足时，应适当加大电缆截面，以减少电压降及线路损耗。合理选用供电方案，尽量使变压器工作在较佳状态，单台变压器平时运行负载率控制在85%左右。

(2) 选用C型节能环保型、低损耗、低噪声，接线组别为D/yn11的干式变压器，变压器自带温控器和强迫通风装置。系统调试时应尽量使三相负荷平衡，以减少线路损耗和变压器损耗。

（3）无功功率补偿措施：各用户变电房低压母线设置并联电容器组无功自动补偿，要求补偿后低压侧的功率因数在 0.95 以上，10kV 侧功率因数不小于 0.9，且不能过补偿。

（4）对住宅小区，可选择两栋或三栋楼合用变压器，尽量减少设备房设置，亦使变压器运行在合理负载区间；对公共建筑等用电量大的项目，则可以根据照明、插座、空调等不同系统分别设置变压器，如季节性使用的空调设备，独立设置空调专用变压器，以利节能。

（5）电动机、交流接触器选用效能高、低损耗产品；选择合理的控制及运行措施，如公共建筑和居住建筑中普遍使用的水泵及风机等设备耗能较大，当需要调速时，采用较为成熟的变频技术即可取得较好的节能效果。同时，对于其他一些机电设备或装置也应针对性地采取节能控制措施。例如，公共建筑中的电热水器等电热设备可以采用时间控制模块，确保在无人使用的时间段暂时停机。

4.5.2 照明系统节能设计

照明系统在设计过程中，对灯具的选择合理与否，直接决定系统的节能效果。照明灯具需采用声控开关或光控开关，以节省更多的电量，避免资源浪费。照明节能技术要求有：

（1）在满足显色性、启动时间等要求条件下，应选择光源、灯具及镇流器等效率高、寿命长的产品。选用荧光灯时，应保证荧光灯均采用节能型电感镇流器加补偿电容器或电子镇流器（1级能效标准），单灯功率因数为 0.9 以上。

（2）对于附近无变压器或无电源的场所，可选用太阳能一体灯具。其利用高效节能的 LED 面光源或点光源实现照明要求，且因其无需敷设线路，尤其适用于边远的山区、江、河、湖、海中的孤岛照明。

（3）灯具布置应根据不同场所照度要求、统一眩光值等指标合理确定。各场所照度要求可查阅现行建筑电气节能设计标准。

（4）在具有天然采光的区域，照明设计及照明控制应与之结合，根据采光状况和建筑使用条件，对人工照明进行分区、分组控制（如办公室、教室、会议室等），充分利用天然光的同时，照明采取相应控制措施，达到照明效果及节能目的。

（5）建筑的走廊、楼梯间、电梯厅及停车库照明应能根据照明需求进行节能控制；大型公共建筑的公用照明区域应采取分区、分组及调节照度的节能控制措施。

4.5.3 电梯节能设计

电梯实现低碳运行，主要技术要点有：采用节能的动力设备；优化电梯运行策略。

（1）电梯宜采用变频调速拖动方式，以降低电梯能耗；在楼层较高、梯速较高、电梯使用频次高的建筑中，推荐使用能量回馈装置，达到低碳化设计目的。

（2）选择电梯时，应合理确定电梯的型号、台数、配置方案、运行速度、信号控制和管理方案，提高运行效率。当设有两台及以上电梯集中排列时，应具备群控功能，优化减少轿厢行程；当电梯无外部召唤时，且电梯轿厢内一段时间无预设指令时，应自动关闭轿厢照明及风扇，降低轿厢待机能耗。

4.5.4 建筑智能化管理系统

1. 建筑智能化管理系统主要内容

为促进建筑节能低碳化，设计师应以使用功能为依据、运营规范为目标、技术适时为前提、经济合理为基础，通过智能化技术与建筑技术的融合，有效提升建筑综合性能，满足建筑对智能化系统的需求。建筑智能化管理系统主要体现在对建筑或区域机电系统的监测、控制与计量三要素上。低碳化建筑智能化节能管理系统主要内容有：

(1) 设置室内环境质量和建筑能耗监测系统，对建筑室内环境关键参数和建筑分类分项能耗进行监测和记录。

1) 建筑能耗监测。公共建筑应按用能核算单位和用能系统，以及用冷、用热、用电等不同用能形式，进行分类分项计量；居住建筑应对公共部分的主要用能系统进行分类分项计量，并宜对典型户的供暖、供冷、生活热水、照明及插座的能耗进行分项计量，计量户数不宜少于同类型总户数的2%，且不少于5户。

2) 对建筑主要功能空间的室内环境进行监测。对于公共建筑，宜分层、分朝向、分类型进行监测；对于居住建筑，宜对典型户的室内环境进行监测，计量户数不宜少于同类型总户数的2%，且不少于5户。

3) 一些特殊项目要单独进行计量。如当采用可再生能源时，应对其单独计量；对数据中心、食堂、开水间等特殊用能单位应独立计量；对冷热源、输配系统、照明系统等关键用能设备或系统能耗应重点计量。

4) 有条件时还应对室外温湿度、太阳辐照度等气象参数进行监测；对公共建筑使用人数进行统计。为避免设计和运行阶段脱节，在低碳化运行阶段，对建筑实际使用过程中的气象条件、人员数量、使用方式等因素进行分析并与设计工况对比，可以发现系统问题并进一步提升系统节能运行水平。

(2) 设置楼宇自控系统。楼宇自控系统应根据末端用冷、用热、用水等使用需求，自动调节主要供应设备和系统的运行工况。

楼宇自控系统应实现传感、执行、控制、管理等功能。传感、执行部分应包含信息采集和现场执行等设备，根据系统要求实时收集现场数据，为系统内及系统间的协调运行提供数据基础；控制部分的自动控制器，应能根据现场传感器获得的运行参数及管理系统提供的控制指令，实现对现场执行设备运行参数的自动计算，并将需求指令发送给现场执行设备；管理软件或设备应实现将不同功能的自控制系统集成，实现不同子系统间数据的综合共享，进行数据分析，提出优化策略。

楼宇自控系统应能根据末端多种需求实时调节供应设备的使用时间及工况，延长设备使用寿命，提高系统运行效率，降低能源资源消耗。

(3) 建筑照明应采用智能照明控制系统，实现照明系统的低能耗运行。智能照明控制系统中宜设置照度、人体存在等感应探测器，实现建筑照明的按需供给。针对走廊、楼梯间、门厅、电梯厅、卫生间、停车库等公共区域场所的照明，应优先选择就地感应控制和集中开关控制结合的方式。针对开放式办公空间、报告厅等场所照明多功能、多场景的要求，宜通过智能照明系统，实现照明设备根据室内功能需求及环境照度参数，按预设功能模式或优化控制计算结果，优化调节灯具亮度值。

(4) 节能控制宜以主要房间或功能区域为控制单元，实现暖通空调、照明和遮阳的整体集成和优化控制。需具备的主要功能有：在一个系统内集成并收集温度、湿度、空气质量、照度、人体在室信息等与室内环境控制相关的物理量；房间的遮阳控制，照明控制，供冷、供热和新风末端设备控制，相互之间优化联动控制；在满足室内环境参数需求的前提下，以降低房间综合能耗为目的，自动确定房间控制模式，或根据用户指令执行不同的空间场景模式控制方案。

(5) 近零能耗建筑中，需要更精细的节能控制，建筑供冷、供暖、照明、遮阳、新风等系统之间应实现优化联动控制，以充分利用自然通风、天然采光、自然得热等被动式手段，尽可能降低建筑的运行能耗。

传统控制系统往往由照明控制系统、空调控制系统、能耗监测系统、遮阳控制系统等多个单独的控制系统完成对各控制对象的独立控制，各子系统之间的信息交互通过上位系统信息交换完成，故障率高，实现效果差。

近零能耗建筑中，以单个房间或使用时间功能相同的室内区域为控制对象，居住建筑包括卧室、起居室等；公共建筑包括独立办公室、开放式办公房间、会议室、报告厅、多功能厅等。通过将本地设备就地集成，优化联动，改善控制效果，最大限度地减少建筑用能需求。

(6) 当有多种能源供给时，应根据系统能效对比等进行优化控制。采用可再生能源系统时，应优先利用可再生能源。

(7) 新风机组的运行控制。新风系统的优化运行，对维持室内健康舒适环境，降低风机能耗和供冷供暖能耗有着重要意义，同时为保护新风设备正常运行和日常维护，需要具备以下功能：

1) 根据室内二氧化碳浓度变化，实现相应的设备启停、风机转速及新风阀开度调节，保证人员对新风的需求。

2) 设置压差传感器检测过滤器压差变化。合理设定过滤器周期，对过滤器阻力进行监测判定，实现及时更换，经济运行。

3) 严寒和寒冷地区的新风热回收装置应具备防冻保护功能。当新风温度过低时热交换装置容易出现冷凝水结冰，堵塞蓄热体气流通道或者阻碍蓄热体旋转。可在排风侧安装温度传感器，当进风温度低于限定值时，启动预加热装置、降低转轮转速或开启旁通阀门。

4) 根据最小经济温差（焓差）控制新风热回收装置的旁通阀，或联动外窗开启进行自然通风。只有在热回收装置减少的新风空调处理能耗足以抵消热回收装置本身运行能耗及送、排风机增加的能耗时，运行热回收装置才是节能的。因此，应采用最小经济温差（焓差）控制新风热回收装置。当夏季工况下室外新风的温度（焓值）低于室内设计工况，或者冬季工况下室外新风的温度（焓值）高于室内设计工况时，不启动热回收装置。新风系统宜与外窗进行联动控制，以最大限度利用自然通风，减少风机和空调能耗。

2. 建筑智能化管理系统应用

以某商业综合体（包括综合商业、2栋超高层办公楼、4栋超高层住宅组成的大型商业综合体）为例，设计的智能化管理系统有：

信息设施系统：通信接入系统、室内移动信号覆盖系统、信息网络系统、综合布线系统、信息导引及发布系统、客流分析统计系统、背景音乐及紧急广播系统、无线对讲系统等。

公共安全系统：入侵报警系统、视频监控系统、巡查管理系统、出入口控制系统、停车场管理系统。

设备监控管理：建筑设备自动控制系统、灯光控制系统、自动抄表系统、能耗能效管理系统。

机房工程及弱电系统配电：消防监控中心机房、网络中心机房、BA机房。

其中，建筑智能化设计相关节能管理技术主要有：

(1) 信息设施系统中的客流分析统计系统

客流量统计系统主要对购物中心场所进行实时、精确、长期的客流监测统计，为运营决策及综合管理提供准确及时的数据参考，实时人数统计准确率要求不低于95%。

客流量统计系统由前端视频传输单元（采用内置分析统计功能的终端）、系统服务器及管理软件三大部分组成；系统采用商业运营网络传输数据、服务器及管理软件设置于项目计算机网络中心机房内，管理者可以通过互联网随时查看不同地域分支机构的客流数据和图像。该系统仅作一级统计，检测点主要布置原则：商场主要出入口、垂直梯至地下停车场、停车场进入商场各出入口。

(2) 建筑设备监控系统

1) 系统叙述及结构：

① 建筑设备监控系统采用集散式网络结构的控制方式，由上位计算机、网络控制器、现场控制器（DDC）和现场测控设备构成。现场控制器（DDC）采用总线方式传输，所有DDC均可联网运行，DDC控制箱电源引自就近弱电UPS配电箱。

② 系统采用一套服务器软件平台，对于独立运行的单台设备，通过现场控制器（DDC）传感器、执行机构实现常规监控功能（如给水排水水泵、送排风机、空调机组的运行状态、故障状态等）；对于本身自成控制网络系统运行的设备（主要是冷热源群控系统、电梯/扶梯群控系统、建筑能耗系统），由设备供应商配套提供数据接口和通信网络开放协议并设定好独立地址，各通过一个网关接受系统的监控。两种监控方式统一在同一台监控服务器及软件界面上，采用同一个数据库，构成建筑设备监控系统。

③ 该系统具备自诊断、故障报警、历史数据存储与趋势曲线显示功能。可提供与火灾自动报警系统、安全技术防范系统的通信接口。系统可提供足够的可拆卸式数据存储装置（如光盘刻录机等）作为档案及备用复制存储用，可存储容量不少于24个月。系统工作站及其设备由弱电机房的UPS集中供电。

④ 根据物业管理需求合理配置分工作站。可提供标准的通信接口，如OPC、BACNet等，将监测到的室内外环境信息上传给能耗能效系统。

⑤ 工作站设置于地下一层BA机房及地下四层制冷机房。

⑥ BA系统DDC采用UPS统一供电。

2) 系统主要功能：

① BAS系统对冷水机组系统、锅炉系统、电力监控系统、给水排水系统等实现只监测不监控功能，BAS采取OPC接口或采用网关通过通信接口（如RS 232、RS 485、RS 422）及开放协议与各个系统监控管理主机进行数据交换，收集各系统内的各种参数进行监测；系统还需对室内环境监测，包括楼层温度监测、室内二氧化碳浓度监测等。

② 消防专用设备：消火栓泵、自动喷淋泵、消防稳压泵、加压风机等不进入建筑设备监控系统。

③ 组合式空气处理机组的BA控制：机组的"启/停"控制、"启/停"状态、运行"手/自动"状态、故障报警、变频器的频率反馈及频率控制；水阀开度控制及水阀开度反馈；新风阀开度控制及反馈；回风阀开度控制及反馈等。冷水（热水）回水温度；送风温度反馈；回风温度反馈；粗效过滤网及送风机压差报警；高压板式静电空气净化段设备监

测；风管静压监测。

④ 转轮式全热回收空气处理机组的 BA 控制：机组的"启/停"控制、"启/停"状态、运行"手/自动"状态、故障报警、变频器的频率反馈及频率控制；水阀开度控制及水阀开度反馈；新风阀开度控制及反馈；回风阀开度控制及反馈等。冷水（热水）回水温度；新风温度反馈；送风温度反馈；回风温度反馈。粗效过滤网及送/排风机压差报警；热转轮、高压板式静电空气净化段设备监测；风管静压监测。

⑤ 送/排风机的 BA 控制：风机的"启/停"控制、"启/停"状态反馈、"手/自动"状态反馈及故障报警反馈、风机压差报警；排风兼排烟风机的"启/停"控制、"启/停"状态反馈、机组故障报警、"手/自动"状态反馈；消防控制系统通过模块自动控制风机，并把风机的工作状况和故障状态等信息返回消防控制系统，DDC 仅在平时自动控制风机，并把风机的工作状态等返回 DDC，消防系统具有最优先级。

⑥ 风机盘管的 BA 控制：公共区域风机盘管采用联网型温控器实现对公共区域风机盘管的"开/关"控制、"开/关"状态反馈及"温度设定控制"，联网型温控器自行组网。BA 系统通过统一通信接口接收公共区域风机盘管各类运行信息，通过垂直立管供回水温差控制垂直立管水阀开度控制、垂直立管水阀开度反馈、垂直立管回水管路温度监测。

⑦ 给水排水系统的 BA 监控：生活变频供水泵：水泵的"启/停"状态反馈、"手/自动"状态反馈及故障报警、变频器的故障报警及频率反馈；生活供水管网压力反馈；生活水池：液位计信号反馈及电磁阀状态反馈；集水坑排水泵：水泵的"启/停"状态监测、"手/自动"状态反馈及故障报警，超高/低水位报警。

3）系统设备及软件功能要求：

① 系统要求采用控制层和管理层两层网络结构，服务器、操作站、网络通信设备等通过管理层网络相连，管理层网络采用弱电设备专用网络。

② DDC 应为智能型设备，具有直接数字控制、程序逻辑控制，联网协同工作的功能，在完成初始化、控制程序下载后具有独立的工作能力，可脱离中央操作站独立执行控制任务。

③ DDC 应为模块化结构，其输入/输出点应能灵活配置，I/O 模块允许带电热插拔。

④ 当 DDC 本身故障时，能自动旁路脱离网络，在主控计算机上报警并显示，不至影响整个网络的正常工作，故障排除后能自动投入运行。

⑤ DDC 除能与主控计算机进行通信外，还可以通过总线进行点对点的通信，不需通过上一级处理器。

⑥ 图形化操作软件：应以彩色图形显示建筑平面图、设备分布图、受监控设备系统图等图形，在图例旁边实时显示系统或设备的实时数据，表示设备的主要参数，仅使用键盘或鼠标即可完成对所有设备的在线控制和监控操作。

⑦ 报警管理软件：当该设备出现故障时，该设备图形就变色和闪烁；当多个设备出现故障时，按照紧急故障、主要故障、一般故障次序显示故障处理窗口，并建立维修档案，在打印机上输出报告。

⑧ 报表生成软件：系统可自动记录各受控设备的运行参数、状态、报警等信号。记录累计运行时间及其他历史数据，并进行综合处理，提供设备管理所需的各种数据。

(3) 灯光控制系统

1) 该工程智能照明控制系统对室内公共区域灯光、室外泛光照明等公共场所的照明进行自动监控，以达到节能、延长灯具寿命、美化照明环境和方便管理维护的作用。

2）系统由管理工作站、网关、智能继电器、电源模块等组成。智能照明开关执行器装于各层强电间照明配电箱内。通过总线电缆组成控制网络。系统通过总线管理器实现与管理工作站的通信，各总线最大传输距离要求不小于1000m。

3）主要控制功能：走廊内时钟定时控制、软件远程控制、分回路隔灯控制、场景控制（全开、全关、值班、清洁）。

4）系统性能及功能要求：①采用全数字分布式照明控制系统，模块化结构，分散式布置。每个智能继电器均要求带有处理器（CPU）在系统出现故障的情况下仍可独立完成各种控制功能。②智能照明执行器每路容量应不小于10A。③系统应具有时钟同步功能。

(4) 自动抄表系统

1）系统主要由系统工作站、信号采集器以及各种计量表组成。工作站设置于地下一层BA控制室，信号采集器设置于楼层弱电井内。电表选用带有RS 485通信的网络电能表，针对租户用电量和空调能耗数据进行计量；空调能量计采用管段式超声波能量计。

2）系统功能：

① 采集器在自动工作时段内自动抄读表数据，并保存和处理抄读数据，当抄表完成后，主站与采集器建立通信，直接读取采集器内的表数据。

② 系统管理功能：用户管理、单位管理、权限分配、抄表任务管理等。

③ 基础据理功能：采集器信息、用户表信息、用户信息的管理等。

④ 查询统计功能：档案信息查询、抄表数据查询、抄表故障查询、用户用量统计等，查询结果可生成查询报表运行数据库，可生成每户用量日报、月报，进行费用结算，可进行查询管理，对异常用户给予告警。

⑤ 安全性：自动定期对数据库进行备份，保证数据的安全性；系统需提供完善的权限管理，对不同的操作员分配相应的管理权限，实现数据层权限控制；防偷窃功能；通过表记监控功能直接读取前用户表的读数变化情况。

3）该系统采用物联水表，采用LORa形式，由系统工作站、服务器、无线水表、LORa基站、LORa网关及天线等组成；服务器和管理平台与商业合用一套，服务器设置于网络机房，管理平台设置于地下一层BA控制室。

4）物联网创新实现以人为本的万物互联，可实现智能烟感、智能门禁、智能井盖管理、河道监测、智能停车的扩展应用。

远程抄表系统如图4-9所示。

(5) 能耗能效管理系统

1）能耗能效管理系统基于电力监控系统、冷机群控系统、建筑设备监控系统以及远程抄表系统，通过高阶数据接口向下统计项目内各项用电耗能情况，根据冷机群控系统计量的供冷量得出建筑的能效情况，并按统一格式向上传至能耗能效管理平台。

2）能耗能效管理工作主机设置于地下一层BA控制室内。

3）电能及空调能耗计量表具的设置：机房内设置冷热源设备电能表、空调供水管出口、各个系统分区干管出口设置计量表具。租户区、公共区及弱电机房的用电量在强电井内设置网络电能表。

该商业综合体能源管理原理图如图4-10所示。

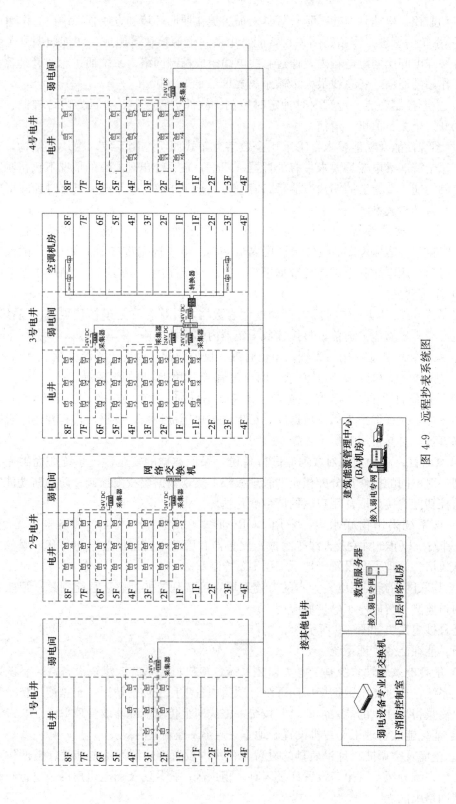

图 4-9 远程抄表系统图

第4章 建筑设计阶段低碳化技术

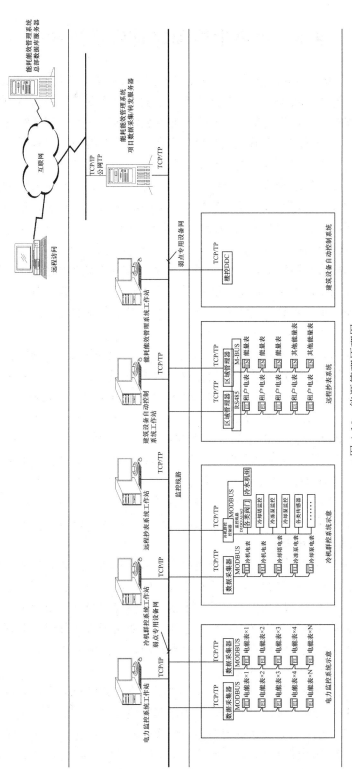

图 4-10 能源管理原理图

4.6 可再生能源建筑应用技术

《中华人民共和国可再生能源法》明确规定风能、太阳能、水能、生物质能、地热能、海洋能等非化石能源为可再生能源，并且将可再生能源的开发利用列为能源发展的优先领域。大力发展新能源和可再生能源，是推进能源多元清洁发展、培育战略性新兴产业的重要举措，也是保护生态环境、应对气候变化、实现可持续发展的迫切需要。

可再生能源的重点发展领域是发电和供热。可再生能源发电，包括水电、风电、太阳能发电、生物质能发电等属于能源生产侧。可再生能源供热属于能源消费侧，有太阳能光热利用，如被动式太阳能建筑设计及建造技术、太阳能热水系统与建筑相结合的技术、集群式太阳能供热制冷装置（即吸收式制冷）、太阳能照明、太阳能光伏发电与建筑的集成技术；地热能/海洋能供热、水地源热泵、供暖、空调和生活热水供应、工业余热供热等。

在相关政策的推进和激励下，我国的可再生能源技术在建筑中得到的了广泛的应用，取得了较大的成果和示范意义，但是，随着低碳理念的引入，低碳材料应用和运行碳排放的要求，以及节能要求的提高，仍需将可再生能源应用技术更加深入地推广，并进行区域上的升级。

住房城乡建设部、国家发展改革委发布的《城乡建设领域碳达峰实施方案》中指出：优化城市建设用能结构，推进建筑太阳能光伏一体化建设，到2025年新建公共建筑、新建厂房屋顶光伏覆盖率力争达到50%，推动既有公共建筑屋顶加装太阳能光伏系统，加快智能光伏应用推广，在太阳能资源较丰富地区及有稳定热水需求的建筑中，积极推广太阳能光热建筑应用。因地制宜推进地热能、生物质能应用，推广空气源能各类电动热泵技术。到2025年城镇建筑可再生能源替代率达到8%；打造绿色低碳县城和乡村，推广应用可再生能源，推进太阳能、地热能、空气热能、生物质能等可再生能源在乡村供气、供暖、供电等方面的应用，大力推动农房屋顶、院落空地、农业设施加装太阳能光伏系统，充分利用太阳能光热系统提供生活热水，鼓励使用太阳能灶等设备。

4.6.1 太阳能光热技术

太阳能技术分被动式和主动式，主要表现在太阳能光热利用和太阳能光电利用两个方面。光热利用主要用于供热和制冷，根据利用温度的高低分为高温利用、中温利用和低温利用；供热主要是太阳能高温利用，日常的生活热水供应主要是低温利用。太阳能光电技术主要是利用单晶硅或多晶硅将光能转化为电能，一般用于航天飞机、空间站或工业园区自用电源，这一技术手段为实现零碳建筑及负碳建筑，发挥巨大作用。

1. 太阳能供热、供冷系统方案选择

太阳能供热系统分为两种，一是直接取其热能提供建筑供热需求，即将太阳能通过太阳能集热器转换成热能加热水体，并将热水输送到发热末端完成供暖或热水需求；二是太阳能热泵供暖系统，即将太阳能通过集热器转换成热能，从而作为热泵系统的热源（见后文热泵技术介绍）实现能效提升，晴好天气时，COP高达5以上；即使在无光照的夜间甚至阴雨天气，COP也能超过2。图4-11为小型直接取用太阳能供暖供热水系统，燃气壁挂炉为辅助热源；图4-12为太阳能热泵供暖供热水系统。

因受季节和天气影响,以及全年用能需求,太阳能系统应考虑备用热源。备用热源可以是电加热器、燃气锅炉、燃煤锅炉、生物质锅炉、热泵等。太阳能供暖供热水、供冷系统方案选择,与其他能源联合应用方案建议有:

(1) 供暖季太阳辐照较为充足地区,季节性供暖时,可采用上述系统。但需注意,若采用一般的太阳能系统,非供暖季须解决太阳能集热系统的过热问题。采用太阳能热泵(直膨式)时,太阳能集热蒸发器宜采用无保温裸露在空气中的金属流道和选择性涂层的金属集热板(铝制金属膨胀板或类似结构),这样在非

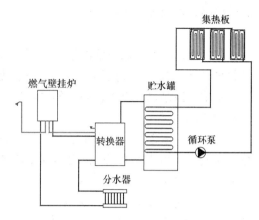

图 4-11 直接取用太阳能供暖供热水系统

供暖季太阳辐照较大时,通过自然空气对流,可及时将集热蒸发器的热量带走,根据在不同辐照条件及风速条件下的测试及应用,温度不会超过 70℃,此系统集热蒸发器高效率,可达 70%以上。解决冰冻问题,采用环保冷媒 R134a 作为热泵氟工质,冰点为 -103℃,自然环境中使用不冰冻。

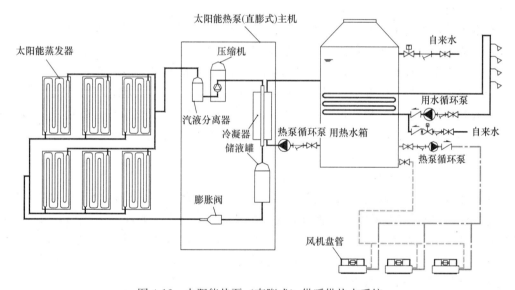

图 4-12 太阳能热泵(直膨式)供暖供热水系统

(2) 全年辐照较为充足地区,且全年供暖时,为上述供暖系统设置备用热源时,可采用太阳能+双源热泵(辅助),太阳能+锅炉或电热等(辅助),将辅助热源制备热水并入到用热水箱,完成供暖或供热水需求。

此外,将地能(土壤源热能)并入太阳能蒸发器,用太阳能将地下水进一步加热,使热泵提取的热量更多、更高。经太阳能、地能叠加器将潜水泵抽取的地下水携带的地能与太阳能叠加后再送入蒸发器,大大增加了蒸发器水侧的温差,使压缩机输出的总热量加大,提高了热泵机组的能效比,太阳能、地能相结合的热泵系统能效比随着太阳能集热面积的增大,可使热泵的能效比达到 6~7,即蒸发器水侧温差增大之后,将使蒸发器的蒸发

温度提高，进而提高了压缩机的效率，使压缩机制取同等热量时电功率下降，进一步节省了运行费用。

（3）在供暖季气温较低的地区，可优选空气源热泵作为供暖主要热源，其形式可为空气源热泵（或电）＋蓄热体供暖＋太阳能提供生活热水，或多联供方式供暖制冷及生产热水（冬季可以制热，夏季在制冷的同时通过热泵热回收技术免费生产热水，使夏季的综合COP达到6左右）。

（4）地下水丰富且地下水流动性好，且地下温度全年基本处于恒温状态，不会因为冷热负荷的不均衡造成地埋管温度持续下降或上升而影响制热或制冷效果的地区，可直接采用地源热泵供暖、制冷、制热水。

（5）在地下水贫乏或地下水流动性差的地区，如华北大部分区域，西北大部分区域，当热负荷大于冷负荷时，除采用地源热泵供暖、制冷、生产热水外，还可采用配套太阳能跨季节补热方案，避免地下温度持续下降而造成的供暖季供暖能力不足的情况。其中，实现太阳能供暖系统跨季节储热，是提升太阳能供暖保障率的有效技术措施，可达到100%供暖保障率。

当热负荷小于冷负荷时，则需采用地源热泵供暖、制冷、生产热水，联合冷却塔散热的方式。此类地区，对应夏热冬暖及部分夏热冬冷地区，因为冷负荷远大于热负荷造成地埋管温度持续上升而影响制冷效果，地源热泵机组必须配套足够散热功率的冷却塔才能持续有效地运行。

在本小节，将适用于不同环境条件下的太阳能、结合热泵等清洁能源供暖系统的应用形式系统地做了简述。在严寒地区、寒冷地区，甚至部分夏热冬冷地区，也可以用水（有保温措施的水箱、水池）、土壤等作为储热体，配套一定的辅助热源，建设成相当规模的清洁能源热力站，将非供暖季太阳能采集的热量储存起来，作为城镇及社区的供暖热源，再配套低温传热用热技术和分布式及集中式能源互补技术，用无污染的、环境友好的太阳能及热泵等清洁能源供暖系统，完全取代以煤为主要热源的传统供暖系统。

2. 太阳能供热、供冷技术应用

（1）太阳能主热和风冷热泵辅热供给热源

某项目病房内卫生间均供给热水，计算小时用水量为3.66m³/h，设计小时耗热量为188.14kW。该项目热源采用太阳能和空气源热泵双热源，系统原理如图4-13所示。太阳能集热系统、空气源热泵、循环动力设备及加热水箱（储能体）、恒温水箱均设于屋顶。生活热水供水温度55℃，热水循环泵根据管网温度自动启停，亦可就地启停。热水二次侧为病房热水供应，采取上行下给式。

系统用热安全运行和双能优先权使用控制技术，具体有：

1）双能源切换控制：有太阳时采用太阳能集热器＋壳管式换热器保证用户热水供应，此时空气源热泵停运；太阳辐照不足时，采用太阳能集热器＋壳管式换热器＋空气源热泵联合保证用户热水供应，此时空气源热泵启动；无太阳时，采用空气源热泵保证用户热水供应，热油循环泵停止，集热器关机回到原点；雨雪等恶劣天气时，集热器偏转保护，空气源热泵保证用户热水供应，此时热油循环泵停止，集热器关机回到原点。

2）定温上水控制：两水箱均设置温度探头，水箱保持低水位，太阳能系统加热水箱中的水，当水温达到设定的最高温度时，补水电磁阀打开，开始补水，当水温达到设定的最低温度时电磁阀关闭，停止上水。

第4章 建筑设计阶段低碳化技术

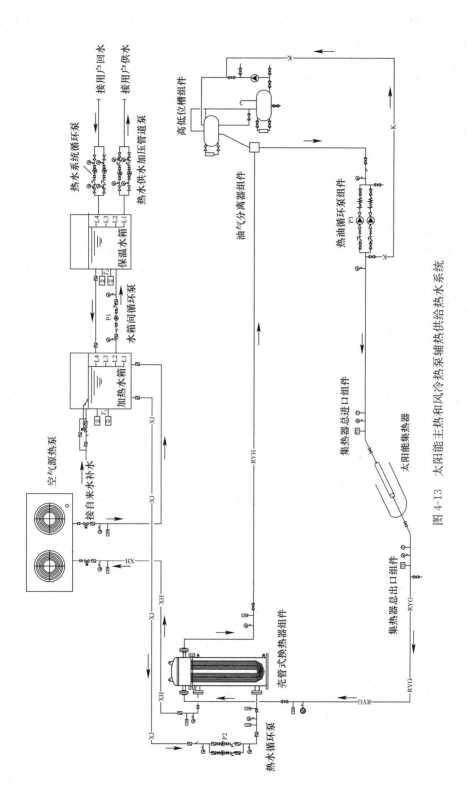

图 4-13 太阳能主热和风冷热泵辅助供给热水系统

3) 温差循环：当 $T_1-T_2 \geqslant$ 设定温度时，循环泵 P1 开启，将加热水箱中的热量输送至恒温水箱中，提高恒温水箱中的水温，当 $T_1-T_2 <$ 设定温度差时，P1 停止运行。

根据加热水箱水温、水位来控制太阳能系统热源侧的启停。当 $T_1 <$ 设定温度时，太阳能系统开机运行；当 $T_1 \geqslant$ 设定温度时，太阳能系统停止加热。当加热水箱水位低于设定的最低水位时，停止太阳能系统热源侧加热同时自动上水；当加热水箱水位高于设定的最低水位时，恢复加热。

4) 热源侧节能结果：集热器总面积 $45m^2$，空气源热泵模块机 1 台，制热量 200kW，能效比 3.2；日照时数取 2200~3000h，全年辐照量为 4200~5400MJ/($m^2 \cdot a$)，太阳能保证率为 40%~50%，全年太阳能提供热水占比约为 22%，空气源热泵提供剩余部分，节约电能约 75.6%。

(2) 太阳能空调系统应用案例

太阳能制冷原理参见后文图 4-27，利用太阳集热器为吸收式制冷机提供其发生器所需的热媒水，热媒水的温度越高，则制冷机的性能系数 COP 越高，空调系统的制冷效率也越高。实践证明，热管式真空管集热器与溴化锂吸收式制冷机相结合的太阳能空调为太阳能热利用技术开辟了一个新的应用领域。

太阳能空调系统，可称之为集群式太阳能供热制冷装置，通过热超导太阳能集热管、太阳能空气源热泵、吸收制冷机等设备将太阳能的光能首先转化为热能，使用太阳能再加上辅助加热方式，直接用于供暖或制取热水，在夏天通过吸收式制冷机可将常温水转化为冷水，从而实现空调制冷，通过这样的方式实现太阳能冬季供暖、夏季制冷，一年四季制取热水，建筑的供暖、制冷能耗均来自太阳能，达到环保、节能的效果。

(3) 太阳能和燃气吸收式热泵联合供应系统

某康养综合病房楼供给热水，计算设计小时用水量为 14669.74L/h，设计小时耗热量为 838kW。热源采用太阳能和燃气吸收式热泵双热源，系统原理如图 4-14 所示。太阳能集热系统、空气源热泵、循环动力设备及热水箱均设于屋顶，太阳能承担总供热 40%的供热量，优先采用太阳能供热，不足部分由燃气吸收式热泵提供。生活热水二次侧为病房热水供应，采取上行下给式，机械同程循环，设 1 套变频泵组加压供水；一～三层经减压后供水，每层干管同程，低区回水至屋顶生活热水间，低区循环水泵设置于三层屋顶生活热水间内。其他区域供热水，另设 1 套变频加压泵组，同设于三层的生活热水间。

供水温度为 55℃，热水循环泵根据管网温度自动启停，亦可就地启停。

该系统中，太阳能辐照度达到要求时，槽式集热器收集能量，系统通过壳管式换热器换热直接加热生活热水；太阳能辐照不足时，辅助加热设备配合槽式集热器共同加热系统所需生活用热水；阴雨天气时，启用燃气热泵生活热水机组提供生活用热水；暴雪、冰雹等恶劣天气时，槽式集热器偏转保护。

热源侧节能结果：集热器总面积 $262m^2$；燃气热泵热水机组 5 台，型号 VGAH050，耗电功率均为 1.25kW，燃气耗量 $3.5m^3/h$，水流量 5~6m^3/h，1.8 倍的高效制热功能，折合制热量 57.3W，折合为能效比约 3.794。日照时数取 2200~3000h，全年辐照量为 4200~5400MJ/($m^2 \cdot a$)，太阳能保证率为 40%~50%，全年太阳能提供热水占比约为 31.8%，燃气热泵提供剩余部分，节约电能约 82%。

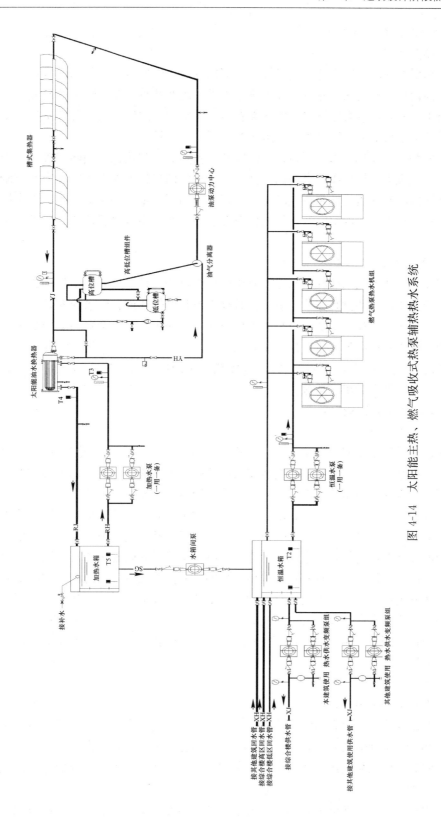

图 4-14 太阳能主热、燃气吸收式热泵辅热热水系统

3. 太阳能跨季节储热技术

(1) 储热技术

太阳辐射存在能量密度低、随机性大、间歇性大、辐射强度不规则的缺点，未来太阳能的区域性使用，现有水箱储热已经不满足需求，因此跨季节储热技术的研究将成为未来趋势。跨季节储热可以有效解决太阳热能在时间、空间上的供需不匹配，是提高太阳能利用率、建筑节能效益的关键技术，在近年受到了广泛重视。

太阳能跨季节储热技术主要包括显热储热、潜热储热和热化学储热三种，其中显热储热技术已经实现大规模应用，潜热储热技术和热化学储热技术尚处于实验室研究阶段。根据热量储存的时间又可分为随时储存、短期储存和长期储存。地下储热是储热技术的一种，其优势是地下广阔的空间及天然的储热介质，主要分为含水层储热、地下土壤和岩石储热。

(2) 太阳能跨季节储热技术应用

采用地下储热器长期储存太阳能，并结合热泵供暖，是一项非常节能的供暖方式，其经济性优于常用的一些供暖方式，被认为是跨季节长期储热最有前景的方案之一。

清华大学杨旭东教授团队在内蒙古赤峰市新城区进行的工业余热与太阳能跨季节储热技术应用于城市集中供热项目，采用地埋管跨季节储热系统，耗用土地空间约50万 m^3，设计储热温度50℃，整个运行周期跨季节储热系统的储热效率达83.9%，为今后太阳能在用热的"柔"性上做出了示范。

4.6.2 太阳能光伏技术

1. 光伏发电系统

光伏发电系统由太阳能电池方阵、蓄电池组、充放电控制器、逆变器、交流配电柜、太阳跟踪控制系统、电能表和显示电能相关参数的仪表组成，并具有基本参数监测、环境参数监测、数据传输显示等功能，深入了解该系统可查阅相关工程图集等。

太阳能电池是关键性元件。太阳能电池是一种利用光生伏特效应将太阳光能直接转化为电能的器件，是一种半导体光电二极管。当太阳光照到光电二极管上时，光电二极管就会把太阳的光能变成电能，产生电流。将多个电池串联或并联起来进行封装保护可形成大面积的太阳能电池组件，即具有较大输出功率的太阳能电池方阵，再配合功率控制器等部件形成光伏发电装置。太阳能电池具有永久性、清洁性和灵活性三大优点，可以一次投资长期使用；与火力发电、核能发电相比，光伏发电不会引起环境污染。图4-15为太阳能电池及其附件；图4-16所示太阳能电池矩阵，可根据屋面或者屋顶不同形式，变化不同的造型和角度。

2. 太阳能光伏发电系统设计

(1) 常用太阳能电池材质

一般太阳能光伏发电有两种方式：一是光—热—电转换方式，二是光—电直接转换方式。光—热—电转换方式效率较低，本节重点介绍光—电直接转换方式。

光—电直接转换是利用光伏效应，即利用半导体界面的光生伏特效应将光能直接转变为电能的一种技术。

光伏组件，即太阳能电池方阵，分为单晶硅太阳能电池、多晶硅太阳能电池和非晶硅太阳能电池三种，其产品外观如图4-17（a）～（c）所示。

第4章 建筑设计阶段低碳化技术

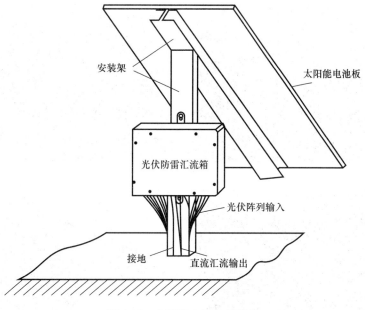

图 4-15 太阳能电池及其附件

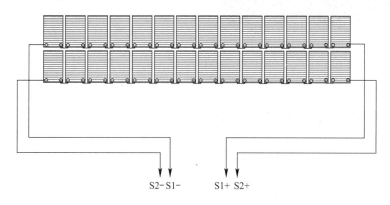

图 4-16 太阳能电池矩阵

单晶硅太阳能电池是以高纯的单晶硅棒为原料的太阳能电池，是当前开发得最快的一种太阳能电池。它的构造和生产工艺已定型，产品广泛应用于空间和地面。

多晶硅太阳能电池是兼具单晶硅电池的高转换效率和长寿命，以及非晶硅薄膜电池的材料制备工艺相对简化等优点的新一代电池，其转换效率一般为17%～18%，稍低于单晶硅太阳能电池，没有明显效率衰退问题，且能够在廉价的衬底材料上制备，其成本远低于单晶硅电池，效率高于非晶硅薄膜电池。

非晶硅太阳能电池是一种通过在玻璃基板上真空蒸镀非晶硅，形成薄薄的硅层来制造的薄膜型太阳能电池。薄膜型太阳能电池除硅类电池外，还有铜铟镓硒（CIGS）太阳能电池等使用硅以外的多种半导体原料的化合物类太阳能电池［图4-17（d）］。薄膜型太阳能电池在一次真空蒸镀工序中生产的面板面积越大，其生产效率越高，成本越低，但面积过大容易导致成品率下降。而且采用两层及三层结构，需反复进行成膜工序，成品率会进一步下降。

115

图 4-17 常用太阳能电池产品
(a) 单晶硅太阳能电池;(b) 多晶硅太阳能电池;(c) 非晶硅太阳能电池;(d) 铜铟镓硒电池板

与晶体硅太阳能电池相比,非晶硅太阳能电池最大的优点在于可以生产制造大面积均匀的电池。尽管非晶硅存在比较多的缺陷、自身的或者引入的,如纯度,但这并不影响大尺寸面积上的整体性质。非晶硅太阳能电池可以制造任意形状、尺寸的电池(如:圆形、方形、六边形等任意复杂图形),这决定了非晶硅太阳能电池的应用广泛性,比如小型计算器、太阳能手表及汽车部件供电等。

非晶硅太阳能电池的缺点是光电转换效率低于晶体硅太阳能电池,甚至比多晶硅太阳能电池的效率还要低,其使用寿命也比晶体硅太阳能电池短得多。

它们的综合比较见表 4-5。在建筑工程应用中,根据电池放置位置、与外立面结合等因素选用。

常用太阳能电池材质综合比较 表 4-5

项 目	薄膜太阳能电池		晶体硅太阳能电池	
	铜铟镓硒(CIGS)	非晶硅(a-Si)	多晶硅	单晶硅
电池时代类别	第四代电池	第三代电池	第二代电池	第一代电池
制造成本	较高	低	较高	高
转化率	10%～13%	4%～8%	10%～12%	14%～18%
原材料来源	较缺	广泛	较缺	较缺

续表

项　目	薄膜太阳能电池							晶体硅太阳能电池	
	铜铟镓硒（CIGS）	非晶硅（a-Si）						多晶硅	单晶硅
发电性能	弱光发电	弱光发电						强光	强光
日发电时间（h）	10～13	10～13						10～13	10～13
透光度	半透明	半透明						不透明	不透明
颜色	蓝黑	茶色						浅蓝	深蓝
使用寿命（年）	15～20	15～20						15～20	15～25
质量（kg/m^2）	—	39.8						13.9	12.1
背板材料	—	钢化玻璃						TPT	TPT
透光率	—	10	20	30	40	50	浮动为±5%	当为夹层玻璃光伏组件时，可以透光	当为夹层玻璃光伏组件时，可以透光
单位面积组件的功率（W/m^2）	—	45	40	35	30	25		144.3	144.9
电池板块	目前无规模化生产	规格统一，标准板块大小，1245mm×635mm，单件功率40W						随硅元素使用的多少，以及纯度的改变，单件功率不确定。同样面积的板块功率可以变化	
特点	铜铟镓硒电池串联后不会产生热斑效应	非晶硅电池串联后不会因为遮挡产生热斑效应，不会因不能产生电流而被反偏						晶体硅电池如果其中一小部分被遮挡，会产生热斑效应	

（2）太阳能光伏发电系统分类

太阳能光伏发电系统一般有两种分类方式：一种是按电气形式分类，一种是按使用用途分类，如表4-6和表4-7所示。

（3）太阳能光伏系统的选择

光伏系统形式应根据建筑物使用功能、电网条件、负荷性质和系统运行方式等因素确定。光伏系统的设计应根据用电要求按表4-8进行选择，图4-18给出了几种光伏发电系统的流程图。

太阳能光伏系统分类（按电气形式） 表4-6

分类方式	类型	备注
按是否接入公共电网	并网光伏系统	与公共电网之间应设隔离装置
	独立光伏系统	
按是否有储能装置	带有储能装置系统	
	不带储能装置系统	
按接负荷形式	直流系统	
	交流系统	
	交直流混合系统	

续表

分类方式	类型	备注
按系统装机容量大小	小型系统 装机容量<20kW	宜设置独立控制机房，机房内应设置配电柜、仪表柜、并网逆变器、监视器及蓄电池（限于带有储能装置系统等）
	中型系统 20kW≤装机容量<100kW	
	大型系统 装机容量≥100kW	
按是否允许通过上级变压器向主电网馈电	逆流光伏系统	
	非逆流光伏系统	
按并网光伏系统在电网中的并网位置	集中并网系统	
	分散并网系统	

太阳能光伏系统分类（按使用用途） 表 4-7

独立光伏发电系统	并网光伏发电系统
农村电气化（村落电站、户用电源、光伏水泵等）；通信和工业应用（通信、气象、阴极保护、航标等）；光伏产品（太阳能路灯、草坪灯、交通信号灯、电筒等）	与建筑结合的光伏发电系统（BIPV 和 BAPV）；大型地面光伏电站（LS-PV）

太阳能光伏系统的选择 表 4-8

系统类型	电流类型	是否逆流	储能装置	适用范围
并网光伏系统	交流	是	无	发电量大于用电量，且当地电力供应比较可靠
			有	发电量大于用电量，且当地电力供应不可靠
	交流	否	无	发电量小于用电量，且当地电力供应比较可靠
			有	发电量小于用电量，且当地电力供应不可靠
独立光伏系统	直流系统	否	有	偏远无电网地区，电力负荷为直流设备，且供电连续性要求较高
			无	偏远无电网地区，电力负荷为直流设备，且供电无连续性要求
	交流系统		有	偏远无电网地区，电力负荷为交流设备，且供电连续性要求较高
			无	偏远无电网地区，电力负荷为交流设备，且供电无连续性要求

3. 光储直柔技术

（1）光储直柔技术概述

根据中国工程院和中国科学院碳中和重大专项研究成果统计，采用光储直柔供配电技术后二氧化碳的减排潜力为 3.3 亿 t，减排率为 15.3%，因此"光储直柔"是建筑领域碳中和的关键技术之一。

1）"光"，指光伏发电与建筑的融合。太阳能光伏发电是未来主要的可再生电源应用形式之一，而体量巨大的建筑外表面是发展分布式光伏的空间资源。在我国，城乡建筑有 250 亿 m^2 可利用表面，假设开发 70% 用来安装 20 亿 kW 光伏电池，年发电量 2.9 万亿 kWh 以上，可承担 50% 以上的光电任务。因此，把太阳能的利用纳入建筑的总体设计，把太阳能设施作为建筑的一部分，把建筑、技术和美学融为一体，是未来建筑和能源系统的融合发展趋势。

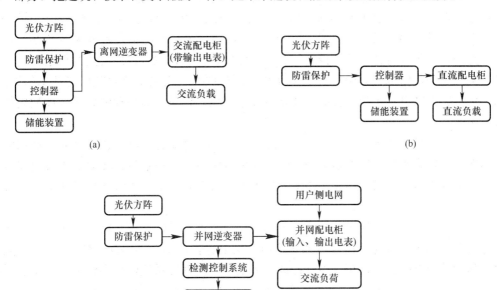

图 4-18 几种太阳能光伏发电系统流程图
(a) 独立光伏发电（交流）系统框图；(b) 独立光伏发电（直流系统框图）；(c) 并网光伏发电系统框图

2)"储"，指电能时空的搬移。未来的电力系统中，储能是不可或缺的组成部分。电池储能技术具有响应速度快、效率高、安装维护要求低等优点，是电力系统的灵活性资源和备用电源。国网能源研究院预计，我国新型储能（所谓新型储能，即为抽水蓄能之外的各类储能总称）在 2030 年之后会迎来快速增长，2060 年装机规模将达 4.2 亿 kW（420GW）左右。而截至 2019 年，我国的新型储能累计装机规模为 2.1GW。这意味着，2060 年我国新型储能装机规模将提升近 200 倍，我国一半的用电量将可通过太阳能光伏解决。

电力系统的储能需求不只来自于电源侧和电网侧，负荷侧同样需要储能。随着分布式光伏和电动汽车与建筑配电系统的融合发展，储能有利于提高建筑配电系统的可靠性，同时允许建筑以虚拟电厂的角色参与电力系统的辅助服务。

随着电动汽车的普及，储能成本正持续下降，新能源电站＋锂电池储能成本会不断降低。根据 GTM 数据，2012—2017 年电化学储能电站成本大幅下降 78%。到 2030 年，储能成本会下降至 1000 元/kWh，我国大部分地区风储光储结合就能实现平价。储能峰谷电价的效益增加，特别是随着灵活性资源逐渐稀缺，电池储能的收益会逐渐增加。经济性会成为建筑储能市场化发展的驱动力。

建筑储能技术目前还处于初期发展阶段，真正将储能配置在建筑内部的项目还比较少。从电动汽车和电网储能借鉴来的电池设计和管理技术也需要与建筑场景的特殊需求相结合，例如更多考虑建筑电池的热安全问题。锂离子电池对温度非常敏感，其最佳工作温度范围为 20~40℃，在该范围内电池的工作性能较好，安全性能好，可使用循环次数也相对较高。因此，电池布置如何与建筑设计结合保证电池散热，电池控制如何与建筑负荷特性匹配防止过热事故发生都是储能电池应用于建筑场景所必须解决的关键问题。

3)"直",指建筑采用直流配电。随着建筑中电源和负载的直流化程度越来越高,直流配用电可能是一种更合理的形式。电源侧的分布式光伏、储能电池等普遍输出直流电。用电设备中传统照明灯具正逐渐被 LED 替代,空调、水泵等电机设备也更多考虑变频的需求,此外还有各式各样的数字设备,都是直流负载。建筑内部改用直流配用电网,可以取消直流设备与配电网之间的交直变换环节,同时放开配用电系统对电压和频率的限制,从而展现出能效提升、可靠性提高、变换器成本降低、设备并离网和电力平衡控制更加简单等诸多优势。

在建筑入口外设有 AC/DC 整流器,其将外电网的交流电整流为直流电为建筑供电或者在建筑电力富余时将直流电逆变为交流电对外电网供电。而建筑内部通过直流电配电网与所有电源和电器(设备)连接。当电源或电器(设备)的电压等级与配电网电压等级不同时,需设置 DC/DC 变压器。

至今,建筑低压直流配用电技术在国内外已经有了大量的研究。据不完全统计,国内外已建成多个建筑类型的低压直流光伏项目,配电容量在 10~300kW 之间,随着直流建筑研究和示范项目的积累,相关国际标准组织也已开展直流系统的标准化工作,旨在搭建直流电力系统技术领域的国际信息互通平台,推动直流电力系统技术领域的快速健康发展,促进直流电力系统技术以及产业的支撑配套。

未来随着"光"和"储"在建筑中的应用,低压直流配电技术将在建筑中得到持续关注和研究。同时,随着标准的建立和更多家电设备企业的参与,建筑低压直流配电的生态环境也会逐渐成形。

4)"柔",指柔性可控的建筑负载。建筑设备往往具有可中断、可调节的特性。例如空调和供热系统可以利用建筑围护结构的蓄热特性和人体对温度波动的适应性来进行短期负荷功率调节,为电力系统提供一定程度的灵活性;洗衣机、洗碗机等也都具有延时启动、错峰工作的功能。

事实上,建筑设备的灵活性已经受到国内外学者的广泛关注,例如 IEA EBC-Annex67 项目就围绕建筑柔性用能开展了一系列研究,包括用户调节意愿调研、控制策略优化、设备调节效益分析、可调节程度评价等。

然而,由于缺乏有效的激励机制,目前的需求响应技术还主要停留在理论研究和模拟仿真阶段,实际工程应用较少。未来电力市场化改革的深入推进可能会调动建筑设备柔性调节的积极性。一方面,用户参与电力市场交易的门槛会越来越低,参与其中的建筑用户会越来越多;另一方面,电网辅助服务市场、电力容量市场逐步开放,建筑设备柔性调节的收益更加多样。

(2)光储直柔技术区域配用电系统举例

图 4-19 为典型的并网光伏发电光储直柔技术应用。AC/DC 根据电网需要调节输出的直流电压;光伏发电全部接收,剩余进入蓄电池;调高直流母线电压,蓄电池大功率充电、终端用户全负荷用电,从外电网大功率取电;调低直流母线电压,蓄电池停止充电;终端用户自行降低用电量,可显著降低外网功率;进一步降低母线电压,蓄电池可放电,某些终端自动切断,外网取电可降至零;从外网取电的调节范围取决于蓄电池容量、充电车辆状态、光伏容量和终端负载特性;对居住建筑、办公建筑等量接入电动汽车后,可形成 20~40W/m^2 调节能力;1 亿 m^2 建筑成为 300 万 kW 虚拟电厂。

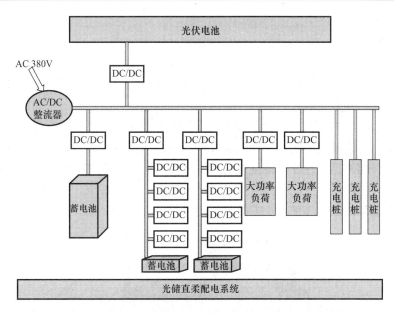

图 4-19 光储直柔技术配用电系统

"光储直柔"在建筑中集成应用仍然面临着技术不成熟、标准不完善、产品不完备等问题,要实现工程应用和大规模推广,未来还有待更广泛深入的研究、跨学科跨部门的流程和大量实践经验的积累。

(3) 光储直柔技术分布式储能供电应用

根据光储直柔技术的发展特点,目前建议采用分布式储能方式,即采用分布式电力的发、储、用,促进就地就近消纳,增加用能的灵活性,其原理如图 4-20 所示。

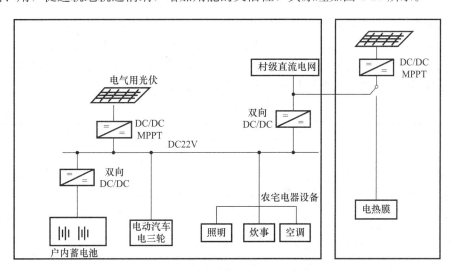

图 4-20 分布式电力的发、储、用原理图

项目举例:北京市农村 100m² 人字形屋顶,可安装 32m² 的光伏板,每平方米光伏板年发电量 256kWh,全年该屋顶发电总量 8192kWh。

建立以自然村为单元的直流微网,同时解决农村建筑、交通、农机等用电,全面实现农村电气化。

4.6.3 热泵技术

1. 热泵技术概述

热泵是通过电力做功，从自然界的空气、各类水体、地层结构或其他介质中捕获低品位热能，转移并提升至可供人们生产、生活利用的高品位热能。

热泵系统构成如图 4-21 所示，由四大部分组成：能量源，根据项目涉及的空气、水体、土壤以及其他能量源状况，设计能量收取系统；热泵站，依项目需求、选择热泵主机及配套水泵、阀部件等，设计热泵站热力系统及强弱电控制系统；输送系统，按各终端用户需求，设计输送管路，将制备的冷或热送达各用户；用户系统，按各终端用户需求，设置散冷或散热设备，用以满足用户冷热或热水需求。

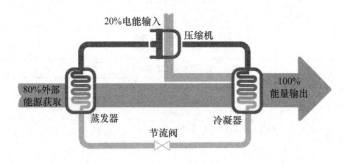

图 4-21 热泵原理图

（1）热泵技术特点

热泵消耗 1 份电能，可提供 3～6 份（甚至更高）高品位热能，其一次能源利用率超 100%，因而热泵是一种节能环保、经济可靠、冷热双效、资源综合利用的能源方式；其对能量的回收、转移、提升作用，符合"温度对口，梯级利用，因地制宜，多能互补"的科学用能原则，是一项节能环保的成熟技术。热泵技术的广泛应用大大缓解了目前供热与能源消耗、环境保护间的矛盾，以及电力负荷冬季与夏季的矛盾；可实现高效的电驱动供暖，资源与环境的可持续发展。热泵技术特点总结见表 4-9。

热泵技术特点　　　　　　　　　　　　　　表 4-9

功能特点	可实现冷热双效；用于供暖、制冷、生活热水、工艺生产过程中的冷热需求等；热泵空调、热泵热水机是目前国际主流的用于降低建筑能耗的产品
可再生能源利用	能规模化利用自然界及其他各类可再生能源
节约能源	消耗部分电能，搬运与提升几倍的热能，一次能源利用率远大于 100%；较传统的供暖供冷方式节能 30% 以上
绿色环保	无燃烧过程、无其他污染物排放，减少城市污染；是绿色环保供热新技术
使用可靠	热泵技术从产品到系统，技术日臻成熟，使用稳定可靠
投资价值	如果使用热泵同时为建筑供冷供热，其综合投资与传统方式大体相当，运行费用节约 20%～35%； 如果单纯用于供热，初投资略高，但运行费用可节约 15%～30%，投资回收期一般为 3～5 年； 如果用于工业生产过程的热能回收与循环利用，其节能率为 30%～40%

(2) 热泵系统技术分类

热泵系统技术根据取能侧不同,一般形式见表 4-10。

热泵系统技术一般形式　　　　　　表 4-10

功能特点	能量侧与系统方式	用户侧系统
空气源热泵	从外部空气直接获取	风机盘管或空调机组 风机盘管地板辐射供暖 地板辐射供暖系统（单供热） 地板辐射供暖＋温湿分控系统 传统散热器
水源热泵	地下水抽灌系统 海水取排水系统 江河湖泊取排水系统 污水取排水系统 其他水体取排水系统	
地源热泵	垂直埋管换热系统水平埋管换热系统混合埋管换热系统 其他特殊埋管换热系统	
吸收式热泵	工业余热 供热热水 驱动热源（蒸汽、燃油、燃气）	供暖用热水（可用以上各种末端形式） 工艺用热水

空气源热泵、地源热泵、水源热泵的低品位能源,取自陆地浅层、室外空气或经工艺处理后符合系统使用标准的水,常用于商场、办公楼等大型建筑的空调系统以及供暖热源、生活热水一次侧系统。取自污水的热泵称为污水源热泵,其分为直接式系统和间接式系统,按照污水是否直接连通机组的冷凝器或蒸发器作为区分。吸收式热泵是用热水驱动溴化锂,从冷凝剂的相态变化过程中吸取能量的装置,可充分回收电厂余热,从而进行换热站改造与长距离供热输送,电厂的烟气等余热能量占其燃烧总耗能的 17%～67%,余热中 60% 的能量通过节能设备可进行回收再利用。复合式热泵水系统也在多个工程中运行,多种热泵不同方式循环分担负荷节能效果更显著。

(3) 热泵替代传统方式供热供冷优势

鉴于热泵系统上述技术特点,热泵替代传统冷热源的优势有:

1) 冷热双效,实现全年节能运行。由于热泵具有制冷、制热双重功能,无论是建筑空调与供暖中所需的冷与热,还是生活热水,均可采用热泵替代传统方式。一机多用,全年供冷供热,既有利于可再生自然资源的能量平衡,又能充分发挥投资的全部功能。常用于中小型建筑。

2) 替代传统能源,实现节能减排。如空气源热泵,因其无需占用建筑内部空间,常作为清洁供暖方式替代传统能源。

3) 工业节能减排,资源综合利用。对于生产工艺过程中的冷热需求,均可采用热泵技术进行新增冷热量的制备和能量的循环利用。特别是如下两种情况采用热泵,经济效益更加显著:工业工艺过程中同时存在冷热需求,可利用热泵技术完成能量转移,满足各自需求;生产过程中存在排热,可利用热泵回收热量（或冷量）,加以重复利用,更可用于民用供暖。

4) 现代化农业可再生能源利用。随着农业科学种养殖技术的不断普及和提高,高附加值的养殖业、种植业、加工业发展越来越快,迫切需要能源消耗成本低的温控系统。热泵温控农业大棚、热泵干燥农副产品、热泵应用牧禽鱼养殖等不断兴起。

热泵代替传统供热供冷的方式如表 4-11 所示。

热泵代替传统供热供冷方式一览表 表 4-11

项 目	传统方式（冷热源）		热泵替代方式	
	夏季	冬季	夏季	冬季
北方供暖		燃煤锅炉 燃油、燃气锅炉 电锅炉 城市热网（热电联供）	空气源热泵 水源热泵 地源热泵	
中央空调	分体空调 冷水机组			
民用生活热水	燃煤锅炉 燃油锅炉 燃气锅炉 电热水器		空气源热泵热水器 水源热泵热水器 地源热泵热水器	
为工农业生产过程供冷	冷水机组		三类热泵均可	
为工农业生产过程供热	燃煤锅炉 燃油锅炉 燃气锅炉 电加热或电锅炉		三类热泵均可 部分或耦合利用热泵 循环能源利用	
工业过程中既有供冷需求又有供热需求	供冷：工业用制冷机组 供热：燃煤、燃油、燃气锅炉、电加热或电锅炉		热泵装置同时供冷供热 视工艺需求部分或耦合利用热泵	

绝大多数供热供冷需求均可用热泵来满足，部分情况可用热泵作为辅助手段。比如当屋顶有条件设置太阳能板时，可以选择太阳能供热为主热，风冷热泵为辅热，供给空调、供暖及生活热水。

2. 热泵技术节能设计原则

应用热泵技术时，根据前述冷源、热源的优先原则，以及热泵独特的能量侧取用特点，首选余热源热泵，大规模开发利用周边各类余热、散热资源；优选水源热泵，最大限度利用地下水、地表水中贮藏的能量；受项目所在地地质及地下水水量和回灌能力，以及初投资限制，次选地源热泵，合理开发利用浅层土壤储热能；空气源热泵因能量侧为天然室外空气，适应范围广，系统简单，但因室外气温变化幅度较大，节能效果次于前几者。同时，选用能源方案时，可进行多种资源耦合，因地制宜，实现能量梯级利用与资源综合利用并举。

热泵技术应用的关键路径与关键环节如表 4-12 所示。

热泵技术应用的关键路径与关键环节 表 4-12

确认冷热需求	冬季供热、夏季供冷、全年卫生热水需求； 工艺生产过程用热用冷需求
评估资源条件	能源条件：电力、天然气、油、煤、城市热网、蒸汽等现状； 资源条件：各种水体、闲置或景观用地、全年气候状况等情况
项目策划与可行性分析	功能规划、能源与环境规划、热泵系统技术方案、运行方案、投资分析、总体评估

续表

专业设计与实施	全年日均负荷设计计算与分析、能量源侧换热系统勘察设计、设备选配设计、系统能耗计算与分析、全年平均运行费用计算与分析、系统调控方案设计、施工图设计、系统施工
试运行监测分析	试运行、监测数据与分析,自动运行、监测数据与分析,建立运行管理制度,运行人员培训
项目总结分析	分析完整年运行数据:供冷供热参数、运行效果; 总结节能减排效益:能耗、系统年能效比; 提出系统需改进与完善的对策与方法

3. 热泵技术工程应用

(1) 空气源热泵制冷、供暖和供热水如图4-22和图4-23所示。

图4-22 空气源热泵系统应用示意图

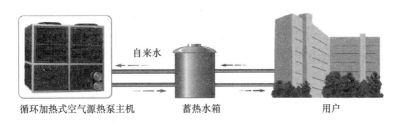

图4-23 循环加热式空气源热泵系统应用示意图

空气源热泵能源侧为空气,由于空气中的低品位热量供给存在不均匀性,蕴含的热量密度小,造成热泵系统效率偏低,该系统适用于长江流域以南,黄河流域次之;当冬季环境低于−15℃时,则不适用供给热源。空气源热泵系统,由于建设周期短、不占用机房、投资省、见效快的特点,常用于小型商业公共建筑或规模较小的高档住宅;用于生活热水时,热泵热水器可以和太阳能及其他形式热水器配合使用,取得最佳节能效果。

(2) 地源热泵,解决供冷、供热及生活热水,如图4-24所示。

浅层土壤是太阳能最大的接收者和储存者。在地表9m以下时,气候的变化对土壤温度影响很小,具有恒温特性。我国东北地区土壤温度一般在7~12℃,华北地区为13~18℃,华东地区为16~20℃,华南地区为18~22℃。土壤具有良好的储能性能,是热泵利用最佳的能量源体。冬季可搬运土壤里的热量为建筑供热,夏季将建筑的排热送回土壤,在满足建筑冷热的同时,地下土壤也实现了全年的冷热平衡。因此,土壤源热泵在我国乃至全球都具有极大开发利用价值,其节能减排率约为35%。

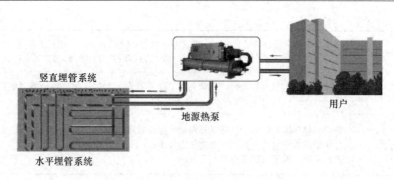

图 4-24 地源热泵系统应用示意图

地源热泵设计时,应根据建筑物功能和土壤热物性条件不同,对埋管深度、数量,场地占用和机房占地面积评估;当仅用于冬季供热或夏季供冷时,应进行投资估算、产能耗能间的匹配评估和土壤热平衡计算。

地源热泵系统应用举例:某医院包括门诊楼和住院楼,建筑面积约 2.8 万 m^2。作为当地示范性医院,要求空调系统必须满足、舒适、环保、节能、高档和可持续发展等要求,经多方论证,最终决定选用地源热泵系统,除满足供热供冷外,同时每日提供 $100m^3$ 50℃生活热水。

地源热泵中央空调系统的土壤换热器采用单 U 形垂直埋管形式,580 个地埋孔,孔深 50~60m,间距约 4m,遍布于医院绿化带和停车场地下。站房采用高效螺杆式地源热泵机组,且带有热回收功能,提供空调冷热源,同时供给生活热水,经对多种工况下土壤逐年温度变化进行模拟计算,确保系统长期运行可靠,节能减排率为 38%。年节约标准煤约 230t,减排 CO_2 约 387t,减排 SO_2 约 5.1t。

(3)污水源热泵,解决供冷、供热及生活热水,如图 4-25 所示。

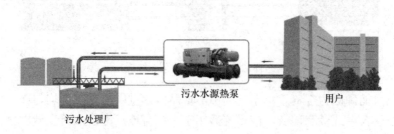

图 4-25 污水源热泵系统应用示意图

污水源热泵属于水源热泵的一种,即与污水进行间接换热、取热获取冷热源。城市污水是重要的资源,由各类用途的建筑及工矿企业排出,也有部分来自雨雪。如今,大部分污水都进入污水处理厂进行处理,达标之后回用或排放。污水水体分布广、数量大、全国范围内夏季水温为 20~28℃、冬季为 10~18℃,是非常好的水源热泵"能量源",既真正实现水资源的深度利用,变废为宝,又可为水体周边建筑及各类工业用途提供冷热,极具开发利用价值。污水水源热泵技术节能减排率约 40%,是典型节能减排效益的绿色环保、节能减排项目。

污水源热泵设计时,应全面了解和监测全年污水水质、污水水量和水温,以确定机组选型、水处理和抗腐蚀性材质选用、匹配的运行管理模式。其中,污水水质以满足二级排放标准及以上为最佳使用条件。此外,因可能的长距离输送,应测算输送成本和其他必要的造价,以保证项目的可实施性。

污水源热泵系统应用举例:某市法院、公安局应用总面积约1.3万m^2。项目附近有县污水处理厂,日处理能力2万t,排水排放标准为Ⅱ级。污水处理厂的排放水通过引水管引至项目机房,经热泵能量转换后再送回至排水主管路。采用高效水源热泵,通过可靠的取水排水方案,采用防腐蚀性能优良的管道和设备,年运行费用小于40元/m^2,年运行费用可节省23万元。空调系统寿命期内(如15年)投资运行成本,污水源热泵系统具有突出优势。每年节约标准煤约200t,减排CO_2约337t,减排SO_2约4.4t。

此外,水源热泵是与地下水直接换热的热泵方式,根据形式不同,有地表水、浅层、中深层水源热泵。因取自地下水的方案,必须有有效地下水回灌措施和不得污染地下水源等限制,需谨慎使用,本节不再详述,具体可参阅相关书籍和现行国家标准《地源热泵系统工程技术规范》GB 50366 等。

(4) 工业循环水水源热泵,解决供热及工艺用热,如图4-26所示。

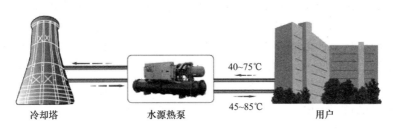

图4-26 工业循环水水源热泵系统应用示意图

热泵技术在工业节能上具有巨大潜能,有各种热源方式可以利用,如钢铁、冶金的工业余热存在于排烟、排水、冷却过程中;热电、发电的工业余热存在于排烟、冷却过程中;石油开采中,加热需要新增能量、排水损失大量能量;采煤生产过程需要新增能量、排水排风损失大量能量;干燥加工过程需要新增能量、排气损失大量能量;食品加工生产过程中的排水损失大量能量;工艺厂房的空调排风损失大量能量。

如工业冷却水循环量常常在几千吨/小时至几万吨/小时,且全年水温在20~40℃之间,是非常优良的能量源,极具开发利用价值。采用水源热泵回收这部分能量,或用于工艺过程用热、建筑供热等,都可获得较好的经济效益。该项技术系统运行稳定可靠、效率高、投资省、见效快,节能减排率约40%。

工业循环水热泵系统应用举例:某省铁煤集团热电厂,发电总容量为60MW,其热网共承担180万m^2城市居民住宅供暖。由于城市化高速发展,现有热网供热能力不能满足周边新建区域的供暖需求。结合"减排"任务和"环保"指标,热电厂采用余热源热泵供暖方案,利用现有热电厂两台汽轮机冷却水中的低品位热能,增加区域供热能力。该技术既无需新建燃煤锅炉,保护城市环境,又无需新增发电装机容量,节省大量投资,而且实施周期短、投资少、见效快。该项目热力站为50万m^2建筑供热,较传统供暖方式每年节约330万元。节能减排率为40%,每年可减少燃烧原煤2.2万t;每年节约标准煤约6720t,减排CO_2约1.13万t,减排SO_2约148t。

(5) 工业余热源(废热水、烟气或蒸汽等)吸收式热泵,解决空调冷热源或热水系统，如图4-27所示。

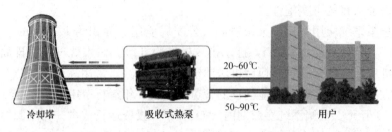

图4-27 利用余热吸收式热泵供冷、供热系统示意图

吸收式热泵是一种利用低品位热源，实现将热量从低温热源向高温热源泵送的循环系统，是回收利用低位热能的有效装置，具有节约能源、保护环境的双重作用。吸收式热泵可以分为两类。

第一类吸收式热泵，也称增热型热泵，是利用少量的高温热源，产生大量的中温有用热能。即利用高温热能驱动，把低温热源的热能提高到中温，从而提高了热能的利用效率，常用于供暖和供热水系统中。

第二类吸收式热泵，也称升温型热泵，是利用大量的中温热源产生少量的高温有用热能。即利用中低温热能驱动，用大量中温热源和低温热源的热势差，制取热量少于但温度高于中温热源的热量，将部分中低热能转移到更高温位，从而提高了热源的利用品位。常用于供热远距离输送，提供大温差低流量运行，降低水泵耗能。

吸收式冷水机，用二元溶液作为工质，其中低沸点组分用作制冷剂，即利用它的蒸发来制冷；高沸点组分用作吸收剂，即利用它对制冷剂蒸气的吸收作用来完成工作循环。利用现有的余热（如烟气、废热水）为发生器提供热量达到节约能源并实现制冷的目的。常用的吸收式制冷机有氨—水吸收式制冷机和溴化锂吸收式制冷机两种。

工艺冷却水通过工业冷却塔向大气排热后，再循环使用，其中为满足工艺过程的需要，产生大量的工艺冷却水（温度一般在25～70℃）。工业冷却塔向大气排热过程实际上就是工业余热的排放过程，同时又要消耗电能驱动工业冷却塔。我国大部分工业企业都采用类似方法排放低品位余热，这正是吸收式热泵系统理想的余热资源条件。北方地区需要对企业自备厂房和自备生活设施冬季供暖，也正是吸收式热泵系统广泛应用的领域，还可同时利用企业现有的蒸汽资源驱动吸收式热泵系统，转变为蒸汽驱动余热源的热泵供暖模式，具有极高的节能减排效益和突出的经济效益。当需要夏季制冷时，可采用吸收式冷水机组，提供空调冷源。同等供暖条件下节能减排率为40%～60%。

（6）带热回收热泵，解决供冷、供热，并与其他能源互补解决生活热水，如图4-28所示。

所谓带热回收热泵，即在夏季运行工况下，在冷凝器侧加装热回收系统，回收冷却水侧的热量，供应生活热水热源。

热回收热泵机组分为部分热回收和全部热回收两种形式。传统的热回收热泵系统需要通过切换进行热水制取，系统切换比较复杂。并且出现热源水、空调水与生活热水相混现象，影响生活热水的质量。双冷凝器全热回收热泵机组，即空调用冷凝器与生活热水用冷凝器相对独立，通过水泵的开停自动切换制取生活热水，真正实现了一机三用。

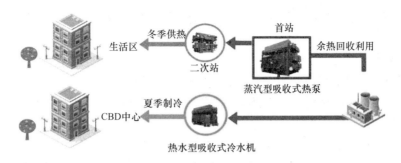

图 4-28 利用余热带热回收热泵供冷、供热系统示意图

该系统常与其他能源如电能、热泵或太阳能等配合使用,适用于夏热冬暖、夏热冬冷和寒冷地区。一般夏季供冷时,带热回收机组回收冷却水热量供给生活热水;其他季节,其他能源辅助供给生活热水,夏季免费生产热水。

4.6.4 生物质能技术

1. 生物质能的能源定性

与太阳能、风能一样,生物质能也属于可再生能源,它可以转化为电力与热能,并将在未来的能源供应中发挥巨大作用。与风能和太阳能不同,生物质能极易储存,人们可以存储诸如稻草、木材或液态肥料之类的原材料,并在必要时再将其转化为其他能源,但因为直接燃烧的直观认识,导致一直对生物质的应用存在误解。

生物质燃料(Biomass Moulding Fuel,BMF),区别于化石燃料,实际主要是生物质成型燃料,是将农林废物作为原材料,经过粉碎、混合、挤压、烘干等工艺,制成各种成型(如块状、颗粒状等)的、可直接燃烧的一种新型清洁燃料,属于废物利用的一种积极主动再利用。图 4-29 为生物质加工成生物质成型燃料的过程。

图 4-29 生物质加工成生物质成型燃料的过程

2020 年 10 月 31 日—11 月 1 日,在山西大同举行的以"新能源产业技术发展"为主题的专家创新大讲堂上,中国工程院院士、清华大学江亿教授对生物质能源做出定性,即唯一的零碳燃料。欧洲国家把生物质能作为低碳能源的重要内容,我国相对不足。在未来低碳能源结构中,应把生物质能利用作为建设我国低碳能源的重要内容,提高生物质材料的能源化利用率,压缩成型固体燃料应成为产粮、畜禽、牧业、林区的主要生活用能,在北方农村开展的"清洁取暖"工程应以"煤改生物质"为主,建立城镇餐厨垃圾收集和处理系统,制备生物质燃气。

测算显示,生物质直接燃烧的排放,约占全国大气污染排放的 20%。作为清洁燃料使用,其对大气污染的贡献率最多占 1%~2%。从环保、低碳角度,生物质能供热有明显优势。清华大学杨旭东教授认为，探寻适合农村地区的生物质成型燃料发展模式，是推动农村生物质清洁供热的关键。

2. 生物质燃料特点

生物质燃料在燃烧过程中，相比较化石燃料主要有以下特点：

（1）生物质燃料发热量大，发热量为 3900~4800kcal/kg，经炭化后的发热量高达 7000~8000kcal/kg。

（2）生物质燃料纯度高，不含其他不产生热量的杂物，其含炭量为 75%~85%，灰份为 3%~6%，含水量为 1%~3%，绝对不含煤矸石、石头等不发热反而耗热的杂质，将直接为企业降低成本。

（3）生物质燃料不含硫磷，燃烧时不产生二氧化硫和五氧化二磷，因此，不会导致酸雨产生，不污染大气，不污染环境；同时，不腐蚀锅炉，极大延长了锅炉的使用寿命。

（4）生物质燃料清洁卫生，投料方便，减少工人的劳动强度，极大程度地改善了劳动环境，减少劳动力成本。同时，其燃烧后灰碴极少，极大地减少堆放煤碴的场地，降低出碴费用。

（5）生物质燃料燃烧后的灰烬是品位极高的优质有机钾肥，可回收创利。

3. 生物质燃料应用实践问题

（1）生物质能仍是"被忽视的可再生能源巨头"。国家可再生能源中心窦克军研究员认为这主要来自对政策的理解上，一方面，根据《促进生物质能供热发展指导意见的通知》《关于开展"百个城镇"生物质热电联产县域清洁供热示范项目建设的通知》等政策，发展生物质能有据可循。但另一方面，生物质供热的支持力度依然不够，目前很难享受到与气、电代煤一样的补贴政策。对生物质供热的概念和认识，在不同地区差距较大。比如，部分地区对生物质燃料的清洁性依然存在疑问，对生物质能在清洁取暖体系中的作用仍不了解。中国农村能源行业协会农村清洁取暖专委会主任郝芳洲也称，《北方地区冬季清洁取暖规划（2017—2021年）》已提出生物质能供暖的相关要求，但到了地方层面，意见不一、路径不明等现象时有发生。

（2）生物质能取代清洁取暖，存在一系列问题。清华大学杨旭东教授提出，一是颗粒燃料如何进一步降低价格、方便获取；二是生物质炉具如何更加高效、便捷，让老百姓喜欢用、愿意用。比如，生物质资源不可直燃，必须先加工、再清洁燃烧，涉及前端收集、后端排放两大关键环节。但目前一些地方采取建厂加工的方式，收集半径长、储存空间大，无形中拉高燃料成本，导致老百姓不愿使用。再如有些炉具厂家，为降低成本偷工减料，造成燃烧不充分、排放不达标。这些现实问题不解决，将直接影响生物质能供热的应用。

4. 生物质燃料应用关键点

加强生物质能取暖应用的优先保证和公平准入。国家可再生能源中心窦克军研究员建议，做好区域清洁供热规划，不只是专项的供热规划方面，也要和城市综合发展规划相统筹，这样才能把生物质供热更有效地融入区域产业发展。同时，加强生物质资源调查与评估体系建设，建立资源保障体系，这关系到"十四五"时期生物质到底在清洁供暖体系中发挥多大的作用。对资源保障、供给有一个清晰认识，才能更好地统筹资源、科学布局。

对此，中国农村能源行业协会农村清洁取暖专委会相关负责人也建议，以农村清洁供暖为重点任务，可大力提升秸秆等生物质能在资源富集地区的使用比重。具体而言，鼓励秸秆打捆直燃供暖企业、秸秆成型燃料生产企业建立收储运体系，支持具备收储运能力的企业、合作社、经纪人等扩大规模；建立农户、收储运主体和秸秆燃料化利用企业利益联接机制，探索政府购买服务、PPP等方式，促进秸秆清洁供暖产业化发展。

5. 生物质燃料应用技术

(1) 生物质燃料锅炉

生物质燃料衍生的产品主要为生物质锅炉，即以生物质能源作为燃料的锅炉，分为生物质蒸汽锅炉、生物质热水锅炉、生物质热风炉、生物质导热油炉、立式生物质锅炉、卧式生物质锅炉等。

生物质锅炉的效率一般在80%以上，锅炉型号大，燃烧的更充分，锅炉的效率也就更高，最高的达到88.3%，比燃煤锅炉平均效率水平高15%。现行国家标准《建筑节能与可再生能源利用通用规范》GB 55015鼓励有条件时应积极采用。

目前，农业农村部正在秸秆资源丰富的辽宁、山东等地，布局推广生物质能供暖试点。从试点4年的情况看，"煤改生物质"的污染物排放优于《锅炉大气污染物排放标准》GB 13271—2014。与燃煤供热相比，后者可减排颗粒物5%、二氧化硫86%。同时，供暖成本没有额外增加。以2吨位秸秆打捆直燃集中供暖企业为例，按照1台锅炉可供1万m²计算，供暖成本较燃煤锅炉节约5.1万元。

(2) 生物质燃烧的烟气型吸收式热泵供热供冷技术

沈阳工业大学孔维一等学者研究认为，生物质成型燃料燃烧供热在资源条件、供热稳定性、环保性等方面，相比较沼气供热和生活垃圾焚烧，在北方地区更具有优势，而且燃料燃烧后的烟气中存在大量可回收余热。分析得出烟气中的粉尘和排烟温度是影响余热回收效率的主要因素，进而建立了适用于生物质烟气的喷淋式余热回收系统，为烟气型吸收式热泵供热系统提供热源。通过动态投资回收期法和费用年值法分析供热系统的经济性，热泵系统能够增加供暖热量每年获益359.3万元，动态回收期为4.47年。孔维一等学者与其他传统供热方式（燃气锅炉、生物质锅炉、电锅炉、燃煤锅炉等）进行经济性比较并计算了系统污染物减排量，证明了烟气型吸收式热泵供热系统可以获得较好的经济效益和环境效益，为节能减排和可持续发展提供了一种新思路。

此外，河南学者陈夫进在2010年就对生物质成型燃料吸收式制冷系统进行了研究。其根据吸收扩散式冷系统的特点，将生物质成型燃料引入到吸收式制冷系统，加工了一台50L的小型吸收扩散式冰箱，其制冷工质为氨水，辅助气体采用氢气，并通过实验确定了该制冷系统的最佳输入功率为0.2kW，为炉具的设计提供了依据。依据试验确定的炉具的最佳输入热负荷，设计了适合制冷系统的生物质能分离式热管炉具。用生物质成型燃料炉具为制冷装置提供能量，进行了一系列的试验研究，对装置存在的问题进行了分析并提出了改进措施，也为后续的大容量生物质吸收式制冷研究提供了参考。

(3) 户用生物质能太阳能联用供暖、供热水

河北工业大学杜洋洋等学者基于研发的生物质秸秆压块采暖装备，设计了一套户用生物质能/太阳能联用供暖、供热水系统。在天津双口镇一处农宅搭建了生物质能/太阳能联用供暖、供热水系统，并针对晴天和阴天两种天气研究了系统的实际运行效果，探讨了系统的最佳运行模式。晴天情况下太阳能分支分配流量调整为150L/h，阴天或夜晚采用间歇运行模式，是最佳的运行模式，可减少燃料消耗，提高系统热效率；晴天时系统燃料消

耗量最低为 2.74kg/h，节能约 19%，系统热效率约为 85.75%。不同运行模式下，室内温度变化范围可维持在 16～23℃ 之间；且取用生活热水过程中，太阳能水箱水温仍维持在生活热用水需求温度（40℃）以上。在整个供暖季，系统的太阳能保证率约为 3.56%，可节省生物质燃料 6.03%，系统平均热效率提高 4.11%。系统既能减少生物质燃料消耗，满足日常供暖需求，又能保证冬季用户生活热水需求，可显著提高农户生活品质。

(4) 户用生物质清洁炊事、供暖炉

1) 新型生物质颗粒燃料炊事燃烧器

清华大学杨旭东教授团队，结合农村用户对生物质燃料炉使用要求的便利性，利于在农村大面积推广，开发了一款新型生物质颗粒燃料炊事燃烧器，该燃烧器保证了农户传统的炊事操作方式和使用习惯，继续保留传统柴灶本体、锅具和烟囱等基础设施，实现燃烧器与传统柴灶的燃烧室有机结合，通过自动点火、手动进料和生物质半气化燃烧方式，达到高效清洁的目的。主要技术特点有：一是好用，达到类似液化天然气罐和燃气罩的使用习惯，可自动电点火方式，30s 点着，火力旺，可调性强；二是能够保证燃料连续性，使用加工好的生物质颗粒燃料，考虑成本接受程度，实现手动按需进料，操作简单；炉箅子可活动、易清灰；可实现减少污染物排放 90% 以上。

2) 生物质清洁炊事供暖一体炉

要满足农村用户供暖需求，需要实现连续供暖，进而要求燃料应能连续自动填续，燃料运行状态应能远程监测，此外，燃烧效率要高，污染物排放要低于环保要求，此外因推广中价格的敏感性，还应保证成本较低。目前，对开发的炊事供暖一体化炉体的应用实际效果监测可知，农宅供暖面积 80m²，24cm 砖墙，单层玻璃，室外平均温度 6.6℃，室内平均温度 15.4℃，生物质炉出水平均温度 44～56℃，平均每个供暖季消耗颗粒燃料 2t，按照生物质代加工模式，年费用约 1000 元。

4.6.5 多能互补零碳运行设计技术

综合前文低碳技术介绍，本小节旨在总结可零碳运行系统策略，指导设计阶段产能、用能、蓄能总体方案。策略重点就是提高能源使用效率与梯度利用，充分利用可再生能源，实现资源的综合循环利用，满足建筑供暖、制冷、生活热水和室内空气品质需求。

可零碳运行四大关键问题：光伏可再生电力、零碳可再生低品位热量利用、多环节灵活蓄能和储能、终端冷热电需求合理。

可零碳运行四大原则：

一是"零碳电源"：以"应装尽装""应发尽发""应用尽用"为原则，设计时，应最大限度利用项目区域广阔的空间，在屋面、地面、水面、立面上安装光伏板，这样就可以实现本场光伏发电量满足建筑或区域需求，如某商业综合体内建筑及内部电动车辆的用电需求。

二是"零碳热量"：实勘可利用的低品位可再生热量，包括建筑排热、余热、地热能、生物质能、跨季节储热量等，减少热量输配和传递过程损失，以热泵方式"自下而上"提升热量品位，光伏可再生电力从"梯级利用"到"扁平化"利用、分散集中结合，实现"零碳供热"。

三是"储蓄柔韧"：通过多维度、多介质（电能、显热潜热、化学能、机械功等）能量储蓄，解决运行中不同时间周期内可再生电力供应与需求之间的剪刀差；使得光伏发电的"电量"能满足使用需求，且"电力"也能满足使用需求；构建"光储直柔"用电系统，自发自用全吸纳的同时，增强主动吸纳电网中可再生电量的"柔性"和保障安全功能的"韧性"。

四是"节能优先"：通过建筑和暖通空调系统等节能设计、高效设备选用、能源管理与智能调控技术采用等，大幅度降低建筑或区域运行过程冷量、热量、电量的需求（设计阶段）和消耗（运行阶段），终端用能和转换"节能优先"，保障零碳运行能源系统的经济性。

可零碳运行设计技术体系举例如表 4-13 所示。

可零碳运行设计技术体系举例　　　表 4-13

能源来源	可零碳运行技术设计体系	可实现效果	实现方式
天	日间光伏板＋夜间风力＋蓄电→清洁电（直驱＋蓄电）	冬季：清洁的热＋清洁的电	光储直柔
		春秋过渡季节：清洁的电	
		夏季：清洁的热＋清洁的冷	
	日间被动式太阳能＋储热＋空气做热源热泵（光伏直驱变频）	零碳热水	
	非饱和干空气冷源：自然通风/热管/＋蒸发冷却＋非冷凝除湿/海水地表水冷却/制冷机＋冷却塔	零碳干燥新风	
	浅层地能热源：初寒期和午后，热泵驱动升温＋中深层地热能＋中深层地热能；初末寒期直接供热、严寒期小压缩比热泵驱动升温＋蓄热＋零碳电力	零碳供热	
地	浅层地能热源：初夏/夜间/上午直接供冷/小压缩比制冷压缩机驱动＋中深层地热能；恢复/自然对流换热（恢复期的储热量供冬季使用）＋蓄冷＋零碳电力	零碳供冷	

4.7 低碳化设计体系及 BIM 协同设计

基于建筑低碳理念和建筑全生命周期理念，综合建筑低碳化设计技术，建立全生命周期建筑设计可低碳化指标体系，制定建筑低碳化设计流程，并对建筑生命周期内建筑碳排放的定性和定量化的评测，衡量设计措施的低碳效果，结合 BIM 协同设计，有效完成设计阶段低碳化设计任务。

4.7.1 低碳化设计体系和设计流程

1. 全生命周期建筑设计低碳、固碳指标体系

根据前文分析，将建材生产、运输阶段碳排放、建筑运行阶段降碳和绿植固碳四大方面作为建筑可低碳化设计的主要指标，如表 4-14 所示。

从表 4-14 可以看出，区别于传统的建筑设计，建筑低碳化设计应着重考虑的环节包括：建材的使用和回用、能源的使用和耗能设备系统的节能设计、可再生能源应用与建筑一体化施工、绿植的碳汇、建筑碳排放计算评估等。

2. 建筑低碳化设计流程

根据全生命周期建筑设计可低碳化指标体系，结合能耗碳排放预测模拟软件和 BIM 在设计中有效的协同作用，制定建筑低碳化设计流程，如图 4-30 所示。

全生命周期建筑设计可低碳化指标体系　　　　　表 4-14

一级指标	二级指标	三级指标（或低碳策略）	四级指标
规划布局	风环境	建筑密度与容积率、建筑群体布局、竖向空间梯度风环境、建筑形体、建筑竖向、建筑体量	
	热环境	建筑朝向、容积率、建筑密度、建筑高度	
	功能分区	就业与居住平衡度 服务设施集中程度 基础设施综合利用	
绿化	绿地系统	绿植面积、植被组成结构、植被位置	
节能构造	空间布局	抵御自然风（严寒、寒冷） 疏导自然风 引导自然光 隔绝自然光（特殊建筑）	
	围护结构	外墙、屋面保温隔热	自保温系统
			阻断热桥效应构造
			缝隙处理
			新型轻质、高效的板状保温材料应用
		外窗保温隔热	门窗气密性
			窗墙面积比
			新型玻璃，如太阳能玻璃
		门透光部位	
	建筑遮阳	遮阳形式	内遮阳
			外遮阳
	其他	非供暖楼梯间与供暖房间之间的隔墙	
		周边地面	
建筑材料	传统建筑材料	优化建材使用	
		建材的再利用	
		就地取材	
	低碳材料选用	超低碳贝氏体钢	
		薄膜太阳能发电材料	
	材料回收		
结构	建筑结构优化		
	低碳结构		
	结构再利用		

第4章 建筑设计阶段低碳化技术

续表

一级指标	二级指标	三级指标（或低碳策略）	四级指标
耗能设备	供暖空调、生活热水	冷热源及设备选择	
		输配系统	水泵、水路优化
			风机、风路优化
		末端设备	
		系统计量和调控	
	节水	节水系统	
		节水器具及管材、管件	
		非传统水源利用	中水
			雨水
	建筑电气及智能化	供配电	
		照明	照明节能
			太阳能照明
		建筑智能化管理	室内环境质量和能耗监测
			楼宇自控
			照明智能控制
			系统节能控制
			多种能源优化供给管理
	电梯	节能动力设备	
		优化电梯运行策略	
可再生能源利用	太阳能	太阳能光热利用	光热直接利用
			太阳能热泵应用
			太阳能储热技术
		太阳能光电利用	并网光伏系统
			独立光伏系统
			光储直柔技术
	热泵及废水梯级利用	空气源热泵	高能效空气源热泵
			带热回收空气源热泵
		水源热泵	地表水水源热泵
			地下水水源热泵
			工业循环水水源热泵
			污水源热泵
		地源热泵	
		吸收式热泵	工业余热源（废热水、烟气或蒸汽等）吸收式热泵
		复合式热泵	

续表

一级指标	二级指标	三级指标（或低碳策略）	四级指标
可再生能源利用	生物质能	生物质燃料锅炉	
		生物质烟气型吸收式热泵	
		户用生物质能太阳能联用	
		户用生物质清洁炊事、采暖炉	
	风能	风力发电	
	其他可再生能源	热电联产CHP	
	可再生能源综合利用		

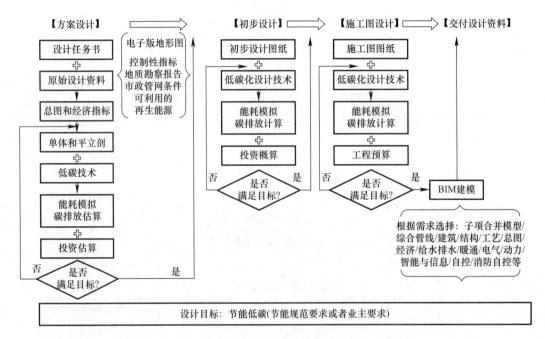

图 4-30　建筑低碳化设计流程

该建筑低碳化设计流程将节能低碳作为主要目标，强调建筑设计和低碳技术协同设计，在每个环节将碳排放计算和投资预算作为判定条件，在满足低碳目标的同时考虑工程可实施性，增强低碳化技术能落到实处的可行性。

为了施工组织能够有效地实施，除传统流程提交施工图设计资料外，增加了BIM技术在设计阶段的应用，如根据需求加入各专业模型、综合管线、设备专业材料属性等信息，协同施工作业实现材料节约、施工高效、管理便捷等。同时，为后期运行管理提供了设备系统的型号参数、控制阀件等属性和控制信息，为能效管理提供了可靠的数据信息，使得智联物业更加科学和规范。

4.7.2 软件在碳排放预测中的应用

《建筑节能与可再生能源利用通用规范》GB 55015—2021要求新建居住建筑和公共建筑平均设计能耗水平应在2016年执行的节能设计标准的基础上分别降低30%和20%，具体为，严寒和寒冷地区居住建筑平均节能率应为75%；除严寒和寒冷地区外，其他气候区居住建筑平均节能率应为65%；公共建筑平均节能率应为72%；新建的居住和公共建筑碳排放强度应分别在2016年执行的节能设计标准的基础上平均降低40%，碳排放强度平均降低7kgCO$_2$/(m^2·a)以上。上述规定作为强制性条文约束建筑设计工作，实现建筑节能低碳设计的新目标。

能耗模拟碳排放预测也将上述国家规范作为评判标准，并结合业主方可能的更高要求（如零碳建筑目标等），在全生命周期进行碳排放计算，并与参考建筑做比较，优化分析低碳设计技术综合应用，并将其作为建筑设计方案调整的依据。

现开发的能耗模拟软件主要有：东南大学的东禾建筑碳排放计算分析软件、PKPM-CES建筑碳排放设计软件、斯维尔建筑碳排放CEEB等。全生命周期碳排放计算内容一般包括建材生产及运输阶段碳排放、建造与施工阶段碳排放、建筑运行阶段碳排放、建筑拆除阶段碳排放、绿化碳汇，模拟软件碳排放计算分析内容简单举例如图4-31所示。

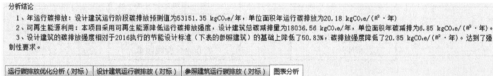

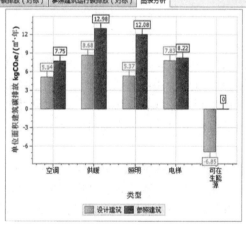

图4-31 某建筑碳排放模拟计算分析举例

4.7.3 BIM协同设计

BIM技术集合了模型信息、功能要求和构件性能，将建设项目整个生命周期内的所有信息整合到一个单独的建筑模型中，包括施工进度、建造过程、维护管理等过程信息，有利于优化建筑低碳设计的全过程，统筹和协调各参与方的工作成果，实现具体项目全生命周期的协同管理。这些在建筑施工和运行章节有详细介绍，本节不再赘述。

1. 建筑设计阶段BIM设计常用流程

建筑设计阶段BIM设计常用流程如图4-32所示。

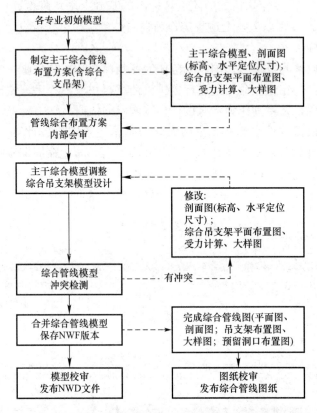

图4-32 建筑设计阶段BIM设计常用流程

2. BIM技术设计阶段应用内容及交付成果

（1）前期策划。根据项目图纸和实施内容，制定系统性的策划实施方案，对各参与方职责、建模深度、技术标准、BIM应用内容及成果、应用平台等提出明确的标准和要求。

（2）BIM模型设计。根据提供的项目二维施工图纸数据及相关资料，利用BIM软件，按照制定的模型设计标准进行模型设计，完成项目建筑、结构、暖通、给水排水、电气等各专业BIM模型。

（3）设计优化。在建模过程中完成对设计图纸的校审，基于BIM模型检查各个专业图纸之间的匹配性问题，对图纸的错、漏、碰、缺问题进行检查。并根据设计规范对各专业系统、各功能区域进行合规性检查及验证，出具设计验证报告及优化建议。

（4）碰撞检测。整合各专业的BIM模型，查找设计中的冲突点，修正各专业模型在设计上的错误以及消除各专业在空间位置上不协调的情况，规避可能对施工阶段造成的影响，交付检测分析报告和优化方案，并持续追踪直至问题解决。

碰撞检查分析原则：对各专业构件间直接发生的冲突情况进行碰撞检查，专业检查规则按以下方式进行：机电专业与建筑专业；机电专业与结构专业；机电专业的专业间，按相关标准中对机电专业管道的间距要求规定，进行空间干涉影响检查。

（5）综合管线深化设计。依据BIM设计碰撞检查模型，对发生的碰撞进行优化调整，按照满足安装方便、维修容易的总指导原则，在保持设计意图不变的基础上，依据相关专业的设计及施工验收规范进行管线综合设计。并基于 BIM 技术，对设计施工图纸进行各专业管线综合方案的优化，出具预留洞口布置图、综合吊支架布置图、管线综合平面布置图、剖面图和轴测图纸等相关图纸。

通过对机电管线的综合调整，大幅降低设计中的错误、疏漏和隐患，解决可能出现的管线冲突和净高不足等问题，及时发现并有效规避建筑开孔、构件冲突、保护距离、安装空间带来的风险和返工隐患，提高设计质量、减少后续返工。

(6) 预留预埋深化设计。基于优化后的综合管线模型，对机电管线穿过一次结构、二次砌体墙的位置进行预留预埋深化设计，提高预留预埋利用率，并交付一次结构预留洞图纸、二次砌体预留洞图纸、预留洞模型。

(7) 支吊架设计。基于优化后的综合管线模型，对管线分层较多、空间复杂以及同专业的管道进行综合支吊架设计，对于其他位置采用单管道支吊架布置，通过专业支吊架设计软件，进行智能设计，快速标注出图，并出具支吊架用钢量清单、计算书，保证设计的准确性和合理性，并交付支吊架平面布置图、支吊架详图、支吊架用钢量材料统计表、支吊架计算书。

(8) 机电工程量清单。基于优化后的综合管线模型，对机电管道、阀门附件仪表、设备等进行材料统计。交付机电各系统工程量清单、附件阀门清单、设备清单。

(9) 混凝土材料统计清单。根据混凝土的型号，对 Revit 族进行标准化命名，利用明细表功能对混凝土柱、梁、板、基础等进行材料统计。交付结构柱工程量清单、结构梁工程量清单、结构板工程量清单。

(10) 二次砌体排砖设计。利用 BIM 二次深化设计，提前利用相关软件合理优化排布二次结构加气块，出具每一面墙体的施工图，统计出墙体不同尺寸及数量的材料明细表，以实现提高质量、降低损耗、便于施工、缩短工期等目标。

(11) 机电管线预制加工。基于 BIM 模型，对各系统管道精细化预制分段，在模型中按照加工需求对机电系统分段，极大地减少了加工废料，发挥 BIM 的可视化优点，使法兰避开开口三通以及避免法兰恰好在预留洞中等各种细节问题。分段布置之后，导出图纸，标注信息，用于工厂预制提资，装配施工。

(12) 结构梁板预制加工。采用相关软件，对模型部分区域进行预制装配设计，按照设计规范和要求对结构梁板拆分、配筋等；利用 BIM 的优势，模拟装配安装，保证装配正确合理。同时，利用软件自动生成拆分图、构件平立剖、三维图；自动生成钢筋用量表。

(13) 可视化模型交付。基于优化后的模型，可通过软件导出轻量化模型，便于手机端、电脑端等各个端口的便捷查看。对于重点区域或者是管线复杂的位置可以采用二维码的形式，制作模型的全景图，便于对各个点的局部审阅。

(14) 土建施工模拟。采用相关软件对土建模拟施工过程，结合现场实际安装顺序，利用 BIM 的可视化表达，可用于对工人的施工前交底。

(15) 机电安装工序模拟。对项目施工安装复杂和难点区域，可利用 BIM 模型基于平台模拟施工的安装工序，优化施工组织方案，方便理解和决策，提前规划各安装小组的施工安装时间和施工顺序，以保证施工安装的顺利推进，减少施工的冲突和返工，提高协调管理的效率。

（16）漫游展示。提交基于 BIM 模型的标识真实尺寸的可视化展示模型，对优化后的各个区域进行多方位的场景漫游，并导出漫游视频。

本章参考文献

[1] 中华人民共和国住房和城乡建设部. 建筑节能与可再生能源利用通用规范［S］. GB 55015—2021. 北京：中国建筑工业出版社，2022.

[2] 中国建筑科学研究院. 近零能耗建筑技术标准［S］. GB/T 51350—2019. 北京：中国建筑工业出版社，2019.

[3] 中国建筑科学研究院. 公共建筑节能设计标准［S］. GB 50189—2015. 北京：中国建筑工业出版社，2015.

[4] 中国建筑科学研究院. 严寒和寒冷地区居住建筑节能设计标准［S］. JGJ 26—2018. 北京：中国建筑工业出版社，2018.

[5] 徐结晶. 建筑布局对城市居住区微环境影响研究综述［J］. 山西建筑，2019，45（16）：2.

[6] 吕东旭. 基于低碳理念的新城规划策略研究［D］. 武汉：华中科技大学，2012.

[7] 黄盛航. 天府新城空间形态的低碳化评价及规划策略研究［D］. 西安：西安建筑科技大学，2021.

[8] 邱红. 以低碳为导向的城市设计策略研究［D］. 哈尔滨：哈尔滨工业大学，2011.

[9] 蔡悦倩. 基于风环境的建筑布局形态设计策略研究［D］. 北京：北京交通大学，2020.

[10] 熊昌巍. 基于 ENVI-met 的绿地对微气候影响研究——以大学校园为例［D］. 上海：上海应用技术大学，2021.

[11] 赵冰春等. 居住小区布局形式对热环境的影响［J］. 广东工业大学学报，2016（6）：91-95，101.

[12] 何成等. 基于低能耗目标的建筑功能布局研究［J］. 建筑学报，2016（S1）：155-158.

[13] 李元. 公共建筑空间形态组织的气候响应性策略研究［D］. 南京：东南大学，2021.

[14] 中国建筑科学研究院. 民用建筑供暖通风与空气调节设计规范［S］. GB 50736—2012. 北京：中国建筑工业出版社，2021.

[15] 中国建筑科学研究院. 民用建筑节水设计标准［S］. GB 50555—2010. 北京：中国建筑工业出版社，2010.

[16] 清华大学. 民用建筑绿色性能计算标准［S］. JGJ/T 449—2018. 北京：中国建筑工业出版社，2018.

[17] 河南省工程建设标准设计管理办公室. 太阳能光伏发电系统设计与安装［S］. 12YD18. 北京：中国建材工业出版社，2013.

[18] 中华人民共和国住房和城乡建设部. 建筑给水排水与节水通用规范［S］. GB 55020—2021. 北京：中国建筑工业出版社，2021.

[19] 中国建筑设计有限公司. 建筑与小区雨水控制及利用工程技术规范［S］. GB 50400—2016. 北京：中国建筑工业出版社，2016.

[20] 戴倩. 远程智能型换热站自动控制系统［J］. 控制系统，2016（6）：46-49.

[21] 蔡贞林. 太阳能＋热泵的供暖系统应用大解析. 2017-08-21［2022-06-20］. https://www.sohu.com/a/166189155_676308.

[22] 杜洋洋. 户用生物质能/太阳能联用供暖、供热水系统研究［D］. 天津：河北工业大学，2020.

[23] 黄晟辉，赵大军，马银龙. 太阳能跨季节地下储热技术［J］. 煤气与热力，2010，30（12）：29-31.

[24] 杨旭东. 分布式能源与低碳建筑[C]//CAHVAC暖通大讲堂, 2022.
[25] 无锡同方人工环境有限公司. 热泵·节能减排白皮书[C]//无锡同方人工环境技术交流会, 2018.
[26] 孔维一. 基于生物质燃烧的烟气型吸收式热泵供热技术研究[D]. 沈阳:沈阳工业大学, 2020.
[27] 陈夫进, 张培训等. 生物质能吸收式制冷系统的热力分析[J]. 可再生能源, 2010(3):123-125.
[28] 魏庆芃. 公共建筑及社区尺度实现零碳运行路径的几点思考[C]//CAHVAC暖通大讲堂, 2022.
[29] 刘科. 夏热冬冷地区高大空间公共建筑低碳设计研究[D], 南京:中南大学, 2020.

第 5 章

建筑施工及拆除阶段低碳化技术

本章所指的建筑施工是指围绕房屋建筑的建造施工活动及修缮改造活动,建造施工及修缮改造活动包括场地准备活动(平整场地、土石方作业、工程排水等)、主体工程的施工活动、建筑安装活动(电气、管道和设备安装、体育场地设施安装等)、建筑装饰装修活动等。建筑物拆除活动包括爆破工程服务、房屋拆除服务、设备拆除服务等。

5.1 建筑施工碳排放概述

5.1.1 施工阶段碳排放来源

施工现场碳排放来源于施工区、办公区和生活区。在施工区,从材料制作到安装及各项施工工艺的运用到废弃物处理,均会用到机械设备,也会涉及物料场内运输而产生碳排放。总体来看,施工碳源大体分为四类:施工运输碳排放、机械设备碳排放、辅助设施碳排放以及废弃物处理碳排放,如图 5-1 所示。

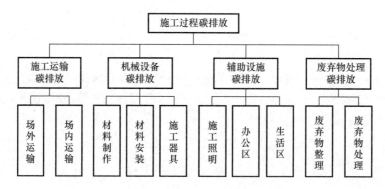

图 5-1 施工碳源示意图

(1)施工运输碳排放

运输过程碳排放主要是运输工具消耗能源所产生的,涉及运输工具种类、运输距离、运输载重、动力源(汽油、柴油、电力等)以及运输工具的能耗强度(单位运输量单位距离的耗能量)。现场运输可分为场外运输与场内运输,场内运输主要是由于现场材料制作地与材料使用地不一致、挖土填土、废弃物处理等原因造成的,可以通过线性规划等方式优化运输路线,减少运输距离和碳排放。场外运输涉及与当地交通管理系统的配合,在碳排放方面更难以管控。

(2)机械设备碳排放

材料制作安装以及机械设备使用的碳排放来自于两个方面:一方面是制作、安装材料时使用的机械设备,这种情况占了较大的比例;另一方面来自于材料安装伴随的二氧化碳排放,如混凝土浇筑。施工机械设备碳排放主受到施工机械功率、耗油量、耗电量以及机械运行时间等因素影响,其中主要是含碳燃料燃烧所带来的二氧化碳。

(3) 辅助设施碳排放

辅助设施分散在施工区、办公区以及生活区。施工区是现场活动的主要区域,需要提供充足的照明,会消耗大量电能;办公区使用办公设备(如电脑、复印机、打印机、照明工具和供暖制冷空调等),大部分消耗电能;生活区除了照明工具和空调的碳排放外,还有做饭、烧水等炊事活动使用天然气、液化石油气等燃料而产生碳排放。

(4) 废弃物处理碳排放

施工过程会产生生活废弃物和建筑废弃物两类残留物,处理好废弃物是低碳施工的重要内容。首先是整理废弃物,使用人工或者机械进行垃圾清理和分装;再处置废弃物,一般是外运和填埋。清理和分类会使用机械,燃烧汽油、柴油等化石燃料排碳,或使用电力间接碳排放。

5.1.2 施工阶段碳排影响因素

在建筑施工过程中,影响碳排放的因素众多,每一个因素的变化都会导致建筑施工能耗的不同。影响建筑施工能耗的主要因素可分为自然条件因素、机械能效因素、技术因素和管理因素四大类。

(1) 自然条件因素

土壤类别是影响土石方工程施工碳排放的主要因素之一。土壤类别的不同,对于其他作业条件相同的同种施工机械来说,其产生的建筑施工能耗及碳排放是不同的。如:同种挖掘机械,在其他作业条件相同的情况下,挖掘一类土时,由于其土质较松软,建筑施工能耗相对较低,对应的碳排放也较少;而挖掘四类土时,由于其土质较硬,产生的建筑施工能耗相对较高,对应的碳排放量也会较多。

气温与海拔高度也是影响建筑施工碳排放的主要因素之一。建筑施工过程碳排放的主要构成内容之一就是施工机械设备的燃油排放,而气温与海拔高度的不同,对施工机械设备的油耗是有一定影响的。气温在 $5\sim28℃$、海拔小于 $500m$ 时,施工机械设备能够发挥最大的效率。气温越高、海拔越高,施工机械设备的油耗量越大,碳排放也就越多;同理,若气温低于 $5℃$,则施工机械设备的油耗量也会增加,碳排放也会增多。

(2) 机械能效因素

1) 施工机械设备种类。建筑施工机械设备种类繁多,其性能、参数各不相同。使用不同的机械设备,其生产效率、工作量、施工质量各不相同,产生的建筑施工碳排放也存在较大差异。如果机械设备选择不恰当,例如规格型号不合适,会造成施工碳排高于正常水平,甚至会影响施工进度,延误工期。

2) 机械新旧程度。工程机械的技术使用状况对建筑施工能耗有很大影响,而机械的技术使用状况通常又与机械的使用年限、操作方法、累计工作台班、维护保养等因素有关,工程机械随着使用年限的增加,其碳排放也会不断增大。

(3) 技术因素

1) 施工方案。施工方案的不同,意味着施工机械设备的选配不同,同一个施工过程的施工技术、施工方法不同,则其能耗及碳排放必然产生很大的差异。因此合理选择施工方案,不仅可以加快施工进度、提高施工质量、减少建材使用量及废弃物产生量,也可以降低建筑施工碳排放量。

2) 工人技术水平。在建筑施工能耗其他影响因素保持相同水平的情况下，工人的技术水平不同，则建筑施工碳排放量也会有所差异。若工人素质及技术水平较低，建筑施工碳排放及建材损耗则会高于正常水平；若工人素质及技术水平较高，则会降低建筑施工碳排放及建材损耗。

(4) 管理因素

影响建筑施工碳排放的管理因素主要指施工企业的管理水平。施工企业的管理水平不同，不仅会影响机械设备的能效、建筑工程的进度和质量、建材用量及废弃物产生量，而且在建筑施工过程中所产生的碳排放量也会不同。施工企业管理水平高，建筑施工能耗小，碳排放少，节约成本；施工企业管理水平低，则建筑施工能耗量高，碳排放多，同时也会增加成本。

5.1.3 施工阶段碳排放量化方法

1. 现场实测法

该方法即采用现场实际统计值，通过项目施工阶段在施工区、办公区、生活区指派负责人，在施工的每个阶段统计电、气、油等能源的使用量，根据不同的碳排放系数计算出CO_2排放量，此方法计算比较直接准确，得到的数据较为真实可靠。目前，美国通过实测方法监测烟气，取得了很好的效果。我国虽然应用实测法解决了一些问题，但是缺乏长期的维护使用。

2. 施工工序碳排放估算法

该方法适用于建筑施工阶段碳排放量的计算。施工工序碳排放估算法以施工项目全过程为系统分析对象，以建筑各个分部分项工程为单元，每个单元就是温室气体环境影响作用分析与识别的基本对象，然后计算出每个工序的机械、设备、能源消耗量，再与各个能源相应的碳排放因子相乘，最后加总，即得出整个施工过程的碳排放量。

3. IPCC温室气体排放计算方法

通过采用IPCC公布的《IPCC温室气体排放清单》来计算施工阶段化石能源燃烧产生的CO_2，具体计算公式如下：

$$CO_2 排放量 = 化石燃料消耗量 \times CO_2 排放系数$$
$$CO_2 排放系数 = 低位发热量 \times 碳排放因子 \times 碳氧化率 \times 碳转换系数$$

4. 投入产出法

投入产出法适用于建筑施工阶段。该方法利用投入产出表格，以施工过程中消耗的能源量求出单位产值的产量和能耗量，最后计算出施工阶段碳排放量。该方法是从宏观层面来计算大致水平，以价格来换算碳排放。用此方法需要政府编制精准细致的计算表格，有一些难度，而且此方法计算出的碳排放不能区别不同能源结构、施工工艺、施工技术的差异。

5. BIM模型计算法

BIM可以用在工程项目的决策、设计、施工、运营管理等各个阶段，各参与人员都可以在BIM中提取所需要的数据，来完成各自的任务。施工阶段由项目投资者、承包商、监理方、设计方等提供各自的相关数据，其中投资方提供项目基础信息、进度质量控制信息、合同管理信息等。利用BIM技术进行建筑施工阶段工程量统计分析，输入相应碳排放因子，进行建筑本体碳排放测算。运营管理阶段，物业部门提供楼宇运营各种数据信息，利用BIM技术进行统计分析，再通过输入对应的碳排放因子和运营时间，得出建筑运营阶段碳排放量，如图 5-2 所示。

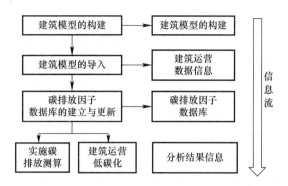

图 5-2 基于 BIM 的建筑运营阶段碳排放动态测算模型

5.2 低碳施工措施

施工阶段在建筑全生命周期中虽然所占时间较短，但是相比运营期，其对能源的消耗和碳排放却很集中。低碳施工是建筑全生命周期中的一个重要阶段。实施低碳施工，应进行总体方案优化。在规划、设计阶段，应充分考虑低碳施工的总体要求，为低碳施工提供基础条件，应对施工策划、材料采购、现场施工、工程验收等各阶段进行控制，加强对整个施工过程的管理和监督。

现阶段，施工企业实行低碳化施工有许多挑战，例如建筑施工低碳化概念缺失、施工企业经济效益驱动、建筑业技术水平和管理水平滞后、现行建设管理机制制约、建筑施工低碳化评价体系匮乏等。本节将立足于施工企业的角度，从技术措施、组织措施和经济措施几个方面对当前所面临的问题给解决方案。

5.2.1 低碳化施工技术措施

1. 建立施工绿色技术体系

绿色施工是可持续发展思想在工程施工中的应用体现，是绿色施工技术的综合应用。绿色施工技术并不是独立于传统施工技术的全新技术，而是用"可持续"眼光对传统施工技术的重新审视，是符合可持续发展的施工技术。绿色施工是一项系统工程，包括施工准备、施工组织设计、施工运行、维修和竣工后施工场地的复原等，这就要求全社会对绿色施工共同支持和监督，形成良好的社会风气。绿色施工的实施，首先需进行总体方案的优化。在规划、设计阶段，应充分考虑绿色施工的总体要求，为绿色施工提供基础条件。实施绿色施工，应对材料采购、现场施工、工程验收等各阶段进行控制，加强对施工过程的管理和监督。

建筑在施工过程中应该尽量采用绿色施工技术，减少施工阶段的能耗，绿色施工技术体系降低碳排放路径如图 5-3 所示。

2. 制定低碳化施工方案

在施工阶段，先进合理的施工方案是缩短工期、降低成本、确保质量、节能减排的重要基础。

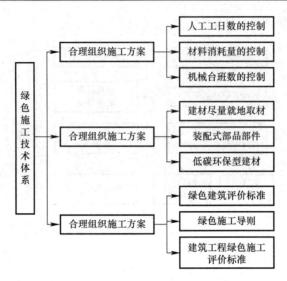

图 5-3 绿色施工技术体系降低碳排放路径

(1) 施工方案的内容

施工方案的主要内容包括施工工艺方案和施工组织方案。施工工艺方案包括建筑施工过程中施工机械、设备的选择，所采用的施工技术和施工方法，以及新技术和新工艺的采用；施工组织方案是指施工组织方法，宜优先选择装配式建造、绿色建造、智慧化的施工组织方式。

(2) 施工方案评价指标

施工方案评价指标主要包括技术、经济和效果三方面的内容。技术指标是用来反映备选方案技术特征及适应条件的指标，经济指标主要指项目完成的必要消耗，效果指标主要用来反映项目完成结果的优良程度。

低碳化施工方案将建筑施工碳排放作为一个技术指标纳入施工方案评价体系中，建筑施工碳排放量间接反映了施工能源的用量，也反映了施工管理的好坏。施工方案技术经济评价指标体系如图 5-4 所示。

(3) 施工方案的评价程序

施工企业在进行项目建设过程中通常会依据自身的施工能力、技术储备力量、项目地点、企业节能降耗意识及行业和社会对施工减排的要求等诸多条件，选择不同的施工机械、采用不同的施工方案。各方案都有其优缺点，存在选优的问题，方案评价一般按照以下四点进行：根据项目实际情况，拟定两个以上技术可行，各项要求基本达标的施工方案作为评价对象；从技术方面、经济可行方面和效果等多方选取重要指标进行评价；选定评价指标后，对各个指标进行分析和计算；对指标体系综合评价及分析，并排序，择优选取。

在进行施工方案比选时，可以依照业主的要求选择工期短、造价低的，也可以根据施工难易程度和对周边环境影响程度选择，或根据施工方便情况选择，综合考虑施工碳排放情况，选择综合最优者。

3. 提高施工机械和能源利用效率

(1) 强化机械设备管理

在施工过程中，应该严把设备进场关，减少技术性能落后、效率低、耗能高的机械设备进入施工现场；保护工地环境，结合气候施工，节约资源和能源；实施科学管理，合理调配与使用生产第一线的各种机械设备，改造和淘汰高耗能设备，推行机械设备的计划保养维修制度，保证机械设备良好的技术状况，防止机械设备因带病作业而导致的高耗能。

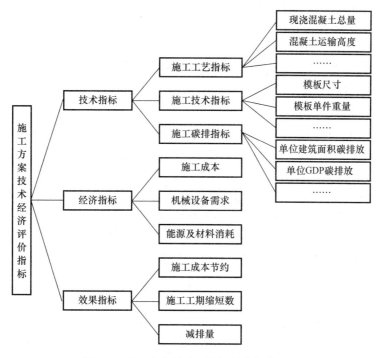

图 5-4 施工方案技术经济评价指标体系图

建立施工机械设备按时保养、保修、检验的管理制度，开展用电、用油计量，完善设备档案，及时做好维修保养工作，使机械设备保持低耗、高效的状态。

建立健全施工机械设备管理台账，详细记录机械设备编号、名称、型号、规格、原值、性能、购置日期、使用情况、维护保养情况等。

1）合理匹配设备，实现经济运行。

合理安排工序，提高各种机械的使用率和满载率，降低单位耗能。要选择额定功率恰当的电动设备，避免功率与负载不合适而造成的浪费和电动机损坏；选择合适的变压器容量，选择过大或过小都会导致费用增加和变压器因负荷大而烧坏；对现场的机械设备和照明设备严格管理，做到即用即开，防止空载运转。施工机械宜选用高效节能电动机，选择功率与负载相匹配的施工机械设备，避免大功率施工机械设备低负载、长时间运行。机电安装可采用节电型机械设备，如逆变式电焊机和能耗低、效率高的手持电动工具等，以利节电。机械设备宜使用节能型油料添加剂，在可能的情况下，考虑回收利用，节约油量。

2）尽量选择就地取材。

在项目建设的整个过程中，材料采购运输阶段燃料的燃烧会产生大量的CO_2。运输碳排放与运输距离、运输方式等因素的关系巨大，过多地使用外地主材，不仅增加了成本，还增加了运输阶段的碳排放。因此，除非业主另外要求，尽量使用本地建材，其产生的碳排放相对较少。

3）施行装配化施工。

装配化施工通过将建筑部品和配件进行标准化生产后再在施工现场进行装配运作。装配化施工可以减少繁杂的现场加工，既提高了效率又可以降低施工碳排放。因此，装配化施工方式可以使各生产要素组合起来，减少中间环节，优化资源配置。

4）使用节能环保设备。

优先使用国家、行业推行的节能、高效、环保的施工设备，如选用变频技术的节能施工设备等。应采用新技术、新装置，不断更新用电设备，及时淘汰接近使用年限、低能效、高能耗的老旧用电设备。

（2）提高能源使用效率

施工现场应加强能源消耗统计，总结制定施工能耗指标，提高施工能源利用率。目前应对电、煤、汽油、柴油等几种能源加强计量管理，建立统计分析台账，为全面制定各种能源消耗指标提供依据。根据对部分工程的调查分析，暂定万元产值耗电量指标控制在100kWh 以内。根据调查结果，这个指标一般工程都是能够满足的，但个别大型公共建筑工程在联合调试阶段，用电量较大，应加强管理和控制。

建筑施工过程中所使用的油料常常存在损耗的问题，不仅降低了施工效率，增加了成本，也导致了不必要的碳排放。为了降低施工碳排放，也为了节能降耗，下文将从机械油料损失的原因入手进行分析，寻找方法，提高能源使用效率。

1）避免机械故障、渗漏、油料质量损坏等引起燃油损耗。

当机械组合件保养不善或者磨损发生故障时，油料的损耗会迅速增大。内燃机正常工作必须保证油料的质量，但是常常在使用油料时，由于不经沉淀和过滤即投入使用，以及油料蒸发的特点，两者共同导致了油料质量和数量上的变化，如此便会进一步导致油料质量劣化。对于这些情况，需要对机械定期保养和维修，建立机械保养档案，设立专岗专人进行保养维修管理，编制保养项目表格，机械保养和维修所必备的工具要配备齐全并做好使用记录。如此，不仅可以使油料达到最低消耗水平，还可以避免中途损坏而停机，并且可保障施工安全。

2）降低蒸发原因造成的油料损耗。

对于汽油、煤油等能源，因为含有轻质挥发性物质，很容易挥发，长期存放的蒸发损失可达10％～15％。注意事项如下：储油容器的容量不可太小，应尽可能把容器装满，减少其蒸发空间，也不可在一个油库内同时用多个未满容的油罐保存同一种燃油；最大限度减少储油器中空气的交换，以免油料蒸汽外流，加速燃油蒸发；降低储油温度，将极易蒸发的汽油存放在地下，涂铝后用帆布盖好，必要时还可以在帆布上浇水，铝对于光线的反射强度很大，不管是在搬运过程中，还是临时存放地面，该做法都会降低阳光对油桶的加温。

3）采用先进的节水施工工艺。

充分利用雨水资源，保持水体循环，有条件的宜收集屋顶、地面雨水实现再利用。现场机具、设备、车辆冲洗、喷洒路面、绿化浇灌等用水，优先采用非传统水源，尽量不使用市政自来水。现场机具、设备、车辆冲洗用水尽量设立循环用水装置。施工办公区、生活区应采用节水系统和节水器具。在非传统水源和现场循环再利用水的使用过程中，应制定有效的水质检测与卫生保障措施，确保避免对人体健康、工程质量以及周围环境产生不良影响。施工现场用水器具必须符合现行行业标准《节水型生活用水器具》的规定及现行国家标准《节水型产品技术条件与管理通则》GB/T 18870 的要求。如：盥洗池、卫生间采用节水型水龙头、低水量冲洗便器或缓闭冲洗阀等；推广使用变频泵等节水器具。

4. 使用新技术、新工艺、新方法、可循环材料。

《建筑业 10 项新技术》包括 10 大项 107 个新技术，突出了新技术、新工艺、新工法和新材料等方面。其中，十个大项包括：地基基础和地下空间工程技术，钢筋与混凝土技术，模板脚手架技术，装配式混凝土结构技术，钢结构技术，机电安装工程技术，绿色施工技术，防水技术，围护结构节能、抗震、加固与监测技术，信息化技术。

鼓励在建筑施工区域内推广施工新技术，如高性能外墙保温技术、高性能门窗技术、建筑垃圾减量化与资源化利用技术、装配式混凝土结构技术。

另外，现在是信息科技时代，应该加强施工信息技术的应用，如 BIM 技术、数字化工地、设备与物流管理系统、基于建筑模型的工程量统计技术等。通过应用这些信息技术，促进低碳化施工的各项目标顺利实现。

在保证安全性能和环境要求的情况下，尽量选择可循环的建筑材料。可循环的建筑材料指可实现多次循环利用。建筑中的可再循环利用材料包含两部分：一是使用的材料本身就是可循环材料；二是建筑报废拆除时能够被再利用的材料。可循环材料主要包括金属材料、合金材料、玻璃、木材等。

5.2.2 低碳化施工管理措施

1. 设定施工减碳目标，明确责任人

建筑与其他商品不同，涉及不同的参与者，有开发商、施工单位、材料供应商等，如果各方沟通不及时则会影响建筑施工过程的碳排放量。因此，建议在建设项目施工阶段，应针对开发商、施工单位以及材料供应商等分别设定专门负责人，成立建筑项目低碳施工委员会，进行责任利益分配，达成共识，设定减碳目标。目标设定后，必须明确相应负责人，负责对建筑施工减碳目标完成情况的评价，确保低碳施工目标的实现。

同时，建筑项目低碳施工委员会在为施工项目选择合适的施工方案时，应该在低碳化方面给予合理的建议，制定一套符合施工方案的低碳施工组织管理措施，并实时检验，从而达到低碳施工目标的真正实现。

2. 施工现场低碳化措施的制定

（1）提高职工低碳意识。定期聘请低碳施工专家进行现场教育，并且采用边教育边实践的方法，让低碳管理人员和施工人员有亲身体会。低碳管理人员要很好地掌握低碳的管理程序，从而定期对施工操作人员进行指导管理。低碳意识教育还可以采用张贴低碳宣传标语、在工地现场放低碳施工注意事项广播、鼓励各个施工小组设立自己的低碳减排口号等方式。

在低碳知识培训方面可以分成三大部分：一是通用知识培训；二是专项知识培训；三是岗位知识培训。建设项目所有建设人员、施工人员、管理人员都应该积极主动参加培训，提高低碳管理的能力和水平。

（2）推行"五控两管一协调"制度。施工过程一般推行"四控两管一协调"管理制度，即质量管理控制、投资管理控制、进度管理控制、安全管理控制，合同和信息管理以及组织协调。为了达到施工阶段碳减排的目标，为此可以设立"五控两管一协调"，即在"四控两管一协调"管理制度的基础上增加一项"建筑施工碳排放控制"，切实地将施工碳排放落实到实处,确保低碳施工目标的实现。

建筑施工碳排放控制主要包括:1)负责人审查施工碳排放控制方案和管理办法,主体结构的施工方案应结合先进的技术水平和环境效应优先选用,尽量选择节能减排和清洁发展规划相对较好的方案,分项施工应采用具有明显节能环保效果的技术,例如钢筋的直螺纹连接方式、新型模板形式等。2)对机械使用情况进行管理(例如完工后是否及时关闭机械,是否违规操作等)。3)详细记录施工碳排放资料,定期检查实际碳排放量与计划碳排放量是否一致等工作。

3. 加强施工碳排放监管监督

(1)定期统计施工碳排放。对建筑碳排放计算结果进行统计,比较出较高的碳排放建筑,进行分季度和年度的调查、监管、统计。

(2)对高排放的分部分项工程、项目分项计量,及时采集分析碳排放数据,实现对重点项目、重点施工企业、重点分部分项工程的动态检测,对项目碳排放的统计基本信息实现联网,进行汇总分析。

(3)根据碳排放统计结果,选取高碳排放的建筑或部分具有标杆作用的低碳排放的建筑进行施工碳排放审计。

(4)定期公示碳排放情况。建立相关碳排放网站,定期在网站上公布所监督建筑的碳排放情况,并对相应建筑施工碳排放结果进行分析,为施工管理人员提供相应建议。

(5)建立相关制度。指定本区域碳排放公示办法;指定本地区碳排放调查与审计管理办法;建立和完善减排运行管理制度及操作规程;研究碳排放定额标准与用能系统运行标准,逐步建立超定额加价制度,研究探索市场化推行减排机制。

5.2.3 低碳化施工奖惩措施

合理的奖惩制度可以促进员工提高自我管理意识和责任意识,充分调动员工的积极性,在工作中尽职尽责。

1. 奖励措施

对低碳施工目标顺利并超额完成的小组,颁发"低碳施工优秀奖",并且在年终给予项目低碳负责人一定的物质奖励及精神奖励。优秀奖的评判标准如下:(1)定期完成施工碳减排目标;(2)构建建筑施工低碳化管理体系,包括监管体系、组织体系和统计测算;(3)考核期内,减碳小组在碳减排技术方面取得突破,为推动整个企业碳减排起到了重大作用和贡献。

低碳施工可以带来巨大的环境效益,为此,建议将建筑项目建设用地补贴资金、财税方面的资金以及能源有效利用方面的相关资金进行整合,部分划拨到施工项目碳减排补贴资金,或者建议单独设立施工项目碳减排补贴基金。另外,通过宣传,动员社会力量和非政府组织募集资金,作为低碳施工的补偿基金。

建筑施工低碳化经济补偿机制的运作应该运用多种方式,保证所用资金来源可靠并安全。第一,当地建筑监管部门应建立建筑减排的基金专用户,由当地建筑监管部门通过资金划拨的形式最终入户施工企业;第二,社会上各式各样的关于建筑减排的投资,可以由建筑开发商或者个体形式直接补偿给施工企业。尽量使施工低碳化补偿方式灵活多样,可以采用资金补偿、减免税收、实物补偿等形式。

2. 惩罚措施

对施工过程中碳排放目标没有完成的，根据实际完成程度扣减低碳施工负责人年终奖金。对于施工项目经理考核出现以下情况者给予开除或者降级处理：

（1）随意编造施工低碳数据，造成排放数据严重不符者；

（2）不按照建筑碳排放标准进行操作，引起项目碳排放量超标者；

（3）由于碳排放严重超标损坏企业名誉者。

5.3 低碳建材应用

材料是施工过程中必不可少的一部分，施工中的低碳材料应遵循低能耗、低排放、低污染的原则，提高其回收利用性。建材行业偏加工制造行业，碳排放主要分为三个阶段：过程排放（原料分解）、燃料排放（化石能源）和间接排放（电力为主）。

过程排放：原材料发生化学反应的过程中会产生一定的二氧化碳，其中水泥及玻纤的生产过程中碳酸钙分解产生的二氧化碳较多，排放占比达到60%左右。

燃料排放：部分子行业需要消耗大量的燃料去维持生产过程中所需的温度条件，如玻璃、瓷砖、玻纤，燃料燃烧过程中会释放一定的二氧化碳。

间接排放：主要是通过电力等能源消耗导致的碳排放，建材行业间接排放占比较低，可以通过使用清洁能源、余热回收、环保技改等方式实现碳减排。

5.3.1 低碳材料选择影响因素

1. 材料生产碳排放对施工阶段材料选择的影响

材料生产过程对施工阶段降低碳排放没有做出直接贡献，但是对整个建筑生命周期碳排放的影响巨大。对于材料而言，在生产过程中产生的隐含碳排放占整个建筑生命周期碳排放的比重极大，人们不得不在使用材料时充分考虑该材料在生产过程中所排放的碳及其对环境产生的影响。

建材生产很大程度上依赖于物质、能源的高消耗，同时也产生大量的温室气体和工业废弃物，给环境带来相当程度的负面影响。有关研究表明，我国水泥工业排放的二氧化碳占全国总排放量的比例至少在10%以上，远高于世界5%的水平。可见选择生产过程碳排放量小的建筑材料是实现低碳建筑的关键。比如内燃砖、高掺量粉煤灰烧结砖具有提高能源利用率、降低坯体密度和煤灰的预分解作用等节能效应，可明显降低坯体焙烧的燃料消耗。与外燃砖相比，节能效率可达25%以上，减少二氧化碳排放量达25%以上。

2. 其他因素对施工过程材料选择的影响

在施工过程中采用碳排放低的建筑材料，可以减少施工过程碳排放。比如，采用预制混凝土代替现浇混凝土，可以减少混凝土在现场浇筑过程中机械及人工产生的碳排放；再比如用空心制品代替一部分实心制品，由于其自重较轻，运输负荷小，可以减少机械运输碳排放，且其保温性能较好，节能效果显著。使用周转率高的建筑材料可以间接降低施工碳排放。材料周转率高，会增加循环使用的次数，减少因材料报废而进行废弃物运输产生的碳排放和引入新材料的运输碳排放。另外，周转率高的材料，总的使用量就会减少，也会减少生产材料时排放的二氧化碳。

建筑运行期能耗占建筑整个生命周期能耗的60%之多，而在建设期间采用适当的节能减排材料可以很好地减少运行期能耗和碳排放。如建筑中使用保温材料就是典型的做法，使用新型墙体保温材料，不仅可以简化施工工艺，降低施工损耗，还可以达到更好的保温效果，减少建筑运行阶段碳排放量。

5.3.2 低碳建筑材料应用

1. 高性能水泥

水泥是低碳建材选择的重中之重。我国自主研发的"高性能水泥"，耐久性提高1倍以上，水泥生产过程的综合能耗降低20%以上，环境负荷降低30%以上。高性能水泥在大幅度提高性能的同时增加工业废渣的掺量，消纳大量固体工业废弃物，提高利用效率，降低资源和能源消耗。与传统水泥相比，高性能水泥生产过程节煤20%~30%，减少二氧化碳排放20%~50%。同样地，绿色生态水泥一般由火山炭、固体废弃物等原料研制，既具有传统水泥的性能，又节省矿物资源，减少生产过程中二氧化碳的排放，节约生产所需的能源。

国外某公司开发一种能够吸收二氧化碳的生态水泥，其主要成分为废料、粉煤灰、普通水泥和氧化镁。它充分利用氧化镁低能耗、消耗大量废料的特点，在强度上可以与普通水泥相媲美。该公司声称，如果生态水泥能代替全球普通水泥的80%，将会有15亿吨二氧化碳被吸收。

2. 新型墙体材料

新型墙体材料是近年来广泛应用于建筑工程中的墙体材料，可以替代传统的不具节能功效、高污染、高能耗的实心砖类材料。这类产品既可以适应建筑新功能要求，还可以为建筑工程提供更高的安全性能。新型墙体材料产品非常丰富，如轻集料混凝土小型空心砌块、蒸压加气混凝土砌块墙砖类，主要有多孔砖、填充保温材料夹心砌块、空心砖蒸压灰砂砖、蒸压粉煤灰砖、混凝土空心砌块、混凝土夹心聚苯板等。新型墙体材料具有保温隔热性能好、质量轻、承重性能好等特点，并且这类新型墙体材料大多是可以回收利用的。

3. 陶瓷薄板

陶瓷薄板比传统陶瓷制品要薄许多，由于厚度减少，既减少了原材料的使用量，也减少了再生产过程中的能源消耗，可以有效降低生产过程的碳排放。由于其重量较轻，运输过程也能节约运输成本和运输能耗。

4. 新型混凝土

随着科学技术的不断发展，出现越来越多的新型混凝土。与常规混凝土相比，新型混凝土使用的能源和原材料减少1/5，可降低1/3碳排放，减少3%水消耗。

(1) 高耐久性混凝土：通过对原材料质量控制和生产工艺优化，采用优质矿物微细粉和高效减水剂作为必要组分生产，具有良好的施工性能，满足结构所要求的各项力学性能，耐久性非常优良。

(2) 自密实混凝土：混凝土拌合物不需要振捣仅依靠自重便能充满模板、包裹钢筋并能够保持不离析和均匀性，达到充分密实和获得最佳性能的混凝土，属于高性能混凝土的一种。

(3) 轻骨料混凝土：采用轻骨料的混凝土，其表观密度不大于$1900kg/m^3$。轻骨料混凝土具有轻质、高强、保温和耐火等特点，并且变形性能良好，弹性模量较低，在一般情况下收缩和徐变也较大。轻骨料混凝土应用于工业与民用建筑及其他工程，可减轻结构自重、节约材料用量、提高构件运输和吊装效率、减少地基荷载及改善建筑物功能等。

5. 低碳幕墙

建筑外围护结构是建筑能耗最多的部位之一，改善建筑外围护结构用材有助于节省能耗，实现碳减排。低碳幕墙就是将低碳技术应用于建筑幕墙，达到碳减排的目的。从建筑外围护墙的前期策划、设计、材料采购、生产制造、安装施工、使用以及拆除报废的全生命周期，应用低碳和现代节能技术，使用低碳材料，最大限度减少能源消耗和碳排放并能提高能效、保护环境、减少污染。

（1）隔热幕墙：将断热铝合金型材、节能玻璃以及性能良好的密封材料有机地结合起来，达到最佳的节能效果。铝合金型材外侧通过采用聚酰胺尼龙66的断热条连接，形成断热铝合金型材，解决了铝合金型材导热系数大的问题。

（2）光电幕墙：集发电、隔热、隔声、围护及装饰功能于一体的新型功能性建筑幕墙，是幕墙技术和太阳能光电技术的完美结合。光电技术产生的电能是一种清洁能源，发电过程中并未消耗不可再生能源，也不会产生废渣、废水、废气，无噪声，不污染环境，最大限度体现低碳幕墙环保、节能的优势。

（3）生态幕墙：与自然生态环境组成统一的有机体，不仅能够根据外界及周围环境的变化自动改变其性能，以充分利用阳光及降低建筑耗能，而且尽可能少地消耗不可再生资源，最大限度利用可再生能源，并主动尝试利用太阳能及其他自然资源。在施工和使用过程中可拆卸、易回收、废弃物少、重复利用资源。

6. 节能玻璃

节能玻璃除了能遮风挡雨和采光外，还具有高透光性能、强反射性能、保温性和隔声防火等特性，主要包括三大系列：中空玻璃、真空玻璃和镀膜玻璃。

中空玻璃是用有效支撑将两片或多片玻璃均匀隔开并对周边粘结密封，在玻璃层之间形成有干燥气体的空腔，其内部形成一定厚度的被限制流动的气体层。由于这些气体的导热系数远远小于玻璃材料，因此具有较好的隔热性能。

真空玻璃空腔内的气体非常稀薄，近乎真空，由于真空构造隔绝热传导，故其传热系数很低，保温性能更好，具有更好的节能效果。真空玻璃的传热耗热比双玻窗减少7.4%，将建筑物节能率提高6.5%。

镀膜玻璃应用较为广泛，如低辐射镀膜玻璃（Low-E）、智能阳光控制镀膜玻璃、双银和三银低辐射镀膜玻璃等。

7. 外墙保温材料

在我国墙体保温技术发展进程中出现了外墙内保温、外墙外保温、外墙夹芯保温、外墙自保温等多种墙体保温技术。其中，外墙外保温系统能够节省制热和制冷系统能源消耗30%～70%。寒冷地区的冬季，室内温度高于室外，合理的构造设计不仅保证建筑物的耐久性和使用质量，而且节约能源，降低供暖、空调设备的投资以及维修和管理费用。新型墙体保温技术包括胶粉聚苯颗粒浆料、挤塑聚苯乙烯外保温材料、单面钢筋网架聚苯板外墙、聚苯颗粒外墙保温材料等。

5.3.3 低碳周转材料应用

1. 新型模板

我国传统模板是木材制作的,传统支模方法是就地加工。随着建筑结构体系快速更新换代,对模板技术也提出了新要求,必须采用先进的模板技术才能满足现代建筑工程的施工要求。近年来,我国积极推动、支持多元化代木新型模板的研发与推广,出现了以钢材、竹材、塑料、铝材等代木模板材料。新型模板表面光滑、平整,使得浇筑成型的混凝土外观质量好,面层不用抹灰,不易产生孔洞、露筋、蜂窝、麻面等质量通病,同时减少材料和人工消耗。另外,新型模板强度高,不易变形,使用周转次数高,在高层建筑施工中优势明显。

2. 构件化 PVC 绿色围墙

构件化 PVC 绿色围墙主要材质为硬质 PVC 材料,此材料具有重量轻、防潮、阻燃、耐腐蚀、抗老化、易连接、表面光滑、色泽鲜艳、极富装饰性等特点,所以构件 PVC 绿色围墙安全可靠,既符合文明施工要求,又符合安全施工要求,安装、拆除过程中无有害物和垃圾,符合工业化建筑理念及绿色建筑范畴。构件化的材料周转使用次数多,循环利用率高,并可全部回收,从而降低施工成本,具有良好的经济效益和社会效益。

(1) 构件化 PVC 绿色围墙原材料。采用硬质 PVC 板作为墙面材料。PVC 板材在工厂内加工制作而成,生产时可根据需要确定尺寸及颜色,具有重量轻、防潮、阻燃、耐腐蚀、抗老化、易连接、表面光滑、色泽鲜艳、极富装饰性、可周转利用、可回收的特点。围墙支架材料采用薄壁钢型材作为围墙支架的材料。薄壁钢型材具有重量轻、强度高、易加工、可周转、可回收的特点。

(2) 构件化 PVC 绿色围墙构造。构件化 PVC 环保围墙的结构特点是:构件化标准化,有利于工厂化加工制作;轻盈化模块化,有利于现场安装,既大大减轻了劳动强度又缩短了工期,还为围墙的周转利用提供了基本条件。

(3) 构件化 PVC 绿色围墙安装过程。安装使用的人工机具数量相比较传统围墙大大减少,只需要两名工人携带便携式小型机具就可安装完成。

3. 可周转装配式钢板道路

为保证现场施工临时道路平整耐用,节省临时道路施工成本,减少建筑垃圾,可采用钢板路面代替传统混凝土路面。所用钢板一次投入可多次周转使用且不易损坏,减少了临时道路资金投入。采用钢板路面施工速度快、效率高,进场前期能迅速施工,符合快速建造的要求。项目竣工后钢板路面可直接周转至下个工地继续使用,避免了传统混凝土路面破碎、垃圾外运等。该技术节能环保,符合绿色施工要求。钢板路面在使用过程中根据不同阶段现场平面布置图可随时局部调整现场临时道路,方便现场施工,提高工程整体施工效率。同时,在施工过程中打扫方便,路面整洁干净,避免扬尘污染。

4. 可拼装拆卸式框架门楼

可拼接拆卸框架门楼可以在施工现场及项目驻地临建施工中快速搭设门楼,并利用太阳能电池板进行灯光照明,在项目结束后可快速拆分转移至下一个项目继续使用,从而节约材料及人工成本。使用此设备后,框架顶部自带的太阳能电池板可以满足门楼灯光照明需要,且框架为组装拼接式,进而节约材料及生活成本,加快场地标准临建进度。

5.4 低碳运输及机械

低碳运输是在低碳经济背景下,针对目前运输对环境的影响,从可持续发展和保护人类生存环境角度出发,用技术创新、绿色技术等手段和先进的管理理念,实现运输效率提升、运输用能结构优化、运输组织管理,实现低碳运输目标。

5.4.1 场外低碳运输

场外运输是不可忽视的碳排放内容。然而,施工场外运输由于运输物品多,易洒落,运输车辆载重大,车辆长期频繁使用性能易下降等原因使得施工运输碳排放量大。由于企业成本等原因,通常将施工工期排得很紧,对施工运输车辆通行时间及路线的管制,运输任务包干到个人,彼此竞争十分激烈。一个工地往往可以看到隶属不同公司的运输工具,增加现场运输管理协调的难度。这些外在因素,导致建筑施工运输低碳化难以实现。

1. 运输碳排放计量

运输碳排放管控的关键在计量。施工场外运输以公路运输为主,碳排放的来源主要为矿物燃料(石油、煤和天然气)的燃烧,场外运输不可避免地成为交通运输业能耗和碳排放的主力军,是低碳施工管理的重点。

施工运输产生的碳排放主要来自于运输工具的能源消耗。由于运输过程碳排放量不易测量,因此可计算出运输阶段消耗的能源乘以能源的碳排放因子得出碳排放量。可见,在运输阶段对碳排放的控制可以转化为减少运输工具的能源使用量。

2. 场外运输碳排放影响因素

影响施工现场以外运输碳排放的因素较多,主要包括:

(1) 运输工具的特性:主要指运输工具本身的物理特性和运行特性,如车辆运行速度、运行能耗等。我国公路运输多采用国产车辆作为运输工具,能源消耗水平较高。相同或相似车型的运输车辆,在载重相当的情况下,我国汽车每百公里平均油耗比发达国家高20%以上,载货汽车百吨公里油耗比发达国家水平高一倍以上。运输工具的特性严重影响能源的使用量,故对建筑生产运输碳排放的影响很大。

(2) 运输效率:我国公路运输市场经营主体数量多、规模小,缺少带动行业技术进步的区域或全国性的大型运输企业或集团,并且运输生产组织化程度低,货运基本处于单车单放状态,运输信息不畅、车辆空驶现象严重,运输效率低下,直接导致运输车辆的里程利用率不高。

(3) 运输距离:运输距离直接影响能源消耗量,运输距离越长,总耗油量越高,因能源消耗产生的碳排放量越大。

(4) 道路条件:平坦疏通的道路情况可以保证运输车辆按一般时速行驶且避免由颠簸引起的物品撒落,有效减少运输车辆的能源消耗及建材损耗。目前,我国高速公路的平均时速可达到80~100km,车辆的油耗要比普通公路节约20%以上。

3. 场外低碳运输管理措施

(1) 合理选择和联合多种交通运输方式

在施工前,构建完善的综合运输体系,优化运输路线和运输方式,降低运输成本,使能耗、环境污染达到最小。

场外运输可远可近,有些场外运输是城市间的运输,甚至是跨区域、跨国界的。有数据表明,在等量运输条件下,铁路、公路和航空运输的能耗比为1:9.3:18.6,铁路运输的二氧化碳排放量是公路运输的1/2,是短途航空运输的1/4。因此,施工场外运输适当提高单位能耗较低的铁路运输方式的比重,可以有效减少二氧化碳排放,如果货运交通每减少1%的公路运输,可以减少二氧化碳排放量21.2Mt。

(2) 采用新能源代替化石燃料能源

由于能源的碳排放因子不同,则消耗同等数量的不同能源,其碳排放量也是不同的。寻找新型能源代替碳排放量较高的化石能源,已成为减少交通运输业碳排放量的重要途径之一。目前,已有生物柴油直接用于传统机动车,其排放的二氧化碳比传统柴油少40%~60%。另外,混合动力汽车也可以有效利用电力减少二氧化碳排放。

混合动力汽车有两套动力系统,储能系统通过吸收汽车制动能并释放能量,使发动机在最佳经济区域内工作,能使汽车的燃料消耗降低10%~50%。除此之外,还可以使用乙醇作为汽油的替代燃料,木质纤维乙醇的二氧化碳排放量比汽油少70%以上。

(3) 选择能耗低的运输工具

鼓励施工现场使用能耗低、性能好、排放少的节能环保型车辆,淘汰高能耗、污染重的老旧车辆,提高运输工具的效能。同时,避免使用带病车辆,注意车辆的保养和维护,带病车辆比正常技术状况的车辆能耗高出5%~30%。

(4) 加强技术创新

对车型、零部件、传动系统进行技术改造,使其尽可能降低各种阻力、减少燃料消耗成本。推广应用自重轻、载重量大的运输设备。研究表明,车辆自重减轻10%,燃油消耗量降低8%;车辆载重每增加1t,能耗可降低6%。

(5) 就近取材

比如,可以要求总重量70%以上的建筑材料采用施工现场500km以内生产的建材,以减少施工材料运输距离。缩短运输距离可大幅减少运输过程二氧化碳排放。以普通载重运输车辆为例,其耗油量约为13L/100km,柴油的二氧化碳排放系数为76060g/GJ,每减少百公里运输可实现40.586kg的碳减排量。

(6) 路径优化

一般认为,路径最短的路线一定是能耗最小的路线。然而,事实并非如此。与传统基于路径最短的车辆路径对比,基于二氧化碳排放的车辆路径优化结果总行驶里程较长,但综合成本较低,这意味着低碳运输的路径优化需要结合运输的距离、成本、碳排放等多个目标。

5.4.2 场内低碳运输

施工现场内运输相对好界定,指的是材料及物资运输、建筑垃圾和废弃物运输等在现场内进行的运输活动。场内运输距离短,运输活动路径选择有限,且一般情况下运输道路不太平坦,场内人员活动频繁限制车速,这些因素都会影响施工场内运输的效率和耗油量而增加碳排放。

要降低场内运输碳排放,施工企业要提高现场管理水平。合理布置施工现场平面至关重要,如狭长地块和市中心小地块的场内运输空间有限,飞地地块的运输路线整合规划,都对合理布局场内运输路线提出挑战。此外，施工现场内建材、设备、建筑垃圾堆放地点规划不合理，导致二次运输，也会增加运输碳排放。

根据场内运输特点，可以提出一些场内低碳运输的措施：

（1）应对施工场地科学、合理的布置，保证场内交通顺畅和工程安全、文明施工，减少现场材料、机具的二次搬运以及避免环境污染。

（2）现场道路要按照施工现场平面布置图进行硬化处理，便于场内各种车辆的通行，保持路面干净整洁，避免车辆在运输途中由于路面问题而产生颠簸、绕弯等现象而增加碳排放。

（3）运输车辆严禁超载、超量运输。超载超量运输不仅使车辆在非正常工作效率下工作，增加车辆碳排放量，同时也会对施工现场道路造成破坏。

（4）运输土方、渣土、垃圾等物质的车辆必须采用密封运输。运输水泥和其他易飞扬物及细颗粒散体材料时，车辆应覆盖严密或使用封闭车厢，防止遗洒和飞扬。

（5）编制低碳运输策划书。将每一环节的运输车辆列入策划之内，对现场平面布置图进行严格审查，合理安排场内运输路径，以现代化技术布置材料堆放与安置地点，尽可能减少运输距离。

（6）场内运输车辆尽量保持匀速行驶，避开不平坦和正在施工的道路，减少颠簸和"忽停忽行"引起的车辆能源消耗量增加，从而减少碳排放量。

5.4.3 低碳施工机械设备

机械设备广泛应用于施工过程，机械设备的使用既可以减少施工人员工作负荷，加快施工进度，也使很多人工不易操作的工序变得简单可行。机械设备相对于人工而言更加快捷，但对环境的影响却是巨大的。传统的机械设备以化石燃料为主要动力，在使用过程中会排放出大量的尾气，寻找新型洁净能源是减少施工机械碳排放的一条出路。

1. 低碳施工机械设备选择

机械设备选择不仅要考虑设备的能源低碳化，还要兼顾其经济性、可靠性及效率等诸多因素，综合分析机械设备的低碳性。如果不经济，则影响施工方的使用积极性；可靠性差则会直接影响机械效率，甚至会造成建材损坏；机械效率则会影响施工进度，拉长施工时长，间接增大施工过程的碳排放。所以，在进行施工机械设备选择时，要综合考虑各种因素，在对机械设备信息广泛收集的基础上，根据施工方案进行全面分析，使技术、经济、低碳及社会效益等各方面的综合评价达到最优。

2. 低碳施工机械设备管理

施工机械的低碳化选择并不是一劳永逸，机械设备的操作、维护及使用效率都会对机械设备的能源利用效率产生影响，从而影响施工机械的碳排放。对施工机械设备的科学管理是保证其低碳化作业的有力保障。

（1）建立机械设备管理制度

建立机械设备管理制度是机械低碳化作业的基础。对机械设备的有效管理在于提高生产效率，实现低能耗、高产出。当前，建筑施工对机械设备依赖程度越来越大，机械设备已成为影响工程进度、质量和成本的关键因素。保持机械设备的低能耗、低碳排、高效率是建立施工机械设备管理制度的目标。施工机械设备需要建立在人机互动良好的基础之上，当一个建设工地简单到只需要少量操作员时，机械设备管理制度更多针对的是符合机械设备性能的操作规程，即所谓的"人机"问题。除此之外，一个复杂的施工现场还要关注在机械设备管理中人与人的沟通协调问题，减少彼此误判而造成人身安全、施工效率等问题。因此，建立高效的机械设备管理制度是实现低碳施工的基础。

(2) 提升机械设备操作人员操控能力

提升机械设备操作人员操控能力是关键。操作人员应通过国家有关部门的培训和考核，取得相应机械设备的上岗操作资格。此外，一些建筑企业从理论和时间操作上加强双重培训，操作人员只有掌握一定的理论知识和操作技能后，才能上机操作。反之，难以驾驭施工机械设备，必然会加重施工过程中碳排放问题。

在施工现场管理过程中，项目部通常会强化操作人员正确合理使用机械设备的责任心，积极开展评先创优、岗位练兵和技术比武活动，多手段培养操作人员刻苦钻研、爱岗敬业、竭诚奉献的精神，也是施工机械设备管理过程中重要的一环。

(3) 加强机械设备维护管理

加强机械设备维护管理是保障。任何工程机械设备使用一段时间后都会出现不同程度的故障，一旦出现问题，除了性能和效率难有保障外，化石燃料燃烧就会不充分。为此，许多现场项目经理都要求设备操作人员制定日常的维护制度，包括施工机械设备每次运行前和运行中的检查与排除运行故障，运行后对施工机械设备进行养护，添加燃料和润滑油料，检查与消除所发现的故障。

施工企业应安排专门人员对机械设备定期维护，主要包括例行维护保养、一级维护保养、二级维护保养、磨合期维护保养、换季性维护保养、设备封存期维护保养等。按有关规定需要进行维护保养的机械，如果正在工地作业，可以在工程间隙进行维护保养，不必等到施工结束才进行。

为此，通常的做法是根据机械设备的使用情况，密切配合施工生产，按机械设备规定的运转周期结合季节性特征进行保养与维修，如夏季发动机温度很容易升高，影响发动机充气系数，使其功率下降；润滑油因受高温影响而黏度降低，润滑性差；液压系统因工作油液黏度降低而引起系统外部和内部渗漏，降低转动效率。

(4) 提高机械设备使用效率

提高机械设备使用效率是根本。合理安排工序，提高各种机械设备的使用率和满载率，是降低其单位能耗的根本。在编制施工组织设计时，应合理安排施工顺序、工作面，减少作业区的机具数量，充分利用相邻作业区共有的机具资源，做到机具资源共享和利用，减少机械设备的闲置时间。大型钢构件或预制混凝土构件、安装工程的大型设备、砌体材料等大宗材料应尽量一次就位卸货，避免二次搬运。

在满足负荷要求的前提下，主要考虑电机经济运行，使电力系统功率损耗最小。对于已经投入运行的施工机械设备，根据实际负荷系数与经济负荷系数的差值情况即可认定运行是否经济，二者相等或相近时为经济，相差较大时则为不经济。

对恒定负荷连续工作制机械设备，可使设备额定功率等于或稍大于负荷功率；对变动负荷连续工作制机械设备，可使电机额定电流大于或稍大于折算至恒定负荷连续工作制的等效负荷电流，但此时需要校核过载、启动能力等不利因素。

5.5 低碳施工信息化技术

低碳施工涉及多种信息（设计信息、招标投标信息、施工准备信息、造价信息、施工管理信息、低碳技术信息等），有效利用信息有助于提高施工生产效率，实现施工低碳化。

信息化水平低制约着我国施工成本控制目标的实现，由于建设项目缺乏标准化、智慧化的管理模式以及先进的信息技术支撑，建筑业生产率低、资源管理粗放、信息难以共享等，造成成本失控问题频繁发生，亟待新的施工管理方式来解决。智慧建造作为一个新兴的建造理念，以BIM技术、物联网、云计算、大数据等新兴信息技术为支撑，通过与先进建造技术的融合以及智能技术的应用，创建智慧化的建造环境，实现建设信息共享与协同，从项目的全生命周期视角实现工程建设项目实施的工业化、信息化、绿色化，有效促进建筑企业施工管理模式的创新与变革，实现工程项目施工成本的精细化管理，确保达到工程项目施工成本控制的目标，从而进一步降低工程项目施工成本，提高施工企业的经济效益和社会效益。

5.5.1 基于BIM的智慧建造技术

1. 基于BIM数字化建造技术的应用框架

工程建设涉及设计、施工、供货、管理等多个参与方，各方活动关系错综复杂，是一个时间跨度大、参与方众多的复杂过程。随着工程项目复杂程度提升，工程建设质量安全要求越来越高，对技术与管理提出了新的需求。数字化建造技术可有效解决复杂结构建造所面临的技术难题，要想实现工程建造活动有序开展，通过一定技术或流程，保障各参与方、各阶段建造信息有序流动是关键，核心是保证信息的完整性和唯一性。建筑信息模型技术（BIM）为数字化建造全过程应用提供了数据集成管理数据库，同时保证工程建设活动在一定管理流程下高效开展，由各参与方按照合同要求共同建设工程项目数字化数据库，从数据库中按权限调用所需管理信息，协同开展工程实体建设，并将工作内容信息同步录入信息模型，不断丰富模型内涵，最终满足工程竣工验收要求，所形成的竣工数字模型可用于后续的运维管理。要解决工程建设海量信息的完整性、准确性、唯一性难题，合理规划各阶段数字技术应用以及数据转化方式是关键。

基于BIM的全过程数字化建造关键技术应用框架如图5-5所示。

2. 基于BIM的虚拟建造技术

工程建设是一个长期的投资过程，一般来说，前期策划阶段对工程建设成本的影响相对较大，随着项目推进，对造价的影响逐步减弱，其中前期策划及设计阶段的决策对于建筑全生命周期建设成本的影响达60%以上。因此，在项目前期策划阶段对项目进行充分论证优化，对于减少后期变更及资金投入具有重要作用。在CAD设计阶段，由于工程项目建设的复杂性，技术方案及技术参数的经济性与可靠性大多依靠经验，无法在建造前对技术方案进行准确评估比选，因此，项目前期对进度、成本的控制目标更加无法准确估计。

基于BIM的虚拟建造技术以BIM模型为核心，在施工前用计算机将建造过程进行可视化仿真模拟分析，充分评估各项设计方案的经济性与可靠性，进而为减少项目投资、提高项目安全性及经济性提供支撑。基于BIM的虚拟建造技术包括三维数字化建模技术、数值仿真分析技术及建造方案模拟技术等。其中，各项应用模型均可由设计 BIM 模型提取，并将分析结果反馈至设计端，从而为设计方案的进一步优化提供支撑，使得所得到的设计方案在经济、实用、安全综合性能等方面均可最大限度满足建设要求。

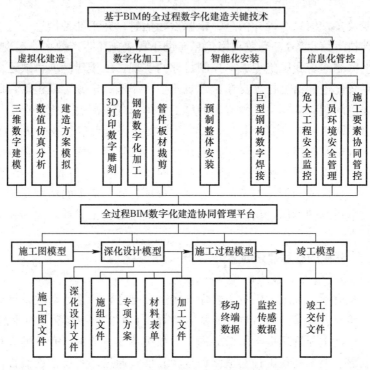

图 5-5 基于 BIM 的全过程数字化建造关键技术应用框架

3. 基于 BIM 的数字化加工技术

随着工程建设行业人力资源日益短缺，智能化制造设备被引入了建筑行业，构件根据设计图纸在工厂中进行集中生产，运送至现场进行安装。目前，3D 打印设备、焊接机器人、钢筋加工机械、装饰构件雕刻、管件或板材裁剪等常见的数字加工技术手段，大幅提升了构件加工效率，实现了构件绿色化、集约化生产。构件工厂根据加工工艺及安装要求由深化设计 BIM 模型建立加工模型后，导出形成数字加工设备所能识别的 CAM 文件。数字加工设备可调用相应数据文件进行智能化生产。Revit 深化后模型导入 Inventor 软件，生成加工图纸及 Boom 表单，利用数字编码对预制构件生产、配送、安装状态进行跟踪，实时录入模型。

4. 基于 BIM 的智能化安装技术

现场智能化安装是数字化建造的主要特征，它采用机械设备替代大量人工作业，提高了建筑构件安装过程中的作业效率及安全性。通过建立 BIM 模型，可对构件进行模块化划分，得到安全可靠、材料节约、便于安装的设计方案，由模型提取获得各个构件的材料清单，为智能化安装奠定基础。为了保证大型预制构件整体安装就位顺利，需要通过 BIM 模型虚拟拼装方式找出安装过程中的关键控制点、关键路径，协调待安装构件与既有结构间空间位置关系，大幅减少巨型构件整体安装错误的可能性。此外，在安装过程中，可将模型输入机器人全站仪，在 BIM 模型中输入放样点坐标，可对构件安装关键点位进行动态精准控制，以提高建造效率。

5. 基于BIM的信息化管控技术

（1）危大专项工程可视化监控技术。根据施工安全管理要求，超过一定规模的深大基坑工程、大型模板工程、重大工程设备应针对关键技术参数进行安全监控。随着通信技术的发展，通过Zigbee、Lora、Wi-Fi等无线通信技术可将传感器获取的监控数据传输至监控系统中心服务器数据库，并通过Web在终端系统远程查看所需数据，将监控对象BIM模型上传至云端，将传感设备模型与监控数据一一挂接，达到实时远程查看各点位监控数据，并对监控数据超出设计要求的区域进行预警的目的，从而提高施工安全性。

（2）施工人员安全三维管控技术。近年来，建筑行业事故频出，使得人们对现场作业安全的关注度日益提高。针对现场安全管理需求，建立包含作业人员信息、危险区域、危险作业行为、使用危险设备等不同工种的安全风险数据库，评估不同作业人员的安全隐患。通过视频采集、RFID定位等方式获取作业人员当前坐标，并在BIM模型中定位，针对安全隐患进行预警，报告现场安全管理人员，从而实现现场作业安全实时智能化管控，提高作业安全性。

（3）施工要素协同控制技术。施工过程中，进度、成本、质量安全是施工管理的主要要素，往往通过人员、材料、合同、信息等方式进行合理管控，在超大规模工程中，海量复杂工程信息使得现场项目管理处于粗放状态，进度、成本、质量安全相互制约，难以保证各项指标控制最优。基于施工过程BIM协调各要素间关系，实现建造方案优化。通过网络实时录入施工管理所需信息，实现信息共享，进而实现对各要素的协同管控，提高管理效率，实现精益建造。

5.5.2 施工现场物联网技术

物联网（Internet of Things，IoT）是指通过各种信息传感器、射频识别技术、全球定位系统、红外感应器、激光扫描器等装置与技术，实时采集任何需要监控、连接、互动的物体或过程，采集其声、光、热、电、力学、化学、生物、位置等各种需要的信息，通过各类可能的网络接入，实现物与物、物与人的泛在连接，实现对物品和过程的智能化感知、识别和管理。物联网是一个基于互联网、传统电信网等的信息承载体，它让所有能够被独立寻址的普通物理对象形成互联互通的网络。

物联设备（智能硬件）是一个科技概念，指通过将硬件和软件相结合对传统设备进行智能化改造。而智能硬件移动应用则是软件，通过应用连接智能硬件，操作简单，开发简便，各式应用层出不穷，也是企业获取用户的重要入口。

智慧工地（Construction Site of Intelligentization）是将更多人工智能、传感技术、虚拟现实等高科技技术植入到建筑、机械、人员穿戴设施、场地进出关口等各类物体中，并且被普遍互联，形成"物联网"，再与"互联网"整合在一起，实现工程管理干系人与工程施工现场的整合。智慧工地的核心是以一种"更智慧"的方法来改进工程各干系组织和岗位人员相互交互的方式，以便提高交互的明确性、效率、灵活性和响应速度。

1. 物联网建设的意义

（1）施工现场物联网能力支撑企业经济新增长极。

"物联网将是影响国家经济实力与未来人们生活的重要技术之一"已成为全社会的共识，也成为各国综合国力竞争的重要因素，各个国家纷纷进行物联网战略布局，瞄准重大融合创新技术的研发与应用，寻求把握未来国际经济科技竞争主动权。亟须抓住新一轮的科技革命和产业革命的重要机遇，加快战略部署和专项行动计划实施，推动技术和应用创新，释放物联网潜力，深化物联网应用，推动物联网的健康可持续发展。我国在"十二五"规划中就将物联网作为战略性的新兴产业予以重点关注和推进。近几年，我国智慧城市已经成为物联网应用的主要平台，物联网应用呈现行业化、系统化的趋势。在新一轮科技革命和产业变革的浪潮中，我国有望在物联网等高新技术领域实现赶超。在这种大趋势下，建筑施工企业具备物联网应用能力不仅能增加企业的业务范畴和业务附加值，同时也给企业留下了大展拳脚的机会；也将为建筑施工企业创造出更多的价值，推动企业的进步，将企业带入一个发展新阶段。

（2）物联网是未来实现施工现场低碳化建造、智能化管理，提高工作效率的关键技术之一。

我国是建筑大国，但建筑能耗过大，在资源利用率、信息化程度、质量效益等方面同发达国家差距明显。随着工程建设规模不断扩大，工艺流程复杂，如何搞好现场施工现场管理，减少事故发生，一直是施工企业、政府管理部门关注的焦点。物联网技术的应用可以有效推进施工现场管理、物资管理、地下空间施工等方面的信息化应用；有助于实现施工现场"人、机、料、法、环"各关键要素实时、全面、智能的监控和管理，有效支持现场作业人员、项目管理者、企业管理者各层协同和管理工作，提高施工质量、安全、成本和进度的控制水平，减少浪费，保证工程项目成功。

（3）施工现场物联网能显著提升企业监管和服务能力。

可以针对建筑的重点部位和施工关键工序、危险性较大的工程，实现对工程施工各阶段、各部位的安全、质量的实时监控和对施工现场能耗、人员、设备、材料的有效监控，能及时发现安全隐患，规范质量检查、检测行为，保障工程质量，从而实现信息化与工业化的有效融合，让施工现场感知更透彻、互通互联更全面、智能化更深入，确保信息透明化、任务协同、问题及时跟踪和风险评估、质量控制以及最终更好、更可靠的产出。实现数据追溯可靠，促进诚信大数据的建立，有效支撑企业对工程现场的质量、安全、人员等的监管和服务。

2. 施工现场物联网实施路径

（1）建立统一标准

1）平台数据与安全标准：同一设备类型，不同品牌设备之间数据统一输入和输出标准不统一、数据及平台安全性的问题。随着施工企业数字化转型的需求，以及物联网技术发展的成熟，越来越多的智能设备被安装在施工现场，由于目前缺乏统一的数据接入和输出标准，现阶段的应用只是收集了各个现场的实际数据作为展示观摩使用，并没有指导施工现场生产，没有解决现场实际需求。通过对平台数据类型、格式、接口协议、实时数据传输要求以及设备联动、设备功效、趋势分析、信息追溯的研究，解决不同设备厂商不同规则的数据传输需求。

2）通信标准：常见通信协议有：MQTT、DDS、AMQP、XMPP、JMS、REST、CoAP等。通信传输协议有：Wi-Fi、RFID、NFC、ZigBee、蓝牙、2G/4G/5G。通过标准编制，输出施工现场设备通信协议现状，对不同通信协议及数据传输方式进行分类整理，确定不同类型设备的数据传输，作为施工现场网络建设的输入。定义各类设备之间的数据传输解析标准及互联互通标准。

3）技术参数标准：当前不同品牌的智能硬件设备要求参数存在差异，数据缺乏共享和深入整合，同时国家、行业尚未出台设备技术参数标准、性能参数要求，设备自行考虑网络、计算服务器等设备，导致对于工控机、路由交换、有线无线等设备的重复投入，并可能造成冲突。制定同一类型设备的技术、性能参数、网络传输等标准，从而实现施工现场的同一类型智能设备参数标准统一，为后期大数据的应用奠定了基础。

4）安装与验收标准：智慧工地设备种类较多，大部分供应商缺少专业的实施人员和实施标准，难以提供专业、标准的安装服务，为后续使用留下隐患，一旦应用端出现故障，导致数据传输产生错误，现场设备将达不到预想的价值。

5）设备安全标准：工程施工环境复杂，大多伴随着高浓粉尘、高频振动，被工人违规触碰，或不避大风雨雪的露天作业，或阴暗潮湿的地下环境，传统的物联网设备如果没有经过施工现场的反复测试和验证，一旦被安装到施工现场，设备运行过程中往往出现设备故障，导致数据不能持续地传输到物联网平台。需要对监测设备的电磁兼容环境、气候环境、IP防护、机械环境、防爆性能等标准输出，确保现场设备安全运行。

6）配置标准：施工现场物联设备配置要求，按照房建建筑工程、基础设施工程2个维度，结合项目管理实际情况，输出不同项目类型、不同项目规模下相关的物联设备配置要求。

（2）搭建统一平台

物联网平台技术架构如图5-6所示。

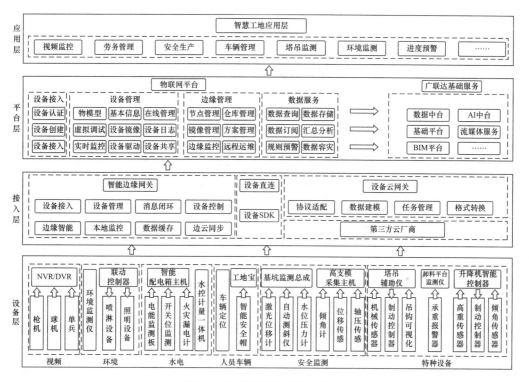

图5-6 物联网平台技术架构图

1）设备层：是平台的数据来源。施工现场的设备根据设备用途，可分为机械类、感知类等；通信协议可分为蓝牙连接、4G连接、以太网连接等；业务场景可分为安全、环境监测、计量设备等。设备层的复杂性体现在设备厂家的来源不同、设备能力的差异化、设备种类的多样化。

2）接入层：是平台建设的核心，实现将现场的设备接入到平台。通过开发云联网关接入，现场网关接入屏蔽各协议的差异性。云联网关接入的重点在于与各厂家协议的适配工作，现场网关的接入重点在于对现场各设备组网及通信协议的支持。

3）平台层：是施工现场物联网平台建设的主体，是设备接入和应用支撑的桥梁。其主要内容为模型、设备、数据、安全体系的建设。模型是数据标准的主要承载体，体现同一类设备以怎样的规则接入。设备是现场实体在云端的映射，是实时数据的上行下行通道，反映施工现场设备的真实状态。数据管理与分析是平台提供的数据层能力，包含对设备数量、设备在线率、设备上行流量监控、设备健康状况监控等。安全是平台能力建设最容易忽略但最重要的方面，主要体现在数据的安全、数据通信的安全、设备可信认证的安全等。通过以上平台体系建设，为设备接入及应用开发提供支撑。

4）应用层：是平台能力整体表现的模块。通过对现场设备的归类和分析，从业务层面发挥设备数据的价值。从"人、机、料、法、环"多维度考虑，可衍生出不同的应用。如劳务管理业务对闸机进出场人员的分析；环境监测应用对天气、环境监测设备，雾炮喷淋设备的管理与分析；物资管理业务对地磅、材料标签等的管理；安全业务对塔吊、门禁等设备的管理和分析。通过平台建设，应屏蔽底层接入及处理逻辑，满足支撑不同智慧平台业务诉求。

5.6 建筑垃圾资源化利用技术

《城乡建设领域碳达峰实施方案》指出：推进绿色低碳建造，推广建筑材料工厂化精准加工、精细化管理，到2030年施工现场建筑材料损耗率比2020年下降20%。加强施工现场建筑垃圾管控，到2030年新建建筑施工现场建筑垃圾排放量不高于300t/万m^2。推进建筑垃圾集中处理、分级利用，到2030年建筑垃圾资源化利用率达到55%。

5.6.1 建筑垃圾的定义及组成

目前，国内外对建筑垃圾的定义尚未形成统一、准确的标准，美国环保署提出，建筑垃圾是建筑施工活动过程中对建筑物、道路和桥梁等进行改建、拆除所形成的废弃物，主要成分包括砖块、混凝土块、钢材、木料、玻璃等。根据建筑活动的不同，建筑垃圾分为扩建翻新工程垃圾、拆卸工程垃圾、交通工程垃圾、挖掘工程垃圾和清理工程垃圾。

我国对建筑垃圾的研究起步较晚，对建筑垃圾的定义也没有明确、统一的标准。2003年，在《城市建筑垃圾和工程渣土管理规定（修订稿）》中对建筑垃圾的定义做出了进一步的阐述；2005年，建设部发布《城市建筑垃圾管理规定》（建设部令第139号），更详细地指出"建筑垃圾，是指建设单位、施工单位新建、改建、扩建和拆除各类建筑物、构筑物、管网等以及居民装饰装修房屋过程中所产生的弃土、弃料及其它废弃物。"《建筑垃圾处理技术标准》CJJ/T 134—2019将建筑垃圾定义为"工程渣土、工程泥浆、工程垃圾、拆除垃圾和装修垃圾等的总称。包括新建、扩建、改建和拆除各类建筑物、构筑物、管网等以及居民装饰装修房屋过程中所产生的废土、弃料及其他废弃物，不包括经检验、鉴定为危险废物的建筑垃圾。"

建筑垃圾的成分较为复杂，不仅含有大量的沙石、砖和混凝土，还有一些塑料、玻璃、木材等，而且不同的建筑物结构形式和不同的施工活动中所产生的建筑垃圾组成和含量也有较大的区别。因此建筑垃圾可以从来源、组成成分、是否具有资源化属性、性质等不同的角度进行分类。

本书采用《建筑垃圾处理技术标准》CJJ/T 134—2019 中对建筑垃圾的定义作为建筑垃圾定义的描述和涵盖的范围。在五大建筑垃圾中，拆除垃圾和工程垃圾在建筑垃圾总产生量中占据了主要地位，因此一般可以把建筑垃圾分为建筑工程垃圾和建筑拆除垃圾两大类。

1. 建筑工程垃圾

这类建筑垃圾主要产生于两个方面：一方面产生于建筑工程中的地基开挖和市政工程中的道路开挖中，主要包括土、砂砾石等，一般可以用来种植植被或者回填；另一方面产生于建筑的施工现场活动中，包括碎砖、混凝土、木材、颜料、陶瓷、砂浆、塑料、玻璃、金属、电线等，以及施工现场建材生产和运输过程中，包括一些废料、废渣和材料碎块等。

2. 建筑拆除垃圾

这类建筑垃圾主要产生于旧建筑物的拆除和改造，且随着城镇化的加快，建筑拆除垃圾逐步成为建筑垃圾的重要组成部分。建筑拆除垃圾的组成受建筑年代、建筑结构类型、建筑结构形状、规模和地域等影响。在 20 世纪中叶以前，我国中小型建筑的主要结构形式是砖石承重墙、砖石拱圈、木梁楼板、木屋架构成的砖（石）木混合结构，所用材料仍是传统的砖、石、木材，门窗主要为木质窗户。20 世纪 50 年代至 90 年代末，居住建筑结构形式主要以砖混为主，承重墙体多为黏土砖，屋面结构多为预制或现浇混凝土，砌筑材料以水泥砂浆和水泥石灰混合砂浆为主要材料；同时还有少量的现浇混凝土结构，如框架和框架剪力墙结构等，围护门窗主要为木质材料和金属材料。到了 21 世纪，随着经济的发展，这些砖（石）木混合结构和砖混结构成了拆迁重建的主要对象。不同建筑类型所用的建筑材料不尽相同，决定了建筑垃圾的组成复杂多样，总体来看，在建筑垃圾中废旧混凝土占主导地位。有研究表明，对于建筑拆除垃圾，拆除砖混结构时产生的废旧混凝土占其总量的 39% 左右；拆除框剪结构产生的废旧混凝土占其总量的 55% 左右；拆除道桥等基础设施产生的废旧混凝土占其总量的 70% 以上。

5.6.2 建筑垃圾减量化技术

为实现建筑垃圾的最终减排，应优先实施建筑垃圾的源头减量。源头减量模式不同于传统的末端处理模式，是一种以预防为主的减量模式，开展建筑垃圾源头减量化工作，也可以认为是避免或者减少建筑垃圾产生过程的方法。目前，建筑行业由于信息化发展缓慢，施工现场管理粗放，施工过程数据尤其是材料量统计的不确定性，直接影响并阻碍了施工固废源头减量的实现。因此，通过系统应用以施工全过程材料资源与工序工艺最优化配置为目标的建筑垃圾减量化技术，实现建筑垃圾源头控制目标。

建筑垃圾减量化技术以建筑垃圾源头减量化技术方法和管理方法为主要类别，包含节材式设计、减废化工艺、政策面支持、精细化管理各方面的固废源头减量方法内容，图 5-7 为其主要框架。

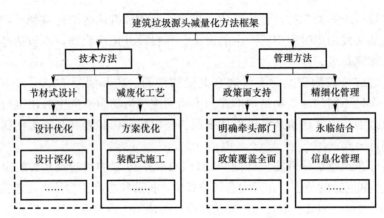

图 5-7　建筑垃圾源头减量化方法框架图

其中，政策面支持方面，随着政府及社会对施工固废治理关注度的不断提高，相关政策及标准体系也在逐步完善。2020 年修订的《中华人民共和国固体废物污染环境防治法》，专项增补了建筑垃圾内容。紧随其后，住房和城乡建设部又发布了《住房城乡建设部关于推进建筑垃圾减量化的指导意见》《施工现场建筑垃圾减量化指导手册（试行）》，均对施工固废源头减量起到了极大的推动作用。但针对施工现场固废源头减量，相较于方法框架中的其他方法，政策层面的引导仍只能起到间接影响的作用。因此，笔者重点梳理了可直接作用施工现场固废源头减量的其他三种方法，即节材式设计、减废化工艺、精细化管理。

1. 节材式设计

节材式设计主要通过设计图纸实现固废减量化，主要包括设计优化和设计深化。目前，我国建筑在设计阶段仍以建筑功能实现及运行稳定为主要原则进行方案设计，但未从观念意识上对施工过程材料浪费导致的建筑垃圾产生引起足够重视，设计优化仍以更具生产作业经验的施工单位为实施主体。即施工单位在工程进场后，在原有设计方案的基础上，以"不降低设计标准，不影响设计功能，并确保工程质量、合同工期、投资控制目标的实现以及施工的便利性、后期运营的效率和经济性，遵循合理、经济、可行"为基本原则，通过设计优化，缩减、循环和高效利用建筑主体及施工措施材料，以优先避免建筑垃圾产生和排放的关键措施。

建筑深化设计通常意义上定义为在设计院施工图（招标图）基础上，整合结构、机电、装饰等全专业，根据施工验收标准规范及施工工艺，以降低施工难度、提升施工效率为目标，进行的图纸深化工作，其主要工作包括专业梳理、设计协调、深化图纸出图等方面内容。目前，随着建筑施工技术的不断发展，深化设计逐步开始向"正向设计—施工"偏移，逐步延伸形成了以精准投料、可视化设计协同等以"近零变更、一次成型"绿色施工理念的主要内容，其实际目的是为从源头避免工程建造粗放管理提供依据保障。通过减少工程变更及加工材料损耗的深化设计措施，是支撑建筑垃圾减量化工作的重要内容。

2. 减废化工艺

针对两个或两个以上施工组织设计或方案，通过经济技术对比分析，以"经济高效，环保减排"为目标，梳理优势内容，对方案的组合、顺序、周期、生产要素调配等内容协调整合，形成可高效指导现场施工，且以建筑垃圾产生量最小化为目标的方案或施工组织设计。

3. 精细化管理

(1) 永临结合

永临结合作为绿色建造模式下施工体系的重要组成部分,部分措施在工程实践中已充分完善,并根据其适用性,成为典型建筑常态建设施工动作。但由于施工进度与作业条件需要在时间维度不协调等因素的影响,常面临需要临时措施补救以满足施工作业需要的窘境,不仅如此,对永久产品的成品保护措施不足,也会造成建筑正式竣工运行期间产生二次修复的问题,替换的建筑构件也是造成建筑垃圾产生的原因之一。

施工单位在满足相关标准规范要求,并且征得建设单位同意的前提下,对条件具备的施工现场,水、电、消防、道路等临时设施工程实施"永临结合",并通过合理的维护措施,确保交付时满足使用功能需要。包括以下内容:

现场临时道路:现场临时道路布置应与原有及永久道路兼顾考虑,并应充分利用正式道路基层作为拟建道路为施工服务。

现场临时围挡:应最大限度利用已有围墙。

现场临时用电:根据工程建筑结构施工图纸及电气施工图纸,经现场优化选用合适的正式配电线路,合理划分区域。在此基础上,根据现场需求配置配电箱及临时照明。

现场临时照明导线敷设:利用主体施工阶段电器预埋管敷设临时照明线路,采用正式预埋管道穿线,所穿电线与工程设计的规格型号一致,电线最终将保留在管内作为正式建筑用线。

现场临时水管:正式工程消防管道用作临时工程消防及施工生产用水管道。

现场临时施工电梯:正式消防电梯替代临时梯。

现场临时风管:地下室排风机及风管用作地下室临时通风。

临时市政管线:正式工程管线用作临时工程。

(2) 信息化管理

由于管理手段落后,施工材料耗用时,常出现限额领料不到位的情况,项目施工管理人员只关注施工质量及进度,对劳务队伍材料使用规范性的管理不严,施工材料在二次运输及安装过程中,会产生一定的边角余料,特别是对周转材料及易产生建筑垃圾的材料等,目前缺乏有效的回收管控,造成现场余料的浪费,也直接导致了建筑垃圾的产生。

施工方参与材料生产阶段的精细化管理,可以实现建筑垃圾减量化,可以转化为按照设计图纸、施工方案和施工进度合理安排施工物资采购、运输计划,选择合适的储存地点和储存方式,全面加强采购、运输、加工、安装的过程管理。在此基础上实时统计并监控建筑垃圾的产生量变化,以便采取针对性措施减少排放。

5.6.3 建筑垃圾资源化利用技术

建筑垃圾资源化是指以建筑垃圾为原料,经分类、工业加工形成再生产品,使其重新应用于建设工程的行为。建筑垃圾的处置问题是社会发展过程中亟待解决的问题,而资源化利用是最好的处置方式,建筑垃圾资源化不但可以解决大量建筑垃圾堆放占用可耕地、污染环境等问题,还可以减少因开山采石而造成的对生态环境的负面影响,同时亦能变废为宝,具有良好的经济效益和社会效益,还能达到节能减排、资源循环利用的目的。

根据建筑垃圾资源化的过程,可以将资源化利用分为三个层面:直接回收利用、次级资源化和原级资源化。直接回收再利用，将建筑物或构筑物拆除后的部分建筑垃圾进行简单处理后应用在道路工程或建筑工程中，如将混凝土块、碎砖块、砌块等用于加固软土地基、做路基垫层；将建筑弃土用于堆山造景；将废旧的模板直接用于施工现场办公区和生活区的防护板或者加工成楼梯、栅栏等，这种资源化利用方法在我国较为常见，其回收利用简单、成本低、操作简便，但是一般资源化利用率较低且有一定的应用局限性，只有少数建筑垃圾可以直接利用。次级资源化是指将施工现场的建筑垃圾运输到资源化利用工厂，经分选、破碎等一系列工厂化操作，制成与原材料不同的新型建筑材料，如将混凝土块、碎砖块、石材经过破碎加工制成不同粒径的再生骨料，这些再生骨料经过不同配比和掺量也可以用于制备再生混凝土、再生砖等再生制品；将废弃砂浆、陶瓷和瓦片经过再加工可以生产砌块，这种资源化利用方式成本较高，对技术和设备有一定的要求，但是资源化利用率较高。原级资源化将建筑垃圾经过多道工序处理后制成与原材料相同性质的产品，如建筑垃圾中的废旧玻璃再利用制成再生玻璃；废旧钢材回炉生产再生钢材；木材、废纸等重新回收利用加工成再生木材和再生纸等，这类资源化利用是目前最理想的一种资源化利用方式，废弃物利用率最高，但是对技术和设备要求较高，成本较大，工序复杂。这三种资源化利用方式中，原级资源化和次级资源化是对建筑垃圾的再生利用，是目前提高建筑垃圾资源化利用率的有效方式，且制备的产品市场应用前景较广泛，是今后建筑垃圾资源化利用技术研究的重点。我国建筑垃圾资源化利用的主要技术路线如图5-8所示。

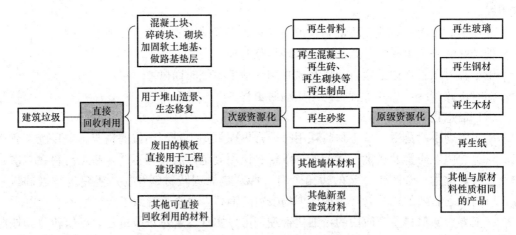

图5-8 我国建筑垃圾资源化利用主要技术路线

建筑垃圾通过次级资源化处理后，可生产出粗骨料、细骨料直接利用，也可以再加工生产透水砖、水工砖、透水混凝土、干粉砂浆和墙体材料等，广泛应用于公路、市政道路、水系治理和房屋建设等领域，主要利用途径如表5-1所示。

建筑垃圾资源化利用主要方式　　　　表5-1

废弃物类别	利用形式
混凝土块、砖块、砌块、石材	加固软土地基、做路基垫层、再生骨料、再生混凝土、再生砂浆、再生砖、其他墙体材料等
建筑弃土	堆山造景、园林绿化、回填、道路路基

续表

废弃物类别	利用形式
砂浆	再生砌块
陶瓷、瓦片	再生砌块、地砖、胶凝材料原料等
玻璃	装饰材料、再生玻璃
钢材	回炉生产再生钢材
木材	燃料、复合板材、再生木材
纸	燃料、再生纸
塑料	燃料、生产其他塑料产品

根据建筑垃圾资源化利用过程,下文将从以下几个方面阐述建筑垃圾再生利用的主要技术措施。

1. 废旧木材资源化利用技术

模板工程中使用了大量的木材,建筑施工现场基本都是采用木胶板或竹胶板做模板,必然在加工过程中产生大量的不合尺寸的废料。可将废旧模板用油漆涂刷后作预留小洞口的盖板,美观实用、节材环保。还可利用短木方、窄竹胶板等废旧周转材料制作加工定型防护脚手板替代木跳板使用,从而达到废物再利用和节约成本的目的。施工现场废旧模板作为后浇带盖板、结构预留孔洞的封堵或楼梯踏步保护,利用边角料模板做外架的踢脚板。还可以利用现场裁割剩余的竹胶板做成输送通道,木方边角料做龙骨加固,制作溜槽替代混凝土输送泵技术运用在浇注底板大体积混凝土施工工艺中。这样废旧材料可以得到很好的二次利用,减少废物污染,节省材料。

施工现场木方需求量大,按照安全、经济、合理、可循环利用的原则,利用木方对接技术,对长度未超过1m的木方,采用木方接长机接长后用于其他单体,过短的木方可用于楼层临边洞口等。使废木方、短木方对接后循环再利用,可以节省木方,降低施工成本。在竹木制品加工过程中会产生剩余物竹木刨花、竹木粉、边角料等竹木"三废",对此类竹木"三废"一般采用环保型胶粘剂、热压工艺技术、表面处理与贴面工艺技术,制成符合性能指标的新型竹木碎料板及其制品,竹木"三废"利用率可达到100%。经回收切割、清洗后的小木块,可制成轻骨料,用于制作轻质混凝土。

2. 再生骨料技术

再生骨料是由建筑垃圾中的废弃混凝土块、砖块等经过除杂、破碎、筛分、清洗等工序得到的不同粒径的颗粒,分为再生粗骨料和再生细骨料。在加工过程中,通常采用颚式破碎机,机械破碎会导致再生骨料多棱角、表面裂纹且较粗糙,因此与天然骨料相比,再生骨料各项性能存在较大差异。《混凝土和砂浆用再生细骨料》GB/T 25176—2010 中,依据再生细骨料的物理性能,如微粉含量和泥块含量、有害物质含量、坚固性等,将其划分为Ⅰ类、Ⅱ类、Ⅲ类;《混凝土用再生粗骨料》GB/T 25177—2010 中,依据再生粗骨料的微粉含量和泥块含量,将混凝土用再生粗骨料划分为Ⅰ类、Ⅱ类和Ⅲ类。

再生骨料具有以下特点:

(1) 表面粗糙多棱角。再生骨料由于来源复杂,制备工艺不尽相同,在加工过程中表面粗糙多棱角;同时,骨料表面包裹有水泥或砂浆,会改变再生骨料的表面特征和性状,使骨料表面积增大，针片状杂质含量增多。

（2）吸水率大。机械破碎得到的再生骨料一方面表面附着了不同数量的水泥或砂浆，致使骨料的比面积增大，而且砂浆层本身的空隙也较大，吸水性强；另一方面，破碎过程中骨料之间相互挤压存在大量的微小裂纹，使得再生骨料的孔隙率增大，吸水性增强。同时，废旧砂浆和再生骨料之间的粘结性较弱，界面孔隙率较大，配置混凝土时需水量较大。再生骨料的吸水率受骨料内部缺陷和比表面积的影响较大，粒径越大，再生骨料的内部缺陷越多，吸水率就越大；粒径越小，比表面积越大，吸水率越大。有研究表明，再生骨料的吸水率在3.6%～8%；当配置强度等级为C50的混凝土时，再生骨料的吸水率为12.3%。

（3）表观密度和堆积密度小。再生骨料表面包裹的水泥或砂浆厚度不均匀，粗糙多棱角，因此和天然骨料相比，再生骨料的表观密度和堆积密度小。而且不同来源和制备工艺的再生骨料，其表观密度和堆积密度的变化幅度大。研究表明，再生细骨料的表观密度为天然细骨料的80%～85%，堆积密度为天然细骨料的75%～80%；再生粗骨料的表观密度为天然粗骨料的90%以上，堆积密度为天然粗骨料的85%以上。

（4）压碎指标大。再生骨料在破碎时产生的缺陷和裂纹以及骨料表面包裹的砂浆，使得再生骨料的压碎指标比天然骨料大，强度远低于天然骨料。再生骨料表面附着的水泥砂浆越少，骨料的压碎指标值越接近天然骨料；同时，原生混凝土的强度和再生骨料的制作工艺也影响再生骨料的性能，原生混凝土强度越大，再生骨料的质量就越好。骨料表面的废旧砂浆在加工过程中易破碎成针状、片状颗粒，对再生骨料的强度有较大影响。

由于再生骨料与天然骨料相比，有着吸水率高、密度低、强度差的特点，严重影响再生骨料的性能，使得利用再生骨料制备的再生制品不满足要求。若想提高再生制品的性能，就必须对再生骨料进行强化改性处理。强化再生骨料的性能，从以下几方面着手：一是寻求能够填充粗骨料表面裂缝及孔隙的材料；二是提高新旧水泥界面过渡区的强度或降低界面过渡区的孔隙。常用的强化改性方法主要是一些物理和化学以及微生物的方式，肖建庄通过研究发现当温度达到300℃时，可以去除再生骨料表面的砂浆而不破坏骨料的结构，从而提高再生混凝土的物理性能。化学强化主要是用化学溶液对再生骨料进行浸泡冲洗，对骨料的微细裂缝进行填补或者可以与骨料进行化学反应，生成物填充裂缝，从而改善再生骨料的性能。微生物强化法的实质与化学强化类似，采用自然界中的微生物产生的化合物来填补再生骨料的裂缝，如朱亚光等采用DSM8715菌种来处理再生骨料，使其表面生成许多结晶沉淀，降低再生骨料的孔隙率和吸水性能。另外，薛贵堂将经过微波照射后的再生骨料进行物理性能测试，发现经处理的骨料吸水率为天然骨料吸水率的5.99倍，小于未经处理的再生骨料的吸水率。

目前，建筑垃圾再生骨料主要用来制备再生混凝土砌块以及代替天然砂石制备再生混凝土、道路工程的基层面层和铺道砖等，或应用于沥青混凝土和高聚物混凝土中。

3. 再生混凝土制品技术

再生混凝土是将再生骨料和天然骨料通过一定的比例混合后制备的混凝土，因为掺入了一定量的再生骨料，因此再生混凝土的性能与普通混凝土相比会有一定的差异。与天然骨料相比，再生骨料表面粗糙、孔隙率大，因此拌制的混凝土混合料需水量增加、和易性低、水泥浆用量多，硬化后的混凝土耐久性能较差。与普通混凝土相比，再生混凝土拌合物的密度和坍落度减小值随着再生骨料掺加量的增加而增大。对于工程而言，再生骨料表观密度的降低有利于降低建筑物自重,对结构有利;另一方面,由于再生骨料表面粗糙,增大了再生混凝土拌合物在拌和及浇筑时的摩擦力,提高其保水性和粘聚力。但是由于再生骨料的自身缺陷,再生混凝土的抗压强度、抗拉强度、抗压弹性模量全部随再生骨料掺量的增加而降低。马永志等人将再生骨料替代率作为变量,研究再生骨料的掺量对其性能的影响,发现当再生粗骨料的替代率大于25%时,再生混凝土的抗压强度明显降低。

将再生粗骨料、再生细骨料用于再生混凝土制品的生产技术已经比较成熟,在全国多地已经形成了规模化。主要再生制品有再生普通砖、装饰砖、透水砖、再生广场砖、再生路沿石、再生砌块等。建筑垃圾生产再生混凝土制品的生产工艺流程大致相同,将水泥、掺合料、再生骨料和外加剂、水等混合搅拌后压制成型,再经过养护最后形成所需要的成品。

再生砖和再生砌块不仅制备技术成熟,产品也在全国被广泛推广应用,特别是再生混凝土空心砌块是符合低碳发展的新型绿色建材,相较于传统黏土砖具有防火性能强、隔声效果好、隔热特点显著等功能。同时,再生混凝土空心砌块的自重较轻,能够在一定程度上减轻基础荷载,有利于地基处理;提高建筑物的抗震性。

4. 再生砂浆技术

再生砂浆是将再生细骨料取代一部分天然骨料而制成的砂浆制品,且再生细骨料占骨料总质量30%以上,再生砂浆通常包括再生砌筑砂浆和再生抹面砂浆、地面砂浆等。再生细骨料在破碎过程中存在的缺陷会使配制的再生砂浆相对于普通砂浆具有密度小、需水量大等特点,因此需要对再生细骨料进行颗粒整形来改善其孔隙率和表面棱角。李秋义等通过研究发现,颗粒整形可以改善再生细骨料的粒形,减少骨料中的细小裂纹含量,提高再生细骨料的性能。将破碎后的再生细骨料在机器内经过反复撞击、摩擦等,可以使骨料表面附着的水泥砂浆脱落,再生细骨料的堆积密度平均提高10.3%、表观密度和吸水率也略有所提高。

5.7 装配式建造技术

建筑业作为国家经济发展的支柱性行业,其稳步持续发展对社会经济的发展至关重要。装配式建筑因其在节能环保、施工快捷、成本可控、安全耐久等方面突出的特点,已成为我国建筑业未来的发展方向。现阶段正值推广示范的紧要关头,2015年11月14日住房和城乡建设部发布的《建筑产业现代化发展纲要》中指出:2020年装配式建筑应占新开发建设项目的20%以上,加快装配式建筑示范城市建设,打造现代化住宅装配式建筑产业基地。随着装配式建筑相关政策和标准规范的完善以及技术措施的改进,装配式建筑的优势更加凸显,并保持快速稳定发展。传统建造方式的弊端不仅有能源消耗巨大、建造效率低、资源浪费严重等现象,而且建筑质量难以保证,对环境影响程度较大。

为加快装配式建筑市场开展,《国务院办公厅关于大力发展装配式建筑的指导意见》中指出:为加快城镇化建设,发展绿色建筑,提高先进建造技术,各地区需根据自身情况,因地制宜发展装配式建筑,争取到2025年装配式建筑占新建建筑面积的比例达到

30%。并根据城市发展水平在全国范围划分为"重点推进、积极推进、鼓励推进"三类地区，逐步推进装配式建筑规模。

2022年6月，《城乡建设领域碳达峰实施方案》中指出：推进绿色低碳建造，大力发展装配式建筑，推广钢结构住宅，到2030年装配式建筑占当年城镇新建建筑的比例达到40%。

5.7.1 装配式建筑分类

装配式建筑是指部分或者全部建筑构件在预制工厂内生产，然后运输到施工现场，以可靠的方式将预制构件连接并组装成整体，以此形成具有使用功能的建筑。根据施工过程中使用的材料，装配式建筑可以分为三种结构体系，分别是装配式混凝土结构、钢结构和木结构。

1. 装配式混凝土结构

装配式混凝土结构指的是组成建筑产品的钢筋混凝土构件在工厂里预制生产，经过吊装运输到施工现场，经装配、连接、部分现浇拼装成整体的混凝土结构。按照承重方式不同，装配式混凝土结构可以分为：框架结构、剪力墙结构以及框架—剪力墙结构三大类，各种结构的选择可根据具体工程的高度、平面、体型、抗震等级、设防烈度及功能特点来确定。

2. 钢结构

与其他住宅建筑结构形式相比，钢结构是一种最符合"绿色建筑"概念的结构形式。因为钢结构最适用于工厂化生产，可以将钢结构的设计、生产、施工、安装通过平台实现一体化，变"现场建造"为"工厂制造"，提高建筑的工业化和商品化水平。同时，钢结构自重轻，基础造价低，施工安装便捷，缩短施工周期，且可以实现现场干作业，降低环境污染，材料还可以回收利用。

业内人士普遍认为钢结构建筑体系是能将房地产业、建筑业、冶金业打造成一个新产业链的最佳串联者。使用钢结构可使施工进度不受季节的影响，增加建筑使用面积，减少其他结构体系由于湿作业产生建筑垃圾和环境污染，且可回收利用，并促进发展新型建筑材料。同时，由于钢结构体系抗震性能好，结构布置灵活方便，在使用过程中易于改造且给人带来舒适感等优点，使得钢结构深受广大用户的喜爱，具有广泛的市场应用前景。

相比于其他结构体系，钢结构建筑在环保、节能、高效、工厂化生产等方面具有明显优势，在写字楼等大型公共建筑中，上海浦东的金茂大厦、深圳的地王大厦、北京的京广中心等都采用了钢结构体系。在住宅建筑方面，上海、北京和山东等地已开始对钢结构住宅进行试点，而其中北京金宸公寓已被列为住房和城乡建设部住宅钢结构体系示范工程。

钢结构的发展必将促进建筑业、冶金工业、机械工业、汽车工业、农业、石油工业、商业、交通运输业的迅速发展。由于钢材强度高，钢结构构件横截面较小，与钢筋混凝土和砖石结构相比可增加建筑使用面积8%左右。同时，钢材的容重小于一般砖石、混凝土和木材，因此，与钢筋混凝土结构相比，钢结构要轻30%～50%。钢结构具备绿色建筑的条件，是有利于保护环境、节约能源、降低能耗的建筑。

3. 装配式木结构

木结构是一种以木材为主要受力体系的工程结构，在我国古代一直占据着统治地位。随着时代和科技的发展，现代木结构建筑采用新材料、新工艺和工厂化的精确化生产，与传统木结构建筑相比更具绿色环保、舒适耐久、保温节能、结构安全等优势，具有优良的抗震、隔声等性能，比钢筋混凝土结构和砌体结构更具优越性。《中共中央 国务院关于进一步加强城市规划建设管理工作的若干意见》中提出发展现代木结构建筑，可见作为绿色建材的现代木结构建筑对绿色节能建筑和建筑工业化的重要性。现代木结构建筑集传统建筑材料和现代加工、建造技术于一体，采用标准化设计、构件工厂化生产和信息化管理、现场装配的方式建造，施工周期短，质量可控，符合建筑产业化的发展方向。以原木结构建筑为例，从原料的获取→构件加工制作→现场装配，整个工艺流程全部机械化。在工厂制作加工装配式木构件、部品，包括内外墙板、梁、柱、楼板、楼梯等，然后运送到施工现场进行装配。

5.7.2 装配式构件生产

传统的建筑业是采用在施工现场手动操作的方式，而装配式构件是以构件加工单位工厂化制作而形成的成品混凝土构件，是利用现代工业技术生产的产品。为布置车间生产线，实现产品设计，保证产品质量，要确定产品的制作工艺。

制作工艺是将各种原材料通过机械改变其形状、尺寸、性能或相对位置，使之成为成品或半成品的方法和过程。针对不同的构件，其形状、组成、生产方式均不相同，因此，要区分构件，并采用不同的制造工艺生产。

现有的装配构件制造工艺有固定模台生产线和移动模台生产线两种方式。

1. 固定模台生产线

固定模台生产线是在固定位置放置模台，构件的所有操作均在模台上进行，材料、人员相对于模台流动。固定模台生产线是平面预制构件生产线中历史最悠久的一种生产工艺。

模台一般是一块平整度高的钢结构平台（图5-9）。在生产时，模台作为构件的底模，加上四周的侧模，组成完整的模具。

图 5-9 固定模台

固定模台生产线相比自动化流水线，自动化程度较低，需要更多工人，但是该工艺的设备少、投资少、灵活方便，没有流水线的瓶颈工位限制。适合制作侧面出筋的墙板、楼梯、阳台、飘窗等异型复杂构件。

而且固定生产线上某些局部工作站也是自动化运转的，比如墙板自动翻转机、加热和振动等设备。

2. 移动模台生产线

移动模台生产线是典型的流水生产组织形式，是劳动对象按制订的工艺路线及生产节拍，连续不断地顺序通过各个工位，最终形成产品的一种组织方式。具有工艺过程封闭，各工序时间基本相等或成简单的倍比关系，生产节奏性强，过程连续性好等特征。

图 5-10　移动模台生产线

移动模台生产线的模台在轨道或移动小车上移动，并作为承载平台和底模使用。整个流水线分为清理、划线、喷油、模具、钢筋、预埋、浇筑、赶平、预养、磨光（拉毛）、养护等工位，生产工人在各自工位完成各自职能（图 5-10）。

移动模台生产线适合生产叠合楼板、内墙和叠合双皮墙等出筋少的构件，只有在构件标准化、规格化、单一化、专业化和数量大的情况下，才能不破坏生产线的平衡，避免造成在某工位长时间停滞，实现流水线的自动化和提高生产效率。

5.7.3　装配式构件运输

1. 预制构件厂内运输

（1）构件运输基本要求

1）运输道路必须平整坚实，并有足够的路面宽度和转弯半径。

2）构件运输时的混凝土强度，如设计无要求时，一般构件不应低于设计强度等级的 70%，屋架和薄壁构件应达到 100%。

3）钢筋混凝土构件的垫点和装卸车时的吊点，不论上车运输还是卸车堆放，都应按设计要求进行。叠放在车上或堆放在现场的构件，构件之间的垫木要在同一条垂直线上，且厚度相等。

4）构件在运输时要固定牢靠，以防在运输中途倾倒，或在道路转弯时车速过高被甩出。对于屋架等重心较高、支承面较窄的构件，应用支架固定。

5）根据路面情况掌握行车速度。道路拐弯处必须降低车速。

6）根据工期、运距、构件重量、尺寸和类型以及工地具体情况，选择合适的运输车辆和装卸机械。

7）对于不容易调头和又重又长的构件，应根据其安装方向确定装车方向，以利于卸车就位。

8）构件进场应按结构构件吊装平面布置图所示位置堆放，以免二次倒运。

（2）厂内转运

工厂内转运构件工作流程如下：运输方法选择→配备机具、运输车辆→清点需转运构件并检查→填写构件转运记录单→转运→堆场存放→构件转运记录单存档。

1）运输方法选择：首先考虑铺筑轨道连接车间和堆场，利用轨道小车实现车间与堆场的转运。如没有条件铺筑轨道，可根据构件的形状、重量等实际情况，以及车间布置、装卸车现场及运输道路的情况，选择平板电瓶车（图 5-11），叉车（图 5-12）、大型运输车等作为运输工具，确保运输条件与实际情况相符。

第 5 章 建筑施工及拆除阶段低碳化技术

图 5-11 电瓶车转运构件

图 5-12 叉车转运构件

2) 配备机具、运输车辆：需要配备的机具主要有桁车、龙门吊、汽车吊、钢丝绳及鸭嘴扣等，按照现场实际情况准备运输车辆。

3) 清点需转运构件并检查：根据生产日报清点需转运构件，检查构件质量，确认其符合转运要求。

2. 预制构件厂外运输

(1) 合理运距

合理运距的测算主要是以运输费用占构件销售单价比例为考核参数。通过运输成本和预制构件合理销售价格分析，可以较准确地测算出运输成本占比与运输距离的关系，根据国内平均水平或者世界上发达国家占比情况反推合理运距。

合理运输半径测算：从预制构件生产企业布局的角度，由于合理运输距离还与运输路线相关，而运输路线往往不是直线，运输距离还不能直观地反映布局情况，故提出了合理运输半径的概念。

从预制构件厂到预制构件使用工地的距离并不是直线距离，况且运输构件的车辆为大型运输车辆，因交通限行超宽超高等原因经常需要绕行，所以实际运输线路更长。

根据预制构件运输经验，实际运输距离平均值比直线距离长 20% 左右，因此将构件合理运输半径确定为合理运输距离的 80% 较为合理。因此，以运费占销售额 8% 估算合理运输半径约为 100km。

合理运输半径为 100km 意味着，以项目建设地点为中心，以 100km 为半径的区域内的生产企业，其运输距离基本可以控制在 120km 以内，从经济性和节能环保的角度，处于合理范围。

总的来说，如今国内的预制构件运输与物流的实际情况还有很多需要提升的地方。目前，虽然有个别企业在积极研发预制构件的运输设备，但总体来看还处于发展初期，标准化程度低，存储和运输方式较为落后。同时，受道路、运输政策及市场环境影响，运输效率不高，构件专用运输车比较缺乏且价格较高。

(2) 厂外运输准备工作

构件运输的准备工作主要包括：制定运输方案、设计并制作运输架、验算构件强度、清查构件及察看运输路线。

1) 制定运输方案。此环节需要根据运输构件实际情况、装卸车现场及运输道路的情况、施工单位或当地的起重机械和运输车辆的供应条件以及经济效益等因素综合考虑,最终选定运输方法、选择起重机械(装卸构件用)、运输车辆和运输路线。运输路线的制定应按照客户指定的地点及货物的规格和重量制定特定的路线,确保运输条件与实际情况相符。

2) 设计并制作运输架。根据构件的重量和外形尺寸进行设计制作,且尽量考虑运输架的通用性。

3) 验算构件强度。对钢筋混凝土屋架和钢筋混凝土柱子等构件,根据运输方案所确定的条件,验算构件在最不利截面处的抗裂度,避免在运输中出现裂缝。如有出现裂缝的可能,应进行加固处理。

4) 清查构件。清查构件的型号、质量和数量,有无加盖合格印和有无出厂合格证书等。

5) 察看运输路线。在运输前再次对路线进行勘查,对于沿途可能经过的桥梁、桥洞、电缆、车道的承载能力,通行高度、宽度、弯度和坡度,沿途上空有无障碍物等实地考察并记载,制定出最佳顺畅的路线。这需要实地现场的考察,如果凭经验和询问很有可能发生许多意料之外的事情,有时甚至需要交通部门的配合等。在制定方案时,每处需要注意的地方需要注明!如不能满足车辆顺利通行条件,应及时采取措施。此外,应注意沿途是否横穿铁道,如有应查清火车通过道口的时间,以免发生交通事故。

3. 构件运输方式

(1) 预制构件运输方式

1) 立式运输:在低盘平板车上安装专用运输架,墙板对称靠放或者插放在运输架上。内、外墙板和PCF板等竖向构件多采用立式运输方案。

2) 平层叠放运输:将预制构件平放在运输车上,叠放在一起运输。适用于立放有危险性,且叠放容易堆码整齐的构件。阳台板、楼梯等构件多采用平层叠放运输方式。

3) 多层叠放:平层叠放标准为6层/叠,在不影响质量安全的前提下可到8层,堆码时按产品的尺寸大小堆叠;预应力板:堆码8~10层/叠;叠合梁:堆码2~3层/叠(最上层的高度不能超过挡边一层),考虑是否有加强筋向梁下端弯曲。适用于构件重量不大,每层占空间不大的构件。叠合板、装饰板等构件多采用多层叠放运输方式。

除此之外,对于一些小型构件和异型构件,多采用散装方式运输。

(2) 预制墙板运输

装车时,先将车厢上的杂物清理干净,然后根据所需运输构件的情况,在车上配备人字形堆放架,堆放架底端应加垫黑胶垫,构件吊运时应注意不能打弯外伸钢筋。装车时应先装车头部位的堆放架,再装车尾部位的堆放架,且应在人字形架两侧对称放置,每架可叠放2~4块,墙板与墙板之间需用泡沫板隔离,以防墙板在运输途中因震动而受损(图5-13)。

(3) 预制叠合板运输

1) 同条件养护的混凝土立方体抗压强度达到设计要求,方可脱模、吊装、运输及堆放。

2) 底板吊装时应慢起慢落,避免与其他物体相撞。应保证起重设备的吊钩位置、吊具及

图5-13 预制墙板运输示意图

构件重心在垂直方向上重合,吊索与构件水平夹角不宜小于 60°,不应小于 45°。当吊点数量为 6 点时,应采用专用吊具,吊具应具有足够的承载能力和刚度。吊装时,吊钩应同时勾住钢筋桁架的上弦筋和腹筋。

3)预制叠合板采用叠层平放的方式运输,叠合板之间用垫木隔离,垫木应上下对齐,垫木长、宽、高均不宜小于 100mm(图 5-14)。

4)板两端(至板端 200mm)及跨中位置均设置垫木且间距不大于 1.6m。

5)不同板号应分别码放,码放高度不宜大于 6 层。

6)叠合板在支点处绑扎牢固,防止构件移动或跳动,在底板的边部或与绳索接触处的混凝土,采用衬垫加以保护。

图 5-14 预制叠合板运输示意图

4. 预制楼梯运输

(1)预制楼梯采用叠合平放方式运输,预制楼梯之间用垫木隔离,垫木应上下对齐,垫木长、宽、高均不宜小于 100mm,最下面一根垫木应通长设置(图 5-15)。

图 5-15 预制楼梯运输示意图

（2）不同型号楼梯应分别码放，码放高度不宜超过5层。

（3）预制楼梯在支点处绑扎牢固，防止构件移动，在楼梯的边部或与绳索接触处的混凝土，采用衬垫加以保护。

5. 预制阳台板运输

（1）预制阳台板运输时，底部采用木方作为支撑物，支撑应牢固，不得松动。

（2）预制阳台板封边高度为800mm、1200mm时，宜采用单层放置。

（3）预制阳台板运输时，应采取防止构件损坏的措施，防止构件移动、倾倒、变形等。

5.7.4 装配式构件施工

装配式混凝土结构施工的特点之一就是有大量的现场吊装工作，其施工精度要求高，吊装过程安全隐患较大。因此，在预制构件正式安装前必须做好完善的准备工作，包括确定构件安装流程，确保进场的预制构件、材料、预埋件、临时支撑等符合国家现行有关标准和设计要求，并按施工方案、工艺和操作规程的要求做好人、机、料的各项准备，方能确保优质、高效、安全地完成施工任务。

1. 安装前准备

（1）预制构件安装施工前，应编制专项施工方案，并按设计要求对各工况进行施工验算和施工技术交底。

（2）安装施工前对施工作业工人进行安全作业培训和安全技术交底。

（3）吊装前应合理规划吊装顺序，除满足墙体、楼梯、叠合板等预制构件外，还应结合施工现场情况，满足先外后内、先低后高原则。绘制吊装作业流程图，方便吊装机械行走，提高经济效益。

（4）装配式混凝土结构施工前，施工单位应对管理人员及安装人员进行专项培训和相关交底。

（5）施工现场必须选派具有丰富吊装经验的信号指挥人员、挂钩人员，作业人员施工前必须检查身体，对患有不宜高空作业疾病的人员不得安排高空作业。特种作业人员必须经过专门的安全培训，经考核合格，持特种作业操作资格证书上岗。特种作业人员应按规定进行体检和复审。

（6）起重吊装作业前，应根据施工组织设计要求划定危险作业区域，在主要施工部位、作业点、危险区都必须设置醒目的警示标志，设专人加强安全警戒，防止无关人员进入。还应视现场作业环境专门设置监护人员，防止高处作业或交叉作业时造成的落物伤人事故。

（7）检查构件套筒或浆锚孔是否堵塞。当套筒、预留孔内有杂物时，应当及时清理干净。用手电筒补光检查，发现异物用气体或钢筋将异物消除。

（8）对于柱子、剪力墙板等竖直构件，安好调整标高的支垫（在预埋螺母中旋入螺栓或在设计位置安放金属垫块），准备好斜支撑部件；检查斜支撑地销。

（9）对于叠合楼板、梁、阳台板、挑檐板等水平构件，架立好竖向支撑。

（10）伸出钢筋采用机械套筒连接时，须在吊装前在伸出钢筋端部套上套筒。

（11）检验预制构件质量和性能是否符合国家现行规范要求。未经检验或不合格的产品不得使用。

（12）所有构件吊装前应做好截面控制线，方便吊装过程中调整和检验，有利于质量控制。

2. 构件连接技术

预制构件的连接种类主要有套筒灌浆连接、直螺纹套筒连接、钢筋浆锚连接、牛担板连接以及螺栓连接。

(1) 基本要求

预制构件节点的钢筋连接应满足《钢筋机械连接技术规程》JGJ 107—2016 中 I 级接头的性能要求，并应符合有关现行行业标准的规定。

应对连接件、焊缝、螺栓或铆钉等紧固件在不同设计状况下的承载力进行验算，并应符合现行国家标准《钢结构设计标准》GB 50017 和《钢结构焊接规范》GB 50661 等的规定。

预制楼梯与支承构件之间宜采用简支连接。采用简支连接时应符合下列规定：预制楼梯宜一端设置固定铰，另一端设置滑动铰，其转动及滑动变形能力应满足结构层间位移的要求。预制楼梯设置滑动铰的端部应采取防止滑落的构造措施。

(2) 钢筋套筒灌浆连接

套筒灌浆连接技术是通过灌浆料的传力作用将钢筋与套筒连接形成整体，套筒灌浆连接分为全灌浆套筒连接和半灌浆套筒连接，套筒设计符合现行行业标准《钢筋连接用灌浆套筒》JG/T 398 的要求，接头性能达到《钢筋机械连接技术规程》JGJ 107—2016 规定的最高级 I 级。

(3) 直螺纹套筒连接

直螺纹套筒连接接头的施工工艺原理是将钢筋待连接部分剥肋后滚压成螺纹，利用连接套筒连接，使钢筋丝头与连接套筒连接为一体，从而实现等强度钢筋连接。直螺纹套筒连接的种类主要有冷墩粗直螺纹、热墩粗直螺纹、直接滚压直螺纹、挤（碾）压肋滚压直螺纹。

(4) 浆锚搭接连接

浆锚连接是一种安全可靠、施工方便、成本相对较低的可保证钢筋之间力的传递的有效连接方式。在预制柱、预制剪力墙内插入预埋专用螺旋棒，在混凝土初凝之后旋转取出，形成预留孔道，下部钢筋插入预留孔道，在孔道外侧钢筋连接范围外侧设置附加螺旋箍筋，下部预留钢筋插入预留孔道，然后在孔道内注入微膨胀高强灌浆料。

纵向钢筋采用浆锚搭接连接时，对预留孔成孔工艺、孔道形状和长度、构造要求、灌浆料和被连接的钢筋，应进行力学性能以及适用性的实验验证。直径大于 20mm 的钢筋不宜采用浆锚搭接连接，直接承受动力荷载构件的纵向钢筋不应采用浆锚搭接连接。

(5) 牛担板连接

牛担板的连接方式是采用整片钢板为主要连接件，通过栓钉与混凝土的连接构造来传递剪力，主要应用于主次梁的连接（图 5-16、图 5-17）。

(6) 螺栓连接

螺栓连接是用螺栓和预埋件将预制构件与预制构件或预制构件与主体结构进行连接。前面介绍的套筒灌浆连接、浆锚搭接连接等都属于湿连接，螺栓连接属于干连接。

(7) 环筋扣合连接

预制剪力墙的竖向钢筋伸出墙底，形成"U"形，而地梁预埋的钢筋为倒"U"形，在连接处进行钢筋绑扎连接，连接高度约为楼板厚度，由此形成装配式环筋扣合锚接剪力墙结构体系（图 5-18）。

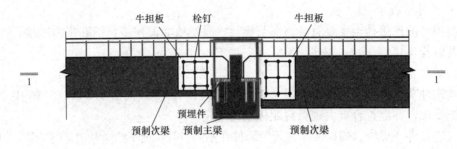

图 5-16　牛担板示意图 1

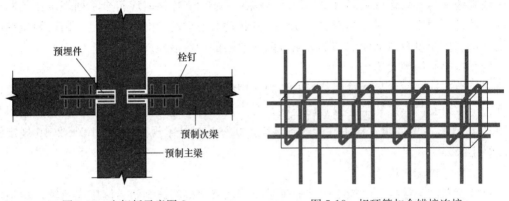

图 5-17　牛担板示意图 2　　　　　　图 5-18　担环筋扣合锚接连接

装配式环筋扣合锚接混凝土剪力墙结构主要由预制环形钢筋混凝土内外墙板、预制环形钢筋混凝土叠合楼板和预制环形钢筋混凝土楼梯等基本构件组成。在装配现场，墙体竖向连接通过构件端头留置的竖向环形钢筋在暗梁区域扣合，墙体水平连接通过构件端头留置的水平环形钢筋在暗柱区域扣合，在暗梁（暗柱）中穿入水平（竖向）钢筋后，浇筑混凝土连接成整体。

5.8　既有建筑加固修缮技术

我国在经历了 40 年的发展后，经济发展进入结构性减速时期，城市发展也由"增量扩张"迈向"存量优化"的变革期。既有建筑无法满足人们对建筑在安全性、适用性、耐久性等可靠性方面日益增加的需求，同时在建筑节能、绿色环保等方面也无法满足可持续发展的要求。如果将不满足使用需求的既有建筑全部拆除重建，不可避免地会造成资源的巨大浪费和污染环境，这与可持续发展路线是格格不入的。将既有建筑拆除重建，需要重新投入大量资源，而且会产生 $0.7\sim1.2\mathrm{t/m^2}$ 的建筑垃圾，城市垃圾消化系统将承受巨大的压力。因此，对既有建筑加固修缮，不仅能满足城市更新发展需要，还能节约大量资源、保护环境，延续既有建筑的生命，对构建绿色低碳、节能、智能的可持续发展城市具有重要意义。

（1）提升建筑功能，满足安全使用要求：我国 90% 以上的住宅建筑均建成于 1980 年以后,有一半以上的住宅建筑建成于 2000 年以后。从数据来看,有一大批既有建筑已达到或即将达到设计工作年限,建筑老化问题严重;另外,由于过去经济水平和技术水平的限制,设计建造标准较低,大部分建筑抗震性能难以满足现行抗震设防要求;在国家实行强制节能设计施工之前的建筑,由于缺少节能保温措施,节能性能差,运行能耗高。

(2)缓解资源矛盾:随着城市的不断扩大和大规模房屋建设,使城市建设用地日益紧张,供需矛盾日趋突出。面对土地资源紧张、地价上升、环境保护等问题,对既有建筑采用加固修缮的处置方式,不仅可以降低造价、缩短工期,还能缓解土地供需矛盾、保护环境,产生显著的经济效益和社会效益。

(3)降低建筑业碳排放量:中国建筑科学研究院的相关研究数据显示,拆除未达到使用年限的建筑每年造成的经济损失约 4600 亿元,导致每年新增 10% 的碳排放量。这些过早拆除的建筑中,只有约 19% 是建筑自身原因,而超过 80% 是因为商业利益以及规划预见不足等社会经济原因。对既有建筑采取合理的加固修缮措施,延长其使用寿命,避免大拆大建,有助于降低建筑废料的产出和环境污染,符合当今节约型、低碳型社会的发展要求,对建筑领域低碳化发展和可持续发展具有积极的促进作用。

既有建筑的鉴定、加固和验收,我国已经有了一套较为成熟的标准规范体系,如图 5-19 所示。

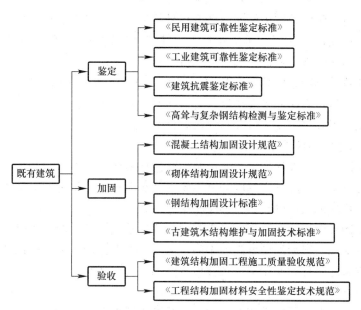

图 5-19 既有建筑鉴定、加固与验收相关标准规范

《既有建筑维护与改造通用规范》GB 55022—2021 规定了既有建筑维护与改造中的通用功能、性能,以及满足既有建筑维护与改造功能性能要求的通用技术措施,内容覆盖既有建筑维护与改造的检查、查勘与设计、施工、验收等过程的技术和管理要求。

对既有建筑加固修缮的目标是通过合理的技术手段,采取安全可靠、经济合理的加固修缮措施,通过提高结构承载力和抗震性能延长建筑的使用寿命,通过完善使用功能、改善使用性能和美化外在形象,使加固修缮后的建筑达到设计规定的安全性、适用性和耐久性要求,满足业主的使用需求。

5.8.1 既有建筑检查和鉴定

《既有建筑维护与改造通用规范》GB 55022—2021规定既有建筑在日常使用维护过程中，应对既有建筑的使用环境以及损伤和运行情况等进行定期的日常检查，在雨季、供暖季以及遭受台风、暴雨、大雪和大风等特殊天气前后，应对既有建筑进行特定检查。在检查及评定中发现的损伤，应根据损伤的程度采取修缮、改造、更新置换或废弃拆除等处理措施；在采取上述措施前，应及时采取停用或临时解除危险的措施。既有建筑在实施检查后发现危及使用安全的缺陷、变形和损伤，或达到设计工作年限拟继续使用，或进行纠倾和改造前，或改变用途或使用环境前，或受到自然灾害、人为灾害、环境改变或事故的较大影响，或设备系统的安全性、使用性和系统效能等不符合有关规定和要求，或使用功能改变导致建筑抗震设防类别提高时，应进行检测鉴定，根据鉴定结果确定是否需要加固。

检测鉴定是既有建筑加固与改造的基础。《既有建筑鉴定与加固通用规范》GB 55022—2021规定了既有建筑应遵循先检测、鉴定，后加固设计、施工与验收的原则，既有建筑的鉴定应同时进行安全性鉴定和抗震鉴定。既有建筑鉴定是指在规定的建筑物设计工作年限内，通过对建筑结构损伤情况、速率和维修状况等的分析，计算出建筑结构剩余的耐久年限，并从安全角度出发，鉴定建筑结构是否满足使用的目标年限要求。在鉴定中遵循的原则有：首先是安全性原则。该原则是指在规定的条件下，建筑结构遇到自然灾害或者其他原因导致的外力时，整体结构依然能够保持相对稳定，不会发生安全事故；其次是耐久性原则。该原则是指在正常使用和维护条件下，建筑结构的材料、性能并不会发生急剧退化，整体结构依然能够满足人们使用的各种需求。最后是适用性原则。该原则是指在正常使用过程中，建筑结构不会发生过大裂缝、变形等问题，满足人们日常生活的基本要求。当鉴定结果表明建筑物不能满足安全性和抗震性要求时，应进行加固设计，并依据加固设计进行加固施工，提高结构安全性和整体抗震性能。

5.8.2 既有建筑加固技术

既有建筑加固改造必须根据房屋鉴定结果并结合结构的具体特点和加固施工条件，对房屋建筑采取安全可靠、经济合理的加固措施，从而提高建筑结构的安全性能指标，增强结构整体的综合抗震能力，延长建筑的使用寿命。

既有建筑加固根据加固对象划分，主要包括地基基础加固、混凝土结构加固、砌体结构加固和钢结构加固；根据加固方法的不同，又可分为直接加固法和间接加固法。结构加固设计时应根据实际条件和使用要求选择适宜的加固方法和技术。

1. 地基基础加固

目前最常用的方法按其原理主要分为加深基础法和增大承台面积法，按照其施工工艺又可分为锚杆静压桩加固法、高压喷射注浆加固法、树根桩加固法等。

（1）加深基础法

加深基础法是通过基础下加设混凝土墩使荷载传递到较好的持力层的加固技术。这种方法适用于地基浅层中有能作为持力层的土层，同时地下水位较低的情况。在地下水位过高的情况下，应该安排排水。在钻孔时选择使用小型钻机，利用水和泥浆对钻头进行冷却或除渣。对较硬的土层应该利用水力扩孔钻头进行扩孔，在饱和软土层钻孔时应选择使用岩心管不断地磨动旋转流沙层表面，使孔壁的表面形成泥皮，保护钻孔；在表土层较为松散的情况下，应用套管护孔。对于灌浆成孔而言，应该对埋没的钢管进行二次清空，在施工中运用底部注浆法。

(2) 增大承台面积法

增大承台面积法是采用混凝土套或钢筋混凝土加大已有的基础底面，减少作用在地基上的基础压力，降低基础土中的附加应力水平，以减小沉降量或满足承载力和变形要求。这种方法可以用于既有建筑的地基承载力或基础底面积尺寸不符合设计的情况。利用增大承台面积的方法能够使建筑物工程桩与加固钢管桩形成一个整体，在建筑物的工程桩承台中植入预留钢筋，保证工程中不会出现"吊脚"现象。在基础承受偏心受压的情况下，应进行不对称加宽，而在承受中心受压的情况下则应该进行对称加宽。该方法在应用过程中应将原有的地基清洗，并铺设一层水泥浆，使新老混凝土之间的粘结力增强，同时在加宽部分的地基上使用夯实垫层，其厚度和材料与原有地基的一样。

(3) 锚杆静压桩加固法

锚杆静压桩用于建筑的纠倾加固工程。该方法是锚杆和静压结合而成的一种桩基托换方法。它通过在基础上设置压桩架，以结构自重作为压桩法力，用千斤顶将桩段从基础中预留或开凿的压桩孔内逐段压入土中，再将桩顶与基础连接在一起，从而达到提高地基承载力和控制沉降的目的。锚杆静压桩法适用于淤泥、淤泥质土、黏性土、粉土和人工填土等地基土。

(4) 高压喷射注浆加固法

该方法可增加地基强度、提高地基承载力、减少土体压缩变形等，因而可用于加固新建筑物地基和既有建筑物地基的托换加固等，可以不损坏建筑物的上部结构，且能使已有的建筑物在施工时不影响使用功能。该方法主要适用于处理淤泥、淤泥质土、流塑、软塑或可塑黏性土、粉土、砂土、黄土、素填土和碎石土等地基。

(5) 树根桩加固法

树根桩实际上是一种小直径的钻孔灌注桩，根据工程需要，树根桩可以是垂直的或倾斜的，可以是单根的也可以是成排的。由于其形状如同树根状，故称树根桩。该方法主要用于勘察、设计、施工或使用不当造成既有建筑物开裂、倾斜或损坏而需要进行地基基础加固处理。树根桩施工场地较小，钻孔机具轻便，所有操作均在底面上进行，因而比较方便，广泛应用于基础加固中。

除以上列举的几种常用方法外，还有很多其他加固方法，例如：人工挖孔桩加固法、石灰桩加固法、强夯法等。

2. 混凝土结构加固

(1) 增加截面积加固法

在实际加固工程中使用最多的就是这种方法，其主要是使用一定的办法来增大构件材料的截面积，增加受力配筋，以此来提升结构的承载能力。它的适用范围包括混凝土梁、混凝土柱和混凝土板等结构。此法的优势体现在操作简单，技术要求不高，而且实施方便，也因为其较高的可靠性使得被施工对象抗力性能有效增强，也保证了稳定性质。

(2) 置换混凝土加固法

此法主要适于经过一定时间后混凝土产生变质或者受到破坏后使得混凝土的强度等级不足以继续支撑构体的情况。对混凝土的置换就是用新型混凝土去替代存在问题的局部结构混凝土，以此提高或恢复构体整体状况。这种方法的优点就是在有效增强缺陷部位的同时不改变原始的结构分布与占用空间以及外观。不过这种办法也有缺陷,因为它的实施周期较长,去除原先具有缺陷部位旧混凝土的工作量大,且对于支撑柱的清除难度较大,而且对周边环境和原先的结构产生一定的影响。

(3) 外包钢加固法

这种方法指的是将需要加固的结构或者部位采用钢材包裹,这样做可以使被包围的混凝土的抗压性能有一定程度的提高。这种方法主要针对需要提高构件的各方面性能却又不能使用前两种方法的情况。《既有建筑鉴定与加固通用规范》GB 55021—2021 采用的是湿式外包钢方式,即用粘接材料(如粘结砂浆)去粘合构体和钢材,此法在实际操作方面比较简便,并且可靠性高,效果也比较明显,对周边环境的影响也比较小,而且施工耗时较少。

(4) 粘贴钢板加固法

这种处理方式指在需要加固的薄弱构体或部位,利用粘胶剂,在上面粘贴固定钢板的方式。利用这种方法可以增强有缺陷的部位的承载性能。该方法的施工工艺相对比较简单,并且施工时间短,最终加固后的构件可靠性高,呈现出整体效果好的特点。目前此技术被大力推广,使得加固费用逐步降低,这样也就很大程度上节约了成本。

(5) 粘贴碳纤维片材加固法

这种技术是将碳纤维片材粘贴到被加固的混凝土结构体表面上,从而使得改良后的结构体的综合性能得到大力提升。因为碳纤维材料的抗拉特性与弹性模量特别大,其抵抗疲劳性能也较钢材更优,在质量方面却比钢材小得多,而且因为这种物质的抗侵蚀性质与耐用性,从而使其可以对不同的、复杂的构体进行粘贴,因此得以广泛推广与应用。用碳纤维布缠绕构件则可以加大构件的延展性,提高构件延性变形能力。

(6) 增设支撑点加固法

这种处理方法就是增加一些支撑点来改变被加固构件的受力结构,增加构体的承载力。这种方法的主要使用范围在于那些不特别重视外观或者建筑的使用环境的场合,对于一些险峻工程也可以采用此办法。增加支撑法的优点在于具有明确的受力分布,在安装或拆卸等方面操作简单,可靠性和稳定性较高。

(7) 体外预应力钢筋加固法

体外预应力钢筋加固法是以一般建筑钢筋、钢铰线或槽钢等不锈钢板材作为反作用力专用工具布局在主体结构以外,对结构构件增加身体之外预应力钢筋,以预拉力减少结构构件原先的内应力,进而达到改进结构应用性能并增强其承重能力的目的。选用体外预应力钢筋加固法对结构开展加固,并不会卸载建筑原有结构,因此可在没有停用的标准下开展工程施工,但其不适用于素混凝土结构。用于砌体结构加固时,型钢预应力撑杆常用于烧结普通砖柱。下撑式拉杆能够提高梁的正截面承载力及斜截面承载力,与此同时减少梁的挠度值,变小原构件裂缝宽度。依据被加固柱的承受力情况不同,双侧支撑杆加固适用于轴心受力或小偏向受力柱,一侧支撑杆加固适用于大偏向受力柱。

3. 砌体结构加固

(1) 钢筋混凝土面层加固法与钢筋网水泥砂浆外加层加固法。这种方法是在去除砌体结构的抹灰面层之后,通过铺设钢筋(丝)网复合混凝土(砂浆),增强砌体结构整体性,提高抗剪切承载力的加固与维护方法。

(2) 高延性混凝土复合加固法。高延性混凝土是一种复合加工的纤维增强复合材料，具有高粘结性、高延性、高耐损伤能力，其变形能力可达普通混凝土的 200 倍，也被称为"可弯曲混凝土"。使用高延性混凝土进行砌体结构表面加固维护不必使用钢筋或钢丝网格，直接将高延性混凝土抹压在抹灰清除处理后的砌体结构材料表面即可。高延性混凝土能够弥补砌体结构固有的缺陷，是近年开始应用的一种砌体结构加固维护方式。

（3）粘贴纤维复合材料加固法。粘贴纤维包括芳纶纤维、玻璃纤维和碳纤维等，其中，碳纤维耐腐蚀性、耐磨性、热稳定性好，密度小，强度高，绝缘、电磁屏蔽性好，目前应用最为广泛。碳纤维的主要形式为片材（包括布状和板状）。应用该方法施工前首先要注意清理加固维护面的障碍物，尤其要清除已经粉化的砌体材料，确保砌体加固维护面能通过胶粘剂与碳纤维可靠粘结。这种方法最适合应用于砌体构件受拉、受剪区，应用较为灵活。

（4）增设砌体承重墙柱、基础等方法。增设砌体承重墙、基础的加固法一般宜采用双侧拉结形式，能够增强砌体结构墙体承载力，也可将竖向、水平荷载传递到加设的基础中。

4．钢结构加固

钢结构的加固有增加截面、改变结构计算简图、减轻荷载、增加构件、增加支撑或加劲肋、增强连接等多种方法。应结合施工方法、现场条件、施工期限和加固效果选择合适的方法。加固件与原结构要能够工作协调，并且不过多地损伤原结构和产生过大的附加变形。

5.8.3 既有建筑修缮技术

1．基于 BIM 技术的建筑修缮技术

目前，国内对 BIM 在建筑保护中的应用主要集中在记录建筑生命周期信息方法方面，随着 BIM 技术的深入发展，政府和企业已认识到 BIM 技术是未来智慧楼宇工程建设管理与运维管理的基础，特别是对百年历史文物建筑的改造与修缮。

（1）改造思路

根据 BIM 总体规划及施工总体要求，制定如下实施线路：

1）准备阶段：进行项目情况调研与需求分析，确定项目 BIM 应用目标，分析关键控制点，确定 BIM 组织架构。

2）实施阶段：建立符合项目 BIM 技术要求的模型，针对关键控制点实施 BIM 技术应用，对关键点应用的成果进行验收检查。

3）总结验收：BIM 技术成果归档，评价经济效果。

建筑改造与修缮工程 BIM 应用分为模型建立及虚拟建造与基于 BIM 平台的协同管理 2 条主线，通过模型应用提升工程建造水平、解决历史建筑改造修缮过程中的难点、减少不必要的工期延误；通过 BIM 协同管理平台，用三维模型集成工程全阶段、全业务的数据，达到信息共享、管理协同、提质增效的目的。

（2）三维激光扫描结合 BIM 技术还原建筑原貌

首先收集档案馆文件及勘察设计单位的传统测绘图纸，建立基础模型，发现缺失部分，特别是立面形式及耳房，再运用三维激光扫描对缺失及重点部分进行采样，生成点云数据模型，导入 BIM 模型中，生成正确反映现实的虚拟可视化模型。通过应用此项技术，减少修缮加固过程中对原建筑的接触和破坏，精确、直接地获取施工重点数据，大大提高建筑改造修缮过程中的精度和效率。

(3) 模拟拆除过程

传统施工拆除方案及进度计划是根据技术人员的施工经验及业主总进度要求编制的,大部分只能通过过程检验方案的可行性与合理性。通过 BIM 技术提前在虚拟环境下前置施工过程,按时间轴动态模拟拆除方案、现场布置、交叉作业等,有利于提前发现前期方案考虑不周的因素,优化施工方案。

通过模拟拆除过程,制作动画短片及技术交底,明确拆卸顺序及流程,防止施工过程中出现偏差。

(4) 深化设计

1) 重要节点工法还原:通过 BIM 技术建模还原,完善各类加工数据,导出图纸,指导现场施工。

2) 精确定位预留孔洞:通过 BIM 技术整合各专业管线与土建结构,可快速查询穿洞位置,并利用系统生成准确的剖面图纸,工程师可进一步完善孔洞周边的抱框、圈梁、构造柱设置措施等,并进行图纸下放。施工前,各施工单位应按照管线图纸核对隔墙预留孔洞的尺寸和位置,设计、施工确认无误后方可施工。

(5) 利用 BIM 协同管理平台

根据项目特色搭建协同管理平台,以 BIM 技术为项目信息载体,融合施工管理,结合轻量化、移动互联、云计算、大数据等前沿技术,将现场施工进度、质量、安全和监测等信息由工程人员实时掌握,形成标准化、流程化的进度管理、质量管理、文档管理等模块。对改造过程进行完整、准确地记录,改造参与各方使用统一平台进行协作,提高管理效率和质量。

2. 基于红外热像无损探测技术的外墙保温系统修缮

针对建筑外墙修缮要求,采用红外热像无损探测技术确定外立面饰面层粘结缺陷程度以及位置,通过非接触的无损检测方法,避免了对墙面的二次损坏,准确测出内隐的损坏程度和位置,保证了修缮的彻底性。

在建筑物外墙构造中,钢筋混凝土墙体和黏土砖墙体有很大的热容量,当外墙表面温度比墙主体温度高时,热量就从外墙面往墙主体方向传递;当外墙表面温度比墙主体温度低时,热量就从墙主体往外墙表面方向传递。相对于墙主体材料来说,密闭的空气层是热的不良导体,如果墙体与饰面层之间有粘结缺陷形成脱粘空鼓,则外墙饰面层与墙体之间的热传导变小。当外表面通过热辐射或通过热传导传递热量时,有脱粘空鼓的部位的温度变化要比正常情况大。红外热像法检测就是基于这种原理,使用红外线拍摄装置检查建筑物外墙砂浆、面砖等饰面空鼓部分与正常部分因热传导差异而引起的温度差,从而判断饰面层的空鼓部位和空鼓程度。

用于建筑外墙饰面层粘结缺陷检测的红外热像仪宜选用 $8\sim13\mu m$ 波段的长波机,检测时,应选择晴好天气,且室外平均风速不大于 5m/s,环境温度低于 40℃,环境湿度不应大于 90%,且无结露。一般来说,采用红外热像法对被检测建筑的规模和结构形式基本上没有限制。但是,建筑物的高度和平面尺寸过大,会使检测距离加大,或者仰角和水平角过大,影响检测精度,容易造成误判。检测空鼓所需要的红外热像仪最小分辨温差在 0.1℃ 以内,在所测墙面上能分辨的最小测点直径为 50nm 左右,红外热像仪在距被测建筑物 50m 以内的位置上工作。在周边条件允许的情况下,将红外热像仪放置在被检测建筑物前 20m 左右的距离，其仰角和水平角限定在 30rad 以内，并对各立面进行分区分块拍摄，以提高检测精度和检测结果的准确性。

红外无损检测中使用的测试仪器与被测物间不仅是非接触的，而且两者间的距离可以很大，不需要搭设任何辅助设施的情况下即可完成检测，对建筑物不产生任何伤害，且避免操作者处于危险状态。红外无损检测操作方便，单次可检的面积较大，检测效率较高；应用面较广，适应性强，不需要对被测物的表面进行专门处理，可分析性强；灵敏度较高，可以检测出建筑物表面存在的所有缺陷与损伤，如分层、空鼓、脱粘、积水、结冰、腐蚀等，覆盖面广，检测精度和准确度高。该检测方法不适用于对有大凹凸墙面、拉毛墙面、大理石墙面和表面反光性强的饰面层的检测。

本章参考文献

[1] 建筑施工与运营碳排放研究课题组. 建筑低碳化探索［M］. 北京：中国建筑工业出版社，2016.
[2] 李岳岩，陈静著. 建筑全生命周期的碳足迹［M］. 北京：中国建筑工业出版社，2020.
[3] 叶堃晖. 低碳建造——从施工现场到产业生态［M］. 北京：中国建筑工业出版社，2017.
[4] 中国建筑股份有限公司. 建筑工程绿色施工评价标准［S］. GB/T 50640—2010. 北京：中国计划出版社，2010.
[5] 中华人民共和国住房和城乡建设部，中华人民共和国国家质量监督检验检疫总局. 建筑工程绿色施工规范［S］. GB/T 50905—2014. 北京：中国建筑工业出版社，2014.
[6] 朱亚光，吴春然，吴延凯等. 微生物矿化沉积改善再生骨料性能的研究进展［J］. 混凝土，2018 (7)：88-92.
[7] 董丽. 建筑垃圾再生骨料混凝土砌块配合比及其砌体基本力学性能研究［D］. 郑州：郑州大学，2014.
[8] 陈婷. 基于废渣混凝土的建筑物绿色度研究［D］. 西安：长安大学，2017.
[9] 叶明. 装配式建筑概论［M］. 北京：中国建筑工业出版社．2021.
[10] 周昱，徐晓晶，保嶽. 德国《循环经济法》的发展与经验借鉴［J］. 环境与可持续发展，2019 (3)：35-38.
[11] 周勃，任亚萍. 基于BIM的工程项目施工过程协同管理模型及其应用［J］. 施工技术，2017，46 (12)：143-150.
[12] 赵越. 基于BIM技术的某历史保护建筑修缮改造［J］. 施工技术，2019，48 (12)：12-15.
[13] 崔晓玉. 对已建筑物结构改造技术的探究［D］. 合肥：安徽理工大学，2016.
[14] 胡鹏，陈蕾，欧亚明，孙泽元，齐贺. 既有建筑改造中的建筑生命延续研究［J］. 施工技术，2018 (47)，110-114.

第6章

建筑运行阶段低碳化技术

根据《中国统计年鉴》历年数据，建筑使用能耗占全国总终端能耗的24%～25%，建筑的运行阶段使用能耗占建筑总能耗的80%以上。建筑运行用能指的是在住宅、办公建筑、学校、商场、宾馆、交通枢纽、文体娱乐设施等建筑内，为居住者或使用者提供供暖、通风、空调、照明、生活热水，以及其他为了实现建筑的各项服务功能所产生的能源消耗。

6.1 建筑运行低碳化管理

6.1.1 建筑运行低碳化发展概述

根据国际能源署（International Energy Agency，IEA）对于全球建筑领域用能及排放的核算结果，2019年全球建筑业建造（含房屋建造和基础设施建设）和建筑运行相关的终端用能占全球能耗的35%，其中建筑建造和基础设施建设的用能占全球能耗的比例为5%，建筑运行占全球能耗的比例为30%；2019年全球建筑业建造（含房屋建造和基础设施建设）相关的CO_2排放占全球总CO_2排放的10%，建筑运行相关CO_2排放占全球总CO_2排放的28%。

根据清华大学建筑节能研究中心对于我国建筑领域用能及排放的核算结果，2019年我国建筑建造和运行用能占全社会能耗的33%，与全球比例接近。但我国建筑建造全社会能耗的比例为11%，高于全球5%的比例。建筑运行占我国全社会能耗的比例为22%，仍低于全球平均水平，未来随着我国经济社会发展及居民生活水平的提高，建筑用能在全社会用能中的比例还将继续增长。另一方面，从CO_2排放角度看，2019年我国建筑建造和运行相关CO_2排放占全社会总CO_2排放量的比例约为38%，其中建筑建造占比为16%，建筑运行占比为22%。

根据中国建筑节能协会建筑能耗与碳排放数据专业委员会发布的《2021年中国建筑能耗与碳排放研究报告》，2019年我国建筑全过程能耗总量为22.33亿tce，其中建筑材料生产阶段能耗11.1亿tce，建筑施工阶段能耗0.9亿tce，建筑运行阶段能耗10.3亿tce，建筑运行阶段能耗占全国能源消费总量的21.2%；2019年我国建筑全过程碳排放总量为49.97亿tCO_2，占全国碳排放量的50.6%，其中建材生产阶段碳排放27.7tCO_2，建筑施工阶段碳排放1tCO_2，建筑运行阶段碳排放21.3tCO_2，占全国碳排放量的21.6%。

由于我国处于城镇化建设时期，因此建筑和基础设施建造能耗与碳排放仍然是全社会能耗与碳排放的重要组成部分，建造能耗占全社会的比例高于全球平均水平，也高于已经完成城镇化建设期的经济合作与发展组织（Organization for Economic Co-operation and Development，OECD）国家。但与OECD国家相比，我国建筑运行能耗与碳排放占比仍然较低。不同机构测算的建筑业和运行阶段占全社会能耗和碳排放比例如图 6-1 和图 6-2 所示。

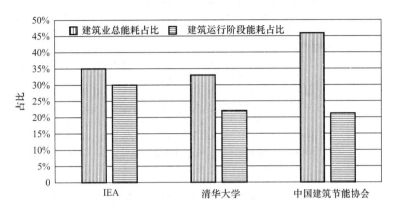

图 6-1 不同机构测算的建筑业总能耗和运行阶段能耗占全社会能耗占比

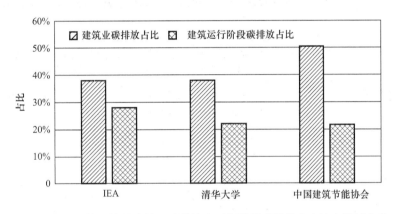

图 6-2 不同机构测算的建筑业碳排放和运行阶段碳排放占全社会能耗占比

由于计算边界的不同，得出的结果有差异，但运行阶段能耗和碳排放的占比是建筑业最大的，且我国建筑运行阶段能耗和碳排放占比低于世界平均水平，随着城镇化持续推进和人民生活水平不断提高，建筑的运行能耗和碳排放占比将进一步提高。

建筑运行阶段的能耗和碳排放高占比，要求我们在建筑领域低碳化发展过程中要引起足够的重视，并积极探索低碳化运行维护技术，在保证室内环境要求的前提下尽量降低建筑运行阶段能耗，并使建筑能源低碳化，同时注意非 CO_2 温室气体的排放。建筑运行阶段一般针对已经建成的既有建筑进行运行维护，本章从与建筑运行维护视角阐述建筑运行阶段低碳化发展的技术。

6.1.2 运营管理企业低碳化指标体系

建筑楼宇和数字基础设备的碳排放管理将成为实现"双碳"目标的重要关键点，实现节能减排与高效增益双向发展成为建筑产业及运营管理企业未来的发展方向。运营管理企业根据低碳化管理的目的和企业的低碳化管理方针战略框架，形成低碳化指标体系，如表 6-1 所示。致力于满足节能相关法律法规、标准及其他强制性要求，节约能源，提高能源利用效率，减少温室气体排放。

建筑运营管理企业低碳化指标评价表　　　　表6-1

序号	一级指标	二级指标	具体要求
1	能源管理	建筑本体	利用天然采光、自然通风，提高建筑能源利用效率。通过对建筑围护结构的节能设计或绿色改造等措施加强建筑保温隔热
			定期对建筑围护保温系统及气密性保障等关键部位进行维护和检验。对门窗和外遮阳等设施定期进行完好性检查
		暖通空调系统	供热供冷系统因地制宜采用可再生能源技术，设备采购采用能效等级为一级的产品。循环水泵、通风机等用能设备采用变频调速
			供热供冷设备主机及新风机组开启台数根据室外温度变化、室内温度、二氧化碳浓度实现动态控制
			过渡季节关闭普通区域空调系统，采用自然通风方式
		给水排水系统	有效利用城镇给水管网的水压直接供水，集中热水供应系统利用余热、废热、可再生能源或空气源热泵热水机（器）作为热水供应热源
		照明系统	选用高效节能光源与灯具
			基于能源消耗监测信息及优控模式实现能源管理数字化控制，根据室外光照强度、有人无人或人数多少实现分区优化控制
		电梯系统	采用节能的控制及施动系统，当设有两台及以上电梯集中排列时，具备群控功能，高层建筑电梯系统采用能量回馈装置。高层建筑多台电梯分区或分层停靠
		办公设备	不采用耗能高的办公设备
			办公设备设施根据工作时间实现定时开关，减少待机电耗。超过一定的休息时间，及时关闭相应办公设备电源。电开水器（饮水机）等设施夜间切断电源
		车辆管理	提高新能源汽车使用比例，更新用于相对固定路线的车辆时，配备新能源汽车。 建立用车油耗台账制度，推广节油新技术、新产品
		管理与控制措施	计量器具配置与管理符合现行国家标准《用能单位能源计量器具配备和管理通则》GB 17167
			定期对供暖、空调、照明、电梯、办公设备、生活热水、特殊用能等系统能源消耗进行分析
			定期对碳排放量进行统计分析，并与上一年度相应数据纵向对比，或与相同功能的建筑碳排放量数据进行横向对比
2	绿化管理	环境绿化	因地制宜做好室内外绿化、美化，发挥绿色植物群体的光合固碳和绿化土壤的吸碳贮碳功能
			根据阳台、屋顶等建筑特点，实施阳台绿化、屋顶绿化或屋顶农业
			从提高绿化覆盖率和增加绿色植物总量考虑，在院落场地，除必要的硬化地面外，实施乔、灌、草、花绿化

续表

序号	一级指标	二级指标	具体要求
3	可再生能源及绿色电力	可再生能源利用	利用屋顶、屋面及其他条件，自行建设或采用合同能源管理模式建设光伏发电、风力发电、太阳能集热、空气源热泵等可再生能源利用设备
			可再生能源系统同常规能源系统并联运行时，优先运行可再生能源系统
			可再生能源系统能源产出、输出、自用量单独计量
			定期开展可再生能源利用评价，可行时，采取措施提高可再生能源的实际使用量
		绿色电力	参与绿色电力市场化交易，购买绿证或直接绿色电力交易等途径实现零碳电力消费
4	碳中和	购买碳信用额度或碳汇抵消	购买碳信用额度或碳汇的抵消方式，按照以下优先顺序： 1. 购买国家温室气体自愿减排项目产生的"核证自愿减排（CCER）"，优先选择林业碳汇类项目及本地温室气体自愿减排项目。 2. 购买政府批准、备案或者认可的碳普惠项目减排量，优先选择本地低碳出行抵消产品。 3. 购买政府核证节能项目碳减排量，优先选择本地、长三角地区节能项目
		自主开发项目抵消	可包括但不限于以下方式： 1. 边界内外自主开发减排项目所产生的经核证的减排量。 2. 采用开发碳汇的抵消方式，可在边界内外自建设经核证的碳汇

注：由于全国各地区发展水平不同，且气候等自然条件也存在较大差异，故本表仅供参考。

6.2 建筑调适技术

在建筑行业，随着现代建筑各项功能的不断扩展，机电系统已经成为其中必不可少的重要组成部分，如建筑强弱电系统、消防安保与智能化系统、给水排水系统、供暖通风与空调系统等，它们相互依存并形成一个复杂的整体，这些系统也是建筑中能源的主要消耗者。在建筑机电系统设计、设备选型、安装及调试运行过程中，某一个环节的缺陷或不足都将造成整个系统的不正常运行或无法达到最佳的运行状态。中国建筑科学研究院有限公司牛丽敏、魏峥、宋业辉等人通过多个调适项目的工程实践，对在工程建设的设计阶段、建设阶段和运行阶段常见问题进行了分析总结，如表6-2所示。

工程建设过程中常见问题　　　　表6-2

工程建设阶段	问题
设计阶段	业主项目需求未明确，导致需求变动； 追求美观、空间利用最大化，机电系统、设施铺设空间受限； 自控系统设计深化不够，设计提出工艺控制要求，弱电分包未根据设计要求进一步深化施工图； 暖通空调系统缺乏风、水平衡计算，导致后期调试缺乏依据

续表

工程建设阶段	问题
施工阶段	设备、部件选型配置和设计人员沟通不充分，导致设备功能、性能、工作范围不符合设计要求； 各专业缺乏高效协调，作业面受限，后续施工对前期成品造成破坏等； 监理单位主要对安装质量进行核查，对设备、系统性能缺乏监管； 对调试工作不重视，仪器配置、调试实施不到位； 缺乏系统联调，尤其缺乏与自控系统联合调试； 资料不完善
运营阶段	缺乏对运行管理人员系统培训，导致运行效果依赖运行团队的技术水平和素质； 没有完善的项目资料，对运行维护、故障诊断处理造成障碍； 使用功能发生改变、业主二次装修注重装饰效果，或缺乏检修意识，导致日常维护工作无法正常开展； 项目交接周期长，责任难于明确，商业项目尤其明显； 自控系统的维护未被充分重视； 部分项目缺少节能降耗措施及管理制度，尤其是缺乏奖惩制度，或者未按制度执行情况； 设备维保不当或维保缺失，造成设备运行效率降低

以上在工程建设各环节出现的问题，结合国内规范体系，目前我国机电系统最缺少的是在方案设计、施工图设计、施工和运行维护各阶段进行系统性的过程管理和优化，也就是全过程调适。调适的必要性体现在以下几个方面：

（1）建筑需求提高。随着我国经济发展以及城镇化进程，每年新建大量的酒店、办公楼、医院、商场等公共建筑，伴随科技的进步发展，对能源、环境关注度提高，建筑功能多指标化、建筑机电系统复杂化，自控系统越来越重要，需要各专业之间全程密切配合，系统之间才能达到完美融合。单一设备和系统的调试满足不了功能需求，从最终的效果考虑，应该多专业联合调适。

（2）业主项目要求粗线条。随着需求的提高，业主项目要求应细化、明确。但国内大多数业主和开发商尚未建立自己的技术团队，有需求但不能落实到对技术具体细节的把控。不能形成系统的、细化的技术文件，咨询公司和设计单位侧重于对国家规范和标准的遵循，导致建筑系统的部分功能无法完全实现，达不到业主的期望。

（3）监理制度侧重于施工质量。我国在工程质量控制过程中采用建设工程监理制度，监理单位的监理程序侧重于建筑系统和设备安装质量是否符合国家的标准规范要求，侧重于施工质量结果的保证，忽视设备、系统等性能的保证。监理制度的实施在一定程度上对我国建设工程的工期、施工质量和造价方面起到了一定的效果，对建设工程的主体比较适用，但对于动态运转的机电系统的适用性较差。

（4）施工单位的调试与业主期望之间存在差距。建筑设备与系统完成安装后，测试与调试成为系统能否达到设计意图并满足业主项目需求的关键。但目前国内的施工单位只能按照验收标准规范进行施工质量验收，但这些标准规范只是规定了基本测试方法及达到效果的要求，缺乏具体落实的动态过程要求，缺少能够具体指导系统优化调适，保证机电系统效果和节能运行的详细内容。

随着社会的发展，建筑功能性越来越强，建筑系统越发复杂，耦合性也越来越强，往往一个很小的局部问题可能会对建筑的整体运行产生很大的影响。从建筑设计到竣工验收交付完成周期长，各个参与方分阶段参与建设，经常出现信息不对称、沟通不及时，甚至存在无人管理的"灰色地带"等问题。在方案、设计、施工、调试、交付阶段，任何小的错误、小的问题,在后期运营中都会造成严重的后果。清华大学田雪冬在研究公共建筑全过程能耗总量控制管理方法中提到,工程实践表明,公共建筑设计、建造、运行全生命周期中存在明显的"漏斗效应",如图6-3所示。在建筑全生命周期中,从概念设计到建筑、机电方案设计、施工图绘制、招标、施工建造、调试验收,再到长期运行,设计意图不断被淡化,工程质量不断下降,导致建筑各系统(特别是机电系统)的价值不断流失。在概念设计阶段,建筑系统是理想的,在满足室内环境需求的同时,能充分发挥系统的高效性,降低运行能耗。但在各个环节中,由于工作的不完善,建筑各系统的实际情况与理想情况逐渐偏离,偏离累积的后果就是建成后的建筑系统能效与预想的能效相去甚远,往往导致物业管理团队往后数十年对遗留问题的追问。因此,在建筑系统建造过程中,涉及全生命周期完整的调试过程和技术方法是非常必要的。

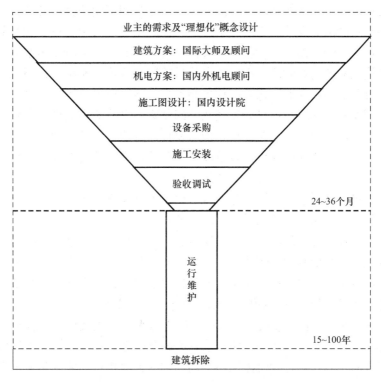

图6-3 建筑全生命周期"漏斗效应"

建筑调适,源于欧美发达国家,属于北美建筑行业成熟的管理和技术体系。通过在设计、施工、验收和运行维护阶段的全过程监督和管理,保证建筑能够按照设计和用户的要求,实现安全、高效的运行和控制,避免设计缺陷、施工质量和设备运行问题,保证建筑的正常运行。调适作为一种质量保证工具,包括调试和优化两重内涵,是保证建筑系统能够实现节能降碳和优化运行的重要环节。

建筑节能领域的第一部全文强制标准《建筑节能与可再生能源利用通用规范》GB 55015—2021于2022年4月1日起实施,该标准的颁布实施,是我国建筑节能事业发展的里程碑,将为我国建筑行业实现"双碳"目标奠定坚实的基础。《建筑节能与可再生能源利用通用规范》GB 55015—2021在施工、调试及验收一章中第6.3.12条提出了:当建筑面积大于 100000m² 的公共建筑采用集中空调系统时，应对空调系统进行调适。

《城乡建设领域碳达峰实施方案》中指出：全面提高绿色低碳建筑水平，加强空调、照明、电梯等重点用能设备运行调适，提升设备能效，到 2030 年实现公共建筑机电系统的总体能效在现有水平上提升 10%。

《ASHRAE Standard 202—2018》中提到，建筑调适是一个确保建筑的实际性能达到设计指标以及业主预期的质量管控过程。在规划、设计、施工、检测、运行与维护的过程中，通过管理与技术手段避免由于设计缺陷、施工质量、运行维护造成的建筑实际性能低于设计预期的问题。

调适是一个以项目质量为导向，实现、验证并记录各设备、系统及部件的最佳运行状况，以达到既定目标和标准的工作过程。调适的目标主要包括：保证建筑系统和设备施工质量满足相关规范要求；确保建筑设备的实际性能参数和功能符合设计和使用要求；建筑系统综合效果和功能满足设计和使用要求；确保建筑系统的安全、可靠和高效运行；通过对运营管理单位的培训，提高运营管理水平；建立完善的系统手册，满足运营管理使用要求。在项目建设之初的规划阶段，需要根据项目功能和定位、建筑设计图纸和机电系统初步方案，并结合前期调研数据，建立能耗预测模型。通过模拟分析等手段预测项目未来投入使用后的运行能耗。随后与项目开发团队共同制定项目节能全过程管理目标。与过去以提高能效为主要目标不同的是，全过程管理需要提出以能耗总量控制为主，以能效控制为辅的目标，以实际运行能耗来评价建筑节能，实现从提高能效向能耗总量控制的转变。全过程管理目标的实现必须以业主提出的约束条件为前提，制定多个层级的指标，要想达到上级指标，下级指标必须达到要求，这样就可以将指标体系逐级展开，最终细化到具体环节，进而针对具体环节制定具体的操作措施，使得指标落地。

一个稳定、清晰、合理的团队组织是完成全过程优化的坚实基础，通常建筑调适过程的第一个任务就是组织所有调适团队成员参加的调适预备会议，会议的一项重要议题就是确定调适团队成员及其职责。调适团队一般包括以下成员：业主或业主代表（设计部、工程部、物业部）、调适顾问、设计单位、施工承包方、设备承包商。

调适团队组织架构如图 6-4 所示，调适全过程管理的组织架构需要以业主方（包括设计部、工程部、物业部等）和咨询团队组成核心团队，全过程参与，从方案阶段开始跟踪把控，确保大方向正确，设计理念无明显偏离。同时，对执行团队提出明确要求，并监督检查。而执行团队主要由设计院、施工方、设备承包商组成，在全过程管理工作中给核心团队反馈工作进度以及超出自身解决能力的困难，并由核心团队解决或给出解决方案。核心团队中，设计部起主导作用，对外直接对接设计院，对内协调各部门，并对其提出要求。工程部负责落地执行，对施工方和设备承包商进行管理，确保施工时间节点。为了确保运营效果，物业部在前期开始介入，协助监督施工质量及进度，提前发现不利于后期运营的因素，同

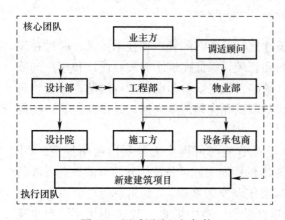

图 6-4　调适团队组织架构

时熟悉现场情况,为运营保驾护航。调适顾问协调并实施各项调适任务,在设计、施工、调适等过程中驻场,作为专业的技术支持,提升工作效率,明确管理手段,解决疑难问题,降低风险。

需要明确的是,调适顾问并不直接管理工程的设计与施工过程,他更多地在于对项目尤其是用能系统设计、安装与运行的监督与统筹技术指导。这点与既有建筑调适顾问的职责有着本质的区别。

调适的管理体系主要包含以下几个方面:调适项目流程、方案设计阶段、设计阶段、施工阶段、交付和运行阶段。新建建筑与既有建筑调适流程略有差异,本节分别对新建建筑与既有建筑调适管理体系进行介绍。

6.2.1 新建建筑调适

对新建建筑而言,通过全面、系统的过程调适,不仅可以充分协调、管理各环节的施工进度、及时解决施工过程中各层面出现的问题,从而保证建筑各系统的施工质量,同时又可以优化配置各系统的相关环节,使整个建筑系统达到最佳状态,在满足使用要求的前提下,降低系统的运行成本,减少建筑在全寿命期内的运营成本。一个完整的调适过程,既可以使设备达到全功能可微调的控制,又可以获得完整的设备安装、调适、运行的过程文件,同时可加强运行、维护人员相应的专业化技能,可谓一举多得。

新建建筑调适包含四个阶段:方案设计阶段、设计阶段、施工阶段和运行维护阶段(含持续性调适),调适流程如图 6-5 所示。在新建项目中,调适可以在不同的阶段介入,国内外的实践表明,在新建项目中,调适越早介入,项目收益越大,包括降低建造成本和能耗、提高室内环境品质、提高建筑运行效率、增加设计与施工单位间的配合、提高资金周转率及降低质保投诉率。

建筑调适的目的是解决建筑系统的整体性能,既包括动态系统(如暖通空调系统、照明系统、应急电力系统、自动控制系统、电梯系统等),也包括静态系统(如围护结构系统等)。调适的理想情况是开展整体建筑调适,即所有的建筑系统均要进行调适。但在实际项目中,如果受到项目属性和预算的影响,无法开展整体调适时,可根据需要有选择地开展系统调适,使整个调适过程费效比最大化。调试系统的选择原则建议如下:对安全性、环保性或可靠性有显著影响的系统,应优先选择;容易产生性能和维护问题的系统,应优先选择;有显著动态性组件的系统,应优先选择。

1. 方案设计阶段调适工作

方案设计阶段的目标为:建立和明确业主的项目要求。

本阶段在调适过程中至关重要,因为业主的项目要求是系统设计、施工和运行的基础,同时也决定着调适计划和时间安排。方案设计阶段的调适工作主要为建立业主项目要求和设计提供文件基础,确保方案设计阶段、运行维护阶段的决策均得以顺利实施和开展。

该阶段的调适过程工作主要包含以下几点:

(1)方案设计。在方案设计阶段,根据《〈绿色建筑运行维护技术规范〉实施指南》中介绍的调适过程的相关内容,各方对项目进行监督。

(2)建立业主项目要求。业主项目要求的制定来源于项目设计、施工、许可、运行决策的各个方面。一个高效的调适过程有赖于一份清晰、简明、全面的业主项目要求文件,有助于调适团队掌握设备及部件的设计、施工、运行及维护的相关信息。业主项目要求的每一条款都应有明确的运行和许可标准、测量标准以及相对明确的评估方法。

(3) 建立调适计划。调适计划所制定的进度和步骤是一个成功调适过程必不可少的，调适计划应以业主要求为基础，明确反映调适过程的范围和预算情况。调适计划包括调适过程的工作时间表、各成员职责、文档要求、通信及汇报方案、评估程序。调适计划在项目周期内需连续更新，以反映计划、设计、施工、使用及运行的变更情况。

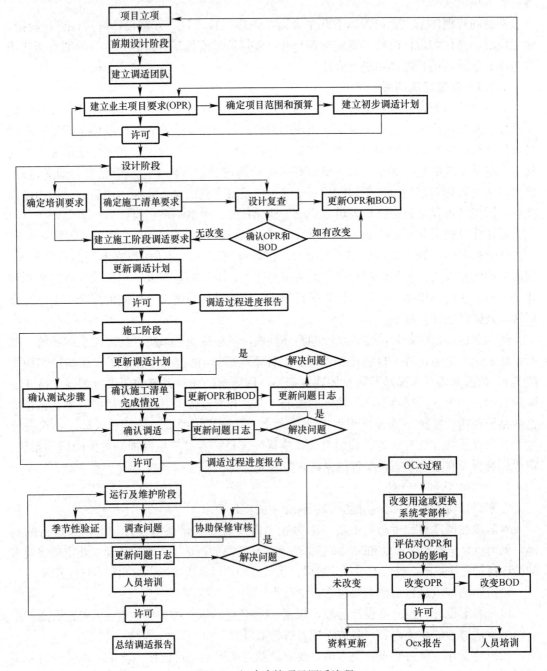

图 6-5　新建建筑项目调适流程

注：图中 OPR 为业主需求，BOD 为设计基础。

(4) 建立问题日志程序。问题日志包括对不符合业主项目要求的设计、安装及运行问题的详细介绍，判定问题并进行追踪（包括设备的设计、施工及运行阶段）。

(5) 筹备调适过程进度报告。调适过程进度报告是贯穿项目始终的周期性报告。

2. 设计阶段调适工作

设计阶段的工作目标为：尽量确保施工文件满足和体现业主项目要求。

设计文件应清楚地介绍满足业主项目要求的设计意图及规范、设备系统及部件的描述。设计阶段工作组核心成员包括业主方代表、调适顾问、设计人员以及施工/项目经理。

该阶段的调适过程工作主要包含以下几点：

(1) 更新设计文件：备选的系统、设备及部件；系统及相关组件的选型计算；设备系统及部件的设计运行工况；设备及部件的技术参数；标准、规范、指南、法规及其他参考文献；业主要求和指令；其他所要求的信息。

(2) 更新调适计划：系统及部件的确认和测试方案；施工、交付及运行阶段调适过程工作时间表；新的调适团队成员的角色及职责；施工、交付及运行阶段的文档和报告要求，包括步骤和格式；施工、交付及运行阶段的沟通方案；施工、交付及运行阶段的调适过程步骤。

(3) 设计施工清单：确认设备/部件；安装前检查；安装检查；故障和缺陷。

(4) 设计文件复查：对设计文件的总体质量的复查，包括易读性、一致性和完成程度；复查各专业之间的协同情况；满足业主项目要求的特定专业复查；详细说明书同业主项目要求及设计文件的适用性和一致性复查。

清华大学郝志刚、魏庆芃等人总结公共建筑空调系统全过程管理方法的研究中介绍的调适在设计阶段的工作内容如图6-6所示，主要包括模型建立、施工图审查、能源管理系统体系初步构造以及特殊区域风险防范等。在该阶段，首先需要建立负荷分析模型，利用负荷模拟软件对项目全年负荷进行详细模拟计算，将关注点从典型设计负荷细化到全年

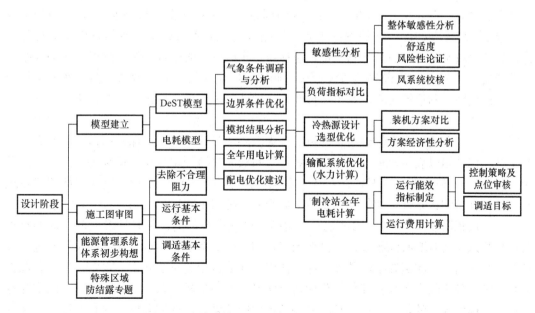

图 6-6　公共建筑空调系统设计阶段调适工作内容

逐时负荷。负荷模拟时，为了保证模拟的准确性，需要对当地气象条件进行调研，同时，以设计院提供的室内设计参数作为模型的输入条件（结合现行国家标准《公共建筑节能设计标准》GB 50189 给出的参数和调研得到的当地同类型建筑的实际使用情况，对室内设定参数，包括室温设定值及作息，人员密度及作息，灯光、设备密度及作息等进行优化，最终确定模拟边界条件）。在得到模拟结果后，以其为基础，制定全年运营策略，预测未来运行能耗，从而对能耗与能耗目标进行论证。其次，在设计院出具施工图以后，需要对施工图进行优化，包括检查管线综合设计是否合理，排除不合理阻力，确保设备、系统运行的基本条件，为后续调适验收做好准备。第三，在设计阶段还需要开展能源管理系统的构思，根据项目功能特点、空调系统特征，初步明确能源管理系统功能。最后，对于项目特殊区域，例如室内冰场、影院等，需要做好风险防控等工作，提前考虑特殊区域在运营过程中对空调系统的特殊要求，并做出预案，避免在实际运营过程中无法满足相应环境需求，导致无法正常使用。

通过设计阶段的分析与论证，依托大数据建立负荷分析模型和能耗预测模型，对各指标严格把控。除避免无用的设计冗余，使设计更加贴近实际运行情况外，还可以通过分析模型，模拟不同边界下系统的运行性能，并以此为依据对设计进行优化，同时辅以各经济性指标，做出最终判断。在设计方案确定之后，根据负荷特性与设定目标，制定未来运行的控制策略，完成全过程闭环的解决方案。

3. 施工阶段调适工作

施工阶段的工作目标为：确保系统及部件的安装情况满足业主项目要求。

采用抽查方式确保施工阶段业主项目要求中所涉及的每一项任务和测试工作的质量。召开调适团队会议，以促进各方配合及保证进度。

该阶段的调适过程工作主要包含以下几点：

（1）准备阶段：1）协调业主方代表参与调适工作。2）更新业主项目要求。当业主项目要求变更时，设计及复查方应做出必要的调整，以满足业主项目要求。3）更新调适计划。包括：施工期间已建立的测试步骤和数据表格；完善整合施工时间表中调适过程工作；施工阶段调适团队的角色和职责，包括新工作组成员的职责；施工阶段使用的联络方式的变更。4）组织施工前调适过程会议。调适顾问应主持召开一次施工前的调适工作会议。会议期间，调适顾问应对业主项目要求、设计文件、统一承包文件要求进行复查，除此之外，还应复查调适过程工作相关的承包商所承担的相应职责。5）制定调适过程工作时间表。制定调适过程工作时间表的目的是集中协调各施工过程，保证调适团队所有成员制定其工作计划以满足业主项目要求。项目时间表应包括开始日期、持续时间、说明书及竣工时间。6）确立测试方案。针对特定系统及部件的详细测试步骤，包括如何配置系统及部件以具备测试条件，如何在测试结束后恢复系统到正常运行状态。

（2）过程阶段：1）建立测试记录，包括：测试次数；测试的日期及时间；标明是否为首次测试，或对既有问题改正的再次测试；测试确认系统、设备、部件的位置及施工文件背离情况清单；测试要求的外部条件，如周围环境、相关系统状态、设定参数、各部件的状态等；各步骤中系统及部件的预期运行状况；每一步骤中系统、装备和部件的实际运行状况；标明观察的每一步运行状况是否满足预期结果；发现的问题；执行测试人员及见证人员的签名。2）调适过程会议。定期召开调适团队会议是维持项目进程的关键所在。

会议时间表应尽可能在施工开始前期记录在案,并按时间表变化及时更新。会议日期应至少在2周前通知,并且与其他会议保持同步,以使得与会者的会议时间和花销最小化。参加会议的工作组成员必须取得其所代表方的正式授权,以促使调适团队会议高效完成。3)完成定期的实地考察。实地考察工作内容有:确认施工进展状况以确定考察的范围;随机抽取2%~10%的系统及部件并确认;确定参与实地考察的调适团队成员;依据业主项目要求进行考察;针对所选系统及部件的安装情况,同已完成的施工清单进行比对,详细记录复查过程中产生的任何问题和缺陷;任何已确认的安装过程中存在的问题,包括记录文件应以文档形式提供给施工单位,寻求解决办法;与施工单位协商讨论已确认问题的解决办法和流程;与业主方代表一同复查各类发现的问题;建立实地考察报告并递交调适团队成员和其他相关团队;更新问题日志。4)监督测试。监督测试可以是现场测试见证、测试结果验证或者是测试报告的验证。在某一具体测试或者一系列测试中,根据测试的类型和复杂程度,调适顾问只执行其中的一种测试验证是可行的。通过对设备或者测试结果进行随机抽查来验证测试数据的可靠性。测试应符合以下要求:测试应按已许可的书面步骤进行,测试数据、结果应记录在测试表格中并得到验证;允许的情况下,与已许可的步骤和方法的偏离应以文档的形式记录下来;测试应在运行工况稳定后记录测试数据;测试中如发现问题,应在合同范围内立即停止并建立问题报告,如果问题不能短期内解决,则进行其他测试,在其他测试完成之后,再对上述项目进行测试;如果复查检测数据时发现问题,应给出合理的解释,否则全部进行重新测试;测试完成后,测试人员和见证人员应在记录表格上签名,以证明数据和结果的真实性。

(3)后期阶段:1)核查培训情况。针对每个培训(技能、操作或其他培训),应在合理时期内(例如3周后),随机抽取5%~10%的接受培训人员进行测试或对培训材料进行非正式评估。目的在于确保接受培训人员掌握业主项目要求中规定的设备运行维护的相关知识。受训人员应了解并学会查找相关知识的出处,且充分理解、掌握问题的诊断及解决的关键步骤。2)调适过程进度报告。调适过程进度报告包括:①任何不符合业主项目要求的系统及部件。由于各种原因,业主可能选择永远接受不满足业主项目要求的内容或性能,除非时间表和预算限制被修改。业主对于这些情况的许可应记录在案,包括对环境影响、健康影响、安全影响、舒适性影响、能源影响以及运行维护费用的影响。业主项目要求必须及时更新及匹配修改后的预期状况。②测试完成时进行系统运行状况评估。③施工清单的完成和确认情况概要。④问题日志结果,应包括问题的介绍和采取的解决措施。介绍应评估问题的严重性和改正措施对环境、健康状况、安全、舒适性、能源消耗运行维护费用造成的影响。⑤测试步骤和数据。此部分应将原始测试方案同测试数据表格进行整合,包括附加数据,例如照片、计算机生成文档和其他测试记录。数据应包括最终认可测试和未完全达到标准要求的早期测试。⑥延期测试。一些测试可能延期至适当的自然条件,如要求一定的负荷率或合适的室外环境时方可进行,对于这些延期测试而言,测试条件和预计完成时间表应予以明确。⑦总结经验。调适过程中的评估和变更将在入住和运行阶段促使已交付的项目进一步改进,并且其内容将构成最终调适过程报告的基础。信息更新时,确保将问题、影响及建议记录在文档中是至关重要的。⑧施工过程的调适进度报告应提交业主复查,调适过程报告的草稿应同时提交给其他调适团队成员,施工过程最终调适过程报告应包含业主与其他调适工作成员的复查意见。3)更新系统手册。更新系统手册应包含施工阶段形成的调适文件,增加的文件包含:测试步骤和测试数据报告;培训计划;培训记录;图纸记录;提交复查报告;最新业主项目要求;最新设计文件;最新调适计划;最新问题日志;调适过程进入报告。

清华大学郝志刚、魏庆芃等人总结公共建筑空调系统全过程管理方法的研究中介绍的调适在施工阶段的工作内容如图 6-7 所示,主要包括目标设定、施工质量检查以及设备与系统验收调适 3 个方面。

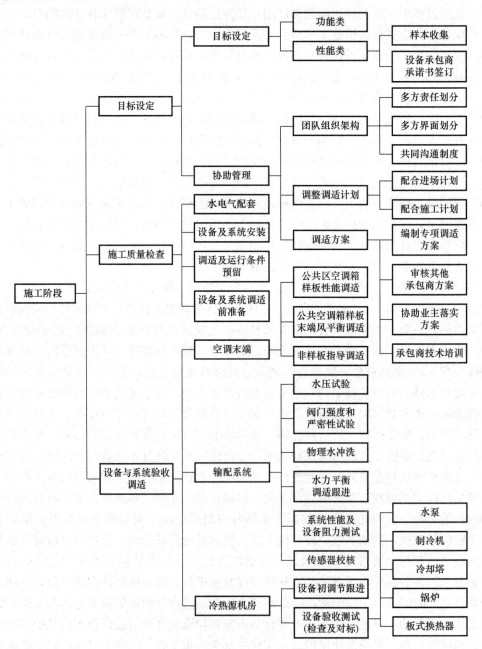

图 6-7 公共建筑空调系统施工阶段调适工作内容

对于目标的设定,首先需要将设计阶段整体能效目标分解到各设备及系统,并划分为功能及性能目标，使之具备可操作性；其次，根据现场情况制定具有可操作性的调适目标，确立沟通管理制度，促成多方协同，并以目标为考核手段，作为约束和管理各承包商的手段。

对于施工质量检查工作，不仅要基于国家标准和行业规范检查技术细节，同时还需要对后期可能影响调适及运行的问题一并加以整改，包括对临时和正式的水、电、气供给配套设施进行检查，对漏光试验、压力试验、阀门强度试验等进行跟进与检查，并持续告知施工参与方进度及对调适的影响，对设备最终安装数量、位置、型号进行核查，为设备及系统调适做好准备。施工质量检查可以解决空调系统常见安装缺陷问题，确保顺利进行工程验收，并且有利于提高施工质量，缩短施工工期，保证空调系统可按计划调适。潜在的价值是避免后期缺乏调适条件，也为节能运行打下良好的基础。

调适工作主要包括空调末端、水输配系统以及冷热源在内的设备及系统的验收调适，目的是确保设备出力达到要求，系统能正常开启，并具有调节能力。其中，针对非核心的机电设备，例如末端空调箱及风系统，可采用样板先行的制度，首先由咨询团队进行调适工作，建立调适样板。随后对项目承包商进行调适培训，明确调适标准，统一调适方法，要求后续工作按样板要求进行调适及验收。但对于核心的机电设备，例如冷水机组、冷水泵、冷却水泵以及冷却塔等，咨询团队需对其进行100%验收。

4. 运行及维护阶段

运行及维护阶段调适需完成的成果：季节性测试的总结报告；每个系统的担保审查；设备与系统操作程序（控制承包商和调适负责人制定的操作程序）；最终调适报告中含有运行使用阶段所发现的问题；最终的问题日志；最终的调适报告。

运营期业主和运维人员掌控建筑，尽管可以认为工程已经结束，但一年的质保期内，调适仍在继续进行。在入住初期调适顾问积极介入调适活动是调适取得成功的关键。调适的主要工作如下：

（1）实施季节性联合调适

受气候的影响，某些联合调适需要在不同的季节进行，比如暖通空调系统的供冷供热系统需要在夏季和冬季分别进行。根据工程所在地的气候特点，这个时间可以从半年到一年不等，比如在夏热冬暖地区的建筑仅供冷，半年就足够涵盖全年的气候特征。需要注意的是，这个季节性联合调适一定要在投标文件中明确体现，并保证设备供应商在投标时明确知道自己在运营阶段还承担的调适职责。

（2）培训

项目交付阶段，对运行维护人员和使用者的培训内容应根据设备、系统和部件情况确定，运行维护人员需具有运行该设备的基本知识和技能。使用者需要理解其对设备使用及运行能力所造成的影响，以满足业主项目要求。

培训要求应通过技术研讨会、访问或调查的方式获得，在此基础上确定培训的内容、深度、形式、次数等。培训要求具体如下：培训所涉及的系统、设备以及部件；使用者的整体情况和要求；运行维护人员专业技术水平及学识状况；培训会的次数和类型；制定可量化的培训目标及教学大纲，明确预期受训者应具有的特定技能或知识。

（3）解决质保期内的问题

出于各种各样的原因，某些在施工阶段没来得及解决或在运营阶段发现的与调适相关的问题，调适顾问将负责在这一阶段予以答复与解决。

(4) 提交调适报告

调适项目的结束，是以调适顾问向业主提交调适报告为标志的。调适报告是一个总结调适工作并评价调适项目成功与否的重要文件，其内容包括：向业主汇报建筑的运行是否达到业主项目要求以及还存在的问题；汇总调适过程中生成的重要文档。

5. 持续性调适

该阶段调适的目的为：使设备系统及部件满足持续运行、维护和调节要求并根据业主的最新要求更新相关文件。

该阶段的调适过程工作主要包含以下几点：

(1) 定期确认系统、设备、部件的运行状况

为确保系统、设备的正常运行，应进行持续性调适，包括以下内容：维持业主项目要求持续更新，以反映设备使用和运行状况的变化；维持设计文件持续更新，以反映因业主项目要求变化而更新的系统及部件的变化；定期评估，以满足现阶段业主项目要求以及先前测试的基准；维持系统手册持续更新，以反映业主项目要求、设计文件和系统/部件的变化情况；持续培训，培训对象为现阶段业主项目要求的运行维护人员和使用者。

(2) 建立系统手册

建立系统手册包含搜集与系统、部件和调适过程有关的相应信息，并且将所有附录和参考资料汇总为一份实用性文件。这份文件应包括最终业主项目要求、设计基础、最终调适计划、调适过程报告、设备安装手册、设备运行及维护手册、系统图表、已确认的记录图纸和测试结果。这些信息应针对建筑内关键系统（电气系统、暖通空调系统、给水排水系统、防火报警系统等）进行编辑并整理，应同运行维护人员协调建立标准化形式，以简化未来的系统手册。

(3) 继续培训运行维护人员

运行维护阶段的培训，主要是利用实施持续调适的过程中，让物业管理团队全过程参与，在实践中完成培训。

清华大学郝志刚、魏庆芃等人总结公共建筑空调系统全过程管理方法的研究中介绍的调适在运行阶段的工作内容如图6-8所示。首先，需要根据现场实际情况对设计阶段提出的运行控制策略做出相应的调整，主要包括对控制系统的逻辑及参数作适当修改，同时对室内环境进行长期连续监测，以便及时调整运行策略。其次，对新风量进行优化，根据CO_2浓度控制各区域新风量供给，实现按需控制，避免过量供应导致能源浪费。最后，针对特殊区域的环境进行改善工作。在项目运营初期，空调系统重点调适内容主要为保障室内环境达到要求，避免出现夏季过热、冬季过冷的情况。特别是在供暖季，由于施工遗留问题，必定会存在围护结构漏洞，亦或是餐饮补风量不足等问题，导致无组织冷风渗透严重，室内环境冷热不均，出现局部过冷、过热的情况，容易引起客户投诉。一旦大规模出现以上问题，业主会对节能全过程管理团队之前从设计、施工到调适阶段所做的工作产生怀疑，因此要仔细排查建筑、结构、系统、设备、控制等各个环节可能出现的问题，保证项目在运营初期能够营造一个良好的室内环境。在项目运营趋于稳定、室内环境得到保障之后，空调系统调适的重点就应该放在如何提升空调系统

运行性能上，在保证环境舒适的同时，降低运行能耗。这一阶段需要根据末端实际负荷需求，结合实际租户类型、商业动线布置等，尝试和调整关键设备和系统的运行控制策略，并最终确定可长期稳定实施的运行调节手段和控制策略，保证项目能耗和各设备、系统能效目标的实现。

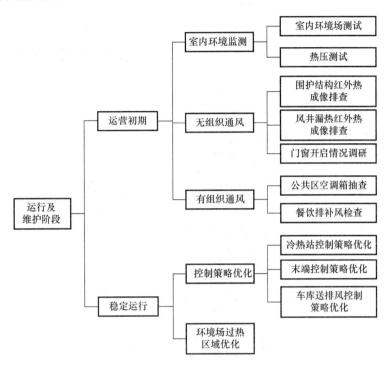

图 6-8　公共建筑空调系统运行及维护阶段调适工作内容

6.2.2　既有建筑调适

既有建筑调适是通过规划、调查、验证以及文档化的可持续性策略，使建筑的各个组件和系统的运行以及它们之间的耦合关系达到最佳，从而确保建筑的舒适性以及降低其用能系统的能耗。通常既有建筑调适是低资本投入或无资本投入的机电系统的校正与控制策略优化，静态投资回收期在 2 年以内。根据业主的预算以及建筑系统的当前条件，既有建筑调适也可以是包括较高资本投入的设备改造与更新，比如加装变频系统或更换高效率的设备等。美国劳伦斯伯克利国家实验室的研究人员 2009 年发表的调查报告显示，根据 500 多栋既有建筑调适项目的统计，其节能率中位数为 16%，静态投资回收期中位数为 1.1 年。

既有建筑调适可分为四个阶段：规划阶段、调查阶段、实施阶段及交付与质保阶段，也包括既有建筑调适的持续调适（CCx），如图 6-9 所示。

1. 规划阶段

既有建筑调适的原因通常有两方面：一方面是业主的主动行为，如在政策的要求和财政补贴的激励下，或是既有建筑出现了物业运维团队无法解决的运行问题；另一方面是调适服务商的市场营销行为，说服业主开展既有建筑调适项目。在既有建筑规划阶段的工作主要包括业主内部确定调适需求、调适团队初选、初步现场查勘、完成项目初步调适方案。

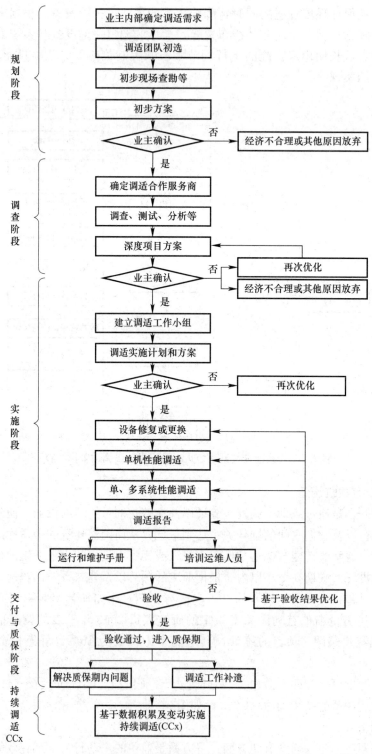

图 6-9 既有建筑项目调适流程

(1) 业主内部确定项目调适需求

既有建筑调适的目的是确保满足业主各方面的需求。业主通常有两方面的需求：一是满足生产活动所要求的运行参数；二是提高建筑能效，节能降耗，减少能源支出。其中运行参数可能包括系统的运行时间、温湿度的范围、新风量的要求以及特殊工艺过程的温湿度及压力控制精度等；能效要求一般是基于目前的能效水平，采取相关措施后能耗降低的百分比。

业主拟定调适项目需求书，包括以下内容：实施既有建筑调适的原因；调适项目的范畴，包括目标设备、系统、区域范围等信息；系统能效、舒适性、功能性等指标的量化目标；项目投入或经济性指标要求。

(2) 调适团队初选

业主根据调适项目需求书，初步选择合适的调适团队，依据项目规模以及本单位的采购制度，确定项目招标投标方式。

(3) 初步现场查勘

调适项目通常要了解设备与系统的细节。业主宜组织应标或初筛的调适服务商进行现场查勘。调适服务团队可根据工作需要与运维团队交流，了解建筑设备与系统的日常运行情况以及目前已知的主要问题；收集过去 1~3 年的能耗账单，进行分析；现场查勘主要用能系统和设备的性能与运行状况。

(4) 初步调适方案

调适团队在较短的时间和较少的投入下，依据有限的资料与数据，对建筑能源使用状况进行评估，发现建筑的主要问题以及主要的节能潜力。在初步调适方案中，应记录发现的主要问题以及介绍初步解决方案，估计项目总体预算，建筑的节能潜力，以及简单的投资回收计算。初步调适内容包括：简单的现场调研以掌握建筑结构、设备、运行和维护情况；通过查勘和现场沟通，了解项目调适的实际需求以及目前存在的问题；对能源账单进行分析，对能耗进行近似的拆分，比如将建筑能耗分为与天气相关和无关的部分；对建筑总体的节能潜力进行评估与分析，并初步估算实现其节能潜力所需要的成本。

2. 调查阶段

业主通过规划阶段的工作部署，在确定调适服务商的基础上，确定调适阶段的调适团队。调适服务商开展进一步的调查、测试、分析、测算等工作深化项目调适方案。

(1) 确定调适合作服务商

让应标调适服务商按照相关要求完成投标，业主确定调适服务商，业主采购可以按照既有建筑调适实施的阶段，分成不同的标段；也可以采用"交钥匙"的模式进行一次性采购。推荐采用后一种方式，由同一个调适服务商完成调研、实施、优化等工程任务。

调适负责人组建调研阶段调适团队，除调适服务商成员外，调适团队一般还应包含以下相关方代表：业主代表，在项目过程中协调各部门关系，保证项目顺利进行，并起到管理上的监督作用；运维团队，在业主安排下，指派符合调适工作要求的工作人员配合调适服务商的现场工作；软硬件供应商/维保商代表，当项目涉及的设备和系统有专门维保商或尚在质保期的，业主或运维团队应协调设备供应商/维保商，指派专人配合调适的相关工作。

(2) 项目深入调研

调适负责人根据项目范畴，组织技术人员审阅相关设备、系统、功能区域的设计资料、产品样本等其他技术资料，深入了解设备、系统的设计思路以及运行控制逻辑，所涉及区域的使用功能及要求，以及建筑使用人员的使用行为和管理人员的管理行为。审阅的资料主要包括与目标设备、系统、区域相关的以下内容（如有）：设计说明与图纸，包括设备清单及其设计参数；控制系统设计说明，包括控制策略、控制点位表以及控制图；产品样本，包括设备性能曲线，安全运行范围等；曾做过的检测、系统平衡、调适报告；操作与维护手册、运行与维保记录，包括设备更换与维修记录；其他相关资料。

对建筑使用人员的行为调研应当引起重视。如：空调运行时段的开窗行为会造成严重的无组织通风及能耗浪费，需要予以纠正和加强运行管理。如该建筑在过去两年内实施了能源审计，相关报告可作为调适工作的重要依据；如近期有能源审计需求，建议甄选符合要求的能源审计供应商同时执行。

调适负责人基于项目初步方案以及审阅资料中的发现，制定现场查勘计划，组织技术人员进行深入的现场查勘。查勘计划应包含以下内容：现场测试内容和参数；测试的时间和周期；现场测试点位置分布；测试依据的标准；测试所使用的仪器、设备及辅助工具等；测试工况要求；对建筑正常运行可能造成的潜在影响及应对措施；测试工作中存在的安全、环境及职业健康等方面的因素；需要业主、物业及使用方配合及注意事项；业主对现场作业的其他要求与规定。

（3）深化项目调适方案

调适负责人组织技术人员对现场查勘收集的资料、数据等信息进行详尽地分析，经过充分论证，针对业主项目需求，制定切实可行的调适措施及其预算，当节能为项目主要目标时，还应进行详尽的技术经济分析，形成最终的项目调适方案报告。

对于系统较为复杂，资金投入较大的项目，建议采用能耗模拟的方法，对不同方案进行优化比对，建议分析重要参数变动趋势来发现和定量分析问题。项目调适方案报告应至少包含项目目标、详尽的调适措施、工程进度、项目预算、施工组织方案（包括施工安全）、培训方式与安排、验收方法、质保等内容。当现场查勘分析显示，业主项目需求书中的目标受资金、场地、施工条件等限制无法实现时，应及时向业主说明情况并更新项目需求书，并对合同相应部分内容进行修订。

若业主采用分阶段采购的方式，应根据深化后的项目方案，按照本单位的采购制度，确定实施阶段的调适服务商。

3. 实施阶段

调适负责人应组织团队根据深化后业主确认的项目调适方案，编制项目的调适实施计划和方案，并组织实施。

（1）建立调适实施阶段工作团队

调适负责人根据调适方案内容，组建实施阶段调适团队。当调适服务商分包部分专项任务时，例如加装变频器或自控系统升级，与调研阶段相比，实施阶段调适团队还应增加分包商代表。

（2）制定调适实施计划和方案

调适负责人制定详细的项目实施计划，由以下五个部分组成：调适实施团队成员名单、职责以及联系方式；调适措施的实施流程与时间表；可能对建筑正常使用造成的影响和可能出现的其他风险，相应的规避措施与应急方案；需要业主与运维团队配合的事宜；工程验收计划。

（3）调适实施

实施调适措施前，调适负责人协调运维团队，确保调适涉及的设备与系统中，属于日常维护范围内或在维保期内的设备与系统故障得到修复，具备实施调适措施的基本条件。调适负责人遵循由简单到复杂、由末端到源头、由单机到系统、由局部到整体的原则，合理安排时间顺序，实施调适措施。

调适负责人宜每两周以书面的形式向业主代表汇报实施进展情况，内容包括：基于项目实际进度，给出更新的项目时间表；遇到的问题以及解决方案；阶段性成果，可量化的应给出数据或趋势图。

运维团队中相关维保人员宜全程跟踪调适措施的实施过程并了解调适措施的基本原理，从而保证在项目竣工移交运维团队后，调适成果的延续性。

（4）调适培训

调适负责人应在调适措施基本实施完成后、项目交付以前，组织对运维团队的培训。培训由参与调适过程的相关专业技术人员主讲，项目所涉及的设备与系统相关的运行维护人员参加。培训内容与资料应包括：所涉及设备与系统常见故障的诊断；新增设备与系统，其日常维护要求；所实施调适策略的基本原理以及带来的目标设备与系统运行参数的改变；保持调适成果的运行维护要求。

（5）调适文件

调适负责人应对调适过程中的工作等进行总结形成调适报告，并由培训的内容和资料形成书面的《运行维护手册》，培训过程中应全程录像，以光盘等形式附于《运行维护手册》中。

4. 交付与质保阶段

交付过程包括预验收与正式验收。预验收由调适负责人组织调适团队成员根据项目验收标准，在正式验收前进行初验，以确保项目成果达到验收要求。验收由业主组织各责任主体按验收标准进行竣工验收。验收通过后，即进入质保期。

（1）调适预验收

预验收重点在量化目标，对于其中的重要参数，如：变压器负载率、制冷机房能效等，宜结合典型工况及趋势图进行判定，包括：振荡、静态误差判定。

（2）调适项目验收

调适负责人完成项目竣工报告并向业主提出验收请求。竣工报告内容应包含以下内容：工程概况；涉及设计任务的，相关设计资料与图纸；涉及楼宇自控系统改造或升级，控制点位表，控制原理图等相关资料；详细阐述项目方案中每一项调适措施的实施情况，调适效果是否达到预期；对照项目需求书与验收标准，逐一阐述每一项调适目标是否达标，对于未达标的指标，应阐述原因，并有业主认可的书面文件；当涉及季节性调适时，应给出季节性调适的工作内容与计划。

（3）质保阶段工作

业主组织各责任主体按验收标准进行竣工验收。验收通过后，即进入质保期。当调适涉及的设备或系统的性能与室外气候条件等边界条件相关，而项目实施周期内无法涵盖边界条件可能的最大变化区间时，应在质保期内实施季节性调适。

季节性调适的目的是确保调适措施在不同运行条件下达到预期效果，满足项目需求书中的要求。通常需要季节性调适的是暖通空调设备与系统。季节性调适期的长短由影响因素出现最大变化区间所需要的时长决定，时间周期在3个月到一年。当项目涉及季节性调适或节能量验证时，在正式验收时无法验证的指标，业主宜采用质量保证金的方式，在这两项任务完成后，对其进行补充验收。季节性调适与节能量验证的结果，应补充到项目竣工报告中。

当项目涉及季节性调适或节能量验证时，质保期的时长要不少于季节性调适或节能量验证所需要的时间。当项目涉及新增设备或系统，质保内容与质保期应与该设备厂家或供应商通过协商决定，不受交付与调适质保周期限制。

5. 持续调适阶段

当调适项目所涉及的设备与系统较多或者区域较大，所取得的调适成果显著时，业主宜考虑进行持续调适。持续调适工作不包括建筑功能、设备或系统等发生变化后的针对性调适工作，也不包括3～5年周期性的再调适。持续调适应由业主的运维团队或相关技术部门负责，宜续聘调适服务商为持续调适顾问，提供技术服务与支持。

开展持续调适应制定持续调适计划。持续调适计划应包含以下内容：持续调适团队成员及分工；能耗监测系统构建，包括测量的点、用户界面等；楼宇自控系统自动数据记录的构建，包括确定需要自动记录的点位、采样周期等；设定各项数据的警报阈值；当发现设备或系统异常时的处理程序与方法；预防性维护的措施；每年一次设备与系统全面检测与分析的计划。

持续调适应充分利用楼宇自控系统的数据自动记录与故障诊断功能，宜结合并应用现代信息技术、物联网、智慧运维等技术手段，实现持续调适的数字化与智能化。

未来将结合现有工程建设体系，以实际运行效果为导向，建立基于建筑调适技术的全过程管理体系，结合我国的工程建设与管理体系、常见建筑能源系统形式和系统使用特点，形成易于推广的调适技术，建立相应技术标准体系，实现方案设计阶段预留调节手段、施工阶段调试、运行阶段调优的精细化管理，推动建筑由"调试"向"调适"转变。

我国建筑低碳节能的发展逐步由"重建设、轻运营"向"重建设、更重运营"方向转变，2019版的《绿色建筑评价标准》GB/T 50378—2019反映出了这一趋势。随着国家标准《近零能耗建筑技术标准》GB/T 51350—2019等一系列结果导向标准的发布实施，作为实现工程建设目标的保障体系，建筑调适将发挥重要作用。

"十四五"时期，国家已发布新的全文强制标准，强调建筑领域性能化设计，突出建筑高质量发展，希望国家继续重视建筑调适行业的发展，增加在建筑调适领域的科研投入。结合建筑调适未来的发展，逢秀峰、宋业辉、徐伟等人提出未来十年建筑调适领域科研的重点方向：以结果为导向的工程建设技术体系；基于建筑物联网与大数据的自动调适技术；基于BIM平台的调适运维关键技术；人工智能协同的调适与运维技术。

6.3 暖通空调系统

2019年国家发展改革委等七部委联合印发的《绿色高效制冷行动方案》中提出，到2022年，我国家用空调、多联机等制冷产品的市场能效水平提升30%以上，绿色高效制冷产品市场占有率提高20%，实现年节电约1000亿kWh；到2030年，大型公共建筑制冷能效提升30%，制冷总体能效水平提升25%以上，绿色高效制冷产品市场占有率提高40%以上，实现年节电4000亿kWh左右。

当前，在一般公共建筑中，空调系统的能耗占整个建筑能耗的 40%～60%，如图 6-10 所示，中央空调系统 60%～80% 的能量消耗在制冷机房中，因此空调系统的节能运行对建筑领域低碳发展起到了不可或缺的作用。

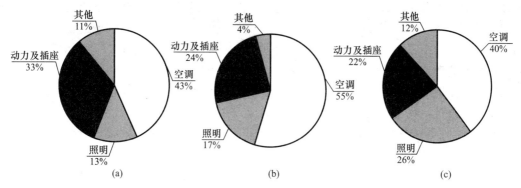

图 6-10　不同公共建筑不同用途能耗占比
（a）酒店建筑总能耗占比；（b）办公建筑总能耗占比；（c）商业建筑总能耗占比
数据来源：《上海市大型公共建筑分项用能指标的探讨》（上海市建筑科学研究院对上海市 58 栋大型公共建筑能耗的调研结果）

6.3.1　管理现状及存在问题

空调系统能耗包括冷热源、输配系统、末端设备以及附属设备等，是多个子系统与多个参数耦合影响的复杂系统，其运行能效水平与系统设计、设备能效、水系统阻力、系统控制策略等关系密切，对设计、施工、运维管理的整体专业性要求很高。大多数空调系统低效运行的原因可概括为以下几个方面：

（1）空调系统特性与负荷工况不适配。实际建筑运行的负荷、工况多样，要达到高效运行，必须实现空调系统输出与建筑负荷工况的适配。其中"量"的适配是基础，而温度、压比、高效区属于"质"的概念，适配实现起来更复杂。而空调系统的低效运行往往是由某些方面的不适配造成的。

1）低效空调系统首先体现在"量"的不适配，即系统能力输出与负荷需求不适配。对于冷机而言，在很多工程中仅针对额定工况、满负荷进行设计，而对部分负荷工况没有要求。选型时往往注重额定工况的效率，选用定频设备，其能效等级低，尤其在部分负荷工况下不具备调节能力而低效运行，同时为保障机组故障停机时项目的运营，主机负荷设计时留有较大余量。当末端小负荷运行时，往往会出现"大马拉小车"的过量供冷，特别是在运行初期，冷负荷甚至长期达不到设计冷量，或者压缩机频繁启停等问题，造成冷量浪费及运行能效低下。对于水系统而言，由于管路热惯性、管网水力不平衡等原因，在部分负荷下往往出现过量供冷水，供回水温差较低的情况，导致输配能耗的浪费。

2）空调系统低效运行还体现在"质"的不适配，即空调系统的温度、压比、高效区等运行特性往往难以与负荷工况进行合理适配。主要体现在：

①设计水温与实际需求不适配。传统系统设计为了满足除湿需求，采用单一的设计参数（如冷水设计供/回水温度 7℃/12℃），不能根据不同地域和建筑类型的热湿负荷需求，合理提升冷水供水温度及供回水温差，制约了冷水机组及输配系统能效的进一步提升，难以满足高效空调系统发展需求。

②压比与工况需求不适配。对于冷机而言，通常在大多数时间运行于部分负荷工况，此时室外气温低于设计值，既需要减少冷量输出适配负荷需求，也需要通过降低运行压比适配工况需求，提高冷机运行能效。然而，传统制冷机房通常采用多台定频机组，通过减少冷机数量及调节导叶阀开度进行冷量调节，其转速不可调，压比输出不能随工况变化进行调节，造成过压缩及能效降低。对于水系统而言，由于管路走向及管径选型、水系统零部件选型、水力不平衡、水泵频率不可调等原因，往往导致水泵扬程高于实际需求，造成输配系统的能源浪费。

③冷机长期运行于非高效区。传统定频离心压缩机因转速不可调，叶轮只能依据额定工况做单点设计，在设计点达到较好性能，但在非额定工况运行时流动分离损失增大，效率衰减很快。而离心机绝大部分时间是运行在非额定工况，处于低效状态，综合效能较难提升。

（2）空调系统控制系统落后，控制方式单一。随着空调技术的不断升级发展，在目前的中央空调系统中，基本上都采用了多回路的 PID 控制方式。但是在实际应用中，因为中央空调系统是一个干扰大、高度非线性的复杂系统，单一的 PID 控制系统往往很难适应实际应用情况。这也就造成了空调在实际使用中，一些参数的设置并不符合实际情况和需求，由此也就造成了空调能源的浪费。

（3）空调系统低效运行还与"人"的因素息息相关，即空调精细化运行需求与运行人员的技术水平、管理水平、主动意识等的矛盾。主要体现在：

1）目前多数空调由人工控制，即空调运行人员根据个人工作经验调整系统参数，从而达到调节负荷的目的。空调运行人员出现"仅会开关机，不会调节"问题的项目也不在少数，同时也不能通过机组运行数据判断机组运行情况，无法准确判断冷机是否出现诸如壳管污垢、冷却水量不足、冷却水温过高等问题，致使空调长期处于低效运行区间。

2）目前空调运行人员年龄普遍偏大，知识水平偏低，同时部分运行人员惰性较大，新技术、新管理模式接受度较低，无法满足空调智能化、精细化运行的要求。

3）部分项目空调运行及维保管理水平低，直接体现为长期不重视空调节能运行、空调系统维保计划制定不合理以及执行不彻底、节能运行技术水平偏低等。一旦空调系统缺乏专业化的运行维护，其运行能效就会长期达不到合理水平，甚至造成机组故障频发直至提前报废。

6.3.2 低碳化运行维护

暖通空调系统是楼宇的重要设施，其能耗占建筑总能耗的 50%～65%，对其进行节能管理十分重要。公共建筑空调节能管理可分三个阶段：①事前设年度能源约束值：夏季、冬季同比、环比值，设定年度项目总目标责任书绩效考核；②事中总部监管与指导：有条件的项目要安装智能能源管理软件，实现实时监控，并具有日报、周报、月报自动生成，预警功能等；③事后及时分析：特别是季度后，通常在冬季供暖期结束，及时统计相关数据及时分析总结，有无完成既定目标值，采取奖罚分明的手段，为下一个季度打下良好的基础。

根据实际使用需求，对设备的合理启停、运行人员的技术培训、设备性能的优化保持、各项参考数据的记录保存、能源消耗的量化管理，都会对中央空调系统的节能与否产生影响。空调系统的各项节能控制点如图 6-11 所示。

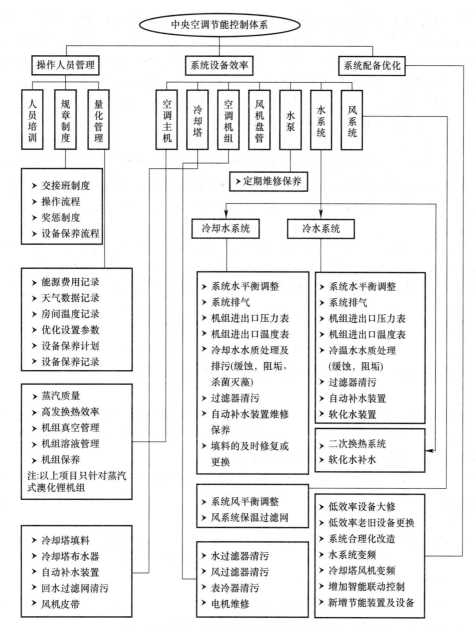

图 6-11 中央空调系统节能控制点

空调系统节能管理的基本要求：室内运行设定温度，冬季不得高于设计值 2℃，夏季不得低于设计值 2℃。采用集中空调且人员密集的区域，运行过程中的新风量应根据实际室内人员需求进行调节，并应符合现行国家标准《民用建筑供暖通风与空气调节设计规范》GB 50736 的有关规定。制冷（制热）设备机组运行宜采取群控方式，并应根据系统负荷的变化合理调配机组运行台数。制冷设备机组的出水温度宜根据室外气象参数和除湿负荷的变化进行设定。技术经济合理时，空调系统在过渡季节宜根据室外气象参数实现全新风或可调新风比运行，宜根据新风和回风的焓值控制新风量和工况转换。采用变频运行的水系统和风系统，变频设备的频率不宜低于 30Hz。采用排风能量回收系统运行时，应根据实际应用情况制定合理的控制策略。在满足室内空气参数控制要求时，冰蓄冷空调系统宜加大供回水温差。空调系统运行中应保证水力平衡和风量平衡。冷却塔出水温度设定值宜根据室外空气湿球温度确定；冷却塔风机运行数量及转速宜根据冷却塔出水温度调节。冷水机组冷凝器侧污垢热阻宜根据冷水机组的冷凝温度和冷却水出口温度差的变化进行监控。建筑宜通过调节新风量和排风量的方式，维持相对微正压运行。建筑使用时宜根据气候条件和建筑负荷特性充分利用夜间预冷。

1. 新风量的调节

新风的供给主要是为了满足室内人员的卫生要求，因此可用如下方法调节新风量：

（1）在回风道上设置CO_2检测器，根据CO_2浓度自动调节新风阀门；根据人数的变动，用手动预先把新风阀门开启到一定的开度；用相应预先确定的运行策略进行程序控制新风阀。

（2）过渡季节取用室外空气作为自然冷量。在空调运行时间内保证卫生条件的基础上，只有在夏季室外空气的焓值大于室内空气、冬季室外空气的焓值小于室内空气时，减少新风量才有显著的节能意义。当供冷期间出现室外空气焓值小于室内空气（过渡季节）时，应该采用全新风运行，这不仅可缩短制冷机的运行时间，减少新风耗能量，同时有效改善室内空气质量。

（3）在预冷、预热时停止取用新风。在建筑物预冷、预热时停止取用室外新风，不仅可以减少设备容量，而且可减少取入新风的冷却或加热的能量消耗。

2. 合理确定室内温、湿度标准

夏季室温过冷或冬季室温过热，不仅耗费能量，而且对人体舒适和健康来说也是不利的。室温的过热或过冷往往是由于自动控制设备不完善、设备选用不适当或空调分区不合理引起的。防止室温过热及过冷可设置房间恒温器。

（1）室内温度。建议降低室内温度的设置标准。在满足室内要求的前提下，适当提高夏季室内温度和降低冬季室内温度。室内制冷时温度宜设置在26℃以上，制热温度宜设置在20℃以下。

（2）室内湿度。对于对室内相对湿度无严格要求的对象，建议降低室内相对湿度的设置标准。夏季室内相对湿度不大于70%，冬季相对湿度不小于30%。

3. 改变空调设备启动、停止时间

在间歇空调时，应根据围护结构热工性能、气候变化、房间使用功能进行预测控制，确定最合适的启动和停机时间，在保证舒适的条件下节约空调能耗。

4. 从排风中直接回收热量

在建筑物空调负荷中，新风负荷占比较大，一般占总负荷的30%～40%，因此利用热交换器回收排风中的能量是空调系统节能的一项基本措施，如果在排风中设置热交换器，则最多可节约70%～80%的新风耗能量，相当于节省10%～20%的空调负荷。常用的热交换器有转轮式热交换器、板翅式全热交换器、热管式热交换器等。

5. 水系统的清洗维护

随着空调的运行，循环水的浓缩和温度变化，水中各种离子浓度积超过其本身的浓度积时，就会生成沉淀，形成水垢，而水中溶解氧的存在和其他因素的联合作用又易引起设备的腐蚀。循环水中营养物的不断富集，又为藻类和细菌的滋生提供了充足的养分，形成生物黏泥。这些水垢、黏泥及腐蚀物会导致换热器热交换效率降低、制冷量下降；使循环水量减少，管道堵塞，冷量输送不畅，给空调系统的安全运行带来严重危害。因此，有必要对空调水系统进行定期清洗。一般建议一年清洗一次，如果使用完善的水处理设备，可根据实际情况确定清洗周期。

水冷式冷凝器的冷却水由于是开式的循环回路，一般采用的自来水经冷却塔循环使用。当水中的钙盐和镁盐含量较大时，极易分解和沉积在冷却水管上而形成水垢，影响传热。结垢过厚还会使冷却水的流通截面缩小，水量减少，冷凝压力上升。因此，当使用的冷却水的水质较差时，对冷却水管每年至少清洗一次，以去除管中的水垢及其他污物。清洗冷凝器水管的方法通常有以下几种：使用专门的清管枪对管子进行清洗；使用专门的清洗剂循环冲洗，或充注在冷却水中，待24h后再更换溶液，直至洗净为止；在冷却水系统上安装在线清洗、在线加药装置，以保证水质符合要求。

6. 风管及末端换热器清洗

对于风管系统来说，长时间不用或使用较长的一段时间后，风管内部容易堵塞灰尘、污垢和细菌，产生异味，并容易让人患上"空调病"。所谓的空调病，是指长时间停留在空调环境下所致的一种症候群，主要表现为胸闷、头晕、恶心、乏力、关节痛、食欲下降、记忆力减退、鼻塞、耳鸣等症状。空调病的一大诱因就是"微生物致病"，这种病产生的根源就在于空调长时间未使用或长时间使用后未经清洗，空调送风中含有大量细菌、真菌，从而引发呼吸系统疾病。

风管清洗：首先将风管开口密封，使用管道清洗机器人进行清洗，同时利用大功率吸尘器将清扫下的灰尘收集起来，保证室内环境不被污染。然后使用消毒剂进行消毒灭菌处理，相关设备如图6-12所示。

风机盘管换热器的清洗：使用专用吸尘器清扫表冷器两边粉尘，然后用高压喷枪喷水加入中央空调专用清洗剂洗净表面器上的污垢，最后用清水冲洗。

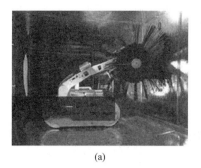  

(a) (b) (c)

图6-12 空调风管清洗设备

(a) 风道清洗；(b) 管道清洗机器人；(c) 中央空调清洗剂

7. 冷却塔的维护保养

(1) 保证水流均匀分布

在配水器及填料中冷却水要均匀布置，配水器要定期清洗水垢、锈渣及其他杂质，以防堵塞。如配水器已损坏要及时修理。对填料要定期清除表面的水垢、污物，可用高压水冲洗，如填料已破碎损坏，要及时更换。集水器、填料及配水器中如有青苔藻类或油类污物，易堵塞阻碍水流，可用漂白粉或次氯酸钠溶液加以处理，控制余氯浓度在0.5mg/L。

(2) 保证气流分布均匀

在运行过程中,产生气流分布不均的原因,除了填料中的水垢及污物堵塞之外,还有一个重要的原因,就是冰冻现象引起气流不畅,减少进风量,影响冷却效果。结冰的部位通常是在冷却塔的进风口、百叶窗处、填料的边缘及底部。预防措施主要有:定期清除填料的水垢及污物;加大水流量,同时风机可停止运行;保证风机运行正常。

8. 设备及管道保温维护

设备及系统管道的保温应定期检查,如保温破损或隔汽层不严会严重影响保温性能,应及时维修,避免造成系统热量损失增大,能耗增加。

9. 控制系统的维护

控制系统中的传感器、执行器、继电器等,运行过程中容易出现不准确的现象,影响设备的自动调节,增加能耗。因此,有必要每年对控制系统中的传感器、执行器、继电器等进行校核,确保动作准确。

10. 供暖系统管理的内容

供暖系统节能管理日益成为物业管理中重要的组成部分。供暖系统节能管理目的主要是使建筑物在供暖期内供暖正常,保证业主(租户)有一个正常的工作、生活或学习环境。

供暖系统管理的主要内容包括以下几方面:

(1) 供暖系统末端散热器不热

主要原因:各环路压力损失不平衡;水平方向水力失调。

处理方法:从系统始端开始,顺序调小各环路立管或支管上的阀门;系统末端可能有空气,将空气排除。

(2) 局部散热器不热

局部散热器不热应根据具体情况分别予以处理。1) 管道堵塞:用手摸一下管道表面,发现有明显温差的地方,可敲击振打,如仍不能解决,则拆开处理。2) 散热器存气太多,或散热器进口支管有气塞:可以用手触摸,如果温度不是有明显温度差变化,而是逐渐冷下来,说明散热器中可能有空气,这时应打开排气装置排除空气。

(3) 上层散热器不热

应排除上层散热器积存的空气;如上层散热器缺水,应给系统补水。

(4) 热力失调

多层建筑双管系统上分式热水供暖系统会出现热力失调,主要表现在上层散热器过热,下层散热器不热。其主要原因是上层散热器热媒流量过多而下层则相对较少。处理方法是关小上层散热器支管上的阀门。

(5) 供热管网循环水泵的运行调节

根据用户实际需求负荷考虑开启设备的种类、数量,设定运行压力及温度。杜绝"大马拉小车"或室内温度过高现象的发生。供暖高低区循环泵具备变频功能,应按实际需求流量、压力设置水泵的开启台数和变频控制参数。保证系统在安全、稳定、节能的状态下运行。

(6) 温度的调节和控制

根据室外温度、室内实测温度、人流量等因素设定和调节供暖水二次出水温度,在保证各区域温度需求的前提下尽量调低二次水出水温度。根据回风温度及时调整各区域对应服务空调机组的水阀开度、出风温度。在保证室温达标的前提下降低供暖负荷需求。

(7) 非办公时间的供暖

在办公区及商场下班期间,供暖系统在保证冬季水系统防冻安全的前提下,进入低温防冻运行程序。在保证建筑区域最低室内温度大于8℃的前提下,尽量降低供暖二次水出水温度。

11. 市政集中供能管理节能措施

市政集中供能方式是一种比较常见的供能方式,市政集中供能又可分为区域能源站供冷供暖、市政热力供暖两种形式。

(1) 存在市政供能形式的项目应组织施工单位和市政管网公司进行联合验收,在物业交接前,物业公司、建设单位应组织第三方进行承接查验,对设计图纸及技术参数进行核实,如竣工验收、承接查验时间处于市政非供能期间,应在竣工验收及承接查验完成后首个供冷供暖季进行检查,并在合同上约定相关内容。

(2) 应根据项目自身特点,合理确定二次侧供回水温度,并结合室外气候特点随时调整,避免小温差大流量现象发生;同时,应避免室内温度过高造成资源浪费。加强巡视、杜绝管道跑冒滴漏现象发生。

(3) 集中供冷系统中主要换热设备为板式换热器,此类设备流通截面小,湍流程度较低,在板片之间的换热通道内易出现结垢、堵塞等问题,堵塞淤积物多为水垢、施工残留杂物、管道内壁锈泥或锈片等。板式换热器堵塞造成的主要危害有:能耗大幅度增加,运行成本上升;系统工作效率下降,影响供热效果;缩短设备使用寿命。项目应定期清洗板式换热器,保证换热效率。

(4) 提高集中供能二次侧智能化程度,可采用能源管理软件系统对项目设备设施实时监控、展示预警等,对系统进行实时节能调控,并自动生成月度、季度能耗报告。

12. 疫情期间新风管理措施

新风采气口及其周围环境必须清洁,确保新风不被污染。对于人员流动较大的商场、写字楼等场所,不论空调系统运行与否,均应当保证室内全面通风换气;并且,每天下班后,新风与排风系统应当继续运行1h,进行全面通风换气,以保证室内空气清新。人员密集场所应当通过开门或开窗的方式增加通风量,同时工作人员应当佩戴口罩。建议关闭空调通风系统的加湿功能。加强对风机盘管的凝结水盘、冷却水的清洁消毒。下水管道、空气处理装置水封、卫生间地漏以及空调机组凝结水排水管等的U形管应当定时检查,缺水时及时补水,避免不同楼层间空气掺混。当场所出现下列情况时应当停止使用空调通风系统:发现疑似、确诊病例;空调通风系统的类型、供风范围等情况不清楚。

空调通风系统的清洗消毒应当符合下列要求:空调通风系统的常规清洗消毒应当符合现行行业标准《公共场所集中空调通风系统清洗消毒规范》WS/T 396的要求。可使用250~500mg/L的含氯(溴)或二氧化氯消毒液,进行喷洒、浸泡或擦拭,作用10~30min。对需要消毒的金属部件建议优先选择季铵盐类消毒剂。当发现确诊病例或疑似病例时,在疾病预防控制部门的指导下,对空调通风系统进行消毒和清洗处理,经卫生学评价合格后方可重新启用。

6.3.3 高效制冷机房

在公共建筑中,暖通空调系统能耗通常占总能耗的50%以上,经实地测试,90%以上的空调制冷机房运行能效(不含末端能耗)在3.5以下,与高效制冷机房水平尚有较大的差距。2019年发布的《绿色高效制冷行动方案》中提出,到2030年大型公共建筑制冷能效提升30%。近年来,随着"双碳"目标的提出,中央空调技术逐渐从机组本身节能向系统运行节能转变,高效制冷机房等系统节能技术获得蓬勃发展。

高效机房技术在美国、新加坡等地发展较早。新加坡是世界范围内对于绿色建筑要求最高的国家之一,新加坡建设局BCA绿色指标规定,对于总装机大于500RT的空调系统,最高"铂金级"要求全年制冷机房平均能效高于5.41;美国采暖、制冷与空调工程师学会(ASHRAE)对制冷机房能效进行了分级,定义全年平均能效高于5.0为高效制冷机房,如图6-13所示。在我国,目前尚无中央空调系统能效等级的相关国家标准,广东省地方标准《集中空调制冷机房系统能效监测及评价标准》规定,对于冷量大于500RT的制冷机房,一级能效需大于5.0。

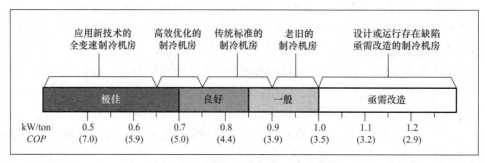

图6-13 ASHRAE全年制冷机房能效评价

注:变频离心机,冷水温度5.6℃,冷却水温度29.4℃工况。

我国高效制冷机房技术发展尚处于初步阶段,例如:广州白天鹅宾馆通过采用水系统大温差、管阻优化等技术进行节能改造,制冷机房全年平均能效达到5.91;江门五邑大学超低能耗空调项目基于冷水中温大温差设计温度,研发了"小压比"中温工况、低压降高效换热器的永磁变频离心机,并应用了管路低阻、中温高效末端等节能技术,实现制冷机房全年平均能效比达7.12。说明通过集成各类系统节能技术,使制冷机房能效达到7.0以上是可行的。

根据清华大学调研数据,我国67个不同城市以水冷离心机组或螺杆机组为冷源的制冷机房实际全年运行能效,制冷机房综合能效比普遍低于4.0,大部分制冷机房综合能效比在3.0~4.0之间。

1. 高效制冷机房技术方法

(1) 高效制冷机房研发理念

高效设备并不意味着运行节能。传统的高效空调系统主要有以下特点:通过在设计时计算系统能效,通过LEED等认证方式来评价;选择高能效等级的设备;注重考虑设备初投资费用。但其在实际运行中往往并不节能。高效制冷机房是对传统制冷机房的彻底革新,具有以下全新的研发理念:通过在建筑实际使用中长期计量累计运行能效来评价,是更加科学可信的评价方式;按需定制开发满足适配性的高效设备,从而与建筑负荷工况需求更加适配；注重考量在设计、建造、运维的全生命周期，获得合理的投入与节能收益，实现节能与经济效益的最大化。

为了尽最大可能提升制冷机房运行能效，应全面应用全工况高效设备，并基于能力、品位、压比、高效区精准适配的原理，从系统适配性设计、管路降阻设计、智能控制与调适等多方面进行精细化管理。

(2) 全工况高效设备

高效设备是系统高效运行的基础。在绝大多数时间空调设备运行于部分负荷工况，为了提升全工况系统能效，需要在水系统主要设备选型时采用全工况高效设备，其中永磁变频、直驱等是比较典型的节能技术。冷水机组是空调水系统最核心设备，不同类型冷水机组随负荷变化的能力、压比调节特性不同，需要根据建筑负荷工况需求，合理配置变频机组，以下以变频离心机组、变频变容螺杆机组为例进行介绍。

1) 变频离心机组

定频离心机组转速不可调，通过入口导叶调节制冷剂流量，压比输出不能随工况变化进行调节，在部分负荷时存在过压缩现象，因此运行能效较低。而变频离心机组，制冷剂流量与转速成正比，压比与转速成平方关系，功率与转速成三次方关系。当压缩机排气压力与背压不适配时，容易导致喘振或堵塞等不稳定运行现象。例如：当运行于高室外温度、低负荷率时，容易导致机组喘振；当运行低于室外温度、高负荷率时，容易导致机组堵塞。可见压比与能力属于同向耦合调节，并不能解耦独立调节。因此，变频离心机组适用于负荷随季节变化的场合，比如舒适性空调。

近年来随着永磁变频电机及控制，磁悬浮、气悬浮等无油轴承，离心压缩机气动效率提升等节能技术的发展，机组能效特别是全年综合能效进一步大幅提升，离心机组各环节的效率基本已趋近极致，例如：在《蒸气压缩循环冷水（热泵）机组 第1部分：工业或商业用及类似用途的冷水（热泵）机组》GB/T 18430.1—2007 规定的标准工况下，1000RT 永磁变频离心机组 COP 达到 7.6，$IPLV$ 达到 10.3，均远超 1 级能效，其 COP 与 $IPLV$ 存在理论极限，热力完善度均接近 0.7，如果没有新的理论突破，进一步提升机组能效已比较困难。

2) 变频变容螺杆机

定频螺杆机组通过滑块调节制冷能力，压比调节范围很小。当压缩机排气压力与背压不适配时，出现过压缩与欠压缩，均造成能量浪费。而变频变容螺杆机组通过转速调节容积流量，滑阀独立调节排气孔口打开位置，改变吸排气容积比，实现能力与压比完全解耦调节，既可满足小负荷、高压比（降转速、延迟排气），又可实现大负荷、低压比（升转速、提前排气）工况，在宽工况范围内保持较高效率。

3) 水系统全变频设备

除冷水机组外，所有水系统主要设备均建议采用永磁变频、直驱等节能技术，最大优化设备能效，主要包括：

①高速永磁电机：大幅提升部分负载下电机效率。

②直连结构：取消增速齿轮、皮带等，提升传动效率。

③提升本体效率：优化叶轮、叶片、风机等效率。

如表 6-3 所示，基于高效变频技术，风机盘管、冷却塔、组合式空调机组、水泵等设备能效均明显提升,有助于提高空调系统在全工况运行的节能性。

水系统变频设备对比表 表 6-3

设备	节能技术	传统设备效率	高效设备效率
风机盘管	直流无刷电机	35%～40%	48%～52%
组合式空调机组	EC风机	42%～52%	62%～68%
冷却塔	永磁电机,直驱结构	40%～50%	55%～60%
水泵	永磁电机,直驱结构	72%～74%	78%～80%

(3) 系统适配性设计

中央空调水系统是多因素耦合的复杂系统,且建筑运行负荷工况多样,设备性能各异。为了实现整个系统的全局能效最优,需要基于建筑负荷工况需求研发精准适配的设备,适配参数包括冷量、温度、压比、高效区四个方面。需要充分应用全年逐时能耗仿真、大数据分析等技术手段,使空调系统从"量"和"质"等方面实现与负荷工况需求的适配。

冷量属于"量"的概念,较容易实现适配。传统空调系统设计方法仅考虑额定负荷,单机设计冷量往往偏大,然而空调系统在过渡季节可能长时间运行于极低负荷,导致压缩机频繁启停,运行能效低下,且室内温度控制不稳定,还可能存在过量供冷的现象。应深入分析建筑全年负荷、室外温湿度等运行参数,从而优化系统设计,合理配置全工况范围尤其是低负荷运行下的冷水机组选型及控制策略,例如:可选择具有两个以上压缩机的小冷量变频离心/螺杆机组,在极低负荷时采用单机头运行模式,同时合理设计待机时停止泵塔运行的系统控制策略,尽最大可能节约低负荷运行能耗,实现空调系统能力输出与负荷需求的适配。

温度、压比、高效区属于"质"的概念,往往被忽视,其适配实现起来更复杂。主要包括以下几个方面:

1) 品位适配

常规系统设计为了满足除湿需求,冷水侧采用单一的供/回水设计温度,即7℃/12℃。7℃既除湿又降温,两者耦合,在降温中造成品位浪费。冷水出水温度每提升1℃,或冷却水进水温度每降低1℃,作为能耗占主要部分的冷水机组能效可提升3%左右。随着高效空调末端、冷却塔等技术的发展,重新优化系统设计参数,从而追求系统运行整体最高效成为可能。

在不同地域、应用场合及气候条件下,建筑负荷对于冷水温度的需求有所不同。例如:对于西北地区,或者数据中心等应用场合,空调除湿能力的要求较低,可以适当提升冷水设计温度或温差。对于常规舒适性空调,目前已有厂家采用全新设计方法适当改进空调末端设计,提升换热及除湿能力,在保证室内降温和除湿需求前提下,适度提升冷水设计温度或温差,从而提升冷水机组能效及输配效率。

通过提升水温来提高冷水机组能效与空调末端除湿能力存在矛盾。常规风机盘管进水温度每提高1℃,性能衰减约12%,除湿能力衰减30%;冷水供水温差每增大1℃,性能衰减12.5%,除湿能力衰减31%。如果仅增大送风量,将导致风机功率增大,9℃以上冷水供水将难以保证设备制冷和除湿能力,不能满足室内舒适性要求。为了在中温大温差工况下高效满足室内舒适性需求，需要采用全新的中温末端设备设计方法，从换热能力、出风温度、风侧压降和水侧压降四个维度全面优化：①当水温及温差提高时，末端换热器传热系数降低，通过增大换热面积提高传热系数、延长空气与冷水接触时间，可满足制冷量需求；②保持换热器风、水平行逆流布置，使末端风机盘管出风温度低于风机盘管冷水出水温度，满足除湿要求；③随着管排数增加、风侧压降会增大，通过增大翅片片距及降低风速，使中温风机盘管风机能耗与常规风机盘管基本相同；④换热器逆流平行流路设置可实现分流均匀，其水压降较常规风机盘管降低20%。

通过优化设计，在不影响风量、制冷量、除湿量的前提下，风机盘管及组合式空调机组可实现10℃/16℃水温下正常制冷，而不增加风侧及水侧能耗，为实现高效空调系统打下了基础。

对于冷却侧，高效空调系统可打破常规37℃/32℃的供/回水设计标准，加大冷却塔散热设计，选用高效冷却塔散热设备，将冷却塔供/回水设计温度降为35.5℃/30.5℃或35℃/30℃，以有效提升冷水机组运行效率。

为实现系统全局优化设计，可基于系统全年能耗仿真方法，采用具备设备特性库的全年动态仿真软件，对不同系统设计参数、设备组合的系统设计方案进行系统全年能耗仿真，评估设计方案的节能和经济性，从而选择冷水供回水温度、冷却水供回水温度的最佳设计值。

2）压比适配

在大多数时间中室外气温低于设计值，空调系统需要通过调节能力输出与运行压比，以匹配工况需求，降低能耗。不同类型冷水机组能力、压比调节特性不同，需要根据建筑负荷工况需求，选择合理的冷水机组组合配置，实现在全工况范围内冷水机组压比与工况需求的适配。

结合变频离心机组、变频变容螺杆机组各自的优势，并综合考虑空调系统全工况运行的情况，高效制冷机房的最佳搭配为1台或多台大冷量永磁变频离心机组＋1台小冷量永磁变频螺杆机组。在保证设计冷量的前提下，发挥大冷量变频离心机组40%以上负荷能效高与永磁变频螺杆机组全工况能效高的优势，实现全工况能力、压比适配，充分发挥运行高效优势。

3）高效区适配

传统冷水机组大多按额定工况设计，在额定点达到较好性能，但在非额定工况运行时流动分离损失增大，效率衰减很快。然而机组绝大多数时间运行于部分负荷工况，导致长期低效运行。随着永磁变频、大数据等技术的发展，以全工况综合能效最优为目标的全工况气动设计方法取代传统额定工况设计方法成为新的发展趋势。基于全年逐时仿真结果或运行大数据，引入时间权重，分析不同类型建筑全年运行工况特性。不同类型建筑负荷、工况、时间等运行特性不同。针对不同类型空调运行时长占比高的工况进行优化设计，定制化设计适应变转速、宽负荷范围的叶轮、扩压器等气动结构，拓展高效运行区，实现变频压缩机特性与空调设备全年运行特性的最优适配，达到全年运行节能的目的。

4）管网降阻设计

在管网设计过程中，应精确核算和优化循环水网管长、流量、管径、水流速、沿程阻力构件和局部阻力构件，可将BIM技术应用于制冷机房的设计、建造、运维中，尽最大可能降

低水泵设计扬程,减少不必要的输配能耗,实现水系统的压比适配。具体优化措施如下:

①采用新型低阻力设备。例如:冷水机组通过优化壳管换热管设计,使蒸发器、冷凝器压降减为 $4mH_2O$ 以内;末端采用管排优化布置的高效设备,水阻从 $16mH_2O$ 降为 $12mH_2O$ 以内。

②降低水系统零部件阻力。例如:过滤器采用水阻小于 $0.5mH_2O$ 的篮式或直角过滤器;设置顺水弯头替代直角弯头;选用低阻力阀件,控制阀件阻力小于 $0.5mH_2O$。

③优化管路设计。例如:可通过优化管路路径,减少管路长度;主机与水泵等直线连接,尽量减少弯头与阀件数量。

④全局优化控制策略。中央空调系统属于多子系统耦合复杂系统,单一控制某一参数无法实现整体空调系统节能效果最优。当冷水出水温度升高时,冷水机组功耗降低,但末端除湿能力下降;当冷水侧温差增大时,冷水泵功耗降低,但末端除湿能力下降;当冷却侧水温升高时,冷却塔功耗降低,但冷水机组功耗升高;当冷却侧温差增大时,冷却水泵功耗降低,但冷水机组功耗升高。因此,需要在保证末端室内舒适性的边界条件下,以降低系统总耗电量为总目标,基于全局能效最优仿真方法,整体联调优化空调系统的运行参数,才能真正实现空调系统运行的节能效果。

中央空调系统节能运行控制策略主要包括:

(A)冷水管网大温差运行。在部分负荷下,在管网水系统水力调节平衡的前提下,通过末端流量调节、管网水力平衡调节、水泵调频等控制策略,使冷水系统全工况在适度大温差下运行,避免过量供水的现象,降低输配能耗,实现水系统的能力适配。

(B)冷却侧策略优化。在空调负荷较小的情况下,通过均匀布水、同步变频策略,使冷却塔出水温度接近湿球温度,并降低风机能耗,同时冷却水泵适度变频提升输配效率,实现冷却侧尽可能降低冷却水温度,提高机组能效,实现压比适配。

(C)冷水机组开机组合策略优化。基于变频机组部分负荷高效的特点,在不同冷却水温下,优化冷水机组开机组合策略,使其运行于高效负荷区间,实现高效区适配。

除智能控制外,后期需要根据新项目实际情况进行调适,进一步挖掘节能空间,包括:能效在线精准测量系统,通过远程数据监控平台,可随时随地监测系统能效数据;能耗专家诊断,针对实时运行参数,充分利用大数据分析手段,对设备及系统运行状况进行在线诊断,提供专业的节能运维建议。

2. 高效制冷机房运行与维护

高效制冷机房的运行管理应符合现行国家标准《空调通风系统运行管理标准》GB 50365 的有关规定。高效制冷机房的设计、施工、调适、竣工、检修、运行管理记录等技术资料应齐全并电子化归档。在系统实际运行过程中,由于设计缺陷、使用功能、使用强度等变化或设备性能衰减等原因,可能造成设备和系统的实际运行能效降低,因此需要定期对主要设备能效以及控制策略和关键控制参数设置的合理性进行分析和评价。分析和评价工作应主要基于系统的能耗监测系统开展。

高效制冷机房验收合格后应向运行维护管理单位正式交付,并移交相关资料。高效制冷机房交付前应编制系统手册,包含高效制冷机房设计、施工、调适、验收过程形成的文件和成果,按照一定的层级整理成册。高效制冷机房交付时,应对运行管理人员进行培训,培训宜由顾问单位负责组织实施,设计单位、施工单位、调适单位、设备供应商和自控承包商参加。培训内容基于系统手册确定,结合物业管理单位的需求确定培训内容、深度、形式及次数。

高效制冷机房冷水机组、循环水泵、冷却塔、阀门、过滤器等设备及阀部件应按照规定进行日常、定期维护。高效制冷机房系统监测仪表、温控器、传感器、上位机、监测装置等关键器件,应每年进行一次校准和维护。宜对高效制冷机房关键设备进行预防性维护。

当冷水机组频繁启停时,应检查启停逻辑并进行调整。冷水机组频繁启停具体表现为冷水机组使用过程中启动、停机过于频繁,造成该故障的可能原因包括:冷水机组启停策略不合理;冷水机组内部出现故障,无法正常启动或停机。建议检查冷水机组运行策略是否合理、检查冷水机组是否存在内部故障,确定冷水机组是否可以正常完成启停动作。冷水机组频繁启停故障会对其自身造成损坏,造成冷水机组寿命缩短,影响机组正常工作和运行效果。

冷水机组应合理设置连续运行时长,避免单机运行时间过长。冷水机组单机运行时间过长具体表现为原间歇运行的冷水机组,持续运行时间过长,或多台冷水机组未及时切换运行。一般当单机运行的冷水机组连续运行时间超过 24h 时,认为冷水机组发生运行时间过长。可能发生的原因包括:冷水机组启停控制策略不合适;冷水机组原自动控制被修改为手动控制,且工作人员未及时手动关闭冷水机组;远程控制的冷水机组通信故障,无法接收控制信号,无法实现正常停机动作;手动控制的冷水机组未按时关机。建议检查冷水机组启停策略是否存在问题、检查冷水机组控制方式或传感器是否故障。该问题会造成冷水机组能耗过高、能源严重浪费,同时会影响冷水机组运行效果。

冷水机组应根据实际负荷需求和冷水机组部分负荷工况的能效来调整机组的运行负荷。应避免冷水机组低负荷运行,具体表现为冷水机组长期运行在较低负荷率水平下,设备负荷率低于设定值的工况下连续运行总时长超过设定时长(只累计冷水机组运行时长,不计入冷水机组停机时长)。该问题会造成严重能源浪费、冷水机组能效低的问题。

冷水机组运行过程中,应合理调整冷水流量及温差,避免出现大流量小温差运行。冷水机组大流量小温差具体表现为冷水供回水温差小于等于设计温差的 80%,且冷水流量高于需求流量。该故障会严重影响冷水机组能效水平和运行效果。

冷水机组应根据负荷需求调整运行台数及时长,避免无需求运转。冷水机组无需求运转具体表现为冷水机组在无负荷需求的情况下依然运行,即无末端设备(组合式空调机组、新风机组、风机盘管等)运转,但冷水机组正常运转工作,持续时间超过 30min。该故障会造成制冷机房整体能耗严重浪费。

冷水机组运行过程中,应根据负荷变化调整冷水供水温度设定值。冷水供水温度重置为制冷机房典型控制策略之一,当冷水供水温度设定点在 1h 工作时段内变化小于 1℃,供水温度设定点低于最高设定点,且供回水温温差小于设计温差的 60%,则认为供水温度无重置。

冷水机组发生喘振现象时,应及时检修并调整运行策略。水泵运行过程中,应避免设定频率与反馈频率相差过大。该问题具体表现为水泵变频功能出现异常,水泵设定频率与反馈频率相差超过 30%。可能发生的原因包括:人为手动干预操作;水泵控制器不能正常工作;水泵频率反馈信号故障。针对该故障建议检查水泵运行策略、检查水泵是否按合理频率正常运行、检查传感器是否掉线等。该故障会造成水泵运行无法满足需求,影响水泵流量从而影响制冷/热效果，同时该故障还会造成能源浪费。

水泵应根据负荷需求调整运行时间及台数，避免水泵无需求运转。水泵无需求运转具体表现为无负荷需求的情况下水泵依然运行，包括无末端设备（组合式空调机组、新风机组、风机盘管等）运转，二级泵系统中一次泵运转而二次泵停转。可能发生的原因包括：控制策略不合理；水泵控制通信出现故障；水泵为手动控制，操作流程不合理；水泵内部故障，无法正常启停。针对该故障建议排查通信是否存在问题、核对水泵运行时间表是否合理、检查水泵是否为手动控制且未及时关机、排查水泵内部是否存在故障。水泵无需求运转会造成制冷机房整体能源严重浪费。

冷却塔的冷却水温度应保持在合理范围内，避免过高或过低。当冷却水温度大于或小于设定值，且持续一段时间，则认为冷却水温超过合理范围。可能原因包括：冷却水供水量不足；冷却塔冷却能力较低，换热效率较低；冷却塔控制策略不合理；冷却水泵控制策略不合理。针对该故障建议核查冷却水量是否合理、验证冷却塔性能是否正常、验证冷却塔控制策略是否合理。冷却水供水温度高，导致机组冷凝温度升高，冷凝压力升高，机组性能下降，还有可能出现机组高温报警；冷却水供水温度过低，可能导致排气温度过低，影响压缩机回油，引起压缩机故障。

冷却塔运行过程中，应避免风机设定频率与反馈频率偏差过大。具体表现为冷却塔风机变频功能出现异常，设定频率与反馈频率偏差超过30%。可能原因包括：人为手动干预操作；控制器不能正常工作；频率反馈信号故障。针对该故障建议检查冷却塔运行策略、检查冷却塔是否按合理频率正常运行、检查传感器是否掉线等。该故障会造成冷却塔运行效果不佳，从而影响系统制冷/热效果，该故障还会造成能源浪费。

应定期排查检修空调系统中的传感器，避免出现传感器无读数或读数冻结现象。当传感器无读数持续时长超过24h时，则认为该传感器出现无读数故障。可能原因包括：传感器损坏；传感器掉线、通信故障。针对该故障建议检查传感器内部是否存在损坏、检查传感器通信问题。该故障影响数据获取，从而影响基于该数据的控制、分析等功能。"读数冻结"具体表现为传感器读数长时间保持不变，当传感器读数保持不变时间超过24h，则认为该传感器出现读数冻结故障。可能原因包括：传感器损坏；数据传输通信故障；测量数据超出传感器量程。针对该故障建议检查传感器是否存在损坏、检查传感器数据传输是否正常、核对传感器量程是否适用。该故障影响数据获取，从而影响基于该数据的控制、分析等功能。

6.3.4 智能化运行

通过智能化管理系统对建筑设备的运行控制与管理，极大地提高了室内环境的舒适度，同时通过能耗计量、能耗分析、能耗预测、能耗利用优化等方面，实现建筑节能管理。因此，在中央空调自动控制中引入人工智能技术是十分必要的。

在现阶段的人工智能控制手段中，有三种典型的控制系统：模糊逻辑控制、神经网络和专家系统，以下重点探讨这三种方法在中央空调节能设计中的应用。

1. 模糊逻辑控制

模糊逻辑控制是人工智能发展中最早的一种控制方式，主要是模拟人的思维，以一种非传统、非精确的理论模型使决策更加接近实际情况的一种控制方法。这种控制方法更加接近人类的实际思考过程，做出的决策也更加人性化。将模糊逻辑控制引入中央空调系统,可以克服传统模式下单一 PID 控制的弊端,达到灵活处理的目的。

2. 神经网络控制

神经网络控制主要是将控制系统模拟人的神经元系统,是一种简单的计算方式,处理单元为节点,采用某种网络拓扑结构构成活动网络。将神经网络控制系统引入中央空调节能设计的好处在于可以通过模拟人类神经系统的信息处理方式,对事物做出预判。该系统依托其本身对于数据的储存和检索,可以分析以往的执行情况,并通过这些情况做出相对应的判断。例如,可以对空调的进风温度、湿度等情况采样,记录在 n 个采样周期后的系统运行方式及控制参数,以此来智能调节空调,达到节能目的。

3. 专家系统

专家系统是一种能在某个特定领域内以人类专家水平解决该领域困难专业任务的计算机系统。专家控制系统就像是一个巨大的知识库,储存了强大的理论知识和行业专家的经验,依据已经输入的知识和理论,对当前情况做出分析,从而得出最优解。专家系统可以利用强大的知识储备智能化分析中央空调在实际运行中的一些参数。例如环境变化、人员进出、湿度变化等,从而下达控制指令,达到空调节能的目的。

6.3.5 减少非 CO_2 温室气体排放

根据《京都议定书》,除二氧化碳外,温室气体还包括甲烷(CH_4)、氧化亚氮(N_2O)、氢氟碳化物(HFCs)、全氟化碳(PFCs)、六氟化硫(SF_6)。联合国政府间气候变化专门委员会(IPCC)第五次报告指出,工业革命以来,约有 35% 的温室气体辐射强迫源自非二氧化碳温室气体排放。

除二氧化碳外,建筑中空调/热泵产品所使用的制冷剂也是导致全球温升的温室气体。因此,空调/热泵产品的制冷剂泄漏带来的非二氧化碳温室气体排放也是建筑碳排放的重要组成部分。我国建筑领域非二氧化碳气体排放主要来自家用空调器、冷/热水机组、多联机和单元式空调中含氟制冷剂的排放。现阶段我国常用含氟制冷剂主要包括 HCFCs 和 HFCs,主要是 R22、R134a、R32 和 R410A 等,具体种类见表 6-4。HFCs 类物质广泛应用于汽车空调、家用制冷、工商制冷、消防、泡沫、气雾剂等行业,由于其臭氧损耗潜值(Ozone Depletion Potential,ODP)为零的特点,曾被认为是理想的臭氧层损耗物质替代品,被广泛用作冷媒,但其全球变暖潜值(Global Warming Potential,GWP)是二氧化碳的几十至上万倍,见表 6-5,也是建筑领域非二氧化碳温室气体排放的主要来源。

我国现阶段常用制冷剂 表 6-4

暖通空调领域	HCFCs	HFCs	其他
房间空调器	HCFC-22	R410A、R32	
单元/多联式空调机	HCFC-22	R410A、R32、R407C	
冷水机组/热泵	HCFC-22	R410A、R134a、R407C	
热泵热水机	HCFC-22	R410A、R134a、R407C、R417A、R404A	CO_2
工业/商业制冷	HCFC-22	HFC-134a、R410A、R507A	NH_3、CO_2
运输空调	HCFC-22	HFC-134a、R410A、R407C	
运输制冷	HCFC-22	HFC-134a、R404A、R407C	

集中常见制冷剂的 GWP 值　　　　　　表 6-5

制冷剂类型	制冷剂名称	蒙特利尔协定标准 GWP 值
HFCs 氢氟碳化物	HFC-134a	1430
	HFC-32	675
HFC 氢氟烃混合物	R404A	3922
	R410A	2088
	R407C	1774
HCFCs 含氢氯氟烃	HCFC-22	1810
	HCFC-123	79

基于清华大学建筑节能研究中心 CBCEM 模型估算结果，2019 年我国建筑空调制冷所造成的制冷剂泄漏相当于排放约 1.1 亿 tCO_2 当量，2020 年排放约 1.3 亿 tCO_2 当量，主要来自家用空调器的维修、拆解过程和商用空调的拆解过程。

非二氧化碳温室气体问题是与二氧化碳同样重要的影响气候变化的重要问题，需要建设管理部门认真对待。尤其是随着我国碳达峰和碳中和进程的推进，非二氧化碳温室气体占全球温室气体排放总量的比例会逐渐增长。对于建筑领域来说，非二氧化碳温室气体排放对于建筑领域实现碳中和的重要性也会逐渐加大。2016 年《蒙特利尔议定书》缔约方式达成《基加利修正案》，旨在限控温室气体氢氟碳化物（HFCs），开启了协同应对臭氧层耗损和气候变化的历史新篇章。根据世界气象组织和联合国环境署发布的 2018 年臭氧耗损科学评估报告，履行《基加利修正案》管控要求可使 HFCs 排放量在 21 世纪末降至每年 10 亿 tCO_2 当量以下，每年避免 56 亿～87 亿 tCO_2 当量排放，最多可避免全球平均升温 0.4℃。《基加利修正案》管控 18 种 HFCs，包括 HFC-32、HFC-125、HFC-134a、HFC-143a、HFC-152a、HFC-227ea、HFC-245fa 和 HFC-23 等，并列明了各物质的 GWP（表 6-6）。

《基加利修正案》管控物质清单　　　　　　表 6-6

组别	物质	100 年 GWP
第一组		
CHF_2CHF_2	HFC-134	1100
CH_2FCF_3	HFC-134a	1430
CH_2FCHF_2	HFC-143	353
$CHF_2CH_2CF_3$	HFC-245fa	1030
$CF_3CH_2CF_2CH_3$	HFC-365mfc	794
CF_3CHFCF_3	HFC-227ea	3220
$CH_2FCF_2CF_3$	HFC-236cb	1340
CHF_2CHFCF_3	HFC-236ea	1370
$CF_3CH_2CF_3$	HFC-236fa	9810
$CH_2FCF_2CHF_2$	HFC-245ca	693

续表

组别	物质	100年GWP
$CF_3CHFCHFCF_2CF_3$	HFC-43-10mee	1640
CH_2F_2	HFC-32	675
CHF_2CF_3	HFC-125	3500
CH_3CF_3	HFC-143a	4470
CH_3F	HFC-41	92
CH_2FCH_2F	HFC-152	53
CH_3CHF_2	HFC-152a	124
第二组		
CHF_3	HFC-23	14800

我国于2021年6月17日向联合国正式交存了《基加利修正案》接受文书，成为第122个缔约方。2021年9月15日，《基加利修正案》对中国正式生效，修正案规定了HFCs削减时间表，包括我国在内的第一组发展中国家应从2024年起将受控用途HFCs生产和使用冻结在基线水平，2029年起HFCs生产和使用不超过基线的90%，2035年起不超过基线的70%，2040年起不超过基线的50%，2045年不超过基线的20%（削减80%）。

随着我国进一步城镇化和居民生活水平的提升，我国未来制冷设备的总拥有量还将有一个快速增长期。这使得建筑领域非二氧化碳温室气体减排面临巨大挑战。据北京大学研究测算，如果我国不对HFCs进行管控，到2060年我国HFCs年排放量将超过10亿tCO_2当量，占我国温室气体年排放总量的比例将显著增加，通过实施《基加利修正案》，我国可于2060年将HFCs年排放量控制在2亿tCO_2当量以下，每年可直接减排8亿tCO_2当量。

为降低建筑领域非二氧化碳温室气体排放，应主要从以下几方面开展工作：

1. 积极推动低GWP制冷剂的研发和替代工作

制冷剂替代对于我国制冷空调产业影响巨大，选择合理的制冷剂替代既要考虑制冷剂替代导致的非二氧化碳温室气体直接减排，也要分析制冷剂替代可能的能效降低及由此导致的电力间接二氧化碳排放增加。在替代路线选择中应综合考虑各种因素，确定适合我国不同应用的制冷剂GWP限值和切换时间点。需要注意的是，新型低GWP工质（HFOs，Hydrofluoroolefins，碳氢氟组成的烯烃）的专利多不在我国企业手中，不合理替代路线选择可能导致我国制冷空调/热泵产业支付大量专利费用，削弱行业竞争能力。因此，我国自主知识产权的低GWP替代工质和工艺迫在眉睫，在制冷剂替代中应重点考虑我国掌握专利或已权利公开的制冷剂。

在中小容量制冷空调/热泵领域，发展低温室效应HFC及其混合物替代物，天然工质（HCs、氨、二氧化碳等）将是未来的重要发展方向，也更适合我国国情。二氧化碳就是可选择天然工质制冷工质，由于它的三相临界点温度为31.2℃，所以其热泵工况是变温释放热量而不是像其他类型工质那样以相变状态的温度放热，这就使得工质与载热媒体有可能匹配换热，从而提高热泵效率。近二十年来，采用二氧化碳工质的热泵产品获得了巨大成功。由于二氧化碳工质工作压力高，对压缩机和系统的承压能力提出很高要求，而我国在此方面的制造技术还有所欠缺。这需要将其作为解决非二氧化碳温室气体排放的一个重要任务，组织多方面合作攻关，尽早发展出自己的成套技术和产品。

对于在可将制冷装置单独放置并和人员保持适当距离的工商业制冷领域，具有一定安全性风险但热力学性能好的天然工质（氨等）具有良好前景。氨是人类最初采用气体压缩制冷时就使用的制冷剂。后来由于安全性等问题，逐渐退出其制冷应用。在考虑氟系的制冷剂替代中，氨又重新回到历史舞台。通过多项创新技术，可以克服氨系统原来的一些问题，未来在冷冻冷藏、空调制冷领域氨很可能会占有一定的市场。

但在大型冷水机组领域，我国目前尚无能避开他国限制的制冷剂替代物。目前，美国企业已研发出可满足未来长期替代使用的超低 GWP 的 HFOs 制冷剂，但由于当前 HFOs 制冷剂本身的高成本及相关专利和设备成本的提升，目前尚未进入规模化应用。我国需要在研发新制冷剂和开发 HFO 制冷剂的新生产工艺等方面开展工作，争取及早摆脱被动局面。并应优先攻克大型冷水机组用 R134a 替代制冷剂。

2. 制冷剂的回收与再生技术

（1）制冷剂的回收

随着含制冷剂产品逐步达到使用报废年限，这些报废家用电器、汽车及工商制冷产品中所含制冷剂的妥善回收与处置也尤为重要。由于制冷剂无色无味的特殊物理性质及其对自然环境危害的"非即时性"，社会上对制冷剂尚未有客观全面的认识，回收意识有待加强。

制冷剂的回收有着重大意义，体现在：1）产生温室气体减排效益。据统计，以我国现有回收水平（空调 161g/台、冰箱 2.29g/台），2019 年我国温室气体减排量分别是美国、日本、欧盟的 4.3 倍、3.3 倍和 2.0 倍，如达到《废弃电气电子产品制冷剂回收技术规范》T/CACE 023—2020 的 1 级要求（空调 388g/台，冰箱 14.7g/台），我国温室气体减排量将分别达到美国、日本、欧盟的 10.6 倍、8.2 倍和 4.9 倍。2）缓解配额削减压力。积极开展制冷剂回收和再利用工作，不仅能够有效控制 ODS 无组织排放，也可以减少削减制冷剂生产配额所产生的不利影响。3）降低环境、安全风险。根据我国及日本《全球化学品统一分类和标签制度》（GHS）分类，多种制冷剂危害指标达到 1 类，属于高风险化学物质，如：二氟一氯甲烷 HCFC-22 具有 1 类生殖毒性，异丁烷具有 1 类致癌性及生殖细胞致突变性，二氟二氯甲烷（CFC-12）和四氟乙烷（HFC-134a）具有 1 类特异性靶器官毒性，二氟甲烷（HFC-32）和三氟乙烷（HFC-143a）属于 1 类易燃气体，由于具有较高的环境、安全风险，多种制冷剂已被纳入欧盟、美国、日本等有毒有害物质管控清单。

综上所述，积极开展制冷剂回收工作，既可以降低环境安全风险、减少臭氧层消耗、减缓温室气体效应"协同增效"，也是实现"双碳"目标、推动国家履约、提升管理水平、维护大国形象的必要之举。

（2）制冷剂的再生技术

目前，回收后制冷剂的处理处置方式包括再生和销毁两种。其中，再生又分为蒸馏再生及简易再生两种技术。蒸馏再生技术产品纯度高，通常可达到 99.5% 以上；而简易再生处理后制冷剂的纯度仅能达到 98% 左右。但受限于投资成本，目前国内制冷剂再生企业多采用简易再生技术，其工艺流程如图 6-14 所示。

制冷剂简易再生主要包括以下步骤：1）预处理，再生企业检测（第一次）接收到的制冷剂，根据检测结果将同类型制冷剂集中储存；2）除油及杂质，通过气相回收法去除制冷剂中的油和杂质；3）检测（第二次），测定纯度，确认再生后用作制冷剂或发泡剂；4）除气，通过气相快速导出法去除不凝性气体；5）除水，通过分子筛吸水技术去除水分；6）检测（第三次），确认是否达到制冷剂产品标准；7）贮存，制冷剂充注入同类型产品储罐。

单质制冷剂通过以上处理达标即可被再利用；混合制冷剂如只是配比不合格的进行再次混配合格后也可被再利用；单质不合格和混合制冷剂不能再次进行混配的可用作挤塑板行业（XPS）发泡剂。

3. 对维修和报废过程中的制冷剂进行严格管理

基于可获得数据分析显示，现阶段我国各类制冷产品制冷剂泄漏都发生在设备运行、维修、维护和最终拆解过程，主要发生在后两个过程中。

（1）运行过程泄漏。制冷工质只有排放到大气中才会产生温室效应。如果通过改进密封工艺，可以实现空调制冷运行过程中的无泄漏，

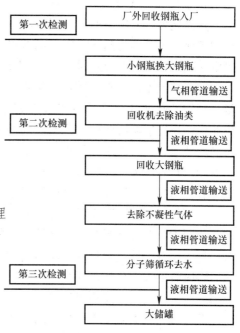

图 6-14 制冷剂简易再生流程图

就可以实现运行过程中的零排放。随着我国制冷空调产品生产和安装技术的不断进步，我国运行过程中的制冷剂泄漏已大幅降低。尤其是数量巨大的房间空调器采用 R32 和 R290 等可燃或微可燃制冷剂后，空调器在内的所有制冷空调/热泵几乎都由专门技术人员安装和维护，制冷剂泄漏量也因此大幅降低。对于静态制冷空调/热泵设备，由于不存在摇晃、振动等影响，管路能一直维持在较低泄漏率。据估算，单纯运行过程制冷剂年泄漏率可低至 0.3%。

（2）维修、维护过程泄漏。对于大型制冷空调/热泵装置，由于制冷剂充注量多，在维修、维护过程中，一般将制冷剂抽出或保存于非维修设备中，制冷剂泄漏量小。但对于房间空调器等小型空调设备，一旦制冷系统发生故障需要维修，大部分情况下都会将制冷剂全部排向大气。据估算，每年家用空调器维修、维护过程导致的等效年泄漏率介于 0.8%～1.6%。

（3）设备最终拆解泄漏。设备拆解过程处理不当将有大量制冷剂排向大气，是制冷剂泄漏最为重要的环节。目前，虽然我国对大型制冷空调/热泵机组有明确的回收要求，实际进行回收并再生使用的比例仍然很低。小型空调设备的拆解完全对空排放仍是普遍现象。

因此，规范维修过程及拆解过程的制冷剂处理是关键，我国应该尽快建立制冷剂的回收及再利用政策机制与技术体系。目前，我国制冷剂的年回收量不到年使用量的 1%，而日本等国家的制冷剂回收率在 30% 左右。究其原因，主要在于我国目前未建立完善的制冷剂回收体系，再生企业无法获得足量的回收制冷剂进行生产，导致制冷剂再生费用高，再生制冷剂相对新生产制冷剂无价格优势，反而抑制了制冷剂回收和再生的意愿。因此，加强监管并建立相关的政策、经济推动体系和技术体系是推动制冷剂回收、再生、再利用和消解的关键。

4. 积极推动无氟制冷/热泵技术

除此之外，发展新的无氟制冷/热泵技术，在一些不能避免泄漏、不易管理的场合完全避免使用非共沸类制冷工质，也是减少制冷剂泄漏的一条技术路径。目前全球各国均在研发非蒸气压缩制冷/热泵技术。在干燥地区采用间接式蒸发冷却技术，可以获得低于当时大气湿球温度的冷水，满足舒适性空调和数据中心冷却的需要且大幅度降低制冷用电量。利用工业排出的100℃左右的低品位热量，通过吸收式制冷，也可以获得舒适空调和工业生产环境空调所要求的冷源，且由于使用的是余热，还可以产生节能效益。此外，固态制冷技术，如热声制冷、磁制冷、半导体制冷等，由于完全不用制冷工质且直接用电驱动制冷，具有巨大的发展潜力。近年来，固态制冷技术在理论、技术上都出现重大突破，制冷容量增加，效率提高，可应用范围也在逐步向建筑领域扩展。

建筑外墙"制冷"涂料，无氟无电、不消耗能源，利用阳光和外太空作为永续资源给建筑物制冷，对节能减排，降低城市热岛效应具有重大意义。该涂料集反射、辐射和隔热等机理于一身，通过涂料的功能填料和反射机理的结合将阳光中部分红外线挡在建筑外，同时将吸收的大部分热量辐射回大气或外太空，降低建筑物室内温度，减少使用空调降温带来的能耗，达到节能环保的目的。

非二氧化碳类温室气体排放问题的解决，会导致建筑中冷冻冷藏、空调制冷技术的革命性变化，实现技术的创新性突破，值得业内关注。

6.4 给水排水系统

给水节能改造是建立在满足合理舒适要求的前提下，通过技术减少水耗，提高水源的使用效率，满足建筑给水排水节能改造的要求。给水系统节能改造建议结合系统主要设备的更新换代和建筑物的功能升级进行。

卫生器具改造时应选用节水型卫生器具。建筑生活热水供应系统综合节能改造后应能实现供热量的计量和主要用电设备的分项计量。建筑生活热水供应系统的节能改造施工和调试应符合现行国家标准《建筑给水排水及采暖工程施工质量验收规范》GB 50242 的规定。

当更换生活热水供应系统的锅炉及加热设备时，更换后的设备应根据设定的温度，对燃料的供给量进行自动调节，并应保证其出水温度稳定；当机组不能保证出水温度稳定时，应设置贮热水罐。集中生活热水供应系统的热源应优先采用工业余热、废热和冷凝热；有条件时，应利用地热和太阳能。生活热水供应系统宜采用直接加热热水机组。除有其他用汽要求外，不应采用燃气或燃油锅炉制备蒸汽再进行热交换后供应生活热水的方式。对于设置集中热水水箱的生活热水供应系统，其供水泵宜采用变速控制装置。

6.4.1 给水排水系统节能技术

1. 节水型卫生器具

节水型卫生器具是指满足相同的饮用、厨用、洁厕、洗浴、洗衣等用水功能，较同类常规产品能减少用水量的器具，主要包括节水型喷嘴（水龙头）、节水型便器及冲洗设备、节水型淋浴器等（图6-15）。

图 6-15 节水型卫生器具

(1) 节水型卫生器具选用原则：

1) 建筑内用水器具宜优先选用国家经济贸易委员会 2001 年第 5 号公告和 2003 年第 12 号公告《当前国家鼓励发展的节水设备（产品）》目录中公布的设备、器材和器具；

2) 根据用水场合的不同，合理选用节水水龙头、节水便器、节水淋浴装置等；采用产业化装修的建筑，均应采用节水器具；

3) 所有用水器具应满足现行行业标准《节水型生活用水器具》CJ/T 164 及现行国家标准《节水型产品通用技术条件》GB/T 18870 的要求。

(2) 建筑内用水器具可选择下述产品：

1) 节水龙头：加气节水龙头、陶瓷阀芯水龙头、停水自动关闭水龙头等；

2) 坐便器：压力流防臭、压力流冲击式 6L 直排便器、3L/6L 两挡节水型虹吸式排水坐便器、6L 以下直排式节水型坐便器或感应式节水型坐便器，缺水地区可选用带洗手水龙头的水箱坐便器；

3) 节水淋浴器：水温调节器、节水型淋浴喷嘴等；

4) 节水型电器：节水洗衣机、洗碗机等；

5) 营业性公共浴室淋浴器采用恒温混合阀、脚踏开关等。

2. 变频调速水泵

高层建筑通常采用水泵水箱联合供水方式，由水泵将水提升到高位水箱，再向下供水，为防止一些用水点超压，需设置减压装置，造成不必要的能耗，而由于电机的启动非常频繁，也会造成电能的大量浪费。设计中可以采用变频调速水泵直接供水，通过调节速度的方式来调节流量，根据水量需要自动调节水泵电机转速，水量需求大时电机转速增大，需求小时电机转速减小，避免电机频繁启动，从根本上防止电能浪费。同时省去了水箱、水罐，减少了设备投资费用。调查结果显示，采用变频调速水泵供水，节电率可达 30%~50%。如今变频调速技术已经日臻完善和成熟，具有显著的节电效果、方便的调速方式、较高的调速范围、完善的保护功能以及运行可靠等优点，因此推广变频调速水泵在建筑给水排水系统中的应用，对于减少电能浪费具有重要意义。

3. 节水灌溉技术

为解决严峻的城市绿地用水问题，建设高科技节水型城市绿地，创造适宜人居的生态环境，需要合理选择绿化植物，优化植物配置，发展节水、抗旱型城市绿地；充分利用非常规水；配合高效节水灌溉技术，采用智能化、精准化的城市绿地节水灌溉自动控制系统，科学合理地选用喷灌、微灌和地下滴灌等先进的灌溉方法。

绿化节水灌溉技术包括喷灌、微灌、渗灌、低压管灌等节水灌溉技术（图6-16）。目前普遍采用的绿化节水灌溉方式是喷灌，其比地面漫灌要省水30%～50%。微灌包括滴灌、微喷灌、涌流灌和地下渗灌，它是通过低压管道和滴头或其他灌水器，以持续、均匀和受控的方式向植物根系输送所需水分，比地面漫灌省水50%～70%，比喷灌省水15%～20%。

图6-16 节水喷灌系统图

（1）设计原则：1）绿化灌溉应采用喷灌、微灌、渗灌、低压管灌等节水灌溉方式，同时还可采用湿度传感器或根据气候变化的调节控制器；2）选择合适的绿化植物，优化植物配置；3）充分利用非常规水，包括雨洪水、污水处理回用水、海水、微咸水等。

（2）设计要点：1）喷灌时要在风力小时进行，当采用再生水灌溉时，因水中微生物在空气极易传播，应避免采用喷灌方式；2）微灌的用水一般都应进行净化处理，先经过沉淀除去大颗粒泥沙，再进行过滤，除去细小颗粒的杂质等，特殊情况还需进行化学处理；3）根据《绿色建筑评价标准》GB/T 50378—2019，采用节水灌溉技术的绿化面积比例不应小于90%。

4. 中水回用技术

目前，业内人士将城市给水与排水之间能够被再次利用的水资源称为"中水"或者"再生水"，其最显著的特点是，水质指标低于城市居民标准而又高于城市运行排放的污水水质标准。也可以通俗地将"中水"理解为：城市中能够直接用于园林灌溉、景观美化、工业冷却、道路清洗、厕所冲洗、消防等不与人体直接接触的杂用水。

（1）中水资源的回收再利用对于城市建设和发展而言，具有以下三点重要意义和价值：

1）可显著提升城市水资源的利用率，有效缓解城市水资源短缺问题。中水回用技术的应用，能够显著降低城市对自然水资源的需求量，实现新型水源的开发和利用，使城市各类水资源的利用率达到最大化，从而实现城市水资源的良性循环，有效缓解城市水资源短缺的问题。

2）可有效降低城市的供水成本。很多城市会采用资金投入较大的域外调水方式来应对城市水资源紧张问题，而城市中水资源的回收与应用，其建设和管理费用要明显低于建设长距离域外引水管网及相应基础设施的费用，因此具有更为出色的经济性。同时，中水回用技术的应用，能够有效转变城市污水处理厂只有资金投入、没有经济产出的尴尬状况，在城市水资源的良性循环利用过程中，获得一定的经济效益。此外，中水回用技术的应用，能够一定程度上减少城市对排水系统、污水处理厂、水坝等基础设施的更新、改造、扩建需求，从而缓解城市给水排水方面的经济压力。

3）有助于城市生态环境保护与改善。应用中水回用技术，将城市生产、生活废水有效处理，使其水质达到再利用的标准，实现了城市污水的资源化利用。中水回用技术的应用不仅能够节约大量的供水资源，从而减少水处理的资源消耗，还能够显著减少城市污水的排放量，从而有效减轻城市附近自然水域的污染物负荷，实现对城市生态环境的有效保护和改善，并减少碳排放。

（2）城市中水系统主要由原水系统、处理设施、供水系统三部分构成。

1）原水系统指的是将中水原水收集、输送至中水处理设施的管理系统及配套构筑物。建筑物中水水源选取次序依次为：沐浴排水、盥洗排水、空调冷却系统排水、洗衣排水、厨房排水、冲厕排水等。

2）处理设施是中水原水过滤、净化、处理的主要场所，是整个系统的核心。在进行处理设施设计建设时，应充分考虑原水水质、水量以及中水具体使用要求等因素，在此基础上进行细致的技术经济分析，从而确保处理设施设计建设的合理性。通常情况下，处理设施对中水原水的处理过程分为以下三个阶段：①预处理阶段。此阶段利用滤网或格栅对中水原水中的杂物、漂浮物、悬浮物进行截留，并根据中水原水中残余杂质的理化性质，应用特定的方法对中水原水进行油水分离、水解酸化、水质水量调节等处理，以此为后续处理工作奠定良好基础。②二级处理阶段。此阶段为中水回用处理的主体阶段，即通过多种处理技术的灵活应用，将中水原水中残余的有毒有害无机物、有机物去除。此阶段涉及的主要构筑物有混凝池、沉淀池、生物处理设施等。③深度处理阶段。该阶段是中水回用前最后一个处理工序，即根据二级处理后中水中可能残余的杂质或可能产生的二次污染物性质与类别，利用膜分离、离子交换、杀菌消毒、介质过滤等工艺进行深度处理，以此最大限度保证中水回用的安全性。

3）供水系统由配水管网、高位水箱、贮水池、泵站或气压给水设备等设施组成，其供水方式、管网类型、管道敷设要求、水力计算方法与市政供水系统基本相同，但需要单独设立，且需要根据中水回用具体要求对系统供水水质、敷设范围进行特殊调整和设计。

在水资源日益紧缺的今天，提高中水回用技术的应用效果和普及率是现代城市有效缓解水资源紧缺问题的重要举措。各地政府及相关部门、机构，应在全面了解中水回用系统组成、技术类型、应用价值的基础上，做好观念宣传、技术创新以及制度创新工作，以此为中水回用工作的开展奠定坚实基础，切实有效提升城市水资源利用率，减少水资源紧缺问题对城市发展和人民生活的影响，有效降低因水资源利用带来的碳排放。

5. 雨水回用技术

（1）基本概念

雨水回用系统，就是将雨水收集后，按照不同的需求对收集的雨水处理后达到符合设计使用标准的系统。目前多数由弃流过滤系统、蓄水系统、净化系统组成。

科学、合理、高效地利用雨水资源，不仅可以缓解城市缺水，而且能涵养与保护水资源、控制城市水土流失，减少水涝，控制城市地下水超采带来的漏斗效应与沉降，减轻水体污染以及改善城市生态环境。

（2）工艺流程

雨水回用系统的工艺流程图如图 6-17 所示。屋面雨水及地面雨水经弃流井汇集至蓄水池，通过水处理工艺后送至清水池储存。处理后的雨水一般用于小区绿化用水、洗车及室内冲厕卫生用水。

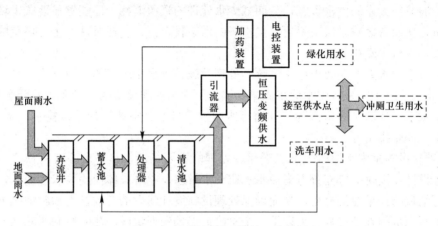

图 6-17 雨水回用系统的工艺流程

6.4.2 生活热水系统节能技术

1. 低碳化生活热水系统选择

生活热水系统设计首先应保证的就是供水温度和供水压力的稳定，其次还要考虑节能、方便和美观，这就需要在设计中合理选择供水方式，科学设计管路布局，充分考虑实际使用中热水用量变化，注重对清洁能源的高效利用，同时还需保证节能化运行，减少能耗，在满足用户生活热水需求的同时，减少污染排放，使能耗最低化。

（1）建筑生活热水系统的类型与选择

按照系统的设备组成，管网布局可分为集中加热式和分散加热式两种。

1）集中式加热分区供水系统

集中式加热分区供水系统是以某一栋楼或片区为单位，以大型蓄热水箱为主的中央热水供应站集中统一提供热源，通过网状式布局的室外热水管道将热水输送至每栋楼，然后再由楼内的输配管路将热水分别送至各个单元。集中式加热分区供水系统的循环水泵和加热设备等通常都集中设置于建筑地下室或其他附属建筑物内，其冷水主要由各分区生活水箱供给。集中式加热供水由于加热及泵送等设备布置集中，因而管理维护比较方便，设置于建筑底层或地下室也有利于防振、隔声。但其弊端在于加热设备需要承受一定的静水压，并且静水压随供水高度的增加而增大，这对设备的承压性能提出了很高的要求，在超高层建筑中设置热水系统需设置转输设备，经济性无法保证，因此高层和超高层建筑不宜采用。

2）分散式加热供水系统

分散式加热供水系统是以每个最小单元为单位，以安装在楼顶、室外空地或是每户室内的一套热水机组为热源的热水供应系统，由管路送至用水点。这种供水方式由于加热器均设置于本区内，负载较小，设备承受的压力也比较小，不受建筑高度的影响，具有布置灵活、适用性强的优点。但与此同时，由于加热设备的分散，为各系统的管理维护带来了诸多不便；此外，高区和室外设备的热媒管道长，供热不稳，对设备泵的隔声防振要求也较高。

(2) 热水供应方式的选择

民用建筑及公共建筑生活热水系统设计首先要考虑的就是供水方式，这就需要根据建筑类型，热水使用情况，结合两种供水方式的优缺点综合考虑。虽然集中式热水供应具有维护方便、热效率高、供热成本低的优点，但由于设备复杂、投资大、无法灵活使用、建成后难以改建扩建，因此，在我国应用并不多，主要限于医院、酒店等有持续性热水需求的场所使用。而分散式热水供应由于适用性强、不受高度限制的优点，在城市建筑高层化发展的趋势下，得到了较为广泛的应用。

(3) 加热方式和设备的选择

加热方式直接影响到用户热水系统的正常加热，可分为直接加热和间接加热两种加热方式。直接加热方式是以燃料、太阳能、电能等能源，通过加热设备对水进行直接加热，例如生活中常见的燃气热水器、电热水器、太阳能热水器、直燃机等都属于直接加热方式。直接加热方式具有热效率高、设备简单、体积小、操作简单等优点，在民用建筑热水系统中应用广泛。间接加热是利用加热器传热面传递热媒的热量，例如市政供热、空气源热泵、地源热泵等，与直接加热相比，间接加热系统复杂、维护成本高、占地面积大，因此民用建筑中不宜采用，但因空气源热泵、地源热泵等机组综合能效较高，制热成本低于燃气热水器、电热水器，在公共建筑中常用上述形式。

太阳能热水器清洁环保，但其缺点在于热源的不稳定，受季节和天气的影响很大，尤其是在冬季和阴雨天太阳辐射量小时很难保证热水的加热升温，因此仅依靠太阳能来满足全天候热水供应是不现实的。所以在民用建筑领域，随着人们对生活品质要求的不断提高，燃气热水器逐步开始替代太阳能热水器进入到千家万户。商用太阳能热水系统均辅以电能等其他能源联合加热，可满足24h不间断的热水供应，但由于太阳能热水系统需要占用较多室外建筑面积，故在公共建筑中未大规模应用。

2. 热源低碳化运维措施

(1) 燃气热水器或燃气锅炉

在常规锅炉烟道上加装烟气余热回收换热器，可提高锅炉的热效率，减少能源的浪费，同时也可降低用户的运行成本。

1) 根据不同供热的性质、锅炉设备特点、热负荷情况等设计和选择与之相适应的系统形式和自控模式。这样锅炉供热可以采取根据室外温度的变化，锅炉房监控系统调节，再加入时间程序、假日程序等控制方式，可以将供热利用更合理化。

2) 采用常用的水处理方式有不足量酸再生氢钠串联离子交换系统、石灰钠离子交换系统、单一钠离子交换系统等。掌握好排污的时机，一般在低负荷、高气压情况下排污，可以减少排污量。

3) 使用变频技术可以将电能消耗控制在最合理的范围。使用变频器后，电机属于软启动，启动电流大大降低，减少了对电网的冲击，变频器的各项保护功能可靠，保护的反应速度和精确度比常规的继电保护大大提高。

（2）空气源热泵

空气源热泵机组内所有安全保护装置均在出厂前设定完毕，切勿自行拆装或调整。机组周围应保持清洁干燥，选择通风良好、排气顺畅的安装场所，不应在密闭的空间内，周围请勿堆放杂物，以免堵塞进出风口。易燃、易爆和有明火、有污染，腐蚀性气体和灰沙、落叶等沾染物易聚集的地方切勿选择。

若停机时间较长，应将管路中的水放空，并切断电源，套好防护罩。再运行时，开机前对机组全面检查。机组出现故障，用户无法解决时，及时向售后服务部报修，并告知故障代码，以便及时派人维修。应定期检查空气源热泵机组电源和电气系统的接线是否牢固，电气元件是否有动作异常，如有应及时维修和更换。应定期检查机组各个部件的工作情况，检查机内管路接头盒充气阀门是否有油污，确保机组制冷剂无泄漏。空气源热泵机组实际出水温度与机组控制面板显示数值不一致时，应检查温度传感器是否接触良好。建议每年两次使用浓度为 5%～10% 的柠檬酸清洗主机冷凝器，启动机组自带循环水水泵清洗 3h，最后再用清水清洗 3 遍，以备清洗时接管。禁止用腐蚀性清洗液清洗冷凝器。

（3）太阳能热水器

定期清除太阳能集热器透明盖板上的尘埃、污垢，保持盖板的清洁，以保证较高的透光率。清洗工作应在清晨或傍晚日照不强、气温较低时进行，以防止真空管被冷水激碎。注意检查透明盖板是否损坏，如有破损应及时更换。对于真空管太阳能热水器，要经常检查真空管的真空度或内玻璃管是否破碎，当真空管的钡—钛吸气剂变黑，即表明真空度已下降，需更换集热管。真空管太阳能热水器除了清洗真空管外，还应同时清洗反射板。

安装有辅助热源的全天候热水系统，应定期检查辅助热源装置及换热器工作正常与否。辅助热源是电热管的，使用前一定要确保漏电保护装置工作可靠，否则不能使用。对于热泵—太阳能供热系统，还应检查热泵压缩机和风机工作是否正常，无论哪部分出现问题都要及时排除故障。冬季气温低于 0℃ 时，平板型系统应排空集热器内的水；安装有防冻控制系统功能的强制循环系统，则只需启动防冻系统即可，不必排空系统内的水。集热器的吸热涂层若有损坏或脱落应及时修复。所有支架、管路等每年涂刷一次保护漆，以防锈蚀。

太阳能集热器应防止闷晒。循环系统停止循环称为闷晒，闷晒将会造成集热器内部温度升高，损坏涂层，使箱体保温层变形、玻璃破裂等。造成闷晒的原因可能是循环管道堵塞；在自然循环系统中也可能是冷水供水不足，热水箱中水位低于上循环管所致；在强制循环系统中可能是由于循环泵停止工作所致。

3. 输配系统维护

应定期进行系统排污，防止管路阻塞；并清洗水箱，保证水质清洁。排污时只要在保证进水正常的情况下打开排污阀门，到排污阀流出清水就可以了。巡视检查各管道、阀门、浮球阀、电磁阀、连接胶管等有无渗漏现象，如有则应及时修复。

如空气源热泵机组配备水泵，检查水泵、水路阀门是否工作正常，水管路及水管接头是否渗漏。经常检查水系统的补水，水箱安全阀、液位控制器和排气装置工作是否正常，以免空气进入系统造成水循环量减少，从而影响机组的制热量和机组运行的可靠性。机组安装的水路过滤器应定期清洗，保证系统内水质清洁，以避免机组因过滤器脏堵而造成机组损坏。

定期检查蓄水箱的密封性和保温层，如果发现密封遭到破坏，应及时修补。定期检查蓄水箱的补水阀、安全阀、液位控制器和排气装置工作是否正常，防止空气进入系统。定期检查是否有异物进入蓄水箱，防止循环管道被堵塞。定期清除蓄水箱内的水垢。有些地区水质硬，易结水垢，长时间使用后会影响水质和系统运行，根据具体情况，每半年至一年清理一次。

4. 热水系统节能管理

应合理确定用水量定额、耗水量、供水水温、耗热量、水质等热水系统的基本参数，热水供应系统储水温度宜控制在55~60℃。热水供应管网宜采用同程回水的给水方式。当采用电作为热源时，宜采用储热式电热水器，以降低耗电功率。热水供应系统宜缩短热水的给水时间，增加机械循环，并平衡冷热水的水压。对于适合热电联供技术的工程，应优先考虑。

热水供应系统应考虑后期运行节能的需要。因地制宜优先选择合适的可再生能源，如太阳能、热泵作为供热来源。在采用水源热泵、地源热泵技术时，不能对水体和土壤造成污染和浪费。太阳能热水器应设有温控装置，并应合理设定热水的温度。当有余热利用条件时，应经过技术经济比较确定，如应用冷水机组冷凝热回收供应热水。

6.5 建筑电气及智能化系统

6.5.1 供配电与照明系统

1. 管理现状

（1）项目建设期

1）设备选型问题。在建筑建造期间前期配电设备系统选配及负荷分配不合理，末端控制回路未充分考虑后期节能运行需求，给运营期节能降耗留下了严重隐患。

2）节能设计不科学。公共建筑本身存在特殊性，个体差异大。在制定前期方案时，不考虑项目的实际节能需求及所在地区的气候特点，未对项目进行良好的节能技术适用设计，导致采用的设施设备配置、设计不当，节能方案制定不合理，节能设施设备过多购置的现象，从而造成前期投入大、运行费用高、设备设施闲置浪费。

3）缺乏建筑全过程管理。从建筑项目全生命周期来看，建筑节能活动直接参与主体有开发商、设计方、建造者、物业管理方等，各个主体间的节能工作存在阶段性及传递性，由于缺乏全过程的有效管理者，在施工不便、成本压缩、进度受限等情况下，节能意图被逐步弱化，节能行动减少，从而导致很多节能设计在实际执行过程中妥协和改动，节能控制目标逐级消减。

（2）项目运营期

1）运行及管理制度缺乏。项目运营期间设备的运行方式不合理、运行制度不健全以及缺乏必要的维修维护等；工程管理体系中节能管理制度和设备维护和检修制度不健全不完善，缺乏有效的节能指导，使得员工不能够落实到位，无法弥补设计节能的不足。

2）节能投入资金不足。在能源管理、节能改造中，建筑节能投资回收期长，资金投入不到位造成改造效果达不到预期等结果。新能源、节能新技术研发成本高、使用成本高，使潜在的使用者望而却步；技术的不成熟、推广普及不到位也造成了运用不合理的问题。

3）节能相关人员的素质与能力有待提高。现有的节能相关人员结构、素质和能力还不能满足其要求，精通高新节能技术的专业人员和懂运营的复合型节能管理人才匮乏；在建筑工程管理运行过程中，运行管理人员的节能意识不足，使节能行为缺乏精神支撑及动力，导致行为节能缺失、节能活动难以得到自觉主动地实施。

2. 供配电系统低碳运行办法

（1）建立电气系统低碳管理制度

1）掌握设备情况，这是供电管理的基础和关键。

2）建立各项设备档案。所有较大的用电设备均应按台分别编号，建立档案。如锅炉房内的风机、水泵，厨房内的用电器具等。一般应以栋为单位建立档案，其内容主要包括：①电气平面图、设备原理图、接线图等有关图纸；②用电电压、频率、功率、实测电流等有关数据；③维修记录、运行记录、巡视记录及大修后的试验报告等各项记录。

3）制定管理办法。首先要根据管理部门规定的原则来确定管理的范围，然后按照掌握的资料制定具体的管理办法。

① 采取多种方式做好宣传工作，主要是做好安全用电，合理用电的宣传工作。

② 进行承包，责任到人。供电管理是一项比较复杂细致的工作，物业管理部门应设立专门的供电管理科室或班组，把供电管理工作承包到具体的个人，一旦发生问题，也好查清责任，正确处理。当然，供电管理工作也不是某个人所能做好的，它需要维修人员的密切配合，同时用户安全、合理用电也是一个很重要的因素。

③ 加强有关人员的培训。随着经济的发展，电气设备的要求也越来越高，在确保供电安全的同时，还要求提供稳定的电压，计算机等办公设备、通信设备等都有这样的要求。同时，对电气设备的可靠性和设备维修的效率提出了更高的要求，而原有的维修人员大都知识老化，因此加强有关人员的培训，提高其素质，采用现代化检测技术和设备，成了现代供电设备管理的当务之急，也是未来供电管理的必然要求。

④ 建立24h运行及维修值班制度，支持用户事故投诉，及时排除故障。这样做，既能发现没能注意的供电问题，也能因及时排除故障而解除了潜在事故的发生。同时，通过用户投诉还能提高供电管理水平，使用户和管理公司之间的信任得到加强。

（2）建立电气系统低碳运维管理措施

实行用电部门和重要用电设备分表能耗统计管理，及时掌握部门和设施设备的用电情况。提高用电设备的功率因数，合理操作无功补偿设备，功率因数应达0.9以上，具体措施有：强电专业各值班人员需按上级制定的目标、指标，认真做好节能降耗工作；强电专业各值班人员必须加强对设备的巡视、检查和维护；依照外界负荷的变化，及时调整补偿，确保设备运行正常；密切注意无功计量表的转向；巡视中应注意补偿功率表、补偿组数、指示灯和电流表等运行参数及状态的变化；在对电容柜进行保养时，需断开组数及指示灯，确认放电后，再进行对接触器、电容器、接地装置的检查。

照明系统在保证合理照度的情况下，优先选用光效高的节能新光源和高效节能灯具，光源分多路控制和光声控开关，合理安装时间控制器，做到人机结合管理。

(3) 建立电气系统功率因数管理措施

功率因数是指在交流电中电压、电流之间存在的一定相位差,功率因数越大表明电网的效率越高,无用功的功率就越小。合理开展低压补偿工作,不仅可以缓解上级电网补偿过程中产生的压力,使用户的实际功率因数得到有效改善,还可以有效控制电能损失,从而减少用户的电费支出,节约能源。可采用以下措施进行功率因数改善:1) 低压个别型补偿法:需要掌握个别用电设备的无功功率需求量,并结合实际所需确定低压电容器的数量,最后将低压电容器连接到用电设备中。在控制装置的支持下,可进行电机投切。2) 低压集中型补偿法:需要在变压器的低压母线位置安装一定数量的低压电容器,安装需要在低压开关上进行,将无功功率补偿的投切装置当作用电设备的控制装置,根据变压器母线上实际负荷的变化控制电容器投切。3) 高压集中型补偿法:需要在高压母线上安装并联形式的电容器组,从而实现无功功率补偿。4) 提升自然功率因数:按照规范要求合理使用各类电动机;完善各类电动机的保养和检修制度;开辟更多同步电动机的使用条件和环境,将同步电动机作为不间断运行设备的动力来源可显著提高功率因数;根据实际所需,选择并使用容量合理的变压器设备,并对其运行方式进行针对性的改进,对于负载率较低的变压器而言,通常运用更换、并接、停止等改进方式来提高变压器的实际负载率,最终改善自然功率因数。

(4) 实施电气系统低碳运维流程

1) 高低压配电日常维护。每天需安排巡检,检查高低压电缆和接头、变压器和高低压配电设备。按期提交巡查报告。检查外观是否完好、运行有无噪声、是否过热。检查指示灯是否完好,继电保护装置是否完好,检查无功补偿、电压指示是否在规定范围内。检查补偿电容组有无损坏,紧固连接螺栓。检查高压试电棒、绝缘工具各种操作手柄是否齐备、无损,各种警栓牌是否齐备,三相接地棒完好无损。清理外部灰尘,做好配电房卫生;检查变压器温控器指示是否正常,超温时风机能否启动,风机运行是否正常,做好巡查记录。发现线路发热、接头、螺栓松动,设备损坏等故障及时维修。配合维保单位每月1次巡检,提出存在问题,巡检完成后及时写巡检报告,在巡检报告上签字确认。

2) 高低压配电停电维护。检查操作机构是否灵活,电气、机械互锁机构是否正常,按规定校验继电保护装置及避雷测试过流保护装置,整理柜内二次线路,紧固各接线端,清洁柜内、清洁母线排及电缆沟,调试各高压真空开关及隔离开关。检测变压器线电阻,紧固螺丝,清理灰尘;检查接地电阻,各接线装置紧固,对电缆托架、底座、柜内外除锈、漆油,其他设备大修、更换。

3) 配电间维护。每月完成配电间设备巡检,发现问题及时解决,按期提交巡检维修报告。清洁卫生,检查设备外观是否完好,仪表显示是否正常,有无异常响声。检查配电开关触头接触是否良好,有无短路、过载现象,紧固配电装置螺丝,调整接触点间隙,更换烧坏的触头,若有过载现象,应更换容量大的配电设备。检查线路敷设环境有无积水、杂物、虫鼠害,检查线路表面有无绝缘损坏,发现损坏及时更换。检查线路有无过热现象,检查进出线路接线装置是否完好,检查母线槽接头、转弯及插接箱部位有无过热现象,每月完成双电源转换器和漏保开关的检查试验,按期提交试验记录。对重点区位(厨房、电梯、双电源UPS、音控室、会议室等)线路、开关、用电设备、接头等加强检查,确保不出问题,做好故障应急预案。

4）发电机系统维护。发电机每半月启动发电机发电不少于15min，按期提交巡检报告。观察其油温、油量、水量、电压、电流、频率，并作记录，倾听发电机有无异常声音，如有故障及时处理，确保发电机正常运行。检查发电机油位、水位、燃油量、蓄电池和皮带，排烟系统、控制系统。目检发电机有无损坏、渗漏，皮带是否松弛或磨损，清洁电气接头和蓄电池。打开发电机端盖，检测对地绝缘电阻，并除尘，检查配电箱内接头是否拧紧，清洗过水箱，更换机油、机油滤清器、冷却液滤清器、柴油滤空气过滤器；更换机油，检查皮带张紧轮、水泵张紧轮；实施带负荷发电。

5）防雷系统维护。每半年进行一次防雷系统的检查，按期提交防雷巡检报告。清洁不锈钢避雷针；检查避雷带搭接部位焊接是否牢固，对圆钢避雷针生锈部位进行刷漆处理；及时发现连接接地、避雷设备的问题；配合防雷检测、维保单位工作。

3. 供配电系统低碳技术

供配电系统的低碳设计宜结合系统主要设备的更新换代和建筑物的功能升级进行。应在满足用电安全、功能要求和节能需要的前提下进行，并应采用高效节能的产品和技术。

（1）当供配电系统改造需要增减用电负荷时，应重新对供配电容量、敷设电缆、供配电线路保护和保护电器的选择性配合等参数进行核算。

（2）供配电系统改造的线路敷设宜使用原有路由进行敷设。当现场条件不允许或原有路由不合理时，应按照合理、方便施工的原则重新敷设。

（3）对变压器的改造应根据用电设备实际耗电率总和，重新计算变压器容量。变压器应当选用10型及以上、非晶合金等节能环保、低损耗和低噪声的变压器。

（4）未设置用电分项计量的系统应根据变压器、配电回路原设置情况，合理设置分项计量监测系统。分项计量电能表宜具有远传功能。

（5）无功补偿宜采用自动补偿的方式运行，补偿后仍达不到要求时，宜更换补偿设备。

（6）供用电电能质量改造应根据测试结果确定需进行改造的位置和方法。对于三相负载不平衡的回路宜采用重新分配回路上用电设备的方法；功率因数的改善宜采用无功自动补偿的方式；谐波治理应根据谐波源制定针对性方案；电压偏差高于标准值时宜采用合理方法降低电压。

4. 照明系统低碳运行办法

照明系统低碳运行管理包括建立全方位的巡视制度，同时杜绝过度照明现象，在需要的场所安装人体感应传感器，使用节能灯具。

（1）建立照明管理巡视制度

物业管理工程部应制定照明巡视制度：当天运行员工至少一次对建筑公共区域、茶水间、机房竖井及车库进行巡视检查。运行员工每天按时开启、关闭公区照明，完成照明控制操作后认真对该区域进行检查，发现问题及时处理。

（2）机房照明管理措施

建筑各功能机房、更衣室只能通过控制面板控制照明，应制定照明管理相关规定：机房、竖井和更衣室要做到人走灯灭。多区照明的房间有人使用时，要做到开启最少的照明，并做到人走灯灭。员工巡视时要注意灯光的开闭情况，无人使用的地方应随手关灯。发现机房、竖井和更衣室的日光灯、节能灯出现闪烁或光源光衰严重等问题，及时报修。安排员工定时检查各自负责机房、竖井和更衣室，避免无人房间出现漏关灯现象。

(3) 低成本照明管理措施

将照明强度降低到保证人员有效、舒适工作生活所需的实际水平，这样既可节约能源开支，又可提高视觉舒适度；合理使用自然光采光，调节照明时间，减少白天的照明时间。常见方法如下：

1) 减少照明灯具数量：采用分区、分组等运行策略控制照明灯具运行时间，更换灯管或镇流器，选择节能的灯具配置，如：第四代照明光源 LED 灯具。

2) 更换灯具：灯具光源有损坏时或者亮度衰减时，应及时更换。

3) 照度管理：安装独立的照明控制装置，允许在独立工作区内调低和改变照明强度，对室外照明进行分组，根据人流情况或时间适当调整照度，减少用电量。

4) 采用智能控制手段对灯具进行管理：如智能双亮度灯具，采用人体感应、雷达感应技术。

5) 室内照明时间管理：应当根据所在区域的时间差及楼内工作人员的作息时间，调整照明时间，如非工作时间可以在公共区域只开启应急照明，关闭公共区域照明。

6) 室外泛光照明（含室外 LOGO）的开启时间管理：应当根据所在区域夜晚时间进行管理，特别是针对夏季日长夜短，但通常在 19 点左右开启泛光照明的情况；也可利用现代智能照明系统根据季节时间进行调整照明。

7) 灯具的清洁维护管理：灯具应定期清洁，以免由于污染、灰尘造成光效下降。

5. 照明系统低碳技术

建筑照明投资通常只占建筑总投资的 1% 左右，而照明能耗却占建筑综合能耗的 20% 左右。据测算，对一些要求持续照明的场所，照明能耗甚至占到本建筑综合能耗的 30%，极端情况达 40%。在建筑能耗上，照明成为继空调之后的第二能耗大户，因此国家发展改革委联合不同部门相继推出多项照明节能举措，并将照明功率密度值列入相关标准的强制性条文，同时对各种灯具效率做了最低限的规定。

照明配电系统改造设计宜满足节能控制的需要，应充分利用自然光来减少照明负荷。照明配电回路需配合节能控制的要求分区、分回路设置。当公共区照明采用就地控制方式时，可设置声控或延时等感应功能；当公共区照明采用集中监控系统时，宜根据照度自动控制照明。所用的灯具应在满足原有照度值要求的前提下，采用各类节能灯具，如 LED 节能灯具等。

(1) LED 节能灯具

LED 是英文 Light Emitting Diode（发光二极管）的缩写，它的基本结构是一块电致发光的半导体材料，置于一个有引线的架子上，然后四周用环氧树脂密封，起到保护内部芯线的作用，所以 LED 的抗振性能好。

发光二极管的核心部分是由 p 型半导体和 n 型半导体组成的晶片，在 p 型半导体和 n 型半导体之间有一个过渡层，称为 p-n 结。在某些半导体材料的 p-n 结中，注入的少数载流子与多数载流子复合时会把多余的能量以光的形式释放出来，从而把电能直接转换为光能。p-n 结加反向电压，少数载流子难以注入，故不发光。这种利用注入式电致发光原理制作的二极管叫发光二极管，通称 LED。当它处于正向工作状态时（即两端加上正向电压），电流从 LED 阳极流向阴极，半导体晶体就发出从紫外到红外不同颜色的光线，光的强弱与电流大小有关。LED 灯带的输入电压，一般常用的规格是直流 12V，也有的是 24V。

一个好的 LED 节能灯具，应该由四部分组成：优质的 LED 芯片、恒流隔离电源、相对灯具功率合适的散热器以及光扩散效果柔和不见点光源的灯罩。

LED 节能灯具特性：1) 高效节能：以相同亮度比较，3W 的 LED 节能灯 333h 耗 1 度电，而普通 60W 白炽灯 17h 耗 1 度电，普通 5W 节能灯 200h 耗 1 度电。2) 超长寿命：半导体芯片发光，无灯丝，无玻璃泡，不怕振动，不易破碎，使用寿命可达 5 万 h（普通白炽灯使用寿命仅有 1000h，普通节能灯使用寿命也只有 8000h）。3) 健康：健康光线中含紫外线和红外线少，产生辐射少（普通灯光线中含有紫外线和红外线）。4) 绿色环保：不含汞和氙等有害元素，利于回收，普通灯管中含有汞和铅等元素。5) 保护视力：直流驱动，无频闪（普通灯都是交流驱动，就必然产生频闪）。6) 安全系数高：所需电压、电流较小，安全隐患小，可用于矿场等危险场所。7) 市场潜力大：低压、直流供电，电池、太阳能供电，适用于边远山区及野外照明等缺电、少电场所。

（2）照明系统智能控制系统

随着照明系统应用场合的不断变化，应用情况也逐步复杂和丰富多彩，仅靠简单的开关控制已不能完成所需要的控制，所以要求照明控制也应随之发展和变化，以满足实际应用的需要。尤其是计算机技术、网络技术、各种新型总线技术和自动化技术的发展，使得照明控制技术有了很大的改观。利用照明智能化控制可以根据环境变化、客观要求、用户预定需求等条件自动采集照明系统中的各种信息，并对所采集的信息进行相应的逻辑分析、推理、判断，并对分析结果按要求的形式存储、显示、传输，进行相应的工作状态信息反馈控制，以达到预期的控制效果。

智能照明控制系统（网络化照明），是一个集多种照明控制方式、现代数字控制技术和网络技术于一身的控制系统。常规控制中被控制对象作为目标，它是与控制器分离的，控制器由控制工程师设计，而对象则是给定的。智能控制中控制对象与控制器（或控制系统）不明显分离，控制律可以嵌入对象之中成为被控系统的一部分，这样它能以更为系统化的方法影响整个过程的设计。整个系统由现场控制级设备、传感器和通信信号传输系统三部分组成。

智能照明控制系统在确保灯具能够正常工作的条件下，给灯具输出一个最佳的照明功率，既可减少由于过压所造成的照明眩光，使灯光所发出的光线更加柔和、照明分布更加均匀，又可大幅度节省电能，其节电率可达 20%～40%。智能照明控制系统可在照明及混合电路中使用，适应性强，能在各种恶劣的电网环境和复杂的负载情况下连续稳定地工作，同时还可有效延长灯具寿命和减少维护成本。智能照明控制系统如图 6-18 所示。

智能照明控制系统必须具备以下条件：系统可控制任意回路连续调光或开关；场景控制：可预先设置多个不同场景，在场景切换时淡入、淡出；可接入各种传感器对灯光进行自动控制；移动传感器：对人体红外线检测达到对灯光的控制，如人来灯亮，人走灯灭（暗）；光亮照度传感器：对某些场合可根据室外光线的强弱调整室内光线，如学校教室的恒照度控制；时间控制：某些场合可以随上下班时间调整亮度；红外遥控：可用手持红外遥控器对灯光进行控制；系统联网：利用上述控制手段进行综合控制或与楼宇智能控制系统联网；可由声、光、热、人及动物的移动检测达到对灯光的控制。

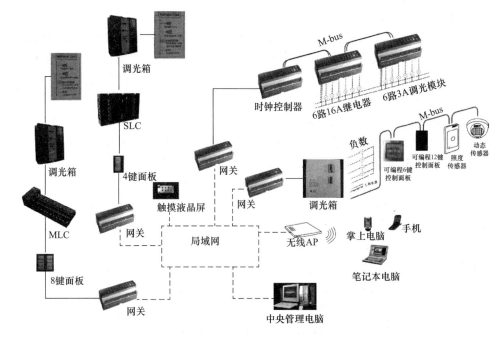

图 6-18 智能照明控制系统图

智能控制系统应用要点：

1）核对照明回路中的灯具和光源性质

每条照明回路上的光源应当是同一类型，不要将不同类型的光源混在一个回路内；分清照明回路性质是应急供电还是普通供电；每条照明回路的最大负载功率应符合调光控制器或开关控制器允许的额定负载容量，不能超载运行；根据灯光设计师对照明场景的要求，审核照明回路划分，如不符合照明场景所要求的回路划分，可做适当调整，使照明回路的划分能适应灯光场景效果的需要，能达到灯光与室内装潢在空间层次，光照效果和视觉表现力上的融合，从而使各路灯光组合构成一个优美的照明艺术环境。

2）按照明回路的性能选择相应的调光器

调光器的选用取决于光源的性质，选择不当就无法达到正确和良好的调光效果。因各个厂家调光器产品对光源及配电方式的要求可能有所差异，此部分内容配置前建议参考相应产品技术资料或直接向照明控制系统厂商做详细技术咨询。不同光源，例如白炽灯（包括钨、钨卤素和石英灯）、荧光灯、各种充电灯以及照明配电方式不同，对调光器选配要求均不相同。

3）根据照明控制要求选择控制面板和其他控制部件

控制面板是控制调光系统的主要部件，也是操作者直接操作使用的界面，选择不同功能的控制面板应满足操作者对控制的要求，控制系统一般有以下几种输入方式：①采用按键式手动控制面板，随时对灯光进行调节控制；②采用时间管理器控制方式，根据不同时间自动控制；③采用光电传感自动控制方式，根据外界光强度自动调节照明亮度；④采用手持遥控器控制；⑤采用电脑集中控制。

4）选择附件及集成方式

控制系统如需与其他相关智能系统集成，可选用相应的附件。

（3）控制系统应用形式

建筑中针对不同功能房间的使用需求，借助新的控制方式对光照需求进行动态自主调控，既节省照明电耗又降低人员管理成本，提高工作效率。走廊、楼梯等公共部位：可采用延时、感应节能开关；办公室：针对人员离开后忘记关闭照明的情况，增加一套红外感应设备与照明线路关联，如果红外感应设备在30min（可设定）内无法侦测到人员活动，则关闭该办公室的照明电源，有效解决了办公人员外出就餐、会议等临时出门不随手关灯造成的浪费；多功能厅或会议：可以采用数字调光技术，按使用需求切换不同的照明场景，控制灵活，节约电能。该控制系统在地下车库照明系统中应用节能降碳空间更大。

1）采用智能照明灯具

地下车库照明灯具为全年24h开启。

按照车库照明灯具的使用用途，可分为出入口坡道过渡照明灯、地下车库车道照明引导灯、地下车库车位节能灯、停车场照明微调灯以及应急备用灯和车位红绿指示灯。通过灯具上的感应装置，可实现"有人有车高照明，没人没车低照明，自动感应自动控制"功能。可使地下车库照明系统在达到现行团体标准《地下室照明设计标准》T/CECS 45中对于车道、停车位中等照度标准值的同时，最大限度节约电耗。地下车库主要灯具性能简介如表6-7所示。地下车库灯具更换前后实景图如图6-19所示。

地下车库主要灯具性能 表6-7

灯具分类	主要性能
出入口坡道过渡照明灯	采用调光控制器实现白天从室外到停车场内亮度从高到低，夜间从室外到停车场内亮度从低到高。可形成灯光过渡
地下车库车道照明引导灯	采用红外或者雷达感应方式，车辆通过车道时，灯具高亮度，提供正常照明，车辆通过后，灯具转换为低亮度，进入休眠照明，但同时满足视频监控系统照度要求
地下车库车位节能灯	采用红外感应的控制方式，车辆进出车位时，灯具高亮度照明，车辆静止或者人员离开后，灯具转为低亮度照明
照明微调灯	微调灯的功能是有人有车高亮度，没有移动物体后，自动进入休眠状态

2）地下车库智能照明控制系统

除将地下车库所有灯具更换为智能照明灯具外，还可通过增设定时控制系统、触摸屏回路一键控制系统等，以便于更加方便、快捷、精细化管理地下车库照明灯具的开启数量及开启时间。

地下车库智能照明控制系统主要功能有：①定时控制系统：在正常上下班的半个小时左右（因为此时人流、车流量较大）利用定时器将地下车库的照明灯具全部开启或隔灯开启，可以避免因频繁触发系统继电器而缩短继电器及灯具工作寿命，在正常上班阶段内才启动红外（雷达）传感器，从而使照明灯具开启更加合理、智能。②触摸屏回路一键控制系统：将地下停车场划分为N个区域，以平面的形式出现在触摸屏操作区，当工作人员想开启或查看某一区域回路时，只需在操作平面图上轻轻一点，即可知道该回路是"全部开启""智能控制""全部关闭""夜间模式""上班模式""下班模式""白天模式"。让复杂的灯具操作模式化，大大减轻工作人员的劳动强度。

第6章 建筑运行阶段低碳化技术

图 6-19 地下车库灯具更换前后实景图
(a) 有人有车时,高亮状态下停车场出入口;(b) 无人无车时,低亮状态下停车场出入口
(c) 有人有车时,全亮状态下,停车场过道;(d) 无人无车时,低亮状态下停车场过道

(4) 光导管自然采光

1) 光导管自然采光的概念

光导管,即导光管采光系统(Tubular Daylighting System),是一套采集天然光,并经管道传输到室内,进行天然光照明的采光系统。工作系统分为三个子系统:采光系统、导光系统和漫射系统。子系统中含有的主要部件包括:采光罩、防雨帽、固定环、直筒、弯管、延长管、漫射器、装饰片及其他辅材。主要应用于单层建筑、多层建筑的顶层或者是地下室、建筑的阴面等。其中包括大型体育场馆和公共建筑、厂房、车间、别墅、地下车库、隧道、油站、易燃易爆场所以及无电力供应场所。

2) 光导管工作原理

自然采光系统是一系列能够提供或管理室内环境中的系统。传统自然采光系统主要由一系列光传感器和反射器或遮光板等元件组成,一般安装在窗户附近,通过调节反射器或遮光板来控制自然光的采用量,并与人工照明相结合,以保证室内整个白天都有足够的照度,该自然采光系统只能控制窗户射入的自然光,自然光的最大采入量取决于窗户的大小,对于距离窗户较远的空间或没有窗户的房间(如地下室等)则效果不明显,甚至不能使用。

光导照明系统是一种新型自然采光系统,运用光导纤维传导光的特性,在室外设置若干自然光采集器,将收集的自然光通过大量光纤传递到室内的发光器件,再传播到室内空

243

间。光导照明原理如图 6-20 所示。

光导照明系统克服了传统自然采光系统的局限性，可以完全取代白天的电力照明，无能耗，节能效果非常显著。此外，光导照明系统光源取自自然光，光线柔和均匀，全频谱无闪烁、无眩光、无污染，并通过采光罩表面的防紫外线涂层滤除有害辐射。光导照明系统有着良好的发展前景和广阔的应用领域，是真正节能环保的自然采光照明方式。

采用这种系统的建筑物白天可以利用太阳光进行室内照明，其基本原理是：通过采光罩

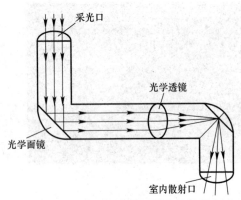

图 6-20 光导照明原理

高效采集室外自然光线并导入系统内重新分配，再经过特殊制作的导光管传输后由底部的漫射装置把自然光均匀高效地照射到任何需要光线的地方，从黎明到黄昏，甚至阴天，光导管照明系统导入室内的光线仍然很充足。该装置主要由三部分组成：采光装置、导光装置、漫射装置。

采光装置：又称采光罩，是导光管采光系统暴露在室外的部件，用来收集阳光，气密性能、水密性能、抗风压性能和抗冲击性能是其重要的性能指标。目前采光罩多为半球形，其收集光线的效果比传统天窗和采光天窗强，主要材质多为 PMMA（亚克力）材质或 PC 注塑制成，PC 材质抗冲击能力优于亚克力材质，但亚克力材质透光率好于 PC 材质，二者各有优劣。

导光装置：又称导光管，是传输光线的关键部件，其内表面反射比对于系统效率有很大影响。为了保证系统整体具有较高的传输效率，应采用反射比较高的管壁材料。

漫射装置：主要作用是将采集的室外天然光尽量多且均匀地分布到室内，除保证合理的光分布外，还应具有较高的透射比，提高整个系统的效率。

调光器：是导光管采光系统的附加装置，用于调节光输出的部件。

在实际工程应用中，光导照明系统有一定的局限性。首先，光导照明的光源是阳光，所以阳光的变化对其照明效果有很大影响，不同地区、不同季节和时段，阳光照度是不同的，这就需要加装光导照明控制系统来调节。光导照明控制系统采用智能化控制手段，在室内设置照度传感器，将室内照度反馈给控制器，从而调整采光装置的开度和光学透镜的角度，避免过亮或光照不足，当采光装置开度最大依然满足不了室内照度要求时，需开启人工照明进行补偿。光导照明系统控制流程图如图 6-21 所示。

3）光导照明系统的优势

①节能：无需电力，利用自然光照明，同时系统中空密封，具有良好的隔热保温性能，不会给室内带来热负荷效应。

②环保：组成光导照明系统的各部分材料均属于绿色产品。

③健康：室内为漫射自然光，无频闪，不会对人眼造成伤害（普通日光灯的供电频率为 50Hz，表示发光时每秒亮暗 100 次，属于低频率的频闪光，会导致人眼视觉疲劳，从而加速眼睛近视）。同时，表面带有 UV 涂层的采光装置会隔绝大部分紫外线，使少量的紫外线进入室内，可以清除室内霉气，抑制微生物生长，促进体内营养物质的合成和吸

收，改善居住环境。

④安全：不存在电力隐患，光导照明系统使用年限大于等于 25 年（电力照明灯具的使用年限最大为 10 年左右）。

⑤光效好：光导照明系统所传输的光为自然光，其波长范围为 392~780nm，显色性 Ra 为 100（白炽灯所发出的光最接近自然光，其显色性 Ra 为 95~97），且经过系统底部的漫射装置，进入室内的为光为漫射光，光线柔和，照度分布均匀。

（5）风能互补太阳能路灯

如图 6-22 所示，风能互补太阳能路灯是将风力和太阳光的自然能量通过风力电机、太阳能电池板转变为电能，经过控制器的整流、稳压作用，把交流电转换为直流电，向蓄电池组充电并储存电能，一次蓄电完成可连续使用 10 天以上。

风光互补型路灯由太阳能电池组件、风机、太阳能大功率 LED/LSP 灯具、光伏控制系统、风机控制系统、太阳能专用免维护蓄电池等部件组成。

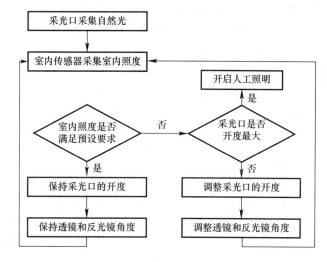

图 6-21 光导照明控制流程图

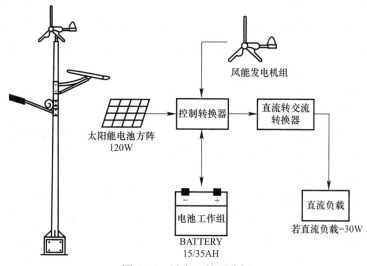

图 6-22 风光互补型路灯

6. 能源管理系统软件

能源系统应按分类、分区、分项计量数据进行管理。建筑能源管理系统功能要求：能源审计，监测仪表、传感器检验校准；建筑能源使用情况宜根据建筑能源管理系统进行监测、统计和评估；建筑设备系统运行情况，能耗、水耗情况应进行监测与管理，宜采用具备数据处理和分析功能的建筑能源管理系统；建筑能源管理系统宜具备数据处理、分析和挖掘的功能。现在我国很多绿色建筑具有能源监测系统，但没有对能源监测系统的实际数据进行专业的分析和挖掘，导致能源监测系统没有起到真正的管理功能，没有真正找到建筑节能潜力和空间。

建筑能源管理系统在供配电系统中监控高压配电系统的进、出线开关及母联开关的状态；进、出线电流、电压；有功、无功功率；计量数字。低压配电系统的进线、主要回路出线开关、母联开关的状态；进线电流、电压；功率因数；计量数字。变压器的温度值及超温报警信号；运行状态。同时，如果采用柴油发电机作为备用电源，系统还可以监控柴油发电机的状态；蓄电池电压、日用油箱油位；所有故障报警。连同电梯的运行状态、故障报警等信号汇聚至控制室。由监控计算机对配电室内变配电设备的运行情况和建筑内设备运行情况及用电计量情况进行有效管理。

6.5.2 电梯系统

电梯运行始终保持良好性能和状态，是电梯节能的基础，因此对于电梯的保养工作质量要求是非常高的，也提醒物业服务企业选取维保能力强的电梯维保企业是非常重要的。

1. 电梯系统低碳技术

电梯是现代建筑中的耗能大户，传统的电梯通常将电梯制动能量通过能耗电阻消耗，造成大量能量的浪费。电梯节能系统可以对电梯制动产生的能量有效回收利用，减少能源消耗，具有很好的社会和经济效益。随着超级电容器技术的进步，将其应用于电梯节能不仅可以实现，而且值得推广。电梯的耗电主要来自于驱动轿厢升降的电动机，有关统计数据表明，电动机拖动负载消耗的电能占总耗电量的70%以上。因此，研究开发高效能的电机拖动系统是电梯节能的关键。电梯常用的节能技术有以下几种：

（1）采用绿色低碳能源

当今的绿色低碳能源使用技术已经非常成熟，如太阳能、风能、潮汐能、地热能等等。电梯的能源消耗同样可以使用绿色能源。在一些高层建筑中，可以在楼顶上安装太阳能发电装置，利用太阳能为电梯的运行提供能量。当白天日光充足时，可以将太阳能获取到的能量存储起来，以备夜晚时电梯的运行使用。

（2）采用（IPC-PF系列）电能回馈器将制动电能再生利用

电梯作为垂直交通运输设备，其向上运送与向下运送的工作量大致相等，驱动电动机通常是工作在拖动耗电或制动发电状态下，当电梯轻载上行及重载下行以及电梯平层前逐步减速时，驱动电动机工作在发电制动状态下，此时是将机械能转化为电能，过去这部分电能要么消耗在电动机的绕组中，要么消耗在外加的能耗电阻上。前者会引起驱动电动机严重发热，后者需要外接大功率制动电阻，不仅浪费了大量的电能，还会产生大量的热量，导致机房升温，有时候还需要增加空调降温，从而进一步增加了能耗。利用变频器交—直—交的工作原理，将机械能产生的交流电（再生电能）转化为直流电，并利用一种电能回馈器将直流电回馈至交流电网，供附近其他用电设备使用，使电力拖动系统在单位时间内消耗的电网电能下降，从而使总电度表走慢，起到节约电能的目的。目前对于将制动发电状态输出的电能回馈至电网的控制技术已经比较成熟，据介绍，用于普通电梯的电能回馈装置市场价在 4000~10000 元，可实现节电 30% 以上。

(3) 电梯群控技术

电梯在启动、加速和刹车的过程中会消耗大量的电能，电梯群控技术就是对电梯进行智能分配，有效减少电梯的停靠次数、启动次数，以此提高运输效率，达到节能的目的。电梯群控技术基于计算机平台实现对多台电梯的控制，利用智能控制算法，采集信号，对楼内的具体情况进行判定，然后经过智能算法的计算输出控制信号，及时调控每个电梯的运行状态。目前常用的电梯群控智能算法有专家系统算法、模糊控制算法、神经网络算法和遗传算法等。实际的智能控制算法可以结合各个算法的优势进行综合设计，以此来解决群控系统中控制目标多样性和系统本身固有的随机性和非线性问题。

(4) 采用永磁同步驱动技术

从电动机的设计、制造等环节来提高电梯的节能，是电梯节能的根本性措施。永磁同步驱动技术就是帮助电梯节能的一个有效措施。目前众多的电梯普遍使用的都是机械传统系统，而所谓的永磁同步驱动就是在电动机的转子表面加上一块永久性磁铁，这样所能达到的效果就是使电动机在电源恒定不变的情况下保持恒定的转速运行。采用永磁同步无齿轮电动机作为电梯的曳引机，不仅可以节约电能，而且大大提高了电梯的传动效率。永磁同步无齿轮电动机曳引机具有运行平稳、振动小、噪声低、传动效率高等众多优点，由于电动机轴与曳引轮同轴，此类曳引机可以摒弃掉庞大沉重的减速箱，从而可以大大提高传动效率，在降低电能的同时也节省了油耗。

(5) 共直线母线技术

当电梯的使用频率比较高时，往往会有多于两台的机器同时投入运营，此时便可以将其中的一台或者多台电梯发电时产生的能量直接反馈到共同使用的母线上，连接在直流母线上的其他电梯就可以充分利用这部分能量，这就是共直线母线技术。共直线母线电梯系统一般由变频器、直流熔断器、直流接触器以及能量反馈装置构成，其鲜明的特点就是电动机的电动状态和发电状态可以能量共享。另外，直流母线中的各电容组并联后使得整个系统中间直流环节的储能容量成倍增加，提高了整个系统的稳定性和可靠性。

(6) 超级电容

超级电容是一种新型储能器件。应用超级电容回收利用电梯制动电能的专利技术在我国取得新进展，成为最具发展潜力的电梯节能技术方案。电梯向上运送与向下运送的运送总量大体相当，驱动电动机经常在"拖动用电工况"与"制动发电工况"之间短时交替工作，例如电梯满载上行时驱动电动机处于"拖动用电工况"，满载下行时处于"制动发电工况"。因此，回收利用电梯制动电能成为电梯节能降耗的关键措施。目前广泛使用的变频调速电梯有两种处理制动电能的方案：一是设置制动单元把制动电能泄放，其缺点是制动电能不仅全部浪费，而且制动单元放电发热会造成环境温度升高；二是另设逆变电路把制动电能变换成三相交流电反馈至电网，提高了电能使用效率，其缺点是反馈电能的谐波对电网存在干扰问题，以及反馈电能的计量未得到供电部门的普遍认同，回收电费在一部分地区或部门不能兑现，影响了推广应用。

图 6-23 中，交流电源经变频器接电动机，以及接入变频器的制动单元，构成了目前

广泛使用的变频调速电梯电力拖动系统；增设了超级电容储能模块，经充放电控制单元接入变频器。在节能电梯的电气结构中，变频器具有重要作用，在电梯驱动电动机处于制动发电工况时，制动电能反馈到变频器，经充放电控制单元向超级电容储能模块充电，将电梯的制动电能存储起来。在电动机处于拖动用电工况时，由充放电控制单元控制，先由超级电容储能模块供电，直至其放电电压到达规定值，再由交流电源整流的直流电供电。制动单元做过充电保护。受超级电容储能模块的容量限制，在特殊工况下有可能出现超级电容储能模块充电电压到达规定值时电梯驱动电动机仍然处于制动发电状态，此时，由制动单元放电做过充电保护，最高充电电压被限制在制动单元的放电电压值以内。由于电梯的驱动电动机经常在"拖动用电工况"与"制动发电工况"之间短时交替工作，循环周期最长不超过 1 min，所以超级电容储能模块的容量要求较小，约为电动汽车蓄电池容量的 1% 即可，生产成本不高。

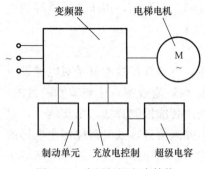

图 6-23 应用超级电容储能模块的节能电梯电气结构框图

（7）改进机械传动和电力拖动系统

将传统的蜗轮蜗杆减速器改为行星齿轮减速器或采用无齿轮传动，机械效率可提高 15%～25%；将交流双速拖动（AC-2）系统改为变频调压调速（VVVF）拖动系统，电能损耗可减少 20% 以上。

（8）更新电梯轿厢照明系统

相关资料介绍，使用 LED 灯具更新电梯轿厢常规使用的白炽灯、日光灯等照明灯具，可节约照明用量 90% 左右，LED 灯具寿命是常规灯具的 30～50 倍。LED 灯具功率一般仅为 1W，无热量，而且能实现各种外形设计和光学效果，美观大方。

（9）目的选层控制系统

目的选层控制系统是一种全新的电梯群控系统，传统的电梯控制系统仅记录目的楼层的运行方向，而目的选层系统会同时考虑候梯乘客的数量和目的楼层，从而显著提高效率和便捷性。采用市场上最先进、最灵活的技术借助目的选层解决方案即可实现最佳的设备性能和便捷性。尤其在高峰时段，目的选层系统通过候梯厅选层，利用电脑精确计算以图解的形式告知乘客哪一部电梯能最快到达目的层。根据乘客的目的楼层分派电梯，合理分配乘客，减少不必要的中途停站次数，提高运行效率，系统运力可提高 20%～30%，同时实现节能的目的。还可以集成第三方门禁控制系统，进一步提升安全性和客流体验。

2. 电梯运行维护

（1）电梯的日常管理

为了确保高层建筑中电梯的安全和舒适乘用，设备管理部门应对电梯做好日常管理工作。

1）运行前的检查：在使用之前，管理人员每天早晨应作最低限度的反复运行，保证操纵箱正常、地坎内无异物、安全触板功能可靠、紧急联络内线电话正常、电梯运行没有异常声音。

2）巡回检查：在电梯运行前，管理人员要适时巡回检查，并填写《电梯日常巡检记录表》。如注意在轿厢空调的启用状态；注意电梯的运行平稳性；观察安全触板或光幕的运行状态；轿厢的照明在各个时段的状态、机房内设备情况等。要经常对电梯进行清扫工作。

3) 对停电及大风大雨预告的对策：有停电预告时，要在厅门附近张贴通知；大风大雨前要关好各处门窗；休息以及夜间停运时要把电梯停在规定的楼层，并切断电源；底坑内灌水时应切断电源，停止电梯运行。

4) 电梯暂停时的注意事项：电梯在停止一段时间运行时，要把电梯停在最下层，并关上轿门和厅门。如果把门打开，在万一发生火警时，井道可能成为烟道，这是非常危险的；切断电源前应先确认没有乘客在轿厢内；如果电梯带有停车开关，可将专用钥匙转到停止侧，这样电梯就会自动去停止层，到停止层后会打开门，随后再关门，电梯就处于停止状态了。如再要启动，可由专职管理人员用应急钥匙打开门。

5) 电源的管理：凡修理或改造工程影响到电梯的供电电源时，在电梯再投入运行之前应由工程技术人员确认电动机的旋转方向是否正确；禁止在电梯专用电源支路上连接其他用电设备；配电盘上供电梯使用的熔断器容量应与电梯的实际负荷相匹配。

(2) 电梯的维护保养周期

每周对每台电梯进行一次常规的全面检查，包括曳引机、钢丝绳、随行电缆等装置及安全设备，同时对控制装置也应做全面的检查。每周对每台电梯进行一次常规的保养：润滑所有的门系统部分，例如导轨、轴承等；调整所有的电气及机械装置；清理控制柜内的所有触点；清理所有杂质，包括传动装置中的杂质、门导轨上的杂质、井道导轨及固定支架上的杂质。

每月一次清理井道内的积水、杂物以及机房内的杂物。在可能的条件下，每月一次对电梯的各种安全装置进行检查。对电气控制系统进行检查，对电梯主要机构和设备动作的可靠性进行检查，并做必要的调整。

每年一次由有经验的技术人员负责，维修保养人员参加，详细检查机械、电气和安全设备的工作情况和主要零部件的磨损程度。及时更换磨损量超过允许值或损坏的零部件。每年配合相关部门进行电梯年检。

每3～5年进行一次大修，由具有经验的技术人员指导维修保养人员对整机进行大修。要采用仪器仪表全面进行检查，制定大修计划，落实大修措施。

(3) 电梯的维护保养要点

1) 电梯机房检查项目：检查电动机温升、油位、油色和电动机的声音是否正常，有无异味、异常响声和振动，风机运转是否良好，做好外部清洁工作；检查减速器传动有无异常声音和振动，联结轴是否渗油，做好外部清洁工作；检查制动器线圈温升，检查制动轮、闸瓦、传动臂是否工作正常；检查继电器、接触器动作是否正常，有无异味及异常响声；检查曳引轮、曳引绳、限速器、导向轮、抗绳轮、反绳轮、涨绳轮运行是否正常，有无异常声响，有无曳引绳断丝等；检查变压器、电阻有无过热；检查机房温度是否符合规定，保持机房清洁状况良好，机房不得堆放易燃和腐蚀性物品，消防器材齐备良好，去往进房的通道应畅通，通信设施良好，机房照明正常。

2) 电梯轿厢检查项目：轿厢是否整洁无杂物；轿厢内壁是否存在严重的变形、磨损、生锈、腐蚀现象；按钮、开关是否有明显的老化、损伤；标示是否清晰，功能是否正常；显示器表面是否破损、显示状态是否正确；轿厢内照明和通风装置工作是否正常；是否有政府机关的年度检查维护卡，查看维护卡是否到期；检查电梯内的报警电话是否可以使用；轿厢运行是否平稳、有无异响。

3) 电梯层站检查项目：轿厢厅门和轿门是否存在严重变形、磨损、生锈、腐蚀现象，开关门有无异响；轿厢前地坎及上坎是否清洁无积尘；通道是否通畅无障碍物，是否有适当有效的照明措施；按钮是否有明显的老化、损伤，标示是否清晰，功能是否正常；显示器表面是否破损、显示状态是否正确。

如有不正常现象应立即停梯进行修理，暂时不能处理而又允许暂缓处理的应跟踪运行，观察其发展情况，防止发生事故；若发现严重现象应立即报告主管部门进行停车修理。

6.5.3 建筑电气化与智能控制

《城乡建设领域碳达峰实施方案》中指出：优化城市建设用能结构，引导建筑供暖、生活热水、炊事等向电气化发展，到2030年建筑用电占建筑能耗比例超过65%。推动开展新建公共建筑全面电气化，到2030年电气化比例达到20%。推广热泵热水器、高效电炉灶等替代燃气产品，推动高效直流电气与设备应用。推动智能微电网、"光储直柔"、蓄冷蓄热、负荷灵活调节、虚拟电厂等技术应用，优化消纳可再生能源电力，主动参与电力需求侧响应。探索建筑用电设备智能群控技术，在满足用电需求前提下，合理调配用电负荷，实现电力少增容、不增容。推动乡村进一步提高电气化水平，鼓励炊事、供暖、照明、交通、热水等用能电气化。

1. 基于BIM的智慧化运维

智能物联时代，运用数字建筑中BIM、云计算、大数据、智能控制等技术，赋能传统设备实现物联网化统一管理运维，实现设备、终端等建筑资产的可视化、精细化、动态化运维管理，提升建筑生态化、绿色化管理和运营水平。

（1）基于多维度数据在线监测实现全域运营生态可视化

通过在建筑内外部空间部署各类传感器、监控设备，采集建筑能耗数据、环境数据、水质管理数据、视频监控数据等，进行智能分析，实现全区域环境质量动态可视化。在建筑能耗监测方面，可实时全面地采集水、电、油、燃气等各种能耗数据，动态分析评价能耗状况，辅助制定并不断优化绿色节能方案，控制耗能设备处于最佳运行状态。在环境管理方面，通过抓取传感器信息，实时监测温度、湿度、CO_2浓度、PM2.5浓度、PM10浓度、CO浓度、甲醛浓度、噪声，对建筑空气、噪声等环境健康状况进行全面监测及管理。在水质管理方面，对影响建筑用水的关键指标水质参数，如浊度、余氯、pH、电导率等，长期监测和定期检测，全面提高供水水质，保障建筑用水的健康性、安全性，助力建筑以绿色、生态的方式运行，提升建筑品质、延长建筑寿命，打造舒适健康的生活环境，为绿色建筑运营优化提供关键支撑。

采用绿色智慧运维管理平台，可实现建筑环境多维度数据实时在线监测，针对能耗管理、环境管理、水质管理、设备设施、报警记录、安保管理、会议室等模块分类展示，各模块相互独立且功能环环相扣，为用户提供全区域动态可视化。通过绿色智慧运维管理平台进行能耗及环境监控，解决室内虽安装多合一空气质量传感器，但未长期监测、无数据的现象；集成能耗管理、环境管理、视频监控等多个子系统，解决运维过程中大量信息孤岛带来的管理问题，同时结合绿色建筑特点实时评价、展示绿色建筑实际运行数据，实现绿色示范园区的绿色低碳示范效果。

(2) 赋能资产设备物联网化实现一体化运维管理

建筑进入运维阶段，利用 BIM 和物联网技术对资产设备进行一体化监测管理与反馈，实时呈现建成物细节，并基于虚拟控制现实，实现远程调控和远程维护。针对建筑重要设备建立设备台账、台卡，便于日常信息的查看、录入、维修、保养使用。通过实时监测，全面掌控设备整体状况和使用情况，及时进行设备状态跟踪、调控优化方案，简化设备管理工作，优化管理流程，为建筑设备科学管理提供有效的数据支撑。

(3) 基于大数据挖掘分析实现超前预警和实时报警

对现场设备实时运行数据进行分析和深度挖掘，便于发现潜在故障因素，提前采取相应预防措施。针对系统状态异常情况可进行判断并发起实时报警，通过多维度数据可视化展示告警信息，实现事件的实时监测、故障分析、智能预测，能够有效检测系统异常并追根溯源，为建筑后期运营维护的实时决策和应急处理提供保障。

2. 基于"云"的使用及管理

使用云计算时，消费者使用的服务器减少了 77%，办公室的碳排放减少了 88%。如果安全系统是内部部署的，那么许多服务器将占用办公室的空间。

然而，使用基于云的系统，需要管理的服务器更少，这意味着工程师更少访问网站来修复和更新服务器，从而减少碳排放。基于云的系统也有更少的服务器来提供电力。

因此，许多企业正在选择基于云的安全技术，以最大限度利用其办公室的空间，并降低维护成本和能源消耗。最流行的基于云的安全解决方案如下：

(1) 访问控制

使用基于云的门禁解决方案和门禁对讲系统，减少了办公空间中需要管理的服务器数量，同时提供了一种方便且安全的方式来验证客人和员工的身份。它还消除了必须经常更换钥匙卡和密钥卡的需要。通过减少使用钥匙卡和密钥卡，可以减少不必要的开支。

非接触式门禁使用移动凭据来开门和开锁，而不是钥匙卡和遥控钥匙。使用移动凭据，非接触式访问控制为用户提供更多方便。

由于非接触式访问控制是基于云的，所以可以通过无线方式执行更新和故障排除。通常，工程师需要访问现场，手动执行更新和故障排除。借助非接触式门禁控制，无需前往现场。

(2) 集成更精简的系统

基于云的安全解决方案为安全团队提供了实施集成的机会，可以增强安全系统的功能，以执行节能功能。以下是安全系统的最佳集成：

1) 建筑传感器：放置在建筑物周围的建筑传感器执行多种功能。当有人进入该空间时，它们会通知您，并且可以执行安全警报功能。将楼宇传感器与访问控制系统集成，可以了解楼宇的来访量。

2) 入住率管理软件：如果使用入住率管理软件，可以了解建筑的入住率水平。甚至可以使用该软件查看入住率的高峰、低谷模式。这种洞察力会让你了解一天中哪些时间需要加热、照明和为建筑内的区域提供电力。

(3) 空间优化利用

为了确保在建筑中有效地使用能源，需要优化空间，并利用集成的物联网和占用管理工具。当建筑传感器和访问控制指示房间里没有用户时，物联网设备将自动关闭以节约能源。同样，一旦用户进入这个空间，它们就会重新启动。

要建立这个系统，必须建立基于访问控制事件的建筑物管理触发器。包含在智能建筑管理中的一些最佳设备和系统包括：

1) 暖通空调系统：当空间无人使用时，无需浪费宝贵的能源和金钱，确保该区域对用户来说是舒适的。可以将暖通空调系统连接到物联网，并为暖通空调系统何时应该打开或关闭建立建筑管理触发器。

2) 照明：同样，如果一个空间是空的，则无需提供照明。因此，将照明连接到物联网将帮助节省不必要的照明成本。

3) 设备：当房间空置时，应关闭建筑物中的任何显示器、计算机和电器。

投资基于云的系统可以减少能源消耗，减少开支，还可以利用基于云的系统根据访问控制事件自动触发楼宇管理，以节省能源并降低成本。

3. 低碳建筑能源管理智能化系统

节能减排要贯彻"开源节流"的原则，低碳建筑常建设楼宇能源管理系统 BEMS，以降低建筑运行过程中的能耗。据调查统计，对于一座现代化的建筑，由于管理不善，有 35%~50%的能源浪费。有时对契约用电控制不好，造成额外的超值付费，有的单位竟达电费账单的 25%。楼宇能源管理系统能够提供合理的用电方案，减少建筑的能源浪费。

（1）系统作用

1) 对设备能耗情况进行监视，提高整体管理水平；

2) 找出低效率运行的设备；

3) 找出能耗异常的情况和问题；

4) 降低峰值用电水平。

（2）系统功能

1) 给出能耗报告。能源管理分组统计分析，对各组的能耗值提供逐时、逐日、逐月、逐年报告，帮助用户掌握自己的能耗情况，找出能耗异常的原因。

2) 提供能耗排名。在不同时间范围内，对组内的能耗值进行排序，帮助用户找出能耗最高和最低的设备单位。

3) 给出能耗比较。在不同时间范围内，对各组的能耗值进行比较。

4) 提供日平均报告。每 15min 给出平均能耗需求的报告，帮助用户了解自己的能耗模式，找出超出预期的峰值需求。

5) 给出偏差分析。任何一天不同时段能耗值与管理设定值的偏差，指出能耗的不良倾向。

6) 提供最大值/最小值分析。以分析各系统和设备能耗与时间的相关关系。

7) 给出一次能源折算。将能耗值折算成热量（MJ）、标准煤、原油、原煤等一次能源消耗量和相对的二氧化碳排放量。

8) 提供成本报告。根据能源表的数据和费率结构，计算各组逐日、逐月、逐年能耗费用报告，以了解能源使用成本。

9) 给出成本排名。在不同时间范围内，对各组的成本值进行排序，找出能源消费最低和最高的设备单位。

10) 提供统计报表。让用户对能耗情况一目了然，并能帮助用户合理分配能源使用结构。

6.6 既有建筑绿色低碳改造技术

随着我国碳达峰碳中和目标的确定,建筑领域的节能减碳也是不可避免的途径之一。无论是从设计标准还是实际运行能耗来看,非节能建筑的保温改造工作的节能潜力巨大,我国现有非节能建筑存量巨大,在防止大拆大建的政策约束下,对既有建筑进行节能改造具有很好的社会意义。

2022年3月,住房和城乡建设部发布的《"十四五"建筑节能与绿色建筑发展规划》中提出:到2025年,城镇新建建筑全面建成绿色建筑,建筑能源利用效率稳步提升,建筑用能结构逐步优化,建筑能耗和碳排放增长趋势得到有效控制,基本形成绿色、低碳、循环的建设发展方式,为城乡建设领域2030年前碳达峰奠定坚实基础。并指出到2025年,完成既有建筑节能改造面积3.5亿 m^2 以上。既有建筑的节能改造与新建建筑不同,由于受建筑本身和周边环境限制,以及要充分考虑房屋所有者和使用者的意愿和感受,既有建筑节能改造应遵循降低干扰、减少污染、快速施工、安全可靠的基本原则。《城乡建设领域碳达峰实施方案》中指出:加强节能改造鉴定评估,编制改造专项规划,对具备改造价值和条件的居住建筑要应改尽改,改造部分节能水平应达到现行标准规定。持续推进公共建筑能效提升重点城市建设,到2030年地级以上重点城市全部完成改造任务,改造后实现整体能效提升20%以上。推进公共建筑能耗监测和统计分析,逐步实施能耗限额管理。

本节针对我国现有建筑存量及国家宏观政策发展规划,主要对既有建筑绿色低碳改造关键技术进行分析。

6.6.1 外围护结构热工性能提升

外围护结构的热工系统包含墙体保温隔热技术、外墙外表面浅层饰面、反射隔热材料、墙体屋面垂直绿化、屋面保温、遮阳、屋面绿化、节能门窗、门窗遮阳等,主要涵盖外墙、屋面、门窗三大体系。

1. 外墙保温改造

外墙外保温既适用于供暖建筑,又适用于空调建筑;既能在低层、多层建筑中应用,又能在小高层、高层建筑中应用。采用外墙外保温后,由于内部的实体墙热容量大,室内能蓄存更多的热量,使诸如太阳辐射或间歇供暖造成的室内温度变化减缓,室温较为稳定;也使太阳辐射得热、人体散热、家用电器及炊事散热等因素产生的自由热得到较好的利用,有利于节能。而在夏季,外保温层能降低太阳辐射热的进入和室外高气温的综合影响,使外墙内表面温度和室内空气温度得以降低。可见,外墙外保温有利于使建筑冬暖夏凉。

近年来,在国家政策和节能标准的推动下,外墙外保温技术正在迅速发展,在国内已出现了一些外墙外保温技术体系,这些技术体系较好地解决了外墙内保温带来的许多"综合病症"。但从国内的大量外墙外保温工程中也不难发现,如果外墙外保温体系设计、施工不当,极易出现保温墙体裂缝、饰面层开裂、空鼓等不良后果,因此在外墙外保温体系的使用中,一定要加强过程控制,使得外保温墙体切实起到保温节能的效果(图6-24)。

图 6-24 外墙保温施工

2. 门窗节能改造

外窗改造一般分为两种情况：在原有外窗普遍较好的情况下，可增加一樘推拉窗或更换中空玻璃；在原有外窗普遍没有维修使用价值的情况下，可直接更换为断热铝合金、塑钢或铝塑中空玻璃窗。此外，还可以在原窗玻璃上镀膜或贴膜。合理利用遮阳设施可提高外窗的隔热性能，减少太阳辐射所产生的室内升温，从而避免空调电耗大幅增加，节能效果显著。当项目需进行遮阳改造时，应综合经济性、节能效果、使用习惯等因素确定遮阳方式。

外门改造主要针对建筑节能性能影响较大的外门，如单元门或与非供暖楼梯间、走道、门厅等非供暖空间相邻的户门。单元门可采用自闭式单元门，户门采用保温门，或在原入口处加装门斗（图 6-25）。

(a) (b)

图 6-25 门窗改造
(a) 外窗改造；(b) 外门改造加装门斗

3. 屋面节能改造

平改坡及加层这种改造形式较为简单，首先进行屋面和承重墙结构核算，在荷载允许的条件下，可以在屋面对应下层承重墙位置砌墙（材料可选用传统墙材，也可用轻质加气混凝土），砌至设计高度上设混凝土，最后铺轻型保温屋面板。也可采用钢结构加层，在加层中除注意荷载允许外，其保温（尤其是隔热）厚度须经热工计算，同时还应注意超过高度后，对符合抗震规范和日照间距问题的处理。这种改造方法技术成熟、可靠、实用。

除防水层确实已有老化造成渗漏不得不翻修外，一般不宜对屋面大拆大改，影响居民生活。屋面渗漏应以修漏补裂为主，进行局部改造，完成防水层改造后，再在改善后的防水层上做保温处理。具体做法是：留出排水通道，干铺保温材料。这种做法的优点是加气混凝土本身具有较好的保温和整体抗冻性能，其次是干铺保温材料便于屋面防水层的维护和保护，又便于保温层的更新，并且非常经济（图 6-26）。

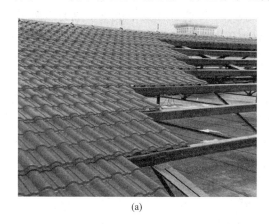 

(a) (b)

图 6-26 屋面节能改造
(a) 坡屋面施工；(b) 屋面保温

4. 屋顶绿化

屋顶绿化是指植物栽植在屋顶区域的一种绿化形式。屋顶绿化可保护建筑物顶部，延长屋顶建材使用寿命；也可以保温隔热，减少空调的使用，节约能源。另外，屋顶绿化社会效益明显，大量的屋顶绿化会改善城市环境面貌、缓解大气浮尘、净化空气、缓解城市热岛效应、削弱城市噪声等。但是，屋顶绿化需要考虑既有屋面荷载的承受能力以及构造要求，也需要使用不透水的屋面材料及采用合理的构造处理来达到防水的目的，此外还需要采取适当的排水措施，将屋面积水及时排掉，以减少渗漏的可能性。种植土可选用保水保肥性能优良的轻质营养土，植物可选用耐干旱、喜光的花草（图 6-27）。

图 6-27 屋顶绿化

6.6.2 建筑用能设备与系统效率提升

1. 暖通空调系统效率提升

首先应充分挖掘原系统的节能潜力，或者通过较少的投入提高系统的运行效率，降低能耗。当现有方法无法满足节能要求时，可考虑更换相关设备。在选择相关设备时，应根据实际使用环境，合理确定设备功率。

热源和供热管网节能改造应优先选供热调节技术，即通过在集中供热系统的热源和热网上安装自动控制装置，使热源的供热量随室外温度和用户末端的需求而变化，实现适量供热；供热管网输送热量时采用变流量技术，降低热网的输送能耗。有条件的地区可以选择太阳能供暖（热水系统）。该系统由太阳能集热系统、辅助能源保障系统、低温热水地板辐射供暖系统/风机盘管系统及生活热水供应系统组成。太阳能集热系统为直接加热强制循环系统，由集热器、循环水泵及储热水箱等组成。辅助能源保障系统在连续阴雨天气或其他特殊供暖需求太阳能集热系统无法保障时启动辅助能源系统，以满足建筑物的供热需求。

关于供热分户计量改造，目前常用的技术包括热量表分配计量法、通断时间面积法和温度面积分配法。上述三种方法各有特点，且适用条件和范围各不相同。在实际选择时应根据改造工程实际情况确定分户供热计量技术路线。

建筑室内通风系统主要分为强制系统和自然通风系统。其中强制通风系统是在建筑室内不同部位设置进风口和出风口，利用电力驱动风扇转动实现通风换气；自然通风系统是根据当地气候条件，通过合理选择进风口和出风口，在无需其他能源驱动下，利用建筑室内外气压完成通风换气。

空调系统包括空调冷源改造、冷热水输配系统改造、终端用能改造三个部分。输配系统作为空调系统的"血管"，风机水泵老化、设备选型偏大等是导致输配系统高能耗的主要原因，一般采取替换和变频改造解决以上问题；冷源在工程上的主要问题是设备老化、逐级负载率偏低、逐级运行策略不合理、主机换热效率偏低等，一般常见的改造措施包括更换高效冷水机组、进行变频改造、冷水机组清洗、自动优化等；通过中央空调末端更换变频器调温、风机电机交流变频调速技术等提高终端用能能效。

2. 供配电与照明系统改造

常见的供配电系统改造措施主要有契约限额优化管理、有源谐波治理、无功补偿和变压器改造。契约限额优化管理是指通过掌握既有建筑用能系统使用规律，每月根据建筑实际合理的负荷需求来申请契约限额的行为。契约限额优化管理可结合分项计量检测系统数据，通过采取合理分配用电设备使用时间、更换高效用能设备等节能措施进一步优化契约限额。有源谐波治理通常是指采用有源电力滤波器，对谐波电流进行补偿或抵消，主动消除电力谐波的措施。无功补偿是将具有容性功率负荷的装置与感性功率负荷的装置并联接入同一电路，使能量在两种负荷之间相互交换，达到提高功率因数目的的措施，当既有建筑中出现功率因数低于功率因数标准值时，可安装适当的补偿装置。当建筑所用变压器使用多年，并且损耗严重，应使用节能变压器进行更换，变压器选用容量应合理，在负荷率较低时可采用非晶合金变压器。

照明系统的主要电耗来源为照明灯具，对于照明系统，在设计阶段应通过技术手段增加自然光的反射，实现自然光利用最大化，将室内照明与自然光有机结合，取代或辅助白天电力照明；同时，应优化节能型光源，采用高效率灯具及配套的低能耗电器，优化灯具开启时间,减少无效照明能耗;根据某一区域的功能、使用时间、室外环境对该区域的影响及该区域的用途等需求优化灯具控制线路改造,采用多种节能控制组合的方式进行智能照明改造;其他用电设备方面,多台电梯应采取群控措施,安装电梯反馈装置,扶梯应采用空载低速运行或自动暂停的措施。

3. 生活热水供应系统改造

生活热水系统改造方式主要为锅炉改造,并选用合适保温材料提升热水管道热效率等提高输配效率,以此提升生活热水系统的综合效率。常见的更换热水锅炉措施有更换为空气源热泵热水器、更换热泵锅炉为 CO_2 热泵热水器、太阳能热水器、锅炉烟气余热回收改造、蒸汽凝结水余热回收改造、热源塔热泵热水器等。

4. 监测与控制系统改造

监测与控制是保证供暖通风空调及生活热水供应系统高效运行的必要手段。在节能改造中,通过优化监测与控制手段来提升系统运行效率同样非常关键。供暖通风空调及生活热水供应的监测主要集中在重要参数查询、设备运行监控、数据记录储存等方面,通过对运行状态的监测和数据分析处理,实现系统故障诊断和优化运行控制,保证系统安全、高效、节能运行。

供配电系统是建筑物最主要的能源供给系统,供配电系统监测与控制是通过对供配电系统的运行参数,如电压、电流、功率、功率因数、频率、变压器温度等进行实时监测,从而为正常运行时的计量管理和事故发生时的应急处理、故障原因分析等提供完善的数据支持。照明系统监测与控制是指利用计算机、传感技术及节能型电器控制等技术组成的分布式照明监测与控制系统,通过预设的运行程序,根据某一区域的功能、运行时间、环境光照强度等自动控制照明,必要时可与楼宇控制系统、保安及消防系统、户外照明系统、舞台灯光等控制系统连接,实现统一化管理。

对太阳能光伏发电系统进行运行监测与控制,可了解系统运行状态、累计发电量、故障、异常报警、环境参数(光照强度、光伏表面温度、风速/气压/气温等)、远程监测与控制等,掌握光伏发电运行数据,确保光伏系统安全、平稳运行。地源热泵系统关键参数的监测与控制也是保证系统安全、高效、节能运行的前提,同时为后期优化运行策略的制定提供数据支撑。

能耗监测管理平台可实时监测、分析用能数据,实现对能耗使用的全参数、全过程的管理和控制功能。可对空调系统、照明系统等进行能耗分析,做出相应的节能诊断,得出切实可行的节能办法,包括管理节能、技术节能和行为节能,降低建筑能源消耗,提高建筑的运行管理水平。

6.6.3 可再生能源利用

目前建筑领域普遍利用的可再生能源主要包括太阳能、地热能和生物质能。太阳能在建筑中的应用主要有供暖、生活热水和光伏发电三种技术。由于我国地域、气候的差异性,不同季节对太阳能的利用效率不均,为满足全天候使用要求,太阳能通常与其他常规能源配套使用。

生物质能清洁供暖是生物质资源在建筑中应用的主要方式,常见的有以生物质成型燃料为主的生物质供暖炉。生物质能和太阳能联合供热系统是在生物质能供热和太阳能供热系统的基础上发展起来的,弥补了生物质能和太阳能各自单独供热的缺点,完全利用可再生能源。此项技术可按照就近取材的原则，因地制宜推广生物质供暖。

地热能利用根据使用介质不同，分为直接使用地下水和使用专用冷热媒。由于直接使用地下水涉及回灌问题，增加设备投入，处理不好将造成地下水的污染和流失。因此，对于符合使用地源热泵技术的改造项目应优先选用专用介质作为冷热媒。在技术经济合理的前提下，优先选用空气能、太阳能、浅层地热能、中深层地热能、生物质能等可再生能源或清洁能源作为供暖热源。

6.6.4 建筑运行智慧管理系统

建筑环境控制系统节能主要是采用空调系统的自动化控制技术、电梯智能控制技术、智能控制照明技术等，通过能耗计量、能耗分析、能耗预测、优化利用等方面达到精准控制的目的。对公共建筑实施整体能耗监测及综合能效管控很有必要，在改造时应充分发挥监测设备及智能化作用，实现数据共享，同时应尽量做到数据的自动实时采集，并达到较全面的覆盖率。

行为节能主要指人走灯灭、人走关空调、开空调时关窗以及提高夏季空调设定温度等措施。从人机工程学方面提出基于行为控制的控制系统，从人的舒适度出发，利用空调的定向送风，解决目前空调固定送风的弊端，提高空调的节能效率，通过行为智能传感器检测人的行为特征，实现自动开关机，通过检测人的行为特征进行制冷（热）量的控制，实现最经济的按需制冷或制热，实现节能。

《新一代人工智能发展规划》指出，要加强人工智能技术与家居系统的融合应用，提升建筑设备及家具产品的智能化水平，促进社区服务系统与居民智能家庭系统协同。人工智能技术应用于建筑内部设施及运维管理，可以促进智能建筑、智慧社区和智能城市的建设。引入人工智能技术，可以智能地调整大型建筑物的室内照明系统、空气循环系统、光伏发电系统等设施，降低整个建筑物的能耗。

6.6.5 装饰装修低碳化技术

装修是建筑的重要组成部分，也是产生建筑垃圾、造成资源浪费较多的环节，推行绿色装修对绿色建筑发展具有重要意义。专家指出，土建装修应一体化设计、施工，同时选用稳定、耐久、环保的装饰建材。

住房和城乡建设部科技委委员、中国城市科学研究会绿色建筑与节能专业委员会主任王有为表示，土建装修一体化设计施工对节约能源资源有重要作用。他建议，由建设单位统一组织建筑主体工程和装修施工，或者由建设单位提供菜单式的装修方式供业主选择，统一进行图纸设计、材料购买和施工。在选材和施工方面，尽可能采取工业化制造，选用具备稳定性、耐久性、环保性和通用性的设备和装修装饰材料，在工程竣工验收时室内装修同步到位，避免后期装修破坏建筑主体构建设施，以及再装修带来的资源浪费和环境污染。

中国建筑装饰协会执行会长刘晓一也认为，实施绿色装修，为人们提供健康、安全、舒适的生活工作环境是建筑装饰行业发展的必然趋势，也是行业的重要使命。

1. 装饰装修过程低碳化管理

低碳装饰装修工程主要包括装饰装修工程的总体设计、施工工艺、施工管理、材料的选择、家居产品的选择和使用五个环节。

（1）工程设计。设计是低碳装饰装修的基础，在设计中不但要注意美观，更要注意绿色、环保、安全和节能。例如通过控制室内空间承载量，解决室内环境污染问题。设计的节约是最大的节约，设计的浪费是最大的浪费。把好设计关，是做好室内装饰工程节约工作的首要环节。室内设计要体现"经济、适用、美观"的原则，维护人与自然的和谐发展，促进生态环境的平衡、资源的节约与再生，把节约资源作为一项重要设计原则，并把节约资源同提高室内环境质量统一起来，坚持以人为本的理念，提倡节约、环保型的"绿色设计"，为人们营造安全、健康、自然、和谐的室内环境。要坚决克服目前存在的不分场所、不分对象、不顾条件、忽视功能、盲目攀比的现象。

（2）施工工艺。选择合理、先进的施工工艺，可以有效减少材料的消耗和能源的浪费。例如尽量选择工厂化的施工工艺，对传统施工工艺进行科学的改革等。"薄贴法"等新工艺把节约、环保做到了极致。与传统贴砖工艺相比，"薄贴法"除了在用料上节约外，使用的成品胶粘剂的强度是普通水泥砂浆的2~4倍，彻底解决了"空鼓、掉砖"的问题，更能为业主扩大厨房、卫生间的使用空间。

（3）施工管理。加强施工现场的物料管理、能源消耗管理和环境管理，减少材料和能源的浪费，也是控制装饰装修工程碳排放的重要一环。

（4）装饰装修材料的选择。低碳不仅表现在选择的材料本身是环保和安全的，还要注意其在生产使用过程中的碳排放和对环境的污染情况。比如控制和减少铝材和实木材料的使用，注意选择符合节能要求的材料等。

（5）家居产品的选择和使用。通过装饰装修工程为低碳生活打下一个良好的基础，同时人们还要注意家具的选择、太阳能设备的利用和家用电器的选择等。比如选择具有自动断电功能的饮水机，可大大降低电的消耗。

2. 绿色装饰材料

绿色装饰材料指其在生产制造和使用过程中，既不会损害人体健康，又不会导致环境污染和生态破坏的环保型建材。首先，环保型建材要对环境有良好的亲和力，耐久性好，易管理，不污染环境。当前，环保型建材已得到很大的发展，出现了新型保温隔热材料、新型防水密封材料、新型墙体材料、装饰装修材料和无机非金属新材料等。其次，环保型建材必须节约资源。建材应尽量采用可再生或可循环利用的材料，最大限度节约资源。最后，将智能化技术融入建筑领域，更好地实现对环境的保护与节能降耗的需求。比如，利用光纤维技术、纳米技术、声控技术等，为人们构建一个安全、舒适、便捷的建筑环境。

6.7 行为节能降碳

6.7.1 宣传培训

在经济社会的发展过程中，人是最具有自主能动性和创造性的因素。第一，只有经过不同形式的系统性培训学习，使员工的思想认识与经营管理的目的达成一致，才能够让他们真正明白，管理的智慧、工作的技巧和经营的效益，均出自于其认真的思考和勤奋的努力；第二，要促进员工强化专业理论知识的学习，掌握适应管理或服务工作所要求具备的全部技术能力。通过具体工作实践积累丰富的经验，从而保证各项任务的顺利完成；第三，鼓励员工积极探讨在对建筑管理服务过程中，发生、发现的与服务方式、管理模式、设备运行方法等影响服务质量和提高经营效益有关的各类问题；第四，鞭策职工努力研究节能降耗的有效措施和办法。通过完善有偿奖励和激励机制，激发员工勇于钻研服务管理和设备技术难题的热情，培养员工自觉节约的良好习惯，主动为节能降耗建言献策。

6.7.2 行为节能管理

1. 能源使用行为管理准备阶段的应用

（1）创建行为节能管理小组。物业服务企业应成立行为节能管理小组，组员主要有总经理、品质负责人、一线员工与主管能源管理工作人员，进而对物业服务企业各个部门的行为节能管理状况进行严格监督与管理。

（2）对行为节能管理小组进行行为节能管理的培训。应全面培训物业行为节能管理小组，主要内容就是传授行为节能管理工作中存在问题的观察、评估和解决方式。

（3）对物业服务企业节能运行的行为进行有效评估。针对物业服务企业的节能运行数据信息，包括设备运行的现场分析及调查情况，进而针对节能行为产生影响的因素进行合理评估。通过这一评估过程，物业服务企业可明确节能工作行为及环境，实现能源运行节能行为的不断强化。

（4）用户能源使用行为管理。所谓能源行为管理，主要是对人行为的一种节约使用管理，具有一定的规律，是一种循序渐进的固化性节约管理方式。其中，行为管理的主要目的就是对人的能源浪费及不节能行为进行纠正，培养其节约意识与行为习惯，最终提升节能水平。在建筑节能运行中合理运用行为节约管理，不仅可让员工参与给予重视，还能增强工作人员应对建筑能耗节约问题的创新能力，使得建筑节能水平不断提升。

2. 物业服务企业行为管理检查阶段的应用

（1）合理编制节能行为检查表。需全面考虑物业服务企业具体能源运行情况，且按照节能运行中所需注意的规章制度或事故调查报告及员工不节能行为来明确关键性行为。在对关键行为进行描述时，一定要确保真实可靠，且能检查与控制，确保节能行为检查表的设计科学合理。同时，需确保检查表的携带便利，且书写清晰。

（2）节能运行指令的正确下达。针对物业服务企业的节能运行实施情况进行全面严格审核与检查，同时将审核合格的检查表发送至物业服务企业各个项目中，以确保行为节能管理工作正常开展。

（3）全面培养义务检查人员。在对义务检查员进行培训时，一定要深入理解员工关键行为，明确节能行为的有效性，全面掌握节能行为干预的方法。同时，需仔细观察并对节能行为不合规的情况进行记录。

（4）数据信息及时完整记录。观察人员在工作中需重点观察关键行为的节能行为的次数与不节能行为的次数，一定要在工作本中整理出已获取的数据信息内容。

3. 物业服务企业能源运行行为管理干预与反馈

（1）不断分析检查数据信息并予以总结。充分利用现代化软件，定期观察员工的节能运行行为。而在此过程中，应全面统计员工的节能行为数据信息，深入分析数据变化趋势，更好地完善并改进行为节能管理工作。

（2）仔细检查结果并及时公布。检查小组需定期公布所检查到的数据信息和统计结果，强化员工自身节能意识，并改进员工行为，为物业服务企业行为节能管理工作的开展奠定坚实基础。

（3）积极开展奖励工作。若实现预定节能行为有一定的改进，物业服务企业需对检查员等给予相应精神奖励及物质奖励。通过奖励，不仅能提高企业员工的节能工作积极性，同时还可增强工作效率，不断完善能源运行节能行为管理工作。

4. 行为节能管理的效果评价与改进

行为节能主要涉及用能人员的节能意识，建筑中用能人员复杂，素质高低不齐，物业服务企业应长期进行节能意识教育，逐渐固化用能人员的节能意识，对用能人员的能耗浪费及不节能行为进行纠正，提升行为节能的效果。还应对行为节能管理的效果进行定期评价，针对评价效果进行持续改进。

6.7.3 绿色低碳行为及减排量化评估

如果采用基于消费的温室气体排放核算法计算，全球约2/3的碳排放都与家庭排放有关。联合国政府间气候变化专门委员会（IPCC）2018年发布的1.5℃特别报告显示，要实现《巴黎协定》的1.5℃目标，需要在2030年将与生活方式和消费相关的人均排放量减至约2~2.5tCO_2e，并在2050年进一步减少至0.7tCO_2e。生活方式的排放有众多来源，其中最重要的出行、居住和饮食，分别占生活方式排放量的17%、19%和20%，有着极大的减排潜力。

《中共中央 国务院关于完整准确全面贯彻新发展理念做好碳达峰碳中和工作的意见》明确指出绿色低碳生活方式的重要性，其中指出：要扩大绿色低碳产品供给和消费，倡导绿色低碳生活方式，同时把绿色低碳发展纳入国民教育体系，开展绿色低碳社会行动示范创建，凝聚全社会共识，加快形成全民参与的良好格局。

1. 绿色低碳行为

近年来，我国促进绿色消费工作取得积极进展，绿色消费理念逐步普及，但具体到公众的绿色消费需求仍需要进一步激发和释放。促进公众绿色消费是消费领域的一场深刻变革，必须在消费各领域全周期、全链条、全体系深度融入绿色理念，全面促进消费绿色低碳转型升级，其中公民个人的行为是否能向绿色低碳转变是决定性的。

2022年4月，中华环保联合会发布的《公民绿色低碳行为温室气体减排量化导则》T/ACEF 031—2022给出了绿色低碳行为分类表，包含衣、食、住、行、用、办公、数字金融各个方面，如表6-8所示。

绿色低碳行为分类表 表6-8

分类	绿色低碳行为	描述
衣	旧衣回收	旧衣被回收再利用
	使用可持续原材料生产的衣被	使用可持续原材料生产的衣被
食	减少一次性餐具	避免生产、处理过程中的排放；减少一次性餐具使用
	植物基肉类替代传统肉类	用植物基肉类替代传统肉类食用
	光盘行动	将自己剩饭剩菜全部打包带走
	小份/半份餐食	餐厅吃饭，点小份或半份食用
住	使用清洁能源	家庭使用光伏、风能、地热等清洁能源
	使用绿色节能产品	如用节能、节电等具有中国能效标识的家用电器
	节约用水	中水利用；使用节水龙头、节水马桶等具有中国节水标识的产品
	节约用电	夏季空调设定温度不低于26℃，冬季空调设定温度不高于20℃，减少各种家用电器的待机时间

续表

分类	绿色低碳行为	描述
住	生活垃圾分类	垃圾分类回收
	绿色建筑或节能建筑	使用绿色建筑或节能建筑
行	机动车停驶	减少驾车出行
	公交出行	使用公共交通,减少私家车的使用
	步行	尽量选择步行,减少私家车的使用
	骑行	尽量选择自行车/电单车/电助力车,减少私家车的使用
	地铁出行	尽量乘坐地铁,减少私家车的使用
	拼车出行	合理规划路线,采取拼车出行方式
	使用新能源汽车	驾驶新能源车出行
	不停车缴费	ETC缴费
	绿色驾驶	同样的路程,通过合理的驾驶行为节油
用	自带杯	使用自带杯,减少一次性杯子的使用
	绿色外卖	提供"无需餐具"选项,减少一次性餐具的使用
	使用循环包装	提高消费后纸包装的回收利用率
	环保减塑	减少塑料使用
	产品租赁	租赁玩具、衣物、电子产品等
	二手回收	回收旧手机、旧衣物、图书等
	闲置交易	买卖闲置物品,减少过渡消费
	减少酒店一次性用品使用	减少出差/旅游酒店、民宿等住宿一次性用品使用
	线上问诊	利用网络平台寻医问诊,减少因出行就医带来的排放
	电子签约	借助数字签名、信息加密等技术实现直接在电子文档上加盖签名或印章的签署动作
	电子票据	使用电子化票据代替纸质票据,如电子发票
办公	无纸办公	无纸化办公
	双面打印	节约纸张的使用量
	在线会议	网络会议或是远程协同办公,可以省去差旅跑路的消耗,通过交通替代、纸张替代,减少资源消耗及废弃物处理过程中的碳排放
	电子政务	全面应用现代信息技术、网络技术以及办公自动化技术等进行办公、管理和为社会提供公共服务的一种全新的管理模式
	共享办公	共享办公又叫柔性办公、短租办公、联合办公空间,有以下特点:空间共享;办公设施共享;资源共享
数字金融	电子支付	通过信息网络安全地传送到银行或相应机构,实现货币支付或资金流转的行为
	电子资金转账	指使用电子通信设备将现金从一方转付给另一方。在电子资金转账过程中不需要使用纸质凭证

续表

分类	绿色低碳行为	描述
数字金融	数字货币	一种基于节点网络和数字加密算法的虚拟货币,可节约货币流通成本,节约印制现钞所需要的纸张

注:本表为推荐性分类,不包含所有潜在的绿色低碳行为,不作为定义性描述。

2. 绿色低碳行为减排量化评估

《公民绿色低碳行为温室气体减排量化导则》T/ACEF 031—2022 给出公民绿色低碳行为温室气体减排量化评估的程序和方法,其所设计的温室气体种类包括二氧化碳(CO_2)、甲烷(CH_4)、氧化亚氮(N_2O)、氢氟碳化物(HFCs)、全氟化碳(PFCs)、六氟化硫(SF_6)和三氟化氮(NF_3),宜根据实际情况确定温室气体种类。

(1) 绿色低碳行为减排量化评估程序及内容

如图 6-28 所示,绿色低碳行为温室气体减排量化评估程序主要包括:减排行为和排放源识别;减排行为边界与基准线情景识别;减排行为与基准线情景排放量计算;减排量化;减排量化结果与评估。

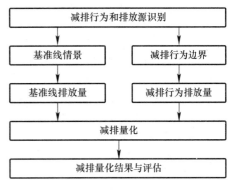

图 6-28 绿色低碳行为减排量化评估程序

减排行为是产生较低(更低)的温室气体排放的行为。排放源是减排行为相关的温室气体所有排放,不仅包括化石燃料燃烧、工业过程排放和废弃物处置等直接排放,还包括减排行为产生的间接排放等,如使用电力和热力的排放。减排行为边界的空间范围包括减排行为发生的地理边界,空间区域是实施的整体范围,由绿色低碳行为边界范围决定。基准线情景识别出的温室气体排放是非绿色低碳行为所产生的直接排放和间接排放。基准线情景与减排行为活动应达到相同目标和取得同等服务水平。

(2) 绿色低碳行为减排量化方法及评估

在约定的计入期内,非绿色低碳行为产生的温室气体基准线排放量按式(6-1)计算:

$$BE_y = \sum_i AD_{i,y} \times EF_{i,y} \quad (6\text{-}1)$$

式中 BE_y——第 y 计入期内基准线排放量,tCO_2e;

$AD_{i,y}$——第 y 计入期内第 i 种基准线活动数据,BAQ;

$EF_{i,y}$——第 y 计入期内第 i 种基准线活动的排放因子,tCO_2e/BAQ。

在约定的计入期内,绿色低碳行为产生的温室气体排放量按式(6-2)计算:

$$PE_y = \sum_j AD_{j,y} \times EF_{j,y} \quad (6\text{-}2)$$

式中 PE_y——第 y 计入期内绿色低碳行为排放量,tCO_2e;

$AD_{j,y}$——第 y 计入期内第 j 种绿色低碳行为活动数据,G-BAQ;

$EF_{j,y}$——第 y 计入期内第 j 种绿色低碳行为活动的排放因子,$tCO_2e/G\text{-}BAQ$。

绿色低碳行为在第 y 计入期内产生的减排量按式(6-3)计算:

$$ER_y = BE_y - PE_y \quad (6\text{-}3)$$

式中 ER_y——第 y 计入期内减排量,tCO_2e;

BE_y——第 y 计入期内基准线排放量,tCO_2e;

PE_y——第 y 计入期内绿色低碳行为排放量，tCO_2e。

基准线情景与减排行为活动应达到相同目标和取得同等服务水平，即取 $AD_{i,y} = AD_{j,y}$。目标用户报告温室气体减排量化评估结果，并确保可获取，量化结果宜指明预定用途，确保格式和内容与需求相一致。

本章参考文献

[1] 徐伟. 近零能耗建筑技术［M］. 北京：中国建筑工业出版社，2021.

[2] 清华大学建筑节能研究中心. 中国建筑节能年度发展研究报告 2021［M］. 北京：中国建筑工业出版社，2021.

[3] 蔡伟光等. 中国建筑能耗与碳排放研究报告（2021）［R］. 北京：中国建筑节能协会，2021：9-10.

[4] 牛丽敏，魏峥，宋业辉，等. 建筑机电系统调适的必要性［J］. 建设科技，2018（4）：43-45.

[5] 田雪冬. 公共建筑全过程能耗总量控制管理方法研究［D］. 北京：清华大学，2015：3-5.

[6] 逄秀峰，刘珊，曹勇等. 建筑设备与系统调适［M］. 北京：中国建筑工业出版社，2015.

[7] 韩铮，夏春海，朱颖心，等. 变风量控制系统性能验证方法研究［C］//全国暖通空调制冷2006年学术年会论文集，2006.

[8] 逄秀峰，宋业辉，徐伟. 我国建筑调适发展现状与前景［J］. 建筑节能，2020（10）：1-7.

[9] ASHRAE. ANSI/ASHRAE/IES Standard 202-2018—Commissioning Process for Buildings and Systems［S］. ASHRAE，Atlanta，GA USA，2018.

[10] 中国建筑科学研究院. 绿色建筑运行维护技术规范［S］. JGJ/T 391—2016. 北京：中国建筑工业出版社，2016.

[11] 中国建筑科学研究院. 公共建筑机电系统调适技术导则［S］. T/CECS 764—2020. 北京：中国建筑工业出版社，2020.

[12] 郝志刚，魏庆芃，邓杰文，等. 公共建筑空调系统全过程管理方法研究（1）：方法概况［J］. 暖通空调，2018（12）：138-144.

[13] 路宾，曹勇，宋业辉. 《绿色建筑运行维护技术规范》实施指南［M］. 北京：中国建筑工业出版社，2017.

[14] 清华大学建筑节能研究中心. 中国建筑节能年度发展研究报告 2022［M］. 北京：中国建筑工业出版社，2022.

[15] ABB（Asea Brown Boveri Ltd.）. ABB电气碳中和白皮书（电气化＋数字化赋能低碳社会）［R］. 2021.

[16] 生态环境部固体废物与化学品管理技术中心. 《蒙特利尔议定书》受控物质制冷剂回收再利用管理模式研究报告［R］，2022.

[17] 丁勇，于鹏，谢琳娜，等. 既有公共建筑——室内物理环境改造技术指南［M］. 北京：科学出版社，2019.

[18] 上海市建筑建材业市场管理总站，华东建筑设计研究院有限公司主编. 既有公共建筑节能改造技术与应用指南［M］. 北京：中国建筑工业出版社，2017.

[19] 绿色创新发展中心. 促进公众绿色低碳生活方式的行动策略：案例与建议［R］，2022.

[20] 中华环保联合会. 公众绿色低碳行为温室气体减排量化导则［S］. T/ACEF 031—2022. 北京：中华环保联合会，2022.

第7章

典型案例

7.1 五方科技馆零碳楼

7.1.1 项目概况

五方科技馆位于河南省郑州市西岗建筑艺术体验园,总建筑面积4000m²,由五方建筑科技集团自主投资、设计、施工及运维管理,于2019年1月建成并正式投入运营,主要用于近零能耗建筑技术、新型电力系统技术以及其他新技术、新产品的示范、展示、研发、体验和交流(图7-1)。

图7-2为五方科技馆整体布局,其中五方科技馆零碳楼建筑功能为体验式公寓,建筑面积400m²,为既有近零能耗建筑改造项目。改造思路为:在近零能耗建筑的基础上,充分利用建筑外表面安装光伏发电系统、增设储能装置为建筑灵活供能,对室内进行电气直流化改造实现光储直柔。五方科技馆零碳楼于2021年11月完成改造并正式投入运行,如图7-2所示。

图7-1 五方零碳楼实拍图

图7-2 五方科技馆总体布局图

7.1.2 技术方案

1. 围护结构

外墙保温选择150mm厚的石墨聚苯板保温,屋顶采用200mm厚的XPS,地面做50mm厚保温的XPS。外窗采用内充氩气的三玻两腔中空玻璃(5+18Ar+5+18Ar+5),窗框采用铝包木型材,外窗设置电动控制活动外遮阳,屋顶天窗采用电动遮阳百叶。

2. 暖通空调及新风热回收

采用直流热泵式空调为建筑提供冷热源及生活热水,采用全热回收型新风热回收系统,显热回收效率为77.3%。独立吊顶式新风机组,有效除雾、PM2.5和TVOC,保证室内良好的空气质量。

3. 监测与控制

设置监测与控制系统，监测室内空气的温湿度、CO_2浓度等参数，控制空调和新风机组等设备的启停、变新风比焓值控制和变风量时的变速控制。采用能耗分析软件，对空调机组、新风系统、电气照明等参数的能耗情况进行检测和分析。

4. 光储直柔

光伏发电系统分别安装于建筑屋面、阳台顶立面、阳光房顶立面、周边构筑物顶面等位置，总装机容量为28kWp，如图7-3、图7-4所示；储能采用磷酸铁锂电池，安装容量为60kWh，控制柜将光伏、储能、电网、负载等通过变流器控制后直流组网，由内部的中央控制器实现系统潮流控制和算法保护；室内直流设备包括直流空调、热水器、新风机、照明灯具、智能开关等；柔性控制通过一台6端口的电能路由器实现，采用DC750V的直流母线，负载端直流电压等级包括DC375V及DC48V，通过对光伏、储能及市电的监测，对三者进行策略化切换调度，保证系统的安全稳定，并实现光伏的最大化利用，如图7-5所示。

图7-3 五方零碳楼屋顶光伏实拍图　　图7-4 周边构筑物光伏实拍图

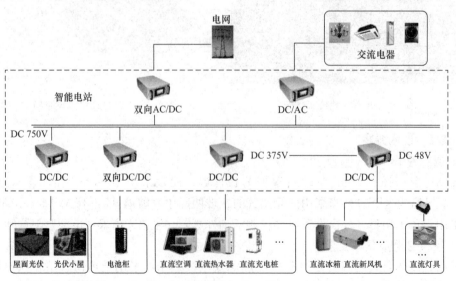

图7-5 五方零碳楼配电系统拓扑图

7.1.3 实施效果

1. 实现100%电气化

项目建成运营过程中的主要能源消耗分为供暖、制冷、照明、生活热水与设备用电五大项,全部实现电气化。空调及生活热水系统采用空气源热泵,厨房完全电气化,厨房的油烟量有所下降,厨房环境也有所改善。

2. 年发电量大于用电量,实现零碳运行

用电量统计:零碳楼的用电量测算来自于电表统计,包括:供暖空调、通风、生活热水、家用电器、厨房餐饮等全部生活用电,2020年5月—2021年4月实际用电量为16576kWh。

发电量统计:2020年5月—2021年4月全年光伏发电量为23922.7kWh,大于年耗电量(16576kWh),2—11月的发电量大于用电量,12月和1月的发电量小于用电量。图7-6为考虑周边建筑及园区绿化遮挡之后,建筑各部分发电量占比分析,其中B2屋面的占比最大,占到全部发电量的50%。

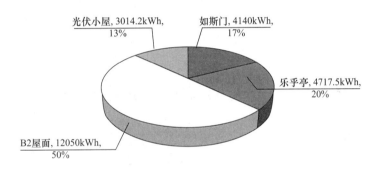

图7-6 光伏发电量分析图

7.1.4 特色展示

1. 丰富的直流负载应用

五方零碳楼采用了丰富多样的直流电气设备,如直流空调、直流热水器、直流新风机、直流电动遮阳、直流冰箱、直流照明灯具等,可满足基本的生活场景需求,同时实现了直流智能家居以及语音控制。完整的场景营造,将有力推动建筑领域电气直流应用的推广和发展。

2. 综合管理云平台

自主研发的"五方能源智控云平台"已将"光储直柔"模块纳入其中,可实时显示光伏发电量、光伏发电功率、电池SOC、电池功率、负载用电量、负载用电功率、市电用电量、市电馈电量、市电功率等数据,并支持日期选择、数据步长调整,比自动生成折线图、柱状图等,极大地提高了分析管理效率。

此外,平台还可实时显示室内外环境参数,如温度、湿度、太阳辐射强度、风速、噪声、二氧化碳等;同时可实时显示建筑能耗计量数据,如总电量、空调电量、新风电量、照明电量、生活热水电量、电梯电量及其他,既满足建筑节能评价标准规定的计量要求,又可有效提高能源运维管理效率(图7-7)。

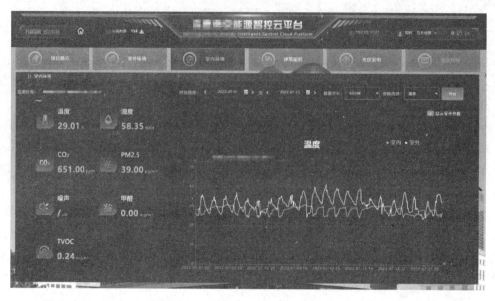

图 7-7　五方智控云平台室内环境界面

7.2　上天梯碳中和研发中心

7.2.1　项目概况

上天梯管理区碳中和研发中心位于河南省信阳市，为新建零碳公共建筑（图 7-8）。用地面积约 3700m²，地上建筑面积 3749m²，建筑高度 14.8m，建筑内部分南北两大功能区，南区为3层办公区域，主要为活动室、会议室等办公功能，北区为大挑空结构的多功能活动区。该项目通过性能化设计，在合理控制增量成本的基础上，实现舒适和健康的室内空气环境，同时大幅度降低运行电耗，打造夏热冬冷地区高标准科技和商业并举的示范项目。

图 7-8　上天梯管理区碳中和研发中心效果图

7.2.2 技术方案

1. 围护结构

(1) 外墙：采用钢丝网架珍珠岩与石墨聚苯板复合保温板，厚度为260mm，外墙平均传热系数.13W/(m²·K)。该复合墙板是将石墨聚苯板两侧复合珍珠岩的板材。在板材内斜穿V型金属丝，两侧表面焊接金属网形成三维钢丝网架。现场施工安装组合，在表面喷抹25～30mm厚水泥砂浆形成墙体。

(2) 屋顶：采用钢丝网架珍珠岩与石墨聚苯板复合保温板，厚度为260mm，平均传热系数为0.13W/(m²·K)。

(3) 地面：采用100mm挤塑聚苯板保温，平均传热系数为0.26W/(m²·K)。

(4) 外窗：采用三玻两腔双Low-e充氩气中空保温玻璃窗（5+12Ar+5Low-e+12Ar+5Low-e），传热系数为0.88W/(m²·K)，太阳得热系数为0.5。开启部均加设纱窗，外开窗扇设置有防脱落装置，中空保温玻璃采用暖边间隔条。

2. 生活热水

由于使用热水量较少且用水点分散，本着节约实用的原则，热水方案采用"小厨宝"作为热源。在一层男卫洗手盆台面下方设置1个小厨宝（10L，1.5kW），供男卫5个洗手盆及残卫洗手盆。在一层女卫及二、三层卫生间各设置1个小厨宝（5L，1.5kW），每个小厨宝供3个洗手盆。

3. 供暖空调及新风系统

(1) 多功能厅采用新风带循环风＋地板辐射。

新风机组：新风风量6000m³/h＋循环风量6000m³/h，显热回收效率75%，全热回收效率65%。解决新风和室内的部分显热和潜热负荷。新风量可以根据室内CO_2浓度控制，循环风量根据室内温湿度负荷需求控制。

地板辐射制冷/供暖：补充解决室内的显热负荷。地板辐射铺设有效面积为650m²。单位面积制冷量为40W/m²；三侧送风（东西＋主席台），高度离地1m左右，回风在篮球场顶部。

(2) 办公楼采用新风＋吊顶辐射条。

新风机组：新风风量6000m³/h，全热回收效率65%。解决新风和室内的部分显热和潜热负荷。新风量可以根据室内CO_2浓度控制。

吊顶辐射制冷/供暖：补充解决室内的显热负荷。辐射条每延米的制冷能力为13.59W。贴着吊顶通过散流器送风，送风速度在2m/s以下。

4. 光伏发电系统

项目所在地太阳能辐射量在3020～5860MJ/(m²·a)，年总日照时间为2200～3000h，属于太阳能资源较丰富地区。建筑最南侧向阳坡屋面铺设轻质柔性光伏组件，其他区域仅以粘结方式铺设轻质柔性光伏组件（柔性组件＜5kg/m²），年发电量为17万kWh。

7.2.3 实施效果

该项目建筑耗能包括建筑空调、新风用电、照明用电、电梯用电、生活热水用电和空调末端风盘用电。通过对建筑能耗分类精确监控分析，为零能耗运维提供依据。同时根据运行情况，对用电及可再生能源回收都进行数据管理，实现合理高效的用能匹配。实现了舒适和健康的室内空气环境，同时大幅度降低运行电耗。

7.2.4 特色展示

(1) 大体量场馆空间达到零能耗标准。该项目为低层公共建筑，大空间场馆和小空间办公相结合，项目北侧大空间部分层高相当于南侧办公部分的3层，能耗增加，而建筑面积仍按一层计算，单位面积能耗较高。面对此项难点，经过一系列被动式和主动式技术措施优化，仍然达到零能耗标准。

(2) 装配式钢结构建筑：主体结构采用装配式钢结构，外墙和屋顶均采用钢丝网架珍珠岩复合保温板，预制并现场安装，整体达到较高的装配率。

(3) 保温结构一体化：采用钢丝网架珍珠岩复合保温外墙板，应用于非承重填充墙部位。该复合墙板是将石墨聚苯板两侧复合珍珠岩的板材，通过外墙及屋顶保温结构一体化，实现保温与建筑同寿命50年。

7.3 青岛国际院士港

7.3.1 项目概况

青岛国际院士港项目位于青岛市李沧区，占地面积5.4万m^2，建筑面积18.84万m^2，地上建筑面积18.73万m^2，由青岛市公用建筑设计研究院有限公司设计完成。项目利用室外景观系统及屋顶农场等，实现雨水的吸收利用。园区5个独栋院士楼，采用近零能耗建筑技术，作为园区低能耗、绿色园区的展示窗口。本次介绍的9号楼地上建筑面积为5145m^2，建筑高度为23.1m。一层为会议室、接待室，二～五层为实验室，项目于2018年正式启动，2020年底竣工（图7-9）。

图7-9 项目效果图（9号楼）

7.3.2 技术方案

该项目主要采用了高性能的围护结构、良好的建筑气密性、高效新风热回收系统、可再生能源利用系统。

1. 建筑设计

该项目建筑朝向为南北向,布局考虑到形成室内对流通道,充分利用自然通风,降低夏季及过渡季能耗。建筑主出入口设置门斗,降低冬季冷风渗透带来的冷负荷。建筑造型规整紧凑,保证建筑构造简单,无过多装饰性构件。

建筑与室外空气直接接触的围护结构总面积为3349m²,体形系数为0.31。南北立面窗墙面积比为0.58,东西立面窗墙面积比为0.59,均衡的形体尺度与合适的窗墙比,进一步改善室内外热环境,间接辅助减碳。

根据被动与非被动划分原则,一层除地下升至一层的楼梯间、电梯间和前室为非被动区域,其余地上部分均为被动区域,被动和非被动区域分隔的墙体、楼板、底层底板增加保温,降低传热系数。

2. 围护结构

外墙内填400mm厚双层岩棉,传热系数为0.18W/(m²·K);屋面为400mm厚种植土屋面,保温材料为300mm厚XPS保温层,传热系数为0.11W/(m²·K);非供暖地下室顶板采用80mm厚挤塑聚苯板保温层,传热系数为0.17W/(m²·K)。

外窗采用三玻两腔中空玻璃窗,传热系数为0.87W/(m²·K);幕墙采用铝合金框架(三玻两腔3low-E充Ar)透明幕墙,东、西、南三面设置金属电动遮阳帘,幕墙上部设置遮阳盒,遮阳盒与外墙之间使用断桥螺栓固定;外门为玻璃气密门,传热系数为0.87W/(m²·K)。

3. 气密性及无热桥

建筑设计施工图中明确标注气密层的位置,气密层连续,并包围整个外围护结构。采用简洁的造型和节点设计,减少或避免出现气密性难以处理的节点。选择适用的气密性材料做节点气密性处理,如紧实完整的混凝土、气密性薄膜、专用膨胀密封条、专用气密性处理涂料等。对门洞、窗洞、电气接线盒、管线贯穿处等易发生气密性问题的部位,进行节点设计。

采用双层保温错缝粘接方式,接缝处使用发泡胶填充,避免保温材料间出现通缝。保温层应采用断热桥锚栓固定。在外墙上使用断热桥的锚固件。管道穿外墙部位预留孔洞均大于管道外径100mm,用于套管并预留足够的保温间隙。户内开关、插座接线盒等均置于内墙上,以免影响外墙保温性能。

4. 供暖空调系统

采用半集中式空调系统,冷热源由空气源热泵机组提供,末端采用风机盘管(卧式暗装)、全热交换器、正压送风系统。空调冷热源设置在一层空气源热泵机房内,夏季可运行制冷与制冷加热水模式;冬季可运行供暖与供暖加热水模式;过渡季节可单独运行热水模式,从而实现全年对居住环境提供降温、除湿、供暖与生活热水。当机组运行在制冷加热水模式时可实现全热回收,双向能效比合计高达7.0以上。

新风系统采用集中式热回收新风机组,对排风进行热回收。新风系统设置高效率空气净化装置,送风设置过滤等级为F7的过滤装置,排风设置过滤等级为G4的过滤装置。对展厅、会议室、实验室室内的CO_2浓度进行监控,当传感器检测到室内CO_2浓度超过一定量值时报警,同时自动启动空调新风、排风系统。

5. 光伏发电系统

在屋面设置太阳能光伏发电系统，设置80块光伏发电板，主要发电量用于本建筑，剩余部分用于上网。

7.3.3 实施效果

该项目综合节能率61%、可再生能源利用率26%、建筑本体节能率58%、建筑气密性（换气次数N50）$0.6h^{-1}$。相对普通节能建筑全年可节电73.8万kWh，按照华东区域电网CO_2排放因子为$0.7035kgCO_2/kWh$计算，每年的CO_2减排量约为519.18t，全年可节约运行费用约50万元。

7.3.4 特色展示

1. 建筑优化设计降低窗墙比

建筑外立面为透明幕墙，通过幕墙的太阳得热整体建筑能耗较高，因此考虑采取措施降低窗墙比。该项目采用图7-10所示的节点，把幕墙分为透光幕墙和非透光幕墙，也就是在实际透光幕墙上方和下方分别设置挡墙，墙外加保温，保温外是非透光幕墙。这种处理方式的优点是可以一定程度降低窗墙比，对建筑面积的影响也不算太大，但是气密性处理比较复杂，一个是实体墙和幕墙龙骨的连接处的气密性，另一个是幕墙本身的气密性控制。

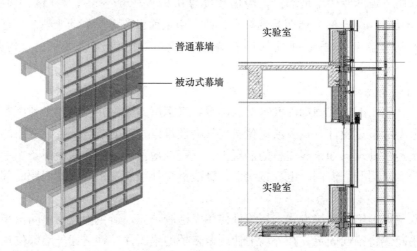

图7-10 幕墙布置节点图

2. 基于CO_2浓度的新风控制系统

展厅、会议室，实验室等主要功能房间室内设置CO_2浓度传感器，根据室内CO_2浓度控制新风量。将现场CO_2实测值与温湿度并列，作为运行管理和室内环境控制结果的主要参数。重视、强调CO_2浓度水平而非人均新风量指标，能够更加真实反映室内环境状况，并且能够更科学指导暖通空调设计，有助于实现系统低碳运行。

3. 监测与计量技术

单体建筑各层电井内设置数据采集器，采集本建筑内水、电等数据，并通过智能化传输网络传送至能耗计量管理平台。管理平台可对上传的用电、用水等数据实时采集、记录和分析；房间的用电量根据空调用电、照明用电分项计量。

将暖通、水系统等纳入BAS系统进行监控或监视，变配电所设置独立的变配电管理系统；BAS系统具备机组的手/自动状态监视、启停控制、运行状态显示、故障报警、温度湿度监测、CO_2 浓度检测、PM2.5 浓度监测控制及实现相关的各种逻辑控制关系等功能。

7.4 中建·森林上郡

7.4.1 项目概况

中建·森林上郡项目位于郑州市航空港区，用地面积 15077m^2，建筑面积 53463m^2，低碳化施工示范面积 53463m^2，容积率 2.49，绿地率 30%，建筑密度 20%，建筑高度 62.70m，由 4 栋高层（1 号、2 号、3 号、5 号）、1 栋辅助用房（6 号）及地下车库组成，高层为装配整体式剪力墙结构，地下车库为框架结构。1 号、2 号楼地下 2 层、地上 15 层，3 号楼地下 2 层、地上 16 层，5 号楼地下 2 层、地上 21 层，合同工期 540 天（图 7-11）。

图 7-11 项目效果图

标准层预制构件包括：预制混凝土夹心保温外墙板、预制 PC 板、叠合楼板、预制楼梯、预制叠合阳台板、预制空调板。1 号、2 号、5 号楼从一层开始使用叠合板，3 号楼从二层开始主体采用了叠合楼板，叠合板厚度 60mm，现浇面层为 80mm，厚度为 140mm，楼梯采用预制楼梯。

该项目为河南省住房城乡建设科技示范工程、"'十三五'国家重点研发计划绿色建筑及建筑工业化重点专项"示范工程。

7.4.2 技术方案

1. 装配式环筋扣合锚接混凝土剪力墙结构技术

采用中国建筑第七工程局自主研发的装配式环筋扣合锚接混凝土剪力墙结构技术，采用预制构件与后浇混凝土相结合的方法，通过连接节点的合理构造措施，将预制构件连接成一个整体，保证其具有与现浇混凝土结构基本等同的承载能力和变形能力，达到与现浇混凝土结构等同的设计目标。其整体性体现在预制构件之间、预制构件与后浇混凝土之间的连接节点上，包括接缝混凝土粗糙面及键槽的处理、钢筋连接锚固技术、各类附加钢筋、构造钢筋等（图 7-12、图 7-13）。

 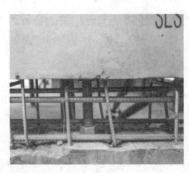 

图 7-12　装配式环筋扣合锚接混凝土剪力墙结构连接节点

图 7-13　装配式环筋扣合锚接
混凝土剪力墙吊装施工

2. 装配式混凝土夹芯保温技术

夹心保温墙板技术用于主楼装配层外墙，1号、2号、3号楼每层55块，5号楼每层64块，共计23000块，工厂化预制，现场拼装，墙体厚度300mm（内叶板厚度为200mm，保温板为50mm，外叶板厚度为50mm）。内外叶板采用进口的碳素纤维棒连接（图7-14）。

夹心保温墙板把保温材料夹在两层混凝土墙板（内叶墙、外叶墙）之间形成复合墙板，可达到增强外墙保温节能性能，减小外墙火灾危险，提高墙板保温寿命，从而减少外墙维护费用。夹心保温墙板一般由内叶墙、保温板和拉接件和外叶墙组成，形成类似于三明治的构造形式，内叶墙和外叶墙一般为钢筋混凝土材料，保温板一般为B1或B2级有机保温材料，拉接件一般为FRP高强复合材料或不锈钢材质。

图 7-14　夹心三明治外隔墙板

3. 绿色施工实时监测技术

绿色施工在线监测及量化评价技术是根据绿色施工评价标准，通过在施工现场安装智能仪表并借助GPRS通信和计算机技术，随时随地以数字化的方式对施工现场能耗、水耗、施工噪声、施工扬尘、大型施工设备安全运行状况等各项绿色施工指标数据进行实时监测、记录、统计、分析、评价和预警的监测系统和评价体系（图7-15）。

图7-15　绿色施工在线监测评价技术

该项目为郑州航空港区首个扬尘治理标准化工地，内配各种施工现场检测设施（风速、温度、扬尘检测等系统）。

7.4.3　实施效果

采用装配式建造和低碳化施工技术，保证工程质量、降低安全隐患、提高生产效率、降低人力成本，便于施工安装，不受恶劣天气影响；设计模数化，空间更加灵活；保温、抗火、隔声性能好，保温层寿命同结构主体同寿命。与同类建筑相比，每100m^{2}建筑面积可减少建筑垃圾5t，降碳效果显著。

该项目是目前河南省首个装配式高层住宅小区，且被列为"'十三五'国家重点研发计划绿色建筑及建筑工业化重点专项"示范工程、河南省住房城乡建设科技示范工程，具有显著的示范引领效应。自开工建设以来，累计参观调研人次达到2000多人次。

7.4.4　特色介绍

1. 装配式预制墙体高精度安装施工技术

在墙体预制时下侧设置三角锥形槽，锥形槽顶与轴线重合；在墙体上侧对应位置预埋内丝套筒，安装时在下层剪力墙顶内丝套筒上拧入圆锥形定位顶针，定位顶针伸入上层墙底锥形槽内，并由顶针上拧入深度控制其上焊接的钢托板标高来控制和托住上层墙体，实现墙体轴线、标高快速准确定位（图7-16）。

2. 环筋扣合体系300mm宽后浇区施工工艺

预制墙体之间300mm宽的现浇墙梁的作用是：将两块预制墙体水平方向连接在一起；该项目所有梁均为现浇做法，在预制墙体水平暗梁处300mm以内的梁端浇筑至叠合板板底，形成叠合梁头，便于暗梁处钢筋的穿插（图7-17、图7-18）。

图 7-16 定位锥及内丝套筒

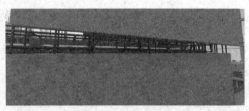

图 7-17 转换层水平暗梁纵筋穿插绑扎

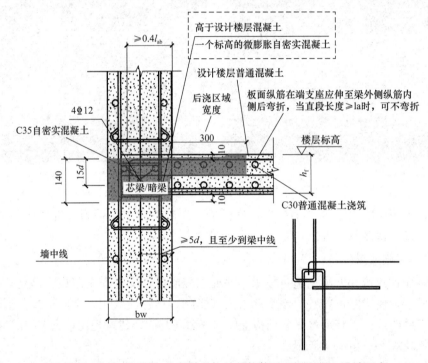

图 7-18 装配式环筋扣合锚接剪力墙结构体系芯梁混凝土设计要求

7.5 楷林 IFC 改造项目

7.5.1 项目概况

楷林 IFC 项目位于河南省郑州市郑东新区,由 4 栋高层写字楼(A、B、C、D 栋)和商务配套裙房组成,于 2013 年底竣工验收,2014 年正式进入使用(图 7-19)。建筑外观采用石材和玻璃幕墙穿插设计的建筑风格;项目 4 栋主楼均为地上 25 层,地下 2 层,楼高 99.9m,标准层面积为 1400~1800m²。经过十余年运行,项目智能化程度愈来愈无法满足节能降耗要求,楷林集团根据运营情况决定对项目进行升级改造。

7.5.2 技术方案

1. 暖通空调系统改造

冷却塔群系统升级为变流量冷却水系统,本次改造范围为 2 号机房系统,系统内设备如表 7-1 所示。

图 7-19 楷林 IFC 项目效果图

2 号机房系统主要设备表 表 7-1

序号	设备	型号	数量	参数	
1	冷水机组	特灵 CVHG1100	3	制冷量 3164kW、功率 568kW； 冷水流量：107L/S； 冷却水流量：178L/S	制冷系统
2	冷冻水循环泵	凯泉 KQW200-370-75/4	4	流量：395m³/h； 扬程 38m、功率 75kW	
3	空调补水泵	凯泉 KQDP50-16S×9	2	流量：15m³/h、扬程：120m、功率：11kW	
4	综合水处理器	WC600A100LZH/P/MC	1	流量 2000~3000m³/h	
5	冷却水循环泵	凯泉 KQW300-400B-132/4Z	4	流量 745m³/h、扬程 35m、功率 132kW	
6	冷却塔	菱电 RT800L	3	流量 800m³/h、进/出水温度 32℃/37℃、功率 7.5×4kW	
7	热力循环泵	威乐 ML-150-300-30/4	4	流量 296m³/h、扬程 24m、功率 30kW	供暖系统
		东方 DFRG50-160（1）/2		流量 30m³/h、扬程 26m、功率 4kW	
8	热力补水泵	威乐 MVI814-V25/E/3-380	1	流量 8.2m³/h、扬程 128m、功率 5.5kW	
9	板式换热器	兰州兰石 H150D-1.6/150	4	换热面积 48.3m²	
		ACCESSENAN5/111/PN16/304/E		换热面积 14.17m²	
10	旋流除污器	长沙中天 ZTXCW-200	1	流量 340t/h	

（1）冷却塔喷水装置变流量改造

在冷却塔布水盘内安装变流量喷头，其实物如图 7-20 和图 7-21 所示，保证冷却水流量在 30%～100% 之间变化时，冷却塔布水盘内布水均匀，充分利用冷却塔自身最大冷却面积，提高冷却塔的冷却效率。

图 7-20　变流量喷头改造示意图　　　图 7-21　变流量喷头

(2) 冷却塔风机变频改造

原有冷却塔风机无能效控制系统，缺乏对冷却塔风机高效运行区的有效管理，无法发挥冷却塔的高运行效率。因此，本次增加控制系统，即采用近湿球温度控制技术运行。

近湿球温度控制技术采用图形分辨技术分别计算冷却塔机组的加载减运、布水量变化、室外温度变化、湿球变化、大气压变化等，尽量使冷却水温接近湿球温度。根据冷却水温度和湿球温度的温差等条件来决定风机运转频率，从而达到高效节能的运行效果。

普通冷却塔设计以及运行工况为冷却塔出水温度逼近湿球温度为 4℃，而变流量冷却塔可以充分利用冷却塔面积，逼近度可达到 1.5℃，平均温度下降 2.5℃ 以上。冷水机组每下降 1℃ 约节约 3.5% 能耗，因此利用该技术冷水机组可实现 6.54% 的节能率。

利用近湿球温度控制技术，可使冷却塔在风电比的高效区运行，实现冷却塔 71.38% 的节能率。

(3) 冷却水泵高效改造

因原使用的冷却水泵难以实现变频控制，冷却水流量变化引起冷却水温度改变而影响制冷机效率，需对冷却塔群实施变流量升级。冷却水泵进行变频改造后，系统流量根据需要调节，保证冷却水温度稳定；同时，系统安装水力稳压器，改善冷却水系统阻力，为冷却水实施变频改造提供了硬件基础。

冷却水泵配套安装水泵能效控制柜，内置控制模型，实时采集冷水机组进出水压差、温差、温度，综合冷却塔冷却能力自动计算，实时调整冷却水循环流量，使泵组扬程、流量达到最佳匹配状态，保持冷却水系统时刻处在最佳输送范围，并提供稳定的冷却水温度保证冷水机组工况运行，实现冷却循环系统的高效运行。

安装水力稳压器后冷却水循环阻力下降，从而实现冷却水泵 56.32% 的节能率。

(4) 冷水泵变荷载智控改造

原冷水泵无能效控制系统，不能根据末端以及主机制冷需求进行智能调整精确改变流量，也无法与扬程匹配，导致能耗较高。因此，项目增设冷水能效控制柜，内置控制模型，实时采集冷水侧进出水压差、温差、温度，实时调整冷水循环系统，使泵组扬程、流量达到最佳匹配状态，实现冷水泵 46.32% 以上的节能率。

(5) 主机智能控制改造

主机开机策略控制柜可以实现多机组群控，如图 7-22 所示，对机组群效率综合判断，并由系统统一做出控制决策判断，从而提高各机组运行能效。如，针对末端需求量进行调整，在低负荷时段调整主机进行相应的策略匹配，在满足末端负荷的前提下提高主机运行效率，达到降低能耗的目的。

图 7-22　主机开机策略控制箱现场安装

(6) WISDOM v3.0 智慧控制运行改造

WISDOM v3.0 智慧控制系统是一款可以使机房实现安全、智能、高效运行的管理软件。可大幅度降低工作人员劳动强度，减少管理成本；同时在运行中，发现系统出现问题第一时间发出故障提示、实时报警，及时高效、简洁明确，避免小问题不及时处理引发系统大故障。而内置的能源管理策略则有助于减少人工误操作和可能的经验不足造成的潜在运行控制风险。

2. 照明改造

结合市场智能照明灯具自行改造车库照明系统，采用 T5 针脚 T8 管的智能 LED 灯管，替换地下车库的传统 T5 荧光灯具。采用智能双级亮度控制，灯管暗亮仅为 2.5W，其亮度相当于 13W 以上的节能灯，满足监控等基本照明需求；高亮情况下光照度大于 40W 的 T8 灯管，满足人、车对照明的需求。根据现场实际测算，地下停车场照明全天约有 3/4 的时间处于休眠状态，灯具功率平均功率为 5W。

照明改造前后对比如表 7-2 所示。

照明改造实施对比分析　　　表 7-2

项目	现有照明	改造方案
产品类型	T5 荧光灯管 18W	LED 智能双亮度灯管（质保 5 年）
单支光源实际功率（W）	18	5
灯具实际耗电功率（W）	18	5
电力价格（元/kWh）	0.6779	0.6779

续表

项目	现有照明	改造方案
单灯月耗电费（元）	8.786	2.440
节省费用差（元/(月·支))	6.345	
总用灯具个数	2000	2000
月耗电量费用（元）	17571.168	4880.88
年耗电量费用（元）	210854.02	58570.56
年节省费用（元）	152283.46	
单根灯管节电率（%）	72	

3. 智慧消防与能源管理系统

（1）智慧消防

为完善楼宇智慧系统，实现楼宇系统的安全运行，对项目进行了智慧消防改造。通过远程报警联动视频直接核查现场情况，可免除不必要的现场检查；采用智能分级预警提示报警级别，误报情况可集中时间处理，避免来回奔波；消防泵房压力、手自动状态、喷淋末端压力、试验消火栓压力、屋顶水箱液位实时监测、可免去现场检查。智慧化消防改造不仅提升人员的工作效率，提升消防管理效能，减少维修浪费及消防处罚风险，还能降低火灾损失风险。

（2）能源管理系统

为了有效可靠地掌握写字楼用能情况和用能规律，对该项目安装能耗在线监测系统。要求选用校验合格的设备和仪表，对大型重要的公共配套设备设置独立的电表，室内照明、插座、电源与中央空调系统及用电线路及计量分开，做到分表到层、分表到户，表的位置集中，统一便于抄表，住户忘关开关时可临时切断电源，方便管理。在线能耗监测系统主要包括：建筑物基本信息管理模块、建筑物数据采集与传输模块、能耗数据处理模块、能耗数据统计模块、能耗数据分析模块、能耗数据公示模块等，可以实现对建筑分类分项的能耗采集、处理与分析，充分挖掘写字楼的节能空间，实现节能降碳。

7.5.3 实施效果

该项目空调系统改造完成于2020年4月，并于5月进行能效验证。能效验证起止日期为2020年5月1日—2021年9月30日，为了数据直观，按照5—9月的顺序排序，用电量单位均为kWh。

改造前后该项目运行平稳，2019年、2020年、2021年入住率分别为92%、95.6%、95.9%，入住率基本平稳，未因新冠肺炎疫情、720郑州水灾等原因发生封楼、停运等现象。如图7-23所示，2019年、2020年耗电量基本保持不变，维持在90万kWh附近。如图7-24所示，2021年制冷季2号空调机房总体能耗约为61万kWh，2021年能耗相较2019年、2020年度出现较大降幅。

表7-3中，节能率计算基础数值为2019年与2020年两年能耗量额均值。由表7-2可以看出，5月、9月节能率最高，7月节能率最低。根据改造方案技术特点可分析得出，5、9月郑州气温相对较低，空气湿度较小，空调负荷需求较小，因变频改造而增加的节

能效率较大，节能率较高；7月负荷较大，机组满负荷运行时间较长，变频节能量少，故节能率较小。

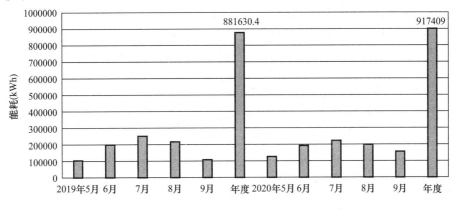

图 7-23　2019 年、2020 年度 2 号空调机房能耗统计

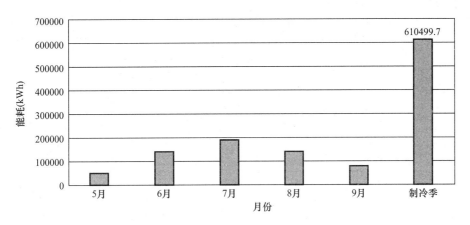

图 7-24　2021 年度 2 号空调机房能耗统计

月度分析表　　　　　　　　　　　　　　　表 7-3

	2019 年度	2020 年度	2021 年度	节能量（kWh）	各月节能率
5 月份	106157.3	129530	49647.5	68196.15	57.9%
6 月份	201126.3	190392.2	144840	50919.25	26.0%
7 月份	248961.5	224852	189884	47022.75	19.8%
8 月份	218858.7	198558.1	143097	65611.4	31.4%
9 月份	106526.6	174076.7	83031.2	57270.45	40.8%
制冷季	881630.4	917409	610499.7	289020	32.1%
5 月份	106157.3	129530	49647.5	68196.15	57.9%

7.5.4　特色展示

该项目根据建筑中空调系统能耗占比较高，首先对空调系统进行了改造。通过节能技术的运用，本次改造对一台冷水泵和冷却泵进行变频改造，同时对部分楼层设置末端空气质量监测点，仍然实现了 32.1% 的节能率，对于类似地区、建筑类型、使用年限的建筑节

能改造有一定的指导意义。增设光伏发电系统,每月节约1%左右的公共能耗。利用雨水回收系统,为日常绿化用水及保洁用水提供水源,实现水资源的节约利用。同时,通过对照明的改造,单根灯管的节能率达到了72%以上。

引入以能效结果为导向的工程改造新思维,以此保障在运营阶段的实际能效。设备经技术改造后,运行可靠性及安全性得到一定提高,节能降碳效果显著。